U0819800

财政部规划教材

全国财政职业教育教学指导委员会推荐教材

全国高职高专院校会计专业新课标立体化教材

企业财务分析

主　编　杨则文

副主编　李其骏

参　编　刘飞　李福　徐静　杜方

中国财经出版传媒集团

中国财政经济出版社

图书在版编目（CIP）数据

企业财务分析／杨则文主编. --北京：中国财政经济出版社，2020.1（2022.7重印）

财政部规划教材　全国财政职业教育教学指导委员会推荐教材　全国高职高专院校会计专业新课标立体化教材

ISBN 978-7-5095-9551-0

Ⅰ.①企…　Ⅱ.①杨…　Ⅲ.①企业管理-会计分析-高等职业教育-教材　Ⅳ.①F275.2

中国版本图书馆CIP数据核字（2020）第006605号

责任编辑：刘瑞思

封面设计：育林华夏

本书微网站

扫描微网站二维码

获取教学配套资源和内容更新

不断添加中……

中国财政经济出版社 出版

URL：http：//www.cfeph.cn

E-mail：cfeph@cfeph.cn

社址：北京市海淀区阜成路甲28号　邮政编码：100142

营销中心电话：010-88191537

北京富生印刷厂印刷　各地新华书店经销

787×1092毫米　16开　22.5印张　546 000字

2020年1月第1版　2022年7月北京第3次印刷

定价：57.00元

ISBN 978-7-5095-9551-0

（图书出现印装问题，本社负责调换）

本社质量投诉电话：010-88190744

打击盗版举报热线：010-88191661　QQ：2242791300

编写说明

本教材是财政部规划教材，全国财政职业教育教学指导委员会推荐教材，基于全国财政职业教育教学指导委员会的“会计立体化教材数字化资源库建设”项目立项建设，是高职高专会计、税务、审计、财务管理、会计信息管理等专业的职业能力核心课程教材，也是会计专业新课程标准的配套教材。

文本：课程标准

文本：课程设计

文本：授课计划

本教材具有以下特点：

1. 教材贯彻“任务驱动、项目载体、成果导向”的核心理念，以实际工作中企业财务分析工作过程为导向，按照工作内容的逻辑顺序，将企业财务分析划分为企业财务报表分析、企业偿债能力分析、企业营运能力分析、企业盈利能力分析、企业发展能力分析、虚假财务信息的分析与诊断、企业财务综合分析和企业财务分析报告撰写等八个项目。每个项目设置引导案例提出问题，确立项目工作任务，学生通过项目训练掌握理论知识，训练操作技能，培养分析能力。学习完毕，需要亲自动手进行实战演练，每个项目得到一个标志性成果。教材编排由易到难，由局部到整体，最终学生能够独立撰写一份完整的财务分析报告，达到课程目标。

2. 教材充分体现了职业教育的职业性、实践性和开放性的要求。教材的编写紧紧围绕职业能力培养目标，每个项目设计十分注重教学过程的教学做一体化，所有知识的应用均设计了与讲授同步的阶段性任务训练，最终的训练结果就是与工作成果相同的学习成果。教材中除必要举例外，没有提供更多供学生分析的财务数据，旨在锻炼学生借助网络媒体搜集财务信息和非财务信息的能力。因此，本书是与浩瀚的网络资源运用联系在一起的，教学环节和实训环节均需要借助网络，体现了教材的开放性。也正因为学习过程与真实上市公司财务信息紧密联系，学生的学习成果具备了职业性特点，可以直接为实际工作服务。

3. 本教材为立体化教材并配备了数字化资源库，包括微课（62 个）、PPT（62 个）、视频（7 个）、练习题（9 套）、案例及拓展资源（43 个），教学内容与网络资源通过二维码链接，使教材与网络教学资源成为有机整体。学生在学习教材的每一个知识、技能点时，随时可以从教学资源库调取对应知识点的教学录像、课件、案例、习题、课程实训、动画等教学资源，教材及配套资源支持线上线下混合教学，可以实现学生不受时空限制的自主学习。

本教材由杨则文主编，李其骏任副主编，刘飞、李福、徐静、杜方参编（参编排名不分先后）。教材修订分工为：刘飞编写导言和项目一，徐静编写项目二和项目三，李其骏编写项目四和项目五，杜方编写项目六和项目八，李福编写项目七。杨则文在教材开发过程中负责制订课程标准、设计教学项目方案、确定教材项目模块、设计教材体例和修改定稿。

本课程开发和教材编写得益于多位职业教育专家和企业专家的帮助，广州番禺职业技术学院会计专业教学团队全体成员参与了行业调研和项目论证，多家企业、会计中介机构的领导和财务人员为岗位工作任务和职业能力分析的制订提出了宝贵的意见及建议，中国财政经济出版社对教材出版给予了重要的支持，在此一并致谢！

本书为用书学校任课老师提供了习题答案和配套资源，如有需要，请以电子邮件形式向中国财政经济出版社索取（请注明学校、全书名、版次），Email：caijingjiaocai@163. com。配套资源亦可登录以下网址下载：http：//cjjc. cfeph. cn 或 http：//jiaocai. cfep. cn。

虽然编者主观上很努力，但由于能力的局限，不足之处甚至错误在所难免，恳请读者批评指正，来函必复。电子邮箱：yangzewen@126. com。

作　者

2020 年 2 月

目 录

导言

企业财务分析的内容和方法

知识目标

1. 了解财务分析主体。
2. 了解财务分析的会计信息和其他信息获取渠道。
3. 熟悉财务分析的主要内容、分析步骤和分析思路。
4. 掌握财务分析的主要方法。

技能目标

1. 企业财务信息搜集，能够借助互联网获取企业财务报表和表外信息。

2. 财务分析基本方法运用，运用 Excel 软件对财务数据进行比较分析、比率分析和趋势分析。

知识技能点

1. 财务分析主体
2. 财务分析内容
3. 财务分析方法

标志性成果

1. 独立获取一家上市公司财务报表，进行数据整理。

2. 在 Excel 中运用财务分析方法对上市公司财务报表数据进行处理，对其财务状况、经营成果做出初步评价，形成文字性表述。

职业核心能力

自我学习；独立思考；信息搜集与处理；文字撰写；沟通交流。

思维导图

思维导图，见图0－1。

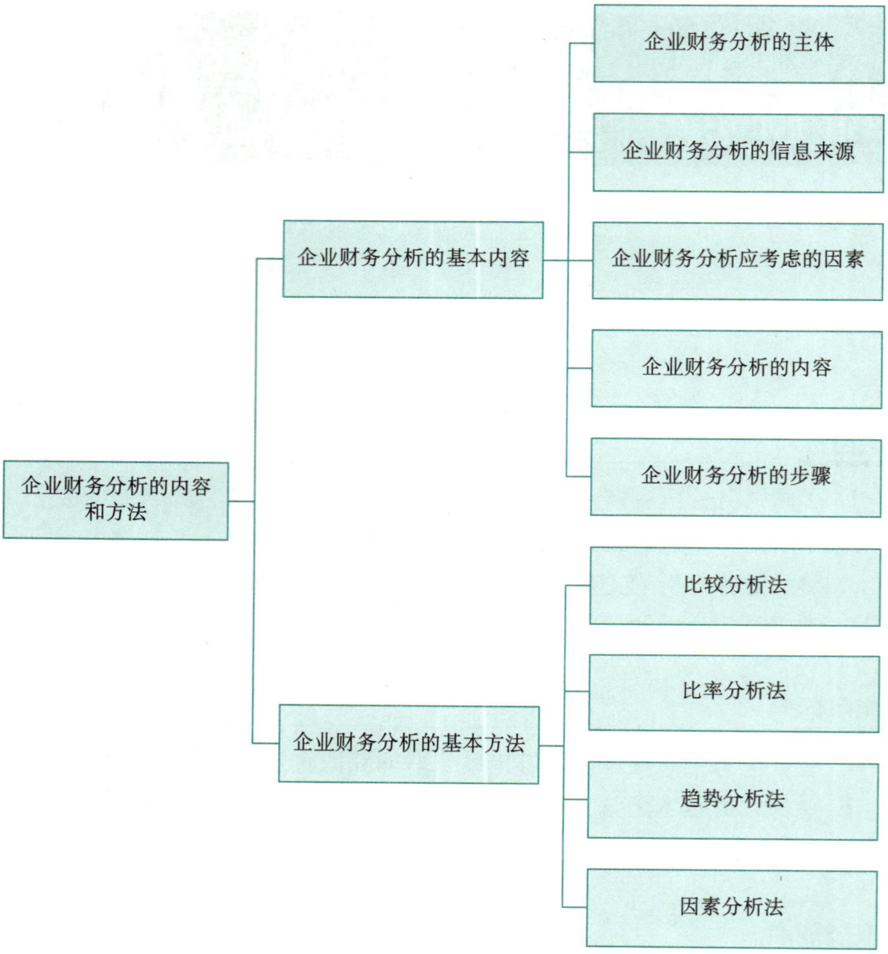

图0－1 企业财务分析的内容和方法思维导图

引 例

格力和小米的10亿元赌约

“请全国人民作证，5年之内，如果我们（小米）的营业额击败格力的话，董明珠董总输我一块钱就行了。”2013年12月12日，在CCTV第十四届中国经济年度人物颁奖典礼上，小米董事长雷军喊话格力电器董事长董明珠。董明珠立即回应道：“第一，我告诉你不可能；第二，要赌不是1块钱，我跟你赌10个亿。”格力和小米的10亿元赌约就此开始。

2018年“两会”，董明珠与雷军在代表通道上同台，赌约被再次引发一波议论。对于小米业绩紧追格力的情况。董明珠表示，“紧追？差一分钱，也是差距。我觉得这个比较根本就不是在一个平台上，因为他基本上是以代工为主。”

赌期越近越焦灼。2018 年 10 月 30 日晚间，格力电器发布的 2018 年第三季度报告显示，当年前三季度格力电器营收为 1486.99 亿元，同比增长 34.11%；净利润为 211.18 亿元，同比增幅 36.59%。当时小米还没有发布三季报。但小米的半年报显示，其上半年的营收达 796 亿元，同比增速高达 75.4%。外界纷纷认为双方将贴身肉搏。从目前看，小米上年营收落后格力 200 多亿元，董明珠赢了“10 亿赌约”。

2019 年 1 月，董明珠顺利连任格力电器董事长。对于未来，她信心满满重申“到 2023 年销售目标 6 000 亿元”。

（案例来源：http：//finance.eastmoney.com/a/201903201075082675.html。）

五年赌约一出，人们自然分为两派，有人认为格力电器会赢，有人认为格力电器产品传统又单一，肯定是小米集团会赢。两家企业，一个是传统行业老大，一个是新兴的“互联网＋”的代表。赌约的事目前已经有了结论，对于董明珠提出的 6 000 亿元销售目标，你认为 4 年后能实现吗？你有办法进行预测吗？

预测的办法肯定是有的，一般情况下，我们可以利用一定的技术手段对企业财务信息和非财务信息进行分析，统称“对企业进行财务分析”，从而对企业的财务状况、经营成果、现金流量水平有一个全方面的认识，进而帮助我们判断这场赌约的胜者可能是哪一方。

模块一　认知企业财务分析的基本内容

职业判断与业务操作

企业财务分析是指以企业财务报告为主要依据，采用科学的评价标准和专门的分析方法，通过对企业的财务状况、经营成果和现金流量等重要指标进行分析比较并做出评价和判断，以此为依据揭示企业经营中存在的问题和取得的绩效，预测企业未来财务状况和发展前景，从而帮助财务信息使用者改善并优化决策的一种专门技术。

财务分析能力是从事财会、金融、财务管理等岗位工作必须掌握的一项基本能力。在进入具体分析能力训练之前，我们应该知晓财务分析的一些基本问题，如：为什么要进行财务分析？谁需要进行财务分析？财务分析的对象有哪些？等等。

微课：财务分析主体

PPT：财务分析主体

一、谁需要对企业财务进行分析

除了我们怀着好奇心去对格力电器进行财务分析，在实际工作中，哪些人会关注企业的财务信息呢？一般情况下，与企业有经济利益关系的有关方面会对企业的财务状况进行研究，而且不同的财务信息使用者对企业财务状况的关注点是不一样的，其分析的深度和广度也不一样。与企业有经济利益关系的有关方面主要有企业投资者、企业债权人、企业经营管理者、企业供应商、政府管理部门、企业职工、客户、公众和竞争对手等，这些方面的财务信息使用者构成了财务分析的主体（见图0－2）。

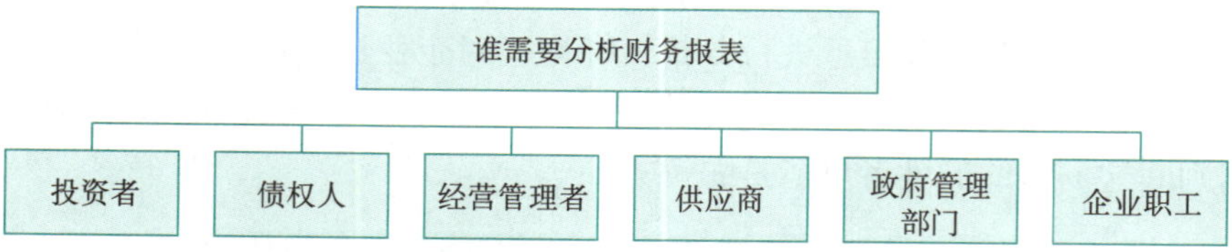

图0－2 谁需要进行财务分析

（一）企业投资者

企业的投资者是指企业的权益投资人。投资者要求既要保全资本金，又要获取投资回报，因此，他们所关心的是企业的盈利能力、偿债能力以及风险等方面。同时，投资者需要选择企业的经营管理者，因而投资者一方面要对企业的财务状况和经营成果进行分析评价，从而为投资决策提供依据；另一方面，又要对企业经营管理者的业绩情况进行分析评价，为选择经营管理者提供依据。

对于上市公司而言，投资者是上市公司的入资者或购买上市公司股票的人，他们要作的决策往往在于是否向某一上市公司进行投资或是否保留其在某一上市公司的投资。为了做出这类决策，投资者需要预测上市公司的未来收益与风险水平，因此，他们对上市公司的获利能力以及投资风险方面更感兴趣，这些因素决定着股票的市场价值。对于控制性股东和重大影响性股东而言，由于他们可以通过自己的努力直接或间接地影响所持股上市公司重要岗位上的人事安排、投资决策、经营决策以及股利分配政策等，因此，这类股东往往更关心与上市公司战略性发展有关的财务信息，如上市公司资产的基本结构和质量、上市公司资本结构、上市公司长期获取利润的前景等。非控制性、非重大影响性股东则更关心上市公司近期业绩、股利分配政策以及短期现金流转状况。

相关案例

投资者需要分析财务报表

沃尔玛是世界零售业的巨头，它和著名的投资大师巴菲特之间有一次高效的合作。多年以来，巴菲特一直把《财富》杂志所调查“最受人敬仰的企业”那一票投给沃尔玛，因为他对沃尔玛的诚信和经营能力有着高度的信任。2003 年春天，沃尔玛有意出售麦克林——其属下的一个年营业额 230 亿美元的非核心企业，此消息被巴菲特得知，他立即做出相应的收购投资决策。当时整个收购交易异常简单迅速，巴菲特和沃尔玛的首席财务官面谈了两个小时，巴菲特当场点头同意收购金额，而沃尔玛的首席财务官只打了个电话请示首席执行官，交易就宣告结束。29 天后，购买麦克林的 15 亿美元款项，就由伯克希—哈撒韦公司直接汇入沃尔玛账户，中间没有任何投资银行介入。有人问巴菲特是否交易过于草率，是什么让你认为这个交割合理？巴菲特说：“收购价格是根据沃尔玛的会计报表计算出来的，而且我相信会计报表所提供的一切数据。”事后也证明，这个收购价格公平公正，沃尔玛提供给巴菲特的各项数据也确实坦诚无欺。

（二）企业债权人

企业债权人是指借款给企业并取得企业还款承诺的人，包括向企业提供信贷资金的银行、企业债券持有者和融资租赁的出租方等。债权人将款项贷给企业，一方面要求企业按期偿还贷款本金，另一方面要求企业支付贷款利息。因此，债权人关注的是企业未来还本付息的能力。与股东不同，债权人没有企业剩余收益分配权，即使企业获取较高的利润，债权人也只能按照约定的利率收取利息，如果企业发生亏损和资金周转困难，债权人则可能承受较大的损失。这种收益与风险的不对称，导致债权人更加关注企业收益的稳定性以及经营的安全性，因而与股东需要的财务信息存在差异，债权人着重分析企业的偿债能力以及企业的信用和违约风险。

按照贷款一般分类，贷款可以分为短期贷款和长期贷款。其中，短期贷款期限在 12 个月以内，长期贷款期限在 12 个月以上。拥有不同期限与规模债权的贷款提供者会关注企业财务状况的不同方面。短期贷款者一般关心企业短期支付债务的能力，对企业的获利能力并不十分关心。长期贷款者则从长期角度关心企业本金和利息是否能按期清偿，能按期清偿到期长期贷款及利息应以具有长期获利能力及良好的现金流动性为基础。因此，尽管长期贷款者并不指望从上市公司中分红，但他们仍然关心上市公司的获利能力。

（三）企业经营管理者

企业的经营管理者也称“管理当局”，是指被企业所有者聘用，对企业资产和负债进行管理的团队。企业经营管理者对企业的经营成败负主要责任，因此，他们主要关心企业的财务状况、盈利能力和发展能力。他们在管理企业的过程中，要随时根据情况的变化调整企业的经营，而财务分析是他们监控企业运营的有力工具之一。他们可以根据需要随时获取各种财务信息和其他数据，因而能全面地、连续地进行财务分析。

企业内部管理者与股东之间存在委托与代理关系，企业内部管理者接受委托对股东的财产进行经营管理，使其保值增值。但是管理者也会追求个人利益，追求个人效用最大化，从而与股东利益不一致，甚至损害股东利益。为此，股东会采取激励和约束措施保证管理者的行为符合股东利益，可行的方法是设定一些财务指标，作为衡量管理者业绩的标准。为此，企业内部管理者在日常经营活动中需要充分利用已有的财务信息进行分析，找出企业的经营劣势和不足，以便于改进。同时，从财务信息获得的内容上看，企业内部管理者具有先天的优势，因为他们既是财务信息的需求者，又是财务信息的供给方。所以，管理者的财务分析比企业外部相关利益人的分析结果更加准确和详尽。

对于上市公司而言，管理人员受股东的委托，对上市公司股东投入资本的保值和增值负有责任，他们负责上市公司的日常经营活动，必须确保公司支付给股东与风险相适应的收益，及时偿还各种到期债务，并能使上市公司的各种经济资源得到有效利用。因此，管理人员对上市公司财务状况的各个方面均感兴趣。但是，处于上市公司不同管理层次的管理人员由于所处的位置不同，管理范围和权限大小不同，对上市公司财务信息的关注仍然有较大差异。处于较高管理层次的管理者，其所处的位置要求对上市公司财务状况有较为全面的掌握，而上市公司较低管理层次的管理者，往往关心与自己决策范围内有关的财务信息，诸如与上市公司工资、成本等有关的信息。

（四）企业供应商

企业供应商也是企业相关利益人。一方面，供应商希望向企业多卖出产品和劳务，以实现自身最大的收益，另一方面，因为赊销的存在，使其面临的坏账风险随着销售的增加也在增加。因此，供应商一方面会关注企业未来的发展能力，通过分析企业未来的发展来判断自身未来的市场变化。市场对于供应商来说是生死攸关的，尤其是大客户的发展受阻意味着自身市场空间的萎缩，对自身未来发展影响至关重要。另一方面，供应商也会非常关注与企业信用风险和偿债能力有关的财务信息，通过对这些信息的分析来判断企业未来状况以制定合理的信用政策。从这个角度看，企业供应商与债权人的情况类似，他们在向企业提供商品或劳务后即成为企业的债权人，因而他们更加关注企业能否按期支付所需商品或劳务的价款，从这一点来说，大多数商品和劳务供应商对企业的短期偿债能力感兴趣；同时，某些供应商可能与企业存在着较为持久的稳固的经济联系，在这种情况下，他们又会对企业的长期偿债能力感兴趣。

（五）政府管理部门

政府对财务信息的需求是基于其所具有的不同角色。首先，政府作为社会公共管理部门，其主要收入来源是税收，企业作为纳税主体，需要接受政府的监督并依法纳税，此时政府主要关注的是收入、财产、所得等与税收有关的财务信息。其次，政府还可能是企业的投资者，我国众多的国有企业、国有控股企业占有大量的国有资本，虽然从严格意义上来说，政府只能是国有股东的代理人，而不是直接所有者，但是这并不妨碍其以所有者的角度来关注企业的财务信息。从这个角度来说，政府所关注的内容也与其他企业股东大体相同。再次，政府经济管理部门，如工商管理部门、财政部门、证券管理部门、计划和统计部门等出于综合经济管理和宏观调控的需要也会对企业的财务状况感兴趣。因此，政府管理部门可能对企业的获利能力、偿债能力与持续经营能力感兴趣。

（六）企业职工

企业职工通常与企业存在长久、持续的关系。他们关心工作岗位的稳定性、工作环境的安全性以及获取报酬的前景。因而，他们对企业的发展前景、获利能力和偿债能力感兴趣。职工需要通过对企业的财务信息以及他们掌握的其他内部信息进行分析，来判断企业目前和将来潜在的获利能力和偿债能力。特别是有些企业与职工签订的薪酬合同中明确了企业的盈利状况与职工报酬的关系，职工需要利用对会计报表信息的分析来监督奖金方案的实施。因而，他们对公司的获利能力和偿债能力感兴趣。

此外，企业客户出于货源稳定的考虑、竞争对手出于竞争策略的需要、社会公众出于投资选择的需要也会关注企业财务。财务分析工作既可由这些相关主体自行开展，也可由证券分析师、注册会计师等中介服务机构的工作人员进行。

明确了财务分析的主体后，亟需解决的一个问题就摆在我们眼前，应该如何获取财务分析的信息呢？可以从哪些渠道获取呢？比如我们想知道格力电器财务状况和经营业绩如何，那我们应该到哪里去搜集它的各项财务信息呢？

二、怎样获取财务分析所需的信息

财务分析的信息包括会计信息和非会计信息。财务分析的基本依据是财务报表所揭示的会计信息，非财务信息可以从不同的角度对财务信息形成互补，也是财务分析的信息基础。

（一）财务分析的会计信息

财务分析的会计信息来源于企业的财务报表。根据“会计准则”的规定，为达到使财务报表对有关决策有用和评价企业管理层受托责任的目标，一套完整的对外财务报表至少应当包括“四表一注”，即资产负债表、利润表、现金流量表、所有者权益变动表、报表附注以及其他相关信息和资料。这些报表资料是财务分析的主要依据。

企业对内报送的成本费用报表提供成本分析所需的会计信息，也是财务分析的重要依据。这些报表主要包括产品生产成本表、主要产品单位成本表、制造费用明细表、管理费用明细表、销售费用明细表、财务费用明细表。

相关案例

财务分析成就学者的社会贡献

2001 年，刘姝威在《上市公司虚假会计报表识别技术》一书的写作过程中，发现蓝田股份公司存在严重问题，于是在机密级的《金融内参》发表《应立即停止对蓝田股份发放贷款》一文予以披露。此后不久，有关银行相继停止对蓝田股份发放新的贷款。刘姝威的生活随即被搅乱：诉讼、死亡威胁，向民警寻求安全保护……这就是轰动全国的“蓝田事件”。由于刘姝威提供了详细的财务分析资料，引起了政府监管部门的关注，最终蓝田股份的高管被送进了监狱，从而保护了中小股东的利益，维护了资本市场的秩序。由于坚守学者的独立性、良知、社会责任感，2003 年刘姝威先后被评选为“CCTV 2002 经济年度人物”和“CCTV 2002 年感动中国人物”“2002 年度《中国妇女》时代人物”，并荣获 2003 年全国五一劳动奖章。

刘姝威关于蓝田股份财务分析报告的主要内容如下：2000 年蓝田股份的流动比率为 0.77，速动比率为 0.35，营运资本为 –127 606 680.11 元。此外，她还分析了资产结构及流动资产结构、资产结构的变动趋势、短期偿债能力的变动趋势，并且结合业务资料进行了综合分析。通过对财务报表的分析，可以更加全面了解公司，还原一个更加真实的企业。

（二）财务分析的其他信息

1. 审计报告

审计报告是注册会计师根据《中国注册会计师独立审计准则》的要求，对企业财务报表的合法性、公允性和一贯性做出的独立鉴证。审计报告从第三方的角度对企业财务报表进行鉴证，增强了财务报表的可信度，是报表使用者判断企业财务报表真实程度的重要依据。

2. 政策信息

财务分析的政策信息主要包括产业政策、价格政策、信贷政策、分配政策、税务法规、财务法规、金融法规等。企业的行业性质、组织形式不同，对这些政策法规的敏感程度不同。通过分析政策信息与财务报表之间的相关性，可以合理揭示经济政策调整及法律法规变化对企业财务状况与经营业绩的影响。

3. 市场信息

财务分析的市场信息主要包括消费品市场、生产资料市场、资本市场、劳动力市场、技术市场等方面的信息，这些信息的变化都会影响企业财务和企业经营，因此，在进行企业财务分析时必须关注商品供求与价格对企业的销售数量与收入的影响，劳动力供求与价格对企业的人工费用、企业损益的影响，技术市场的供求与价格对无形资产规模、结构及相关费用和收入的影响。通过分析这些影响，可以从市场环境的变化中揭示企业财务状况的成因及其发展变化趋势。

4. 行业信息

财务分析的行业信息主要是指企业所处行业的相关产品、技术、规模、财务、经营和效益等方面的情况，以及所处行业竞争对手的情况。在进行企业财务分析时，应关注行业的平均水平、先进水平及行业前景信息，以便合理预测企业财务状况与经营业绩的变化趋势，为决策者提供可靠的决策依据。

（三）获取财务分析信息来源的方法

一是直接从企业财务部门获取。一般来说，企业经营管理者、政府有关部门、贷款银行、直接从事审计服务的注册会计师拥有直接向企业财务部门获取财务报表信息的便利，但进行完整的分析还需要从其他渠道获取相关的行业信息、市场信息等辅助信息。

二是从网络和报刊等媒体获取。一般来说，普通投资者、企业债权人、供应商、证券分析师、企业职工、社会公众等不方便直接从企业财务部门获取信息的，可以通过公司官方网站、证券服务机构网站、财经类报纸杂志获取财务报表信息和其他相关信息。

相关链接

获取上市公司财务信息的常用网站：

1. 巨潮资讯网，证监会指定的上市公司信息发布平台，http：//www. cninfo. com. cn/。
2. 上海证券交易所网站，http：//www. sse. com. cn/。
3. 深圳证券交易所网站，http：//www. szse. cn/。
4. 新浪、搜狐等门户网站的股票版块。
5. 东方财富网、证券之星等财经网站。

相关思考

2010年4月2日，合众思壮在深交所中小板挂牌上市引起市场广泛关注，原因是该公司的第四大股东是NBA著名球星姚明。那么作为投资人的姚明会重点关注该企业哪些财务信息呢？假如有银行向合众思壮授信、贷款，那么作为债权人的商业银行又会重点考察哪些财务状况呢？同样，作为合众思壮的管理者，又会重点关注企业财务的哪些方面呢？

财务分析入门、进阶书籍推荐

阶段性任务

上网搜集珠海格力电器股份有限公司（格力电器：000651）有关财务分析的信息，并对财务信息和非财务信息进行简单的分类整理。

三、财务分析应考虑哪些基本因素

（一）内部因素

1. 企业财务会计报表是否真实可靠

企业财务会计报表是财务分析的基础和依据，离开了财务会计报表，财务分析就失去了起码条件。因此，财务会计报告资料的齐全与否，披露信息的广度、深度如何，编报的质量等，都会直接影响到财务分析的结果和分析质量的高低。如果所分析的财务报表是错误的信息或者是人为制造的虚假信息，则会直接对分析结果产生误导，分析的结论也就不能起到应有的作用，甚至起到相反的作用。这正是近年来多家上市公司通过虚假的财务报告并买通注册会计师提供虚假的审计报告误导公众造成重大恶劣影响的原因。

2. 企业的管理理念和管理风格

企业的管理理念是企业发展一贯坚持的一种核心思想，是企业全体员工坚守的基本信条，也是企业制定和实施战略目标的前提条件和基本依据。管理理念是形成企业管理风格和行为的前提，也是形成企业管理能力、影响企业管理水平的重要因素。企业的管理风格和理念一般可分为稳健型和创新型。企业管理理念的不同，决定了企业高层对待风险的态度和控制风险的方法也不同。比如，对于规模相近、经营业绩相当的两个企业，由于管理高层在经营理念、领导风格等方面的不同，可能会导致两个企业的资产减值比例相差悬殊，最终对会计报表的结果产生影响。一般来说，管理风格稳健型的企业，财务报告数据会相对谨慎或保守；管理风格比较张扬的企业，财务报告数据会相对不那么稳健。在进行财务分析时，必须充分考虑这些因素。

3. 企业的生产经营规模

一定规模的生产经营活动从客观上要求企业有适当规模的存量资产与之相适应，经营规模大的企业，往往实力雄厚，抵御风险的能力较强。这类企业与经营规模较小的企业会在资本资产结构上不同，这些不同会直接影响企业的财务状况，并会对财务分析产生影响。规模较大的企业，由于其业务范围广，财务活动比较复杂，往往需要更加专业的分析和采用更加复杂的方法。规模较小的企业财务活动一般比较单一和简单，在财务分析方法和分析程序上与规模较大的企业相比，可以进行一些简化。

4. 企业产品的市场地位

企业要想在市场上占据有利地位，最重要的是要拥有受消费者欢迎的产品。企业采取什么样的产品价格策略、如何进行产品定位，以及产品更新换代的速度和新产品的开发策略等，都会影响企业产品在市场中的表现，影响企业资金的筹集和使用，进而影响企业的获利能力，对财务分析结果产生影响。如果一个产品地位不高而盈利水平很高的企业的报表摆在我们面前，我们可能首先需要的是更加怀疑的职业判断。

5. 企业的技术水平与研发能力

企业发展能力如何，在很大程度上取决于企业所采用的技术是否处于行业领先地位，是否具有较强的科研开发能力。一个具有较强科研开发能力的企业，往往有很强的发展潜力，会在竞争中占据优势地位，从而会吸引更多的投资者，对增强企业的盈利能力等方面带来影响，并最终从财务报表中反映出来。

对于上市公司，还要考虑公司治理环境。公司治理结构是公司制的核心，分为宏观和微观两个层面。宏观层面主要指股东、董事会、监事会和经理层之间相互负责、相互制衡的制度安排；微观层面主要指公司的内部控制制度。不同的公司治理环境，会对企业的财务分析产生不同影响。

（二）外部因素

1. 企业所在行业的情况

一个企业是否具有长期发展的前景，首先同它所处行业本身的性质有关，身处高速发展的行业，对任何企业来说都是一个财富；当一个企业处于弱势发展行业中，即使本身财务数据优良，也会因大环境的下降趋势而影响其未来的发展。在财务分析中，了解企业所在行业的情况和企业在行业中所处位置，有助于对财务分析做出更符合客观实际的结论。

2. 企业竞争对手的情况

企业之间的竞争，涉及设备、技术、人才、营销、管理等各个方面。在财务分析的过程中，分析人员应结合竞争对手的情况，如其采取的发展战略、经营策略、对员工的激励机制等，有助于对本企业财务分析做出更加具有针对性的结论。如果本企业在竞争中处于优势地位，则财务报表信息可能会有一个较好的状况。反之，如果企业在竞争中处于劣势地位，则其财务状况很难比优势企业更加理想。

3. 企业所面临的宏观经济环境

国民经济发展的速度对企业有重大影响。国民经济发展处于不同的周期，对企业财务状况的影响是不一样的。例如，当国民经济发展处于上升期，企业一般会相应地增加厂房、设备、存货，更多地聘用具备熟练操作技能的工人、专业技术开发人员等，这种增长需要大规模地筹集资金。同时，物价、利率的变化等会导致企业成本发生变化。因此，在进行财务分析时要对宏观经济环境给予必要的关注。

4. 企业所处的法律环境

企业无论在筹资、投资还是在利润分配等财务活动中，都要和企业外部发生经济关系，在处理这些经济关系时，必须遵守有关的法律和规范。比如，企业必须遵守税收法律、合同法律、会计准则等，这些法律法规一旦发生变化，必然对企业财务状况和经营成果带来一定的影响。因此，在进行财务分析之前，必须对企业所处的法律环境予以必要的关注。

5. 政府经济政策

由于我国政府具有较强的宏观经济调控职能，其制定的经济发展规划，产业政策，对某些地区或行业以及某些经济行为的优惠、鼓励或限制政策，都会对企业的发展产生重要影响。因此，在进行财务分析时，不能只局限于企业内部环境，要将企业置于全国乃至全球经济发展的大环境中进行观察，才能得出更加客观、更加准确的结论来。

阶段性任务

结合当前国家智能制造背景以及珠海特区产业发展等情况，分析影响珠海格力电器股份有限公司财务分析的内外部因素并做简要陈述。

四、财务分析的内容有哪些

微课：财务分析内容

PPT：财务分析内容

获取了企业相关财务信息和非财务信息，对企业面临的宏观、微观环境进行分析，我们大致能观察到企业在行业中所处的地位及其未来发展前景。就财务信息而言，虽然不同的人分析目的不同，其分析重点也不同，但一般我们要对企业财务报表进行初步解读，做出我们的初步判断。比如格力电器和小米打赌的对象是销售额，我们在分析时就只用关注两家企业的销售额吗？当然不是的，不管我们出于什么分析目的，我们还是要对企业全貌有一个初步的认识。那么财务分析的内容一般有哪些呢？

由于财务信息使用者与企业的利益关系不同，在进行财务分析时各有其不同的侧重点。综合起来看，财务分析的内容主要有以下方面（见图0－3）。

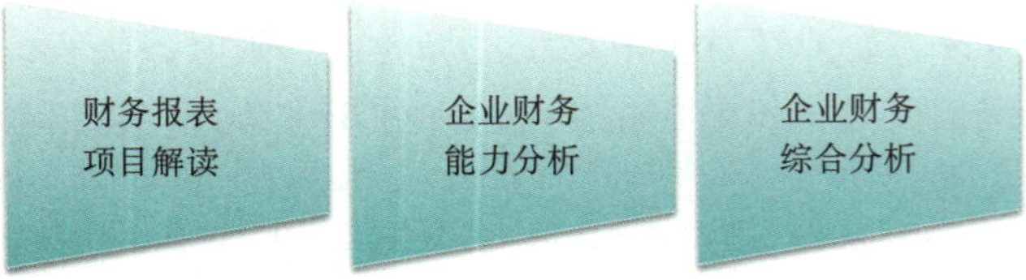

图0－3 企业财务分析内容

（一）财务报表项目解读

财务报表提供了企业最重要的财务信息，但是财务分析绝不是直接使用报表上的数据计算一些比率，然后得出分析结论，而应当先尽力读懂财务报表及其附注，了解每个项目数据的含义，为进一步分析打下基础。

1. 资产负债表项目分析

资产负债表揭示了企业资金来源及资产配置情况，从中我们可以了解企业的资本结构与资产结构。广义的资本结构是指各种资金来源占总资金的比重，这个比例涉及企业的重大财务决策问题，如企业的融资决策和营运资本政策等。资本结构的健全和合理与否，直接关系到企业的经济实力是否雄厚、企业的经济基础是否稳定。企业在生产经营过程中使用的资金，其来源应该稳定可靠，这是企业得以长期生存和发展的根本保证。企业从不同的来源渠道取得所需资金，这些来源渠道从资产负债表上概括起来看有三大部分：短期负债、长期负债和所有者（股东）权益。

财务分析起点——建立分析逻辑

资产是企业的经济资源，资源如果要最大限度地发挥其功能，就必须有一个合理的配置，而资源配置的合理与否，主要是通过资产负债表的各类资产占总资产的比重以及各类资产之间的比例关系即资产结构分析来反映的。企业合理的资产结构，是有效经营和不断提高盈利能力的基础，是应对财务风险的基本保证。

2. 利润表项目分析

利润表项目分析一是通过对营业收入、公允价值变动收益、投资收益和营业外收入的构成及其对利润的影响来分析企业主要收入的来源渠道；二是通过对商品销售收入、提供劳务收入和让渡资产使用权收入及其对利润的影响来分析各种收入的性质；三是通过对营业成本、税金及附加、销售费用、管理费用、财务费用、资产减值损失、信用减值损失、营业外支出、所得税费用及其对利润的影响来分析各种支出的结构，从中初步判断影响财务成果的主要因素。

3. 现金流量表项目分析

现金流量表项目分析主要通过对企业现金的流入、流出及净流量的分析，了解企业在一定时期内现金流入的主要来源、现金流出的主要去向、现金净增减的变化和现金紧缺状况，评价企业的经营质量，预测企业未来现金流量的变动趋势，衡量企业未来的偿债能力，防范和化解由负债所产生的财务风险。

（二）企业财务能力分析

通过对财务报表项目的解读，我们对企业财务全貌有了初步的认识，在此基础上，可以进一步对企业财务能力进行分析，这也往往是企业财务分析的核心工作。企业财务能力分析的内容主要有如下方面：

1. 偿债能力分析

偿债能力是企业对到期债务清偿的能力或现金保证程度。企业在生产经营过程中，为了弥补自身资金不足就要对外举债。举债经营的前提必须是能够按时偿还本金和利息，否则就会使企业陷入困境甚至危及企业的生存。从现实情况来看，导致企业破产的最根本、最直接的原因是企业不能偿还到期债务。通过偿债能力分析，债权人和债务人双方都可以从中认识到风险的存在和风险的大小。债权人可以依此做出是否贷款的决策，债务人也可以了解自己的财务状况和偿债能力的大小，进而为下一步资金安排或资金筹措做出决策。

2. 盈利能力分析

盈利能力是企业利用各种经济资源赚取利润的能力。盈利是企业生产经营的根本目的，又是衡量企业经营成功与否的重要标志，是企业财务能力的综合体现。它不仅是企业所有者（股东）关心的重点，同时也是企业经营管理者和债权人极为关注的问题。盈利能力分析是财务分析的核心环节，涉及企业生产经营的各个方面。盈利能力分析不仅包含一个时期盈利能力大小的分析，而且包括企业在较长一段时期内稳定地获取利润能力的分析。

3. 营运能力分析

营运能力是运用企业资产进行生产经营的能力。企业的生产经营过程，其实质是资产运用并实现资本增值的过程。企业各种资产能否充分有效地使用，体现在资产周转速度的快慢，以及为企业带来收入的能力大小。资产运用状况如何，直接关系到资本增值的程度和企业的偿债能力。企业取得的资本，是以不同的形态体现在各类资产上的。企业各类资产之间必须保持一个恰当的比例关系，且在同类资产中的各种资产之间也应当有一个合理的资金分配，只有这样企业才能健康稳步发展，也才能充分发挥资金的使用效益。

4. 发展能力分析

企业的发展能力是指企业在生存的基础上，扩大生产经营规模、壮大经济实力的潜在能力。企业要在竞争中取得优势地位，就必须加快发展，发展是企业生存的动力，也是企业的获利之源。企业可持续发展的能力，不仅是现实投资者关心的重点，也是潜在投资者和企业员工关注的问题。通过对企业营业收入增长能力、利润增长能力、资产增长能力和资本扩张能力的计算分析，可以衡量和评价企业持续稳定发展的能力。

（三）企业财务综合分析

企业财务综合分析是将资产负债表、利润表、现金流量表、所有者权益变动表和附注反映的财务报表结构、质量、财务能力的分析纳入一个有机的整体之中，将各项财务分析指标作为一个整体，系统、全面、综合地对企业财务状况、经营成果和现金流量情况进行分析和评价，反映企业整体的财务状况和经营状况。财务综合分析的主要内容包括杜邦财务分析体系、沃尔比重评分法、信用分析、企业绩效评价体系和财务预警分析。

阶段性任务

对珠海格力电器股份有限公司会计信息和非会计信息进行初步阅读，谈谈对该公司财务状况的初步印象。

五、财务分析的基本步骤有哪些

企业财务分析是一个完整的工作过程，这一工作过程的每个步骤都是环环相扣、承前启后的，任何一个环节的疏忽都会对财务分析的质量产生不良的影响。财务分析的基本步骤如下：

（一）确立分析目标，明确分析内容

确立分析目标是财务分析的起点，它决定后续分析的内容和分析结论。由于财务信息的需求主体不同，其分析的目的也会不同。通常的分析目的可以分为：投资分析目的、信用分析目的和经营决策分析目的。在不同分析目的下，分析内容也有所侧重，对应各分析目的的主要分析内容为：在投资分析目的下进行的财务分析是为了选择未来具有优良业绩和成长性的投资对象；在信用分析目的下，分析人员主要分析企业的偿债能力，保证在未来安全收回本金和利息；在经营决策分析目的下，企业的生产能力分析、生产结构分析、内部投资项目分析和成本费用构成分析等是财务分析的主要内容。

财务分析内容整体框架

（二）搜集分析资料

确定分析目标和内容后，财务分析人员应当按照准备实施的分析内容搜集所需的会计信息和非会计信息。会计信息主要包括企业定期的财务报告、企业财务预算、企业内部的成本费用计算资料等；非会计信息主要包括审计报告、企业产品市场状况和行业信息，以及宏观经济情况等。资料的搜集方式有直接获取；通过公开渠道获取，如通过网站及报纸取得；通过调研取得；通过会议取得；通过中介机构取得等。

在取得相关资料后还应当对资料进行检查和核实，尤其需要核对财务报告数据的真实性，仔细查看审计结论。此外，还需要对数据的时间序列进行检查，观察企业是否存在某一年变化异常的事项，核实该事项的可靠性。只有在核对数据的真实性之后，才能开始财务分析，否则得到的分析结论也是没有价值的。

（三）选择分析方法

财务分析方法是多种多样的，而且随着财务分析学科的发展，新方法也在不断涌现。在现代财务分析中，大量使用数学方法和数学模型，以强化分析结果的可靠性，并尽量减少分析人员的主观影响。但是，新方法的出现并不说明原有的一些基本方法必须淘汰，相反，传统的基本分析方法在实际分析中因为简便易行、易于理解等原因仍然具有十分重要的作用。由于每种分析方法都有自身的优点和局限，所以财务分析人员应当依据分析目的和可能得到的分析资料进行分析方法的比较，选择最优的方法，以便得出客观、全面的结论。

（四）进行分析计算，得出分析结论

各种财务指标是财务分析的基本工具，计算各种指标数值是财务分析的一项基础工作。通过采用特定的方法计算出有关的分析指标并与分析标准进行对比，可以为最终做出分析判断提供直接依据。财务指标分析计算的前提是需要熟悉指标的内涵和基本计算方法，要了解指标计算的有关数据的相关性和因果关系，深刻把握各种指标的内涵，才能够从指标数值中判断其经济实质。

财务指标的计算只是财务分析的一项基础工作，财务分析最重要的工作

是根据指标偏离正常值的程度来确定需要进一步分析的内容，通过结合账证资料和其他有关资料来分析产生偏离的原因，以此作为最终分析结论的依据。

（五）选择报告形式，撰写财务分析报告

撰写财务分析报告是财务分析的最后一个环节。财务分析完成后，应当对分析报表所属的时期、所采用的分析方法和资料依据等做出交代，应当将全部分析内容、观点进行综合概括，总结经验，发现不足，提出改进建议；同时还应对分析资料、分析方法的局限性等做出说明，写出分析报告，提交信息使用者，以帮助有关各方做出决策（见图0－4）。

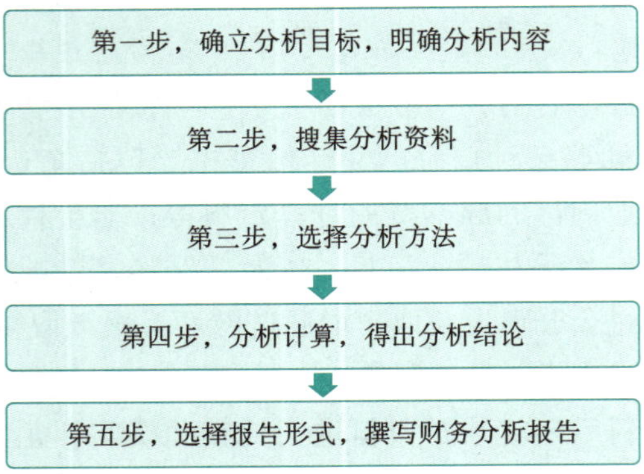

图0－4　财务分析步骤

报告的形式以书面为主，如果需要在财务分析专题会议上汇报，则应根据实际情况确定是否需要制作PPT等形式的演示文稿。

相关思考

假定你是珠海格力电器股份有限公司的财务部门负责人，在即将召开的公司高层会议上需要你向参会人员做公司的财务分析报告。在此之前你需要做哪些工作？假定你是一家基金公司的证券分析师，在向公司决策层提交是否购进华发股份股票的建议之前，你需要做哪些工作？

拓展阅读

财务分析的起源与演变

财务分析始于19世纪末20世纪初，当时的财务报表仅指资产负债表，为了防止竞争对手获得资讯，企业一般不公布利润表。随着经济的快速发展和资本主义大规模生产的出现，企业的融资需求大幅上升，在这种情况下，银行的地位和作用逐渐增强。金融机构为了了解借款企业的财务结构和经营业绩，要求企业提交财务报表作为贷款的依据。

1898年2月，美国纽约州银行协会的经理委员会提出议案，要求所有的借款人必须提交由他们签字的资产负债表，以衡量企业的信用和偿债能

力。1900 年，该协会发布了申请贷款的标准表格，包括部分资产负债表。此后银行开始根据企业资产和负债的质量对比来判断企业对借款的偿还能力和还款保障程度，并且提出诸如流动比率、速动比率等一系列的比率分析指标作为判断的依据。如美国学者亚历山大·沃尔（Alexander Wall）建议使用财务比率法来评价企业的信用，借以防范贷款的违约风险。1923 年，美国的白利斯（James Bliss）出版了《管理中的财务和经营比率》一书，他提出并建立了各行业平均的标准比率，便于人们对各企业进行横向财务比较。1921 年，吉尔曼（Gilman）出版了名著《财务分析》，他指出不能高估比率分析的作用，因为财务比率和资产负债表之间的关系似乎难以明确，他同时还提出应用趋势分析法的必要性。

将财务分析吸引入投资领域的是美国的汤姆斯（Thomas），1900 年他发表了《铁路财务分析》。该书使用了诸如经营费用与毛利率、固定费用与净收益比率等现代财务分析方法来评价当时的铁路行业经营状况。此后，财务分析作为评价财务状况的基础在投资领域越来越盛行。

尽管在 20 世纪初财务分析技术出现了许多重大的突破，但是直到 20 世纪 50 年代财务分析才成为一门独立的学科。随着股份制经济和资本市场的发展，债权人和投资者开始系统分析企业的财务报表资讯，关注企业的偿债能力、信用品质和经营成果，从而促进了财务分析的发展，使之成为了一门独立的、实用性很强的新学科。从财务分析产生与发展的过程不难发现，该学科的理论与实务一直是在外部市场环境的影响下不断加以完善的。概括起来说，财务分析大体经历了如下三个阶段：

第一，信用分析阶段。如前所述，企业财务分析起源于美国银行家对企业进行的信用分析，银行出于确保发放贷款的安全性的考虑，要求企业提供资产负债表等资料，以便对企业的偿债能力进行分析，其主要任务是对企业经营的稳定性进行分析。

第二，投资分析阶段。为确保和提高投资收益，广大投资者纷纷利用银行对不同企业及行业的分析资料进行投资决策。于是，财务分析由信用分析阶段进入投资分析阶段，其主要任务也从稳定性分析过渡到收益性分析。

第三，内部分析阶段。企业在接受银行的分析与咨询过程中，逐渐认识到了财务分析的重要性，开始由被动地接受分析逐步转变为主动地进行自我分析。通过财务分析掌握企业的财务状况，进而判断企业的经营状况，以便进一步改善企业的经营管理。

模块二 掌握企业财务分析的基本方法

微课：财务分析方法

PPT：财务分析方法

职业判断与业务操作

通过前文，我们可以了解到，企业财务分析的主要内容由财务报表解读、企业财务能力分析和企业财务综合分析三个部分组成。核心思路是运用科学方法对企业财务报表进行解读，对报表数据进行剖析和重构，构建评价企业各项财务能力和财务综合能力的指标体系，进而对企业进行全面的财务分析与评价。在这一过程中，运用的财务分析的方法有很多种，一般常用的财务分析方法包括比较分析法、比率分析法、趋势分析法、因素分析法等。

引例分析 0-1

俗话说"外行看热闹，内行看门道"，对一个不了解财务分析的人来说，看到财务报表中一排排数字，只是看热闹而已；而对于一个熟悉财务分析的人来说，只要通过运用一些简单的方法对各项数据进行分析，就能看出门道。例如，当我们作为债权人知道某企业2018 年末短期负债 500 万元，总负债 1 500 万元时，仅仅看这样两个数据很难说明我们的债权是否有风险。如果对照该企业 2017 年末的流动资产为 1 000 万元，总资产为 4 500 万元进行比较，那么通过这两组数据就能获得有用的经济信息：一是表明 2018 年末该企业的流动资产是流动负债的 2 倍，即每 1 元的流动负债就有 2 元的流动资产，还债是没困难的；二是表明 2018 年末总资产是总负债率的 3 倍，表明企业资产中有 1/3 是通过负债形成的。就一般而言，该企业的偿债风险是在合理范围内的，如果将更多数据通过某种形式联系起来加以比较，还可以揭示出更多的隐含在财务报表中的重要信息。为了揭示这些重要信息，我们必须学习一些基本的方法。

一、比较分析法

比较分析法是指通过主要项目或指标值变化的对比，确定出差异，分析和判断财务状况和经营状况的一种方法。比较分析法是财务分析中最常用的一种方法，通过比较分析可以发现所分析数据或指标的问题所在，揭示企业经营活动中的优势和劣势。不同的比较标准具有不同的意义。

（一）比较分析的标准

1. 历史标准

历史标准是以企业的历史数据作为标准。通常可以选择历史最高水平、历史平均水平或历史转折期水平。以历史标准作为基础进行比较，属于纵向比较。通过纵向比较可以判断项目增减变动的方向和幅度，有利于把握企业发展的态势，预测企业未来的状况，还有利于进一步查明企业财务状况和经营成果发生变化的原因。

2. 行业标准

行业标准是以企业所在行业的数据作为标准。行业数据可以是行业平均水平、行业先进水平或行业中特定企业的水平，比如竞争对手水平等。将本企业情况与所在行业情况进行比较，属于一种横向比较。通过横向比较，可以确定企业在行业中所处的地位，找出与行业先进水平、竞争对手之间的差异，并进一步分析差异产生的原因，为企业今后的发展指明方向。行业标准数据从哪里来呢？可以选取一些行业中有代表性的企业自行计算，也可以参考相关机构发布的标准值作为参考，比如国务院国资委考核分配局每年会发布《企业绩效评价标准》，该标准根据《中央企业综合绩效评价管理暂行办法》等有关规定，依据全国国有企业财务决算数据、国家统计部门有关统计资料、各行业协会有关运行材料等，结合对上一年度国民经济各行业运行情况的客观分析，运用数理统计方法测算编制。全国国有工业企业 2018 年企业绩效评价标准值如表 0 – 1 所示。

表 0 – 1　全国国有工业企业 2018 年企业绩效评价标准值　范围：全行业

项目	优秀值	良好值	平均值	较低值	较差值
一、盈利能力状况					
净资产收益率（%）	10.6	7.2	4.4	–2.0	–10.5
总资产报酬率（%）	7.5	5.3	3.6	–1.3	–5.3
销售（营业）利润率（%）	20.7	14.4	9.4	1.6	–4.6
盈余现金保障倍数	10.4	5.0	1.0	0.3	–2.3
成本费用利润率（%）	11.9	8.3	4.7	0.3	–9.5
资本收益率（%）	12.0	8.5	5.1	0.5	–8.7
二、资产质量状况					
总资产周转率（次）	1.4	0.9	0.4	0.2	0.1
应收账款周转率（次）	17.3	10.4	6.4	3.6	2.3
不良资产比率（%）	0.1	0.8	2.4	6.4	12.2
流动资产周转率（次）	3.4	2.1	1.1	0.6	0.1
资产现金回收率（%）	13.7	9.6	4	–3.4	–8.1
三、债务风险状况					
资产负债率（%）	50.0	55.0	60.0	70.0	85.0
已获利息倍数	5.0	3.5	2.3	0.3	–2.1
速动比率（%）	132.9	107.3	72.6	49.6	26.8
现金流动负债比率（%）	27.0	18.6	9.5	–2.3	–12.8
带息负债比率（%）	36.6	46.3	59.3	71.9	85.1
或有负债比率（%）	0.2	1.0	5.0	12.2	21.0
四、经营增长状况					
销售（营业）增长率（%）	17.1	10.9	3.9	–12.2	–22.9
资本保值增值率（%）	110.3	104.9	102.3	96.6	89.3
销售（营业）利润增长率（%）	13.5	9.6	1.6	–13.9	–22.5

续表

项目	优秀值	良好值	平均值	较低值	较差值
总资产增长率（%）	12.9	9.8	5.5	-7.1	-15.5
技术投入比率（%）	3.6	2.5	2.0	1.6	0.6
五、补充资料					
存货周转率（次）	16.9	9.5	4.7	2.4	1.0
“两金”占流动资产比重（%）	27.6	38.8	49.1	61.2	71.1
成本费用占主营业务收入比重（%）	80.8	90.0	95.9	101.3	108.1
经济增加值率（%）	8.2	3.7	0.7	-3.6	-7.0
EBITDA 率（%）	28.1	17.9	10.0	3.1	-2.8
资本积累率（%）	32.2	16.7	7.3	-5.5	-18.7

3. 预算标准

预算标准是以企业的预算数据作为标准。由于预算水平往往反映了企业预定的目标，因此预算标准又称为“目标标准”。将企业当期的实际情况与预算情况进行比较，可以对企业完成预算的情况进行评价，找到实际与预算的差异以及差异产生的原因。对于由于企业内部管理和控制造成的差异，在今后应及时调整，对于由于市场等外部环境造成的差异，企业应积极应对。

4. 经验标准

经验标准是以经验数据为标准。经验数据是在较长的时间内积累起来的被很多人认同的一种水平。比如，从经验上通常认为流动比率为 2 比较合理，速动比率为 1 比较合理。将企业实际情况与经验数据进行比较，有利于判断企业的状况是否处于经验上的合理范畴，如果差异很大，则需要相应地做出调整。

重要提示

由于行业情况、社会经济情况和企业自身情况的不同，上述标准不一定适合所有企业。由于企业所处的环境不同，各自的经验数据也会有差异。因此，在运用上述标准时需要慎重。很多企业早已触碰了公认标准的“禁区”，但仍然经营得有声有色，发展得也很好。因此，我们既要重视公认标准所体现的一般性，也要重视企业和环境的特殊性。

（二）比较分析法的应用

比较分析法按照比较形式的不同可以分为绝对数比较分析和相对数比较分析两种形式。

1. 绝对数比较分析

绝对数比较分析法是将各报表项目的绝对数额与比较对象的绝对数额进行比较以揭示其数量差异的方法。例如，某企业上年末的资产总额为 1 000 万元，本年末的资产总额为 1 500 万元，则今年与上年的差异额为 500 万元。绝对数比较分析一般是通过编制比较财务报表来完成的，包括编制比较资产负债表、比较利润表、比较现金流量表等。

2. 相对数比较分析

相对数比较分析法是在绝对数比较的基础上，通过确定各项财务指标的变动比率来分析财务指标的增减变动幅度及发展趋势的方法。如上所述，某企业上年末的资产总额为1 000万元，本年末的资产总额为1 500万元，则今年与上年的绝对数差异额为500万元。这个500万元绝对数的增加在不同规模的企业之间是不可比的。按照相对数分析法，则可描述为增加了50%，这种幅度比率在不同规模的企业之间是可比的。

绝对数比较只通过差异数说明差异金额，不能表明变动程度，而相对数比较则可以进一步说明变动程度。在实际工作中，绝对数比较和相对数比较可以同时使用，通过两种不同的比较做出更充分的判断和更准确的评价。在选择比较的基数时，可以将会计报表的相邻两期进行比较分析，也可以某个时期为基础进行对比分析，需要的话，可进行连续比较，确定变动的绝对数和相对数。

下面以格力电器财务报表为例，说明比较分析法的运用。

引例分析0－2

根据格力电器2016年、2017年资产负债表、利润表编制格力电器相关比较资产负债表简表、比较利润表简表如表0－2、表0－3所示。

表0－2　格力电器比较资产负债表（简表）　单位：万元

报表项目	日期		增减变动	
	2016年12月31日	2017年12月31日	变动额	变动率（%）
资产总额	18 236 970.50	21 496 799.93	3 259 829.43	17.87
负债总额	12 744 610.23	14 813 320.16	2 068 709.93	16.23
股东权益	5 492 360.28	6 683 479.78	1 191 119.50	21.69
货币资金	9 561 313.07	9 961 043.17	399 730.10	4.18
应收票据	2 996 335.55	3 225 641.35	229 305.81	7.65
应收账款	296 053.47	581 449.16	285 395.70	96.40
预付款项	181 494.58	371 787.46	190 292.88	104.85
其他应收款	24 498.42	25 282.57	784.15	3.20
存货	902 490.52	1 656 834.71	754 344.19	83.58
短期借款	1 070 108.16	1 864 609.50	794 501.34	74.24
应付票据	912 733.68	976 692.95	63 959.27	7.01
应付账款	2 954 146.69	3 455 288.63	501 141.95	16.96
预收款项	1 002 188.55	1 414 303.82	412 115.27	41.12
应付职工薪酬	170 294.94	187 672.89	17 377.95	10.20
应交税费	312 630.28	390 887.40	78 257.12	25.03
其他应付款	222 261.40	260 448.23	38 186.84	17.18

表 0－3　　格力电器比较利润表（简表）　　单位：万元

项目	年度		增减变动	
	2016 年度	2017 年度	变动额	变动率（%）
一、营业总收入	11 011 310. 19	15 001 955. 16	3 990 644. 98	36. 24
营业收入	10 830 256. 53	14 828 645. 00	3 998 388. 47	36. 92
二、营业总成本	9 152 937. 98	12 469 881. 27	3 316 943. 28	36. 24
营业成本	7 288 564. 12	9 956 291. 28	2 667 727. 15	36. 60
税金及附加	143 040. 42	151 303. 54	8 263. 12	5. 78
销售费用	1 647 726. 60	1 666 026. 85	18 300. 25	1. 11
管理费用	548 895. 56	607 114. 37	58 218. 81	10. 61
财务费用	－484 554. 66	43 128. 47	527 683. 13	
资产减值损失	－99. 16	26 378. 70	26 477. 86	
公允价值变动收益	109 333. 21	921. 25	－108 411. 96	－99. 16
投资收益	－222 135. 63	39 664. 81	261 800. 45	
三、营业利润	1 745 569. 78	2 612 666. 60	867 096. 82	49. 67
加：营业外收入	109 623. 48	51 105. 91	－58 517. 57	－53. 38
减：营业外支出	2 074. 25	2 054. 02	－20. 24	－0. 98
四、利润总额	1 853 119. 01	2 661 718. 50	808 599. 49	43. 63
减：所得税费用	300 655. 52	410 858. 59	110 203. 07	36. 65
五、净利润	1 552 463. 49	2 250 859. 90	698 396. 41	44. 99

表中各项目的计算方法（仅以资产总额项目为例）为：

资产总额绝对数的变动额＝21 496 799. 93－18 236 970. 50＝3 259 829. 43（万元）

资产总额相对数的变动率＝3 259 829. 43÷18 236 970. 50×100%＝17. 87%

从表 0－2 和表 0－3 中可以看出，将格力电器 2017 年和 2016 年资产负债表和利润表的绝对数进行比较，可以计算出 2017 年比 2016 年各项目增加或减少的绝对金额，这是绝对数比较分析。如货币资金项目增加了 399 730. 10 万元，其他应收款增加了 784. 15 万元，资产总额增加了 3 259 829. 43 万元，净利润增加了 698 396. 41 万元等。

利用增减变动金额与上年数比较可以计算出各项目变动百分比，如货币资金项目增长了 4. 18%，应收账款增长了 96. 40%，资产总额增长了 17. 87%，净利润增长了 44. 99%，这就是相对数比较分析法，反映了报表各项目增减变动的程度。

（三）运用比较分析法应注意的问题

在运用比较分析法时主要应注意相关指标的可比性，具体来说有以下几点：

1. 指标内容、范围和计算方法的一致性

在运用比较分析法时，需要大量运用资产负债表、利润表、现金流量表等财务报表中的项目数据。必须注意这些项目的内容、范围以及使用这些项目数据计算出来的经济指标的内容、范围和计算方法的一致性，只有一致才具有可比性。

2. 会计计量标准、会计政策和会计处理方法的一致性

财务报表中的数据来自账簿记录，而在会计核算中，会计计量标准、会计政策和会计处理方法都有变动的可能，若有变动，则必然影响到数据的可

比性。因此，在运用比较分析法时，对由于会计计量标准、会计政策和会计处理方法的变动而不具可比性的会计数据，必须进行调整，使之具有可比性才可以进行比较。

3. 时间单位和长度的一致性

在采用比较分析法时，不管是实际与实际对比，实际与预定目标（或计划）对比，或是本企业与先进企业对比，都必须注意所使用数据时间的相关性和时间长度的一致性。包括月度、季度、年度的对比，不同年度的同期对比，都必须确保时间的可比性。特别是本企业的不同时期对比或本企业与先进企业的对比，所选择的时间长度和所选择的年份都必须具有可比性，这样才能保证通过比较分析所做出的判断和评价具有可靠性和准确性。

4. 企业类型、经营规模和财务规模以及目标大体一致

这主要是指本企业与其他企业对比时应当注意选择大体上有比较意义的企业进行比较，只有大体一致，企业之间的数据才具有可比性，比较的结果才具有实用性。

阶段性任务

上网搜索江苏中天科技股份有限公司（中天科技：600522）资料，计算编制格式如表0－2和表0－3的比较资产负债表和比较利润表，通过比较分析对该公司的财务状况和经营情况作初步评价。

二、比率分析法

比率分析法是利用企业同一时期的会计报表中两个或两个以上指标之间的某种关联关系，计算出一系列财务比率，据以考察、分析和评价企业财务状况和经营业绩的分析方法。计算财务比率并不是分析的最终目的，比率仅仅是一种分析的手段与工具。进行财务比率分析时，为了深刻了解各项比率所隐含的种种信息与意义，还需要在分析中配合其他的有关分析资料并进行其他方面的分析研究。财务比率可与企业过去的比率进行比较，也可以与预定的标准财务比率进行比较，还可以与同行业的财务比率进行比较。

（一）比率分析法的比率类型

比率是相对数，采用比率分析法能够把某些条件下的不可比指标变为可比指标，从而使不可比的企业之间找到可比性。比率指标主要有以下三种：

1. 结构比率

结构比率是某项经济指标的各个组成部分与总体的比率，反映部分与总体的关系。常用的结构比率有资产结构、资本结构和盈利结构。利用结构比率，可以考察总体中某部分的形成和安排是否合理，以便协调各项财务活动。

2. 效率比率

效率比率是反映投入与产出关系的财务比率，如净利润除以平均股东权益得到的比率、净利润除以费用总额得到的比率等。效率比率的分子是代表产出的项

目，通常是各种利润数据，分母则是代表某种投入的数据，如资产、成本费用等。利用效率比率可以考察企业经营管理活动的经济效益，揭示企业的获利能力。

3. 相关比率

相关比率是以某个项目总额与相互关联但性质不同的项目总额加以对比所得的比率，反映有关经济活动的相互关系。利用相关比率指标，可以考察有联系的相关业务安排是否合理，以保障企业经济活动的顺利进行。如将流动资产与流动负债加以对比，计算出流动比率，据以评价企业的短期偿债能力。

（二）比率分析法的应用

采用比率分析法时，应首先计算相关财务指标之间的比率，然后据以做出判断。例如，判断局部与整体之间的结构比率的计算公式为：

结构比率 = 某项目财务指标的部分数值 ÷ 某项目财务指标的总体数值 × 100%

通过结构指标可以判断某一部分指标的重要程度。

引例分析 0－3

格力电器 2016 年、2017 年营业收入分行业、产品、地区分布情况如表 0－4 所示，根据该表可以分析格力电器营业收入的不同构成情况。

表 0－4　　格力电器 2016—2017 年营业收入构成情况表　　单位：元

项目		2017 年		2016 年		同比增减（%）
		营业收入	占营业收入比重（%）	营业收入	占营业收入比重（%）	
行业	制造业	132 189 595 255.70	89.14	93 187 780 602.40	86.04	41.85
	其他业务	16 096 854 753.48	10.86	15 114 784 691.30	13.96	6.50
	合计	148 286 450 009.18	100.00	108 302 565 293.70	100.00	48.35
产品	空调	123 409 767 128.48	83.22	88 085 431 144.00	81.33	40.10
	生活电器	2 300 898 577.78	1.55	1 717 749 799.40	1.59	33.95
	智能装备	2 126 418 528.67	1.43	161 059 363.01	0.15	1220.27
	其他主营	4 352 511 020.77	2.94	3 223 540 295.99	2.97	35.02
	其他业务	16 096 854 753.48	10.86	15 114 784 691.30	13.96	6.50
	合计	148 286 450 009.18	100.00	108 302 565 293.70	100.00	36.92
地区	主营业务（内销）	113 695 815 039.68	76.67	76 937 875 361.69	71.04	47.78
	主营业务（外销）	18 493 780 216.02	12.47	16 249 905 240.71	15.00	13.81
	其他业务	16 096 854 753.48	10.86	15 114 784 691.30	13.96	6.50
	合计	148 286 450 009.18	100.00	108 302 565 293.70	100.00	36.92

以 2017 年为例，从表 0-4 中的结构比率我们可以看出，就行业类别而言，该公司的营业收入主要来源于制造业，占比达 89.14%；就产品类别而言，公司营业收入主要来源于空调的生产和销售，占比达 83.22%，这说明格力主要产业就是制造销售空调，这项业务对于格力而言是核心命脉，格力应该继续保持其空调制造的核心竞争力。其次是其他业务，占比达 10.86%，字面上我们无法知悉其他业务包括什么，所以此时我们需要查找格力披露的年报，就可以知晓格力其他业务包括“压缩机、电机、电容、模具、自动化设备等制造加工”。

就销售地区而言，公司主营业务收入主要来自国内，占比达 76.67%。可以看出，格力电器销售市场主要还是面对国内且呈现继续增长态势。从表 0-4 中我们可以发现主营外销业务占营业收入百分比在下降，但并不代表着格力在收缩国外市场，通过对实际销售额对比，可以发现实际上主营外销收入增长 2 243 874 975.31 元，同比增长 13.81%。这些迹象可以侧面反映出企业保持良好发展态势。

（三）运用比率分析法应注意的问题

比率分析法的优点是计算简便，计算结果容易判断，而且可能使某些指标在不同规模企业间进行比较，甚至也能在一定程度上超越行业之间的差别进行比较。但采用比率分析法时，应注意以下几点：

1. 对比项目的相关性

计算比率的分子与分母之间必须具有相关性，把不相关的项目进行对比是没有意义的。在构成比率指标中，部分指标必须是总体指标这个大系统中的一个小系统；在效率比率指标中，投入与产出必须有因果关系；在相关比率指标中，两个对比指标也要有内在联系。只有这样才能评价有关经济活动之间是否协调均衡，安排是否合理。

2. 对比口径的可比性

计算比率的分子与分母之间必须在计算时间和范围等方面保持口径一致，如果两个指标的计算口径之间没有内在的联系，牵强的计算是没有意义的。当两个指标之一来自资产负债表，另一个指标来自利润表或现金流量表时，应当将资产负债表数据取期间内的平均值，这是因为资产负债表是时点报表，表示某一时刻的财务状况，而利润表和现金流量表是时期报表，表示一段期间内的经营成果和现金流量，两者计算口径不同。

3. 衡量标准的科学性

运用比率分析，需要选用一定的标准对各种比率进行对比，以便对企业的财务状况和经营业绩做出评价。需要注意的是：比率分析法中运用的财务比率和衡量标准并不是固定不变的。选取什么样的项目来计算财务比率和采用什么样的标准来衡量，关键在于其经济意义和分析主体的分析目的。只要两个项目相除计算出的相对数通过与衡量标准对照具有一定的经济意义并能够实现分析主体的分析目的，这个相对数就是有价值的财务比率。

阶段性任务

上网搜索江苏中天科技股份有限公司的资料，计算编制该公司2018年营业收入结构比率分析表，对该公司主要产品光通信及网络、电力传输、海洋系列、新能源、铜产品等在销售收入中的结构进行分析并作初步评价。

三、趋势分析法

趋势分析法是将连续数期的财务报表中某些项目或指标进行比较，计算前后期的增减方向和幅度，并形成一系列具有可比性的百分比（趋势百分比），以预测企业财务状况或经营成果的变动趋势的一种分析方法。这种分析方法不仅能够为财务报表阅读者提供财务报表中某些项目或指标的变动趋势，而且还可以通过对过去财务报表中某些项目或指标的发展变动规律的研究，揭示未来财务状况与经营成果的发展趋势。

（一）趋势分析法的种类

趋势百分比（也称趋势比率或者指数）由于基期不同分为定比和环比两种。

1. 定比

所谓定比，就是在计算趋势百分比时以某一期间的数值或以一定期间的平均数值固定为基期数，即为100%，再将同一项目其他各期的数值分别与固定基期的数值相比较，计算出趋势百分比，称为“定基百分比”。其计算公式为：

$$\text{定基百分比} = \text{分析期数额} \div \text{基期数额} \times 100\%$$

2. 环比

所谓环比，是在计算趋势百分比时所运用的基期是不固定的，各期数值均与前一期的数值进行比较，计算出趋势百分比，称为“环比百分比”。其计算公式为：

$$\text{环比百分比} = \text{本期数额} \div \text{上期数额} \times 100\%$$

（二）趋势分析法的应用

采用趋势分析法需要先计算分析指标若干年变动的百分比，然后在此基础上根据过去的变动情况对现在和未来做出判断。需要说明的是，趋势分析只是自身不同时期的对比，能够以过去为依据对未来做出初步判断，如果需要对这种趋势做出全面评价，还需要与其他企业或行业水平进行对比。

下面以格力电器2014年至2018年的营业收入为例，说明在采用不同基期情况下的趋势百分比的计算和分析方法。

引例分析 0－4

格力电器 2014 年至 2017 年营业收入和按照两种基期计算的趋势百分比见表 0－5。

表 0－5 格力电器营业收入对比表 单位：万元

年度	营业收入	定比（%）	环比（%）
2014	13 775 035. 84	100. 00	100. 00
2015	9 774 513. 72	70. 96	70. 96
2016	10 830 256. 53	78. 62	110. 80
2017	14 828 645. 00	107. 65	136. 92
2018	19 812 317. 71	202. 69	133. 61

表 0－5 中增长比率的计算方法为（仅以 2017 年为例）：

定比增长率 ＝14 828 645. 00 ÷13 775 035. 84 ×100% ＝107. 65%

环比增长率 ＝14 828 645. 00 ÷10 830 256. 53 ×100% ＝136. 92%

在表 0－5 中的趋势百分比的计算结果均是用百分比的形式来表示的，在实际工作中也可以用比率加以表示，例如在环比的条件下，趋势百分比如果换成比率来表示，则第二年的趋势比率为 0. 7096，第三年的趋势比率为 1. 1080。

将表 0－5 数据转换成趋势图，可以直观看出该公司这 4 年的增长趋势（见图 0－5）。

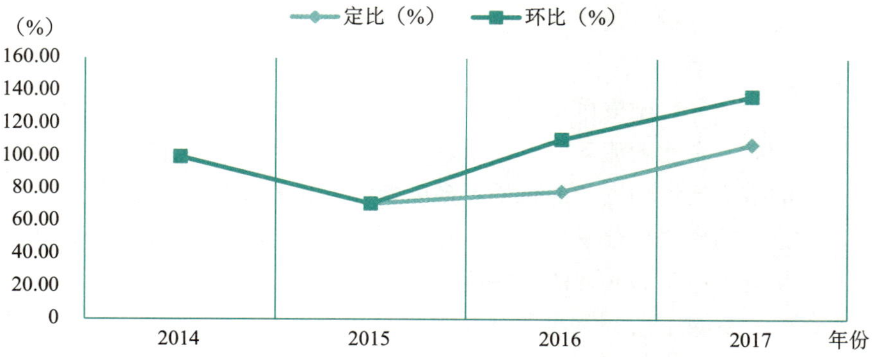

图 0－5 格力电器营业收入增长趋势图

表 0－5 中分别以两种不同的方法计算了趋势百分比。这两种趋势百分比可从不同的角度说明格力电器在 4 年中营业收入的基本变动趋势。通过计算分析可以得出：该公司 4 年来营业收入有一定幅度的波动，尤其是 2015 年营业收入大幅下降，值得探究其背后真正的原因。据董明珠解释，2015 年营业收入下滑是因为采取了让利于民的促销政策，空调产品下调了价格。当然就整体而言，格力电器营业收入仍然呈上升趋势。

综合前面的数据，我们可以对格力电器做一个简要分析。格力电器总资产增长率为 17. 87%，负债增长率为 16. 23%，营业收入增长率为 36. 92%，营业收入的增长主要依赖于空调销售额的增长，空调销售额增长率为 40. 10%。应该说，格力电器整体情况良好。目前格力电器2018年年度报告已经发布，观察2014年至2018年连续5年的营业收入，2015年较之2014年大幅下降，2016年开始扭转销售下滑局面，2017年、2018年连续两年大幅攀升，2017年环比增长率达36.92%，2018年环比增长率达33.61%。假如2018年按2 000亿元营业收入计算，格力电器要想在2023年达到6 000亿元销售目标，经过计算，其年环比增长率应保持在24.57%，你认为董明珠为格力电器定下的6 000亿元销售目标能实现吗？

（三）运用趋势分析法应注意的问题

为反映企业财务信息变动的趋势，上市公司在发布财务报表的时候通常发布多个会计期间或多个时点的数据，这种形式的财务报表称为“比较财务报表”。比较财务报表是将两期以上的财务报表予以并列，依次比较而编制的一种报表。常见的比较性财务报表有比较资产负债表、比较利润表和比较现金流量表。

1. 基期的选择应具有代表性

采用定比方法计算趋势百分比时，应注意基期的选择要有代表性，如选择不当，容易导致误解。如，选择有重大自然灾害或重大政治或经济危机的年份作为基期，可能会对报告期起粉饰作用，而选择因特殊原因导致业绩超常的年份作为基期时，可能影响对报告期的客观评价。当基期的某个项目为零或者为负数时，不应计算趋势百分比，否则会造成错误的计算结果和没有意义的分析结论。

2. 趋势的增减是否有利因指标而异

在分析中应该根据指标的不同内涵研究各相关项目趋势增减是否有利。例如，企业的流动资产如果逐年减少，一般为不利的趋势，但是，流动负债的减少比流动资产的减少更多可能是有利的趋势。当前后会计政策不一致时，指标的含义也会发生变化，在分析中如果前后期企业的会计政策不一致，应将有关数字做必要的调整后再进行分析。

3. 物价变动可能降低指标的可比性

在财务分析中物价水准的变动会直接影响趋势分析的准确性，物价水平的波动有损比较的意义。在进行趋势分析中，如果不同时期的物价水平发生了显著变动，对于企业存货、收入与费用等方面将产生重大影响，这将使得不同时期的财务资料失去可比性。因此，在实际工作中某些经济分析可能会根据分析内容的需要利用专门的方法剔除物价因素的影响。

4. 趋势百分比应结合绝对数进行分析

在进行趋势分析时还应该与绝对数字一起进行观察，因为仅仅观察相对数字还是不够的。基期金额过高或者过低将被认为趋势非常理想或者非常不理想，但事实并非如此。例如，企业的某个资产项目由10元增加到20元与500 000元增加到1 000 000元，虽然从相对数来看同样增加100%，但是，对于分析者而言，这两个数据的重要性显然是不同的。

阶段性任务

上网搜索江苏中天科技股份有限公司的资料，用定比和环比两种方式分析该公司近4年总资产变动趋势并作初步评价。

四、因素分析法

企业的很多财务指标往往是由多个相互联系的因素共同决定的。当这些因素发生不同方向、不同程度的变动时，对相应的财务指标会产生不同的影响。因此，对这些财务指标的差异分析，可以不只局限在财务指标本身与比较标准的差异上，还可以进一步从数量上测定每一个影响它的因素对差异的影响方向和程度，从而便于抓住主要矛盾，找到解决问题的线索。根据财务指标与其各影响因素之间的关系，确定各个影响因素对指标差异的影响方向和程度的分析方法就称为“因素分析法”。

在实际工作中通常使用连环替代法进行因素分析。连环替代法是将一项综合性的指标分解为各项构成因素，顺序用各项因素的实际数替换基数，分析各项因素影响综合指标的程度的一种方法。

（一）连环替代法的分析程序

1. 确定分析指标与其影响因素之间的关系

确定有哪些因素共同影响某个指标，通常采用指标分解法确定分析指标与其影响因素之间的关系。即将经济指标在计算公式的基础上进行分解或扩展，从而得出各影响因素与分析指标之间的关系式。例如，对于产品材料总成本指标，要确定它与影响因素之间的关系，可按下式进行分解：

材料总成本＝产量×单位产品材料消耗量×材料单价

2. 列出报告期和基期的因素关系式

根据分析指标的报告期各种影响因素数值和对比标准各种影响因素数值列出两个关系式，确定分析对象。例如，对于材料总成本而言，两个指标体系的因素关系是：

计划材料总成本＝计划产量×计划单位产品材料消耗量×材料计划单价
实际材料总成本＝实际产量×实际单位产品材料消耗量×材料实际单价
分析对象总差异＝实际材料总成本－计划材料总成本

3. 对两个关系式进行顺序替代

通过连环顺序替代，计算替代结果。所谓连环顺序替代，就是以对比指标体系为计算基础，用实际指标体系中的每一因素的实际数顺序地替代其相应的对比数，并按关系式计算其结果。每次替代一个因素，替代后的因素被保留下来。有几个因素就替代几次，并相应确定计算结果。这种每次替代一个因素的做法是假定在其他因素不变的条件下，计算只有这一个因素变动情况下这个因素对差异的影响。

（1）求产品产量变动对产品直接材料成本的影响。

第一次替代：用实际产量替代计划产量。

第一次替代结果：

材料总成本 = 实际产品产量 × 计划单位产品材料消耗量 × 材料计划单价

产量变动的影响差额 = 实际产品产量 × 计划单位产品材料消耗量 × 材料计划单价 − 计划产品产量 × 计划单位产品材料消耗量 × 材料计划单价

（2）求单位产品材料消耗量变动对产品直接材料成本的影响。

第二次替代：在第一次替代的基础上，用实际单位产品材料消耗量替代计划单位产品材料消耗量。

第二次替代结果：

材料总成本 = 实际产品产量 × 实际单位产品材料消耗量 × 材料计划单价

单位产品材料消耗量变动的影响差额 = 实际产品产量 × 实际单位产品材料消耗量 × 材料计划单价 − 实际产品产量 × 计划单位产品材料消耗量 × 材料计划单价

（3）求材料单价变动对产品直接材料成本的影响。

第三次替代：在第二次替代的基础上，用实际单价替代计划单价。

第三次替代结果：

材料总成本 = 实际产品产量 × 实际单位产品材料消耗量 × 材料实际单价

单价变动的影响差额 = 实际产品产量 × 实际单位产品材料消耗量 × 材料实际单价 − 实际产品产量 × 实际单位产品材料消耗量 × 材料计划单价

（4）计算各项因素影响数值的和，其和应与总差额相等。

材料成本变动总差异 = 产量变动的影响差额 + 单位产品材料消耗量变动的影响差额 + 单价变动的影响差额

4. 检验分析结果

将各因素对分析指标的影响额相加，其和应等于分析对象的差异额。如果两者相等，说明分析结果可能是正确的；如果两者不相等，则说明分析结果一定是错误的。

（二）连环替代法的应用

连环替代法可以用于各种由多因素引起的差异的分析，就制造业而言，可以采用连环替代分析法分析的指标有很多。例如：

产品直接材料成本 = 产品产量 × 单位产品材料消耗量 × 材料单价

产品直接人工成本 = 产品产量 × 单位产品工时消耗量 × 小时工资率

产品变动性制造费用 = 产品产量 × 单位产品工时消耗量 × 小时变动制造费用分配率

产品固定性制造费用 = 产品产量 × 单位产品工时消耗量 × 小时固定制造费用分配率

资产利润率 = 资产周转次数 × 主营业务成本率 × 成本费用利润率

不论分析何种指标，只要确定好影响因素，其分析计算方法是相同的。

现以甲企业的材料总成本分析为例，说明因素分析法的应用。

引例分析 0 -5

假设甲企业 A 产品的材料成本如表 0 -6 所示，运用因素分析法分析各因素变动对材料成本的影响程度。

表 0 -6　　A 产品的材料成本表

项目	计量单位	计划数	实际数	差异
产品产量	台	160	180	+20
单位产品材料消耗量	千克/台	14	12	-2
材料单价	元/千克	8	10	+2
材料总成本	元	17 920	21 600	3 680

材料总成本 = 产量 × 单位产品材料消耗量 × 材料单价

材料成本总差异 = （180 ×12 ×10） – （160 ×14 ×8） = 21 600 –17 920 =3 680（元）

计划指标体系 =160 ×14 ×8 =17 920（元）

替代产量因素 =180 ×14 ×8 =201 600（元）

产量变动对材料成本的影响值 =20 160 –17 920 =2 240（元）

替代单位消耗因素 =180 ×12 ×8 =17 280（元）

单位产品材料消耗量变动对材料成本的影响值 =17 280 –20 160 = –2 880（元）

替代价格因素 =180 ×12 ×10 =21 600（元）

材料单价变动对材料成本的影响值 =21 600—17 280 =4 320（元）

将以上三因素的影响值相加 =2 240 + （ –2 880） +4 320 = 3 680（元）

阶段性任务

某企业上年度和本年度甲产品的 A 材料消耗情况如下：上年度产量 1 000 件，单位产品消耗量为 10 千克，材料单位成本 2 元，甲产品消耗 A 材料总成本 20 000 元；本年度产量 1 200 件，单位产品消耗量 9.5 千克，材料单位成本 2.2 元，甲产品消耗 A 材料总成本 25 080 元。请用连环替代法分析产量、单耗和单价因素对成本差异的影响并进行简要分析。

（三）运用连环替代法应注意的问题

1. 因素分解的相关性

所谓因素分解的相关性，是指分析指标与其影响因素之间必须真正相关，即有实际经济意义。各影响因素的变动确实能说明分析指标差异产生的原因。这就是说，经济意义上的因素分解与数学上的因素分解不同，不是在数学算式上相等就行，而要看经济意义。确定构成经济指标的因素，必须是客观上存在因果关系，要能够反映形成该项指标差异的内在构成原因，否则就失去了分析的价值。

2. 因素替代的顺序性

替代因素时，必须按照各因素的依存关系，排列成一定的顺序并依次替代，不可随意加以颠倒，否则就会得出不同的计算结果。一般而言，确定正确排列因素替代程序的原则是：如果既有数量因素又有质量因素，数量因素排列在先，质量因素排列在后；如果既有实物数量因素又有价值数量因素，实物数量因素排列在先，价值数量因素排列在后；如果都是数量因素，或者都是质量因素，那么应区分主要因素和次要因素，主要因素排列在先，次要因素排列在后。

3. 顺序替代的连环性

顺序替代的连环性是指在确定各因素变动对分析对象的影响时，都是将某因素替代后的结果与该因素替代前的结果对比，一环套一环。这样既能保证各因素对分析对象影响结果的可分性，又便于检验分析结果的准确性。因为只有连环替代并确定各因素影响值，才能保证各因素对经济指标的影响值之和与分析对象相等。

4. 分析前提的假定性

运用连环替代法计算各因素变动的影响数会因替代顺序的不同而有差别，这种替代顺序的不同，一方面是因为只有假定其他因素不变才能考察某一个因素变化的影响，另一方面是只有假定影响因素有主次之分才能使先后顺序有意义。因而就方法而言，计算结果是带有假定性的，也就是说它不可能使每个因素计算的结果都达到绝对准确。因此，在进行财务分析时，财务人员应力求使这种假定合乎逻辑主次。

通过上述基本方法的运用不难看出，财务分析一般遵循以下流程：即搜集报表资料，明确分析目的，计算分析指标；与相关标准进行比较，据以做出判断，得出分析结论。

项目小结

财务报表可以为评价企业经营业绩和改善经营管理提供重要信息，它所反映的信息是企业经营者了解经营情况、实施经营管理和进行经营决策必不可少的重要信息，企业的管理人员利用会计报表反映的信息，可以加强和改善经营管理，争取更大的经济效益；可以为投资者和贷款者进行决策提供有用信息，企业的投资者关心的是投资报酬和投资风险，在投资前需要了解企业的财务状况和经营活动情况，以便做出正确的投资决策；在投资后，需要了解企业的经营成果、资金使用状况以及资金支付报酬的能力等资料。财务报表是投资者了解所需信息的主要渠道，企业债权人关心的是债权安全，财务报表能够提供企业的资金运转情况和偿债能力信息，使债权人了解企业的偿债能力，债权人可以据此决定是否应给予企业资金融通。

财务分析的信息既有会计信息也有非会计信息，信息来源既有直接从企业取得也有从其他途径间接取得。财务分析不能就报表论报表，必须考虑众多的内外部因素。财务分析的内容包括财务报表解读、企业财务能力分析和企业财务综合分析。财务分析从确定分析目标到撰写财务分析报告有严格的程序要求。财务分析的方法主要有比较分析法、比率分析法、趋势分析法和因素分析法，这些基本分析方法在以后的学习中将会经常应用到。

项目实训

实战演练

在新浪财经网站（见图0－6）搜索有关紫光股份的财务信息和非财务信息，完成下列任务：

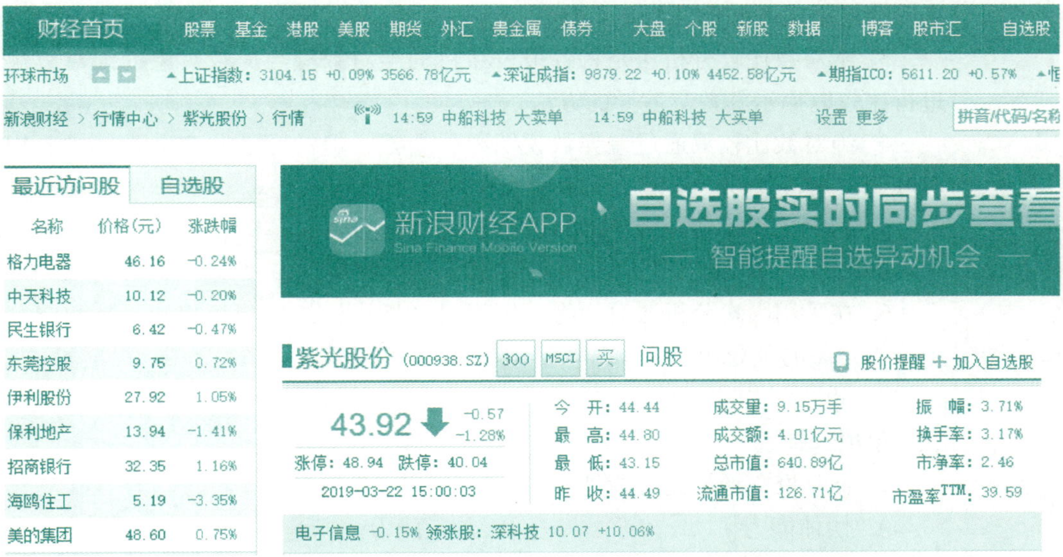

图0－6　新浪财经网站紫光股份财务信息网页

1. 设定自己的角色为股票投资者，确立对紫光股份公司进行初步财务分析的分析目标，明确分析内容。

2. 在新浪财经网页搜集该公司的会计信息和非会计信息，并利用搜索工具搜索该公司的其他信息。

3. 运用下列分析方法进行分析计算并得出初步结论：

（1）编制紫光股份公司比较资产负债表和比较利润表，分析该公司资产负债和利润的变动情况，并做出简要判断。

（2）编制紫光股份上年营业收入和营业利润结构比率分析表，分析该公司的IT基础架构产品服务及解决方案、IT产品分销与供应链服务、总部与投资和其他业务的收入结构和营业利润结构，并做出初步判断。

（3）编制紫光股份近4年营业收入对比表，计算其定比和环比增长百分比，分析其主营业务收入增长趋势，并做出初步趋势分析。

4. 对上述计算分析结果做出总体分析判断，并写出简要分析结论。

5. 观察股市大盘和紫光股份个股在报表日期后的变化，对比分析结果看看分析结论的准确程度。

知识巩固

一、判断题

1. 股市投资者在决定对某只股票进行投资前最重要的分析是对反映股市行情变化的K线图的分析。 （ ）

2. 财务分析就是指对资产负债表、利润表、现金流量表、股东权益变动表等会计报表反映的信息进行分析。 （ ）

3. 绝对数比较分析法是将各报表项目的绝对数额与比较对象的绝对数额进行比较以揭示其数量差异的方法。 （ ）

4. 绝对数比较只通过差异数说明差异金额，但没有表明变动程度，而相对数比较则可以进一步说明变动程度。 （ ）

5. 相关比率是某项经济指标的各个组成部分与总体的比率，反映部分与总体的关系。 （ ）

6. 在采用因素分析法时，将各因素对分析指标的影响额相加，其和应等于分析对象的差异额。 （ ）

二、单项选择题

1. 企业投资者最关心的是（ ）。

A. 偿债能力 B. 营运能力

C. 获利能力 D. 支付能力

2. 企业债权人最关心的是（ ）。

A. 偿债能力 B. 营运能力

C. 盈利能力 D. 发展能力

3. 以下属于企业外部因素的是（ ）。

A. 产品的市场地位 B. 政府的经济政策

C. 生产经营规模 D. 企业研发能力

4. 在财务分析中，分析企业是否达到预定目标的标准是（ ）。

A. 行业标准 B. 预算标准

C. 历史标准 D. 国家标准

5. 为了评价判断企业所处的地位与水平，在分析时通常采用的标准是（ ）。

A. 经验标准 B. 历史标准

C. 行业标准 D. 预算标准

6. 趋势分析法中的环比分析是将各年数值与（　　）比较，计算出趋势百分比。

A. 上年数　　B. 基期数

C. 各年平均数　　D. 同行业先进数

三、多项选择题

1. 财务分析的内容包括（　　）。

A. 偿债能力分析　　B. 资产与资本结构分析

C. 营运能力分析　　D. 盈利能力分析

E. 发展能力分析

2. 财务分析的基本步骤是（　　）。

A. 确立分析目标，明确分析内容

B. 搜集分析资料

C. 评价企业发展潜力

D. 进行分析计算，得出分析结论

3. 财务分析的会计信息主要有（　　）。

A. 资产负债表　　B. 产品生产成本表

C. 审计报告　　D. 行业标准

4. 企业财务分析主体有（　　）。

A. 企业投资者　　B. 企业债权人

C. 企业经营管理者　　D. 企业职工

5. 财务分析的基本方法有（　　）。

A. 比率分析法　　B. 比较分析法

C. 趋势分析法　　D. 因素分析法

学习评价

专业能力测评表（见表0－7）

表0－7　　专业能力测评表

（在□中打√，A 掌握，B 基本掌握，C 未掌握）

业务能力	评价指标	自测结果	要求
企业财务分析的基本内容	1. 企业财务分析的主体 2. 企业财务分析的信息来源 3. 企业财务分析应考虑的因素 4. 企业财务分析的内容 5. 企业财务分析的步骤	A □ B □ C □ A □ B □ C □ A □ B □ C □ A □ B □ C □ A □ B □ C □	能根据分析目的获取相应的财务信息和非财务信息，并确定财务分析的重点内容

续表

业务能力	评价指标	自测结果	要求
企业财务分析的方法	1. 比较分析法 2. 比率分析法 3. 趋势分析法 4. 因素分析法	A □ B □ C □ A □ B □ C □ A □ B □ C □ A □ B □ C □	能掌握常用财务分析方法并结合实际分析场景选择合适的分析方法
教师评语：			
成绩：		教师签字：	

练习题：导言

项目一

企业财务报表分析

知识目标

1. 熟悉资产负债表分析的内容，理解资产负债表结构，掌握表内主要资产、负债和所有者权益项目分析内容。

2. 熟悉利润表分析的内容，掌握企业的利润构成和每一环节利润分析重点。

3. 熟悉现金流量表分析的内容和作用，掌握企业经营、投资和筹资环节现金流量分析的逻辑。

技能目标

1. 能够对上市公司资产负债表进行项目分析、结构分析和趋势分析。
2. 能够对上市公司利润表进行项目分析、结构分析和趋势分析。
3. 能够对上市公司现金流量表进行项目分析、结构分析和趋势分析。

知识技能点

1. 资产负债表项目分析
2. 资产负债表综合分析
3. 利润表项目分析
4. 利润表综合分析
5. 现金流量表项目分析
6. 现金流量表综合分析

标志性成果

运用财务分析方法，能够对一家上市公司资产负债表、利润表和现金流量表进行综合分析，编制各财务报表的比较分析表、结构分析表和趋势分析表，根据分析结果形成一份对公司财务状况、经营业绩和现金流水平的综合分析报告。

职业核心能力

自我学习；独立思考；信息搜集与处理；文字撰写；沟通交流。

思维导图

思维导图见图 1－1。

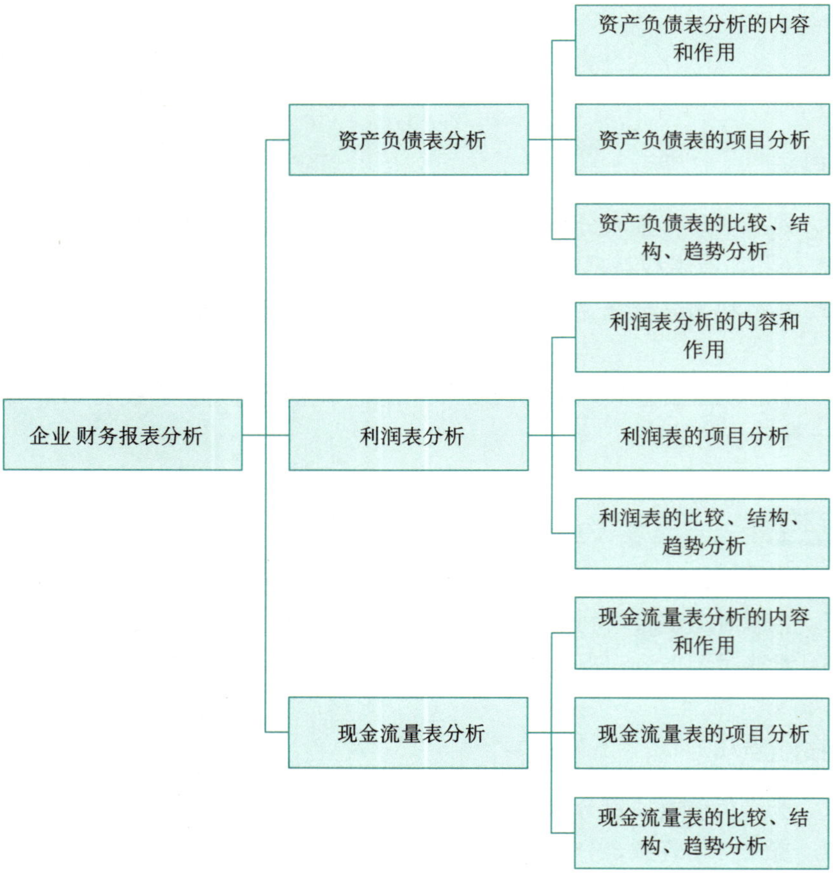

图 1－1　企业财务报表分析思维导图

引　例

套现的资本游戏：一次分红 24 亿元，20 亿元揣进自己腰包！

说起 A 股上市公司的"优良传统"，不分红可以说是一大"特色"。光圈钱不分红的"铁公鸡"型上市公司被投资者广为吐槽，毕竟赚差价太累、难度太高，赚分红才最爽、最实在。哪家公司如果慷慨分红，一定会被投资者视为掌上明珠、真心拥护。华宝股份（300741. SZ）就因为巨额分红在A股名声大噪。2019年3月12日，华宝股份发布2018年度利润分配预案，公司拟向全体股东每10股派发40元（含税）现金股利，共计派送现金24.63亿元。如此刺激的分红，简直是在为股价火上浇油。3月13日，华宝股份股价一字涨停。

华宝股份这一行为在投资者心中“毁誉参半”。支持者夸：这是良心公司，老板是中国好老板，为公司点赞。反对者怒斥：这是在掏空上市公司的节奏！

华宝股份在公告中解释，截至2018年底，公司货币资金余额61.17亿元（扣除募集资金余额后，货币资金余额为47亿元），公司有能力实施本次利润分配。利润分配预案的实施不会造成公司流动资金短缺或其他不利影响，说明这笔分红是科学的、是合理的。事实真的如此么？同学们可以想一想：上市公司大量发放现金股利，对企业而言是利还是弊？

我们可以通过阅读华宝股份的财务报表，看看华宝股份的股权结构，也许大家就会清楚了。华宝股份可谓是个“一家独大”的公司，第一大股东华烽国际投资控股有限公司持股比例高达81.1%，而华烽中国是华宝股份的全资子公司。也就是说，按照此持股比例来算，这次的24亿现金分红，华宝股份自己就拿走了20亿，而其他股东和散户们，只能分走4.6亿元。

（案例来源：http：//dy. 163. com/v2/article/detail/EAA4G1100519SLC9. html。）

看完本案例，对于华宝股份本次高比例分红合理与否，相信大家应该会有自己的判断。请同学们思考以下问题：

1. 面对本案例，我们判断的依据是什么？结论是什么？
2. 我们该如何对华宝股份的财务报表进行分析才能得出正确的结论呢？

模块一　资产负债表分析

职业判断与业务操作

在对华宝股份高比例分红事件做出自己的判断之前，首先要对华宝股份财务状况有一个大致的了解，这就需要对华宝股份的资产负债表做一个大致的分析。

资产负债表是反映企业某一时点静态财务状况的会计报表。它揭示了企业拥有或控制的能以货币表现的经济资源的规模及分布形态，反映了企业全部资金的来源及其构成，是企业对外编报的主要报表之一。通过资产与负债、所有者权益的对比，可以初步判断企业的财务状况；通过不同时点资产负债表的比较，可以判断企业财务状况的未来发展趋势。

一、熟悉资产负债表分析的内容和作用

（一）熟悉资产负债表分析的内容

1. 资产项目

资产负债表的资产项目按照流动性不同可分为流动流产和非流动资产。这些资产项目的明细分类为报表使用者提供了以下企业资产分布和构成的详细信息：

（1）提供了企业变现能力的信息。流动资产的变现能力强于非流动资产，通过流动资产与流动负债的对比能够初步判断债务的风险程度。

（2）提供了企业资产规模和结构信息。企业资产规模体现企业拥有的实力，资产结构体现企业经营的特点。如该企业是大型企业还是小型企业，是加工型还是贸易型企业，是投资型的还是生产经营型的企业等。

（3）提供了反映企业资产管理水平的信息。企业资产分布状态体现企业资产管理水平，不同资产占用状态对企业资金周转有不同意义。如应收账款、以公允价值计量且其变动计入当期损益的金融资产、长期待摊费用等项目，在一定程度上反映了企业应收账款等资产管理水平。

2. 负债项目

负债项目按偿还期限不同分为流动负债与非流动负债。这些项目的明细分类为财务报表分析者提供了以下企业负债的类型和构成的信息：

（1）提供了反映企业总体债务水平的信息。企业负债要按期偿还，其负债规模大小，反映了风险的大小，这种风险对于企业的债权人、投资者和经营者都具有十分重要的意义。

（2）提供了反映企业债务结构的信息。通过流动负债与非流动负债划分，可以将负债进行分层次管理。经营者可以通过调整负债结构降低资金成本，并据以按还款的轻重缓急安排资金。

3. 所有者权益项目

所有者权益包括所有者投入的资本、直接计入所有者权益的利得和损失、留存收益等。将所有者权益按其持久程度高低分类排列，可为财务报表使用者提供以下所有者权益类型和构成的信息：

（1）提供了反映企业所有者权益内部结构的信息。它的内部结构反映了企业自有资金来源构成，该结构的合理性对于投资者和债权人有着重要影响。

（2）提供了反映企业收益分配情况的信息。盈余公积和未分配利润等项目变动反映了利润分配状况，这对于投资者和政府管理监督部门都有十分重要的意义。

资产负债表分析的内容如表 1－1 所示，主要包括资产、负债和所有者权益三大类项目（表中的变动额、变动率和对总资产的影响是报表分析者为便于分析计算出来的）。

表 1－1

华宝股份资产负债表比较分析表

2018 年 12 月 31 日

单位：元

项目	2018 年	2017 年	变动情况		对总资产的影响（%）
			变动额	变动率（%）	
流动资产					
货币资金	6 116 741 391	3 246 826 030	2 869 915 361	88. 39	46. 13
以公允价值计量且其变动计入当期损益的金融资产	274 298 227		274 298 227		4. 41
应收票据及应收账款	745 349 391	887 544 199	－142 194 808	－16. 02	－2. 29
预付款项	11 352 084	7 399 391	3 952 693	53. 42	0. 06
应收利息	33 974 371	2 850 100	31 124 271	1 092. 04	0. 50
应收股利	4 700 000	0	4 700 000		0. 08
其他应收款	52 823 791	13 781 331	39 042 460	283. 30	0. 63
存货	386 400 562	323 294 571	63 105 991	19. 52	1. 01
其他流动资产	353 330 161	92 214 932	261 115 229	283. 16	4. 20
流动资产合计	7 940 295 607	4 573 910 554	3 366 385 053	73. 60	54. 12
非流动资产					
长期股权投资	52 769 371	57 935 374	－5 166 003	－8. 92	－0. 08
固定资产净额	243 957 243	275 621 132	－31 663 889	－11. 49	－0. 51
在建工程	76 668 112	2 965 100	73 703 012	2 485. 68	1. 18
无形资产	66 346 386	71 908 082	－5 561 696	－7. 73	－0. 09
商誉	1 194 550 741	1 194 550 741	0	0. 00	0. 00
长期待摊费用	8 933 752	3 763 795	5 169 957	137. 36	0. 08
递延所得税资产	42 692 215	39 211 142	3 481 073	8. 88	0. 06
其他非流动资产	868 634	924 600	－55 966	－6. 05	0. 00
非流动资产合计	1 686 786 454	1 646 879 966	39 906 488	2. 42	0. 64
资产总计	9 627 082 061	6 220 790 520	3 406 291 541	54. 76	54. 76
流动负债					
应付票据及应付账款	152 104 459	147 739 867	4 364 592	2. 95	0. 07
预收款项	3 321 939	3 234 129	87 810	2. 72	0. 00
应付职工薪酬	36 996 735	38 813 740	－1 817 005	－4. 68	－0. 03
应交税费	254 202 507	254 588 763	－386 256	－0. 15	－0. 01
其他应付款	51 205 487	19 666 245	31 539 242	160. 37	0. 51
其他流动负债	25 399 492	33 416 663	－8 017 171	－23. 99	－0. 13
流动负债合计	523 230 619	497 459 407	25 771 212	5. 18	0. 41
非流动负债					
递延所得税负债	2 370 883	4 788 524	－2 417 641	－50. 49	－0. 04
长期递延收益	110 000	1 200 000	－1 090 000	－90. 83	－0. 02
非流动负债合计	2 480 883	5 988 524	－3 507 641	－58. 57	－0. 06
负债合计	525 711 502	503 447 931	22 263 571	4. 42	0. 36
股东权益					
股本	615 880 000	554 290 000	61 590 000	11. 11	0. 99
资本公积	4 606 317 591	2 356 065 472	2 250 252 119	95. 51	36. 17
其他综合收益	27 182 473	7 380 064	19 802 409	268. 32	0. 32
盈余公积	307 940 000	277 145 000	30 795 000	11. 11	0. 50
未分配利润	3 431 310 420	2 409 588 143	1 021 722 277	42. 40	16. 42
归属于母公司股东权益合计	8 988 630 484	5 604 468 679	3 384 161 805	60. 38	54. 40
少数股东权益	112 740 075	112 873 910	－133 835	－0. 12	0. 00
股东权益合计	9 101 370 559	5 717 342 589	3 384 027 970	59. 19	54. 40
负债和股东权益总计	9 627 082 061	6 220 790 520	3 406 291 541	54. 76	54. 76

（二）了解资产负债表分析的作用

1. 掌握企业经济资源分布与结构信息

资产负债表把企业拥有或控制的资产按经济性质、用途等分成流动资产、长期投资、固定资产、无形资产等类别。各项目之下又具体分成多个明细项目，例如，流动资产根据其构成项目的不同性质，分为货币资金、应收及预付款项、存货等。财务报表使用者可以一目了然地从资产负债表上了解到企业在某一特定时点所拥有的资产总量及其结构。

2. 掌握企业资金来源构成信息

资产负债表的资产方反映了企业拥有的经济资源及其结构，那么，这些资产是从哪里来的呢？通常情况下企业资产的来源不外乎两个方面：一是债权人提供，二是所有者投资及其积累。资产负债表把债权人权益和所有者权益分类列示，并根据不同性质将负债又分为流动负债和非流动负债，把所有者权益又分为实收资本（股本）、资本公积、盈余公积、未分配利润，这样，企业的资金来源及其构成情况便可在资产负债表中得到充分反映。

3. 掌握企业的财务实力、偿债能力和支付实力信息

通过对资产负债表的对比和分析，可以了解企业的财务实力、偿债能力和支付能力，也可以预测企业未来的盈利能力和财务状况的变动趋势。通过了解企业资产项目的构成，可以分析企业资产的流动性，进而判断企业的偿债能力和支付能力。通过对企业资产结构和权益结构（或称“资本结构”）的分析，可以了解企业筹集资金和使用资金的能力，即企业的财务实力。资产是未来收益的源泉，也会在将来转化为费用，因而，通过了解企业资产项目的构成，还可以对企业未来的盈利能力做出初步判断。

4. 判断企业财务状况发展的趋势

通过对企业不同时点资产负债表的比较，可以对企业财务状况的发展趋势做出判断。一般来说，企业某一特定时点的资产负债表对信息使用者的作用极其有限。只有把不同时点的资产负债表结合起来分析，才能把握企业财务状况的发展趋势。同样，将不同企业同一时点的资产负债表进行对比，还可对不同企业的相对财务状况做出评价。

拓展阅读

资产负债表在财务报告体系中的地位和作用

基本财务报表是对企业财务状况、经营成果和现金流量的结构性表述，包括资产负债表、利润表、现金流量表和所有者权益变动表。

通过资产负债表可以判断企业经营的“实力”、展示企业的规模和状况（底子）；通过利润表可以分析这种实力的盈利“能力”，展示企业的财务形象（面子）；通过现金流量表可以判断企业经营的“活力”，展示

制约企业生存的现金流（日子）；通过所有者权益变动表可以预测企业未来经营的“潜力”，展示企业股权结构的变化（份子）。

其中，利润表可以看作对资产负债表中留存收益（盈余公积和未分配利润两个项目的合计数）金额当期变动原因的具体说明；现金流量表可以看作对资产负债表中货币资金（在一些情况下也包含以公允价值计量且其变动计入当期损益的金融资产）金额当期变动原因的具体说明；而所有者权益变动表则可以看作对资产负债表中所有者权益金额当期变动原因的具体说明。因此可以这样认为：“原来四张表实际上是一张表！”而最为核心的是资产负债表，它可以全面、综合地展示企业财务状况的全貌。通过资产负债表分析，有助于分析者总括地分析和判断企业的财务状况。

二、资产负债表项目分析

（一）主要资产项目分析

微课：资产负债表项目分析

PPT：资产负债表项目分析

1. 货币资金

货币资金是企业流动性最强、最有活力的资产，同时又是获利能力最低、或者说几乎不产生收益的资产，其拥有量过多或过少对企业生产经营都会产生不利的影响。判断企业货币资金持有量是否合理，应结合下列因素：

（1）资产规模与业务量。一般来说，企业资产规模越大，相应的货币资金规模也就越大；业务量越大，处于货币资金形态的资产也就越多。

（2）筹资能力。如果企业有良好的信誉，筹资渠道通畅，就没有必要持有大量的货币资金，可以通过利用自己的信用减少资金占用。

（3）运用货币能力。如果企业经营者利用货币资金能力较强，则货币资金比重可维持较低水平，减少相应的资金占用。

（4）行业特点。处于不同行业的企业，货币资金合理规模存在差异，在相同的总资产规模条件下，货币资金收支频繁、收支量大的企业货币资金占有量会更多。

阶段性任务

请同学们上网搜索贵州茅台的资产负债表，观察分析贵州茅台货币资金的特点，结合企业所属行业特点，对贵州茅台的货币资金项目做出分析，再结合华宝股份货币资金的特点，对比两家上市公司有什么异同。

2. 交易性金融资产

交易性金融资产是企业打算通过积极管理和交易以获取利润的债权证券和权益证券。企业通常会频繁买卖这类证券以期在短期价格变化中获取利润。对交易性金融资产进行分析时，可以从以下几个方面进行：

（1）规模是否适度。持有该资产的目的就是将货币资金转化为有价证券，以获得额外收益；需要时又可以及时将其转换为现金，故一般以公允价值计量且其变动计入当期损益的金融资产应适度，规模不宜过大。

三分钟了解资产负债表

（2）业绩是否较好。一是关注利润表中的“公允价值变动损益”及其在会计报表附注中对该项目的说明；二是关注利润表中的“投资收益”及其在会计报表附注中对该项目的说明。

（3）风险是否可控。通常情况下，债券投资风险小，股票投资风险较大，在资产的风险分析中应该注意以公允价值计量且其变动计入当期损益的金融资产的构成，及时发现风险并予以防范。

3. 应收票据及应收账款

应收票据及应收账款是企业为扩大销售和增加盈利而发生的一项资金垫支。单纯从资金占用角度讲，应收票据及应收账款的资金占用是一种最不经济的行为，但这种损失往往足以通过它所带来的销售的扩大而得到补偿，所以应收票据及应收账款的资金占用又是必要的。对应收票据及应收账款的分析，应联系企业销售收入增长分析其数额大小、质量高低及其对坏账准备计提的影响。对应收票据及应收账款进行分析应注意以下几点：

（1）应收票据及应收账款的规模。应收票据及应收账款规模与企业销售收入有密切关系，一方面要结合企业经营方式、所处行业特点分析量的变动，如大部分工业企业、批发企业采用赊销方式较多，应收票据及应收账款较多；商业零售企业现销业务多，应收票据及应收账款较少。另一方面要结合企业信用政策分析，企业放松信用政策，会刺激销售，增加应收票据及应收账款，坏账损失出现的可能性增加，反之紧缩信用政策，会制约销售，减少应收票据及应收账款，降低发生坏账损失的可能性。

（2）应收票据及应收账款的质量。应收票据及应收账款质量是指债权转化为货币的能力，该项内容分析主要是通过应收票据及应收账款的账龄分析进行。应收票据及应收账款的账龄越长，应收票据及应收账款不能收回的可能性就越大，坏账可能性越大。分析时从以下几点入手：第一，应收票据及应收账款的债务人分布。第二，应收账款是否长期挂账，是否计提了坏账准备。第三，关联方交易中形成的应收票据及应收账款在应收票据及应收账款总额中所占比重。

相关案例

伯特利 IPO：应收票据及应收账款余额较大 关联交易占比居高

近日，芜湖伯特利汽车安全系统股份有限公司的招股说明书在证监会网站披露，拟在上交所公开发行不超过 4 068.00 万股，发行后总股本不超过 40 856.1 万股，保荐机构为银河证券。

翻阅伯特利招股说明书，和讯网发现，报告期内，伯特利应收票据及应收账款逐年飙升，2017 年上半年甚至超过公司营业收入。另外，伯特利客户集中度较高，八成营收来自公司前五大客户。报告期内，公司与奇瑞汽车关联交易金额占比较大，且金额逐年增加。具体来看，2014 年至 2017 年 6 月，公司应收账款账面价值分别为 21 922.03 万元、54 036.72 万元、90 287.29 万元、56 048.38 万元，占总资产的比重分别为 22.01%、37.78%、40.20% 及 23.87%。2014 年至 2017 年 6 月的应收票据账面值分别为 30 168.56 万元、27 775.12 万元、47 569.78 万元 、79 562.12 万元，占总资产的比重分别为 30.29%、19.42%、21.18% 及 33.88%。

综上，2014 年至 2017 年 6 月，伯特利应收票据及应收账款合计分别为：52 090.59 万元、81 811.84 万元、137 857.07 万元、135 610.50 万元；占当期营业收入比高达 65.11%、55.62%、62.31%、128.88%。

伯特利应收账款占比较高，如果主要客户的财务状况出现恶化，或者经营情况和商业信用发生重大不利变化，则公司应收账款产生坏账的可能性将增加，从而给公司经营带来不利影响。

（案例来源：http：//stock. hexun. com/2018/ipo1115。）

（3）坏账准备政策的影响。资产负债表上的应收票据及应收账款是以净额列示的，因此，应关注坏账准备计提的合理性与合规性。分析时重点关注计提方法和计提比率，观察企业应收票据及应收账款应收账款计提方法是否在不同期间保持一致，企业是否对计提方法的改变做出了合理解释，企业计提比率是否恰当，是否低估了坏账比率。

4. 预付款项

预付款项是企业根据购货合同或协议的要求，在接受商品或服务之前预先支付给供货方的货款所形成的债权。在商品市场逐渐向买方市场转换的情况下，预付账款在企业流动资产中所占的比重逐渐降低。因此，该项目分析主要是判断其规模是否合适，结合采购特定存货的市场供求状况加以分析。如果该项资金在企业流动资产中所占份额不正常地偏大，则应该考虑企业是否有非法转移资金、非法向有关单位提供贷款及抽逃资金等不法行为。

相关思考

比较一下表 1－1 中预付账款项目变动的数据，判断一下该公司预付款项项目的变动是否正常，如果不正常，需要进一步做哪些分析？

5. 其他应收款

其他应收款是指企业发生非购销活动而产生的应收债权，具体包括应收的各种赔款、罚款，应收的出租包装物租金，存出保证金，应向职工收取的各种垫付款项，以及不符合预付款性质而按规定转入其他应收款的预付账项等。正常情况下，其他应收款一般不会太多。该项资产如果长期大量存在，常常与关联公司特别是母公司或其大股东非正常挪用或侵占资金、转移销售收入偷逃税款等有关。因此，分析时要借助会计报表附注分析其具体构成项目的内容和发生时间，重点关注金额较大、时间较长，来自关联方的应收款项。

6. 存货

存货项目在流动资产中所占比重较大，是企业收益形成的基础。存货储存量的大小应与企业生产规模和周转速度相适应。存货持有数量过多，会降低存货周转率，降低资金使用效率，增加存货库存成本；反之，如果持有量过少，可能会使企业面临缺货的危险。因此，对存货的分析应重点关注存货的内容、构成、存货计价、存货周转状况和存货跌价准备等。

（1）存货内容及构成。存货从内容看包括库存商品、在产品、原材料、周转材料等。企业的存货类别较多，每种存货对企业盈利能力及存货周转情况的影响不同。对存货内容的分析应重点加强对存货内容真实性分析，一是对原有的实物价值与账面价值核对，确认是否账实相符；二是检查各种存货是否完好，分析其真实性和合理性。对存货构成进行分析时，应结合存货明细表对存货市场前景、盈利能力和技术状况进行分析。

相关案例

武汉凡谷电子虚增存货 5 370 万元

2018 年 5 月 25 日，武汉凡谷电子因虚增营业利润 3 810 万元，虚增存货 5 370 万元，收到深交所的监管函。

凡谷电子 2016 年 4 月至 6 月因少计领用自制半成品，导致公司 2016 年半年度报告合并报表虚增营业利润 15 595 879. 52 元，虚增存货 15 595 879. 52 元。半年报进一步导致 2016 年第三季度报告合并报表虚增营业利润 38 106 460. 58 元，虚增存货 53 702 340. 10 元。

2017 年 4 月 26 日，公司披露《2016 年半年度报告修正公告》和《2016 年第三季度报告修正公告》，2016 年半年度归属于上市公司股东的净利润由 20 515 363. 79 元更正为 4 820 506. 79 元，骤减 15 694 857 元。2016 年前三季度净利润由 −7 447 587. 70 元更正为 −62 469 918. 98 元，净利润减少了 8 倍多。

（案例来源：https：//www. sohu. com/a/233201635_ 465530。）

引例分析 1－1

根据华宝股份有限公司财务报表附注提供的资料，编制该公司存货变动情况分析表（见表 1－2）。

表 1－2　　存货变动情况分析表　　单位：元

项目	2018 年	2017 年	变动情况	
			变动额	变动率（%）
原材料	257 854 199	190 413 391	67 440 808	35.42
在产品	74 450 720	66 211 466	8 239 254	12.44
库存商品	54 566 839	67 044 349	－12 477 510	－18.61
合计	386 871 758	323 669 206	63 202 552	19.53
减：存货跌价准备	471 196	374 635	96 561	25.77
存货账面价值	386 400 562	323 294 571	63 105 991	19.52

从表 1－2 可知，2018 年度存货增加了 63 202 552 元，增长 19.53%，表明存货量大幅度增加。如果按净值计算，则增加了 63 105 991 元，其比率为 19.52%。本期计提的存货跌价准备同比增长了 25.77%，需要进一步分析。分项目看，原材料同比增加了 35.42%，在产品同比增长了 12.44%，产成品同比下降了 18.61%。其中，产成品大幅下降对于企业来说释放了很好的信号，说明产品销售情况不错，当然这要进一步结合销售费用增长情况来分析；原材料不管是从变动额还是变动率来看，都有很大幅度的上升，有必要进一步进行分析大量储备原材料的原因。

（2）存货计价方法。存货取得的入账是按实际成本计量，而计算存货耗用成本或销售成本时，则采用先进先出法、加权平均法等计价方法进行核算。存货成本计算的正确与否，不仅影响本期的资产负债表和利润表，还会影响下期。

（3）存货周转状况。判断存货数据质量高低的另一个标准就是观察存货能否在短期内变现，因此存货周转的速度直接关系存货质量。

（4）存货跌价准备。分析存货跌价准备时，要注意存货可变现净值确定的合理性、期末存货数量多少、存货用途划分的规范性。重点关注存货可变现净值与账面金额的比较。

相关思考

请同学们比较表 1－1 华宝股份总资产变化的情况，对存货项目期初与期末的数据进行分析，判断该公司存货项目的变动是否正常，如果不正常，我们需要进一步做哪些分析？

7. 长期股权投资

长期股权投资通常具有投资大、投资期限长、风险大、可能为企业带来较大的利益等特点，因而对企业的财务状况影响很大。长期股权投资的分析，可以从以下几个方面进行：一是长期股权投资构成分析，二是投资收益分析，三是长期股权投资减值准备分析。

8. 债权投资

对企业持有的债权投资质量分析应当注意以下几点：一是对债权相关条款的履约行为进行分析；二是债务人的偿债能力分析；三是持有期内利息收入的确认。对于其他债权投资，还要关注公允价值变动情况。

9. 其他权益工具投资

其他权益工具投资的计量与以公允价值计量且其变动计入当期损益的金融资产相同，都是按照公允价值进行计量，区别在于其公允价值变动并不计入当期损益，而是直接计入所有者权益项目，排除了企业据此操纵利润的可能。对其分析时应注意：一是判断其分类是否恰当，是否符合有关金融资产的确认标准；二是会计处理的正确性，是否存在粉饰业绩将其他权益工具投资的公允价值变动损益直接确认为损益。

10. 固定资产

固定资产具有占用资金数额大、资金周转时间长的特点，是资产管理的重点。资产负债表中固定资产项目是由“固定资产”账户余额减去“累计折旧”贷方余额和“固定资产减值准备”贷方余额的净值反映，因而对“固定资产”项目质量分析应重点关注以下几个方面的问题：

（1）固定资产分布和利用的合理性分析。在各类固定资产中，生产用固定资产，特别是其中的生产设备，同企业生产经营直接相关，在全部资产中应占较大的比重。非生产用固定资产应在发展生产的基础上，根据实际需要适当增加，但增长速度一般不应超过生产用固定资产的增长速度，它的比重降低应当认为是正常现象。未使用和不需用的固定资产，对固定资产的有效使用是不利的，应该查明原因，采取措施，积极处理，压缩到最低的限度。

（2）固定资产规模分析。固定资产的规模必须和企业生产经营的总体规模相适应，同时和流动资产保持一定的比例关系。企业为了保持一定的生产规模和生产能力而购置新设备是合理的，如果购置新设备只是为盲目地扩大生产，就不合理了。因此，企业应根据生产经营的计划任务核定固定资产需用量，并在此基础上合理配置固定资产和流动资产的比例。

（3）固定资产会计政策分析。固定资产会计政策主要是指计提固定资产折旧和固定资产减值准备两个方面。进行固定资产折旧分析时，应分析企业固定资产预计使用年限和预计净残值确定的合理性、企业固定资产折旧方法的合理性、观察企业的固定资产折旧政策前后是否一致。

11. 在建工程

在建工程包括固定资产新建工程、改扩建工程等。投资在建工程的目的是最终成为固定资产，增加企业的生产经营能力，因此保质保量地早日完工对企业具有重大意义。在建工程项目分析重点应关注以下内容：

（1）借款费用资本化。按规定在符合一定条件下与固定资产建造过程有关的借款费用可以资本化计入在建工程，企业应当严格确定资本化区间，把握借款费用资本化起止的时点。在分析时重点关注企业是否将不能资本化的借款费用计入了在建工程。

（2）固定资产投资变动率。首先分析企业在建工程年初、年末数额的增减变动及其在固定资产合计数中的比重变化，反映是否合理安排工程支出，减少未完工程比重。其次，结合在建工程所提供的项目明细资料，进行在建工程完工程度分析和支出结构分析。

相关思考

请同学们比较表1-1在建工程变动的数据，判断一下该公司这些项目的变动是否正常，如果不正常，我们需要进一步做哪些分析？

12. 无形资产

对无形资产的分析应注意其账面价值是否高估或低估，为此，分析时注意以下两个方面的问题：

（1）无形资产账面价值大于实际价值的情况。“会计准则”允许企业的开发性支出在一定条件下资本化，因此分析人员应当关注企业是否严格遵循了相关要求，是否有扩大资本化的倾向。其次，应当检查企业无形资产的摊销政策，对于应当采用加速摊销的是否使用了直线法摊销。

（2）无形资产账面价值小于实际价值的情况。鉴于相关支出作为无形资产入账的严格要求，使得企业实际形成无形资产的一些支出（尤其是自创的无形资产）只能费用化，从而形成账外无形资产。例如对于企业自创商标的支出，其中发生的大额广告费用在进行财务分析时就不能仅仅将其计入当期损益。

（二）主要负债项目分析

1. 短期借款

在对短期借款进行分析时，应关注短期借款的数量是否与流动资产的相关项目相适应，其中有无不正常之处；应关注短期借款的偿还时间，预测企业未来的现金流量，评价企业偿付短期借款的能力。从另一方面来说，如果短期借款占流动负债总额的比重较大，往往表明企业拥有较好的商业信用。

2. 应付票据及应付账款

应付票据付款时间具有约束力，如果到期不能支付，不仅会影响企业的信誉和以后的资金筹集，而且还会招致银行的处罚。因此，在进行报表分析时，应当认真分析企业的应付票据，了解应付票据的到期情况，评价其是否能按期偿付。相对应付账款而言，应付票据的压力和风险较大，分析人员应注意：第一，应付票据是否带息，企业是否发生过延期支付到期票据的情况；第二，企业开具的商业汇票是银行承兑汇票还是商业承兑汇票，如果是后者居多，应当进一步分析企业是否存在信用状况下降和资金匮乏的问题。如果是关联方发生的应付票据，应了解关联方交易的事项、价格、目的等因素。

应付账款属于企业的一种短期资金来源，是企业最常见、最普遍的流动负债，一般都在30天至60天之间，而且一般不用支付利息，有的供货单位为刺激客户及时付款而规定了现金折扣。如果不按期偿付应付账款，不仅不能利用现金折扣优惠而且会影响企业信誉，使企业以后无法充分利用这种资金来源，影响企业未来发展。因此，在对应付账款进行分析时，应注意观察其中有无异常情况，并测定未来的现金流量，以保证及时偿付各种应付账款。

相关思考

请同学们比较表1－1应付账款项目变动的数据，判断一下该公司应付账款项目的变动是否正常，如果不正常，我们需要进一步做哪些分析？

3. 预收账款

对于企业来说，预收账款总是越多越好。分析时，应当对预收账款引起足够的重视，因为预收账款一般是按收入的一定比例预交的，通过预收账款的变化可以预测企业未来营业收入的变动，而且预收账款作为一种短期资金来源，成本很低，风险也很小。该债务是一种“良性”债务，预示企业产品销售情况很好。但是分析中若发现是由大量的关联交易产生的，则应注意是否是企业之间一种变相借贷方式。因此，分析预收账款重点应关注其是否因企业产品销售形成，否则该项目增加就是低质量的。

4. 应付职工薪酬

应付职工薪酬分析应关注企业是否存在少计或多计以及是否利用应付职工薪酬来调节利润的情况。主要关注以下几点：第一，企业是否将提供给职工的全部货币与非货币性福利全部计入了应付职工薪酬，是否存在错计、漏计的情况；第二，应付职工薪酬是否及时足额支付；第三，各项工资附加费的提取是否正常。

5. 应交税费

应交税费主要包括增值税、消费税、城市维护建设税、教育费附加等。因为税收种类较多，分析人员在分析时应注意：第一，税款的内容及构成，有针对性地分析企业应交税费的产生原因，分析应交税费是正常的余额还是有积压的欠税。第二，结合企业实现利润情况，分析各项税金计算的正确性与合理性。若该项目与相关计税依据基本同增同减，说明情况基本正常。

6. 其他应付款

其他应付款是指企业除应付账款与预收账款之外，应付或暂收其他单位与个人的款项，一般包括暂收其他单位与个人的保证金和押金、应付保险费、应付经营性租入资产的租金、应付统筹退休金等。对该项目分析时，应注意与销售业务的债务相比，其数额不应过大，时间不应过长，重点关注企业有无利用该项目进行非法资金拆借、转移营业收入等违规行为。

7. 长期借款

长期借款期限长、利率高，主要用于补充非流动资产需要。它可以一次性还本付息，也可以分次还本付息。相对于长期债券而言，长期借款有较多的限制和约束，企业必须严格按借款协议规定的用途、进度等使用借款。在进行报表分析时，应对企业长期借款的金额、增减变动及其对企业财务状况的影响给予足够的重视。

8. 应付债券

长期债券的利率较高而且固定，利息可以分次支付，也可以期满后一次性支付。相对于长期借款而言，发行债券需要经过一定的法定手续，但对款项的使用没有过多的限制和约束。某些可转换债券可在一定时期后按规定比率将债券转换为股票而不需偿还，反而减轻了企业的偿债压力。在进行报表分析时，应对应付债券的金额、增减变动及其对财务状况的影响给予足够的关注。

9. 长期应付款

长期应付款是指企业除长期借款和应付债券以外的各种长期应付款项，包括采用补偿贸易方式下引进国外设备应付的价款、融资租入固定资产的租赁费等。对补偿贸易项目的分析应当关注企业设备安装是否及时到到位，生产能否如期进行，产品的成本能否得到有效的控制等。对企业融资租入的固定资产，应关注以下问题：一是企业的租赁是否符合融资租赁的确认条件；二是资产的入账价值是否正确合理；三是是否采用与自有固定资产相一致的折旧政策计提折旧。

相关思考

现在我们了解了主要的资产项目和负债项目，请同学站在全局的视角，对表 1－1 中所有负债项目进行观察，讨论并尝试用数据和文字阐述华宝股份的负债特点。

（三）所有者权益项目分析

1. 实收资本（或股本）

实收资本（或股本）具有不需要支付利息、无期限限制、金额相对固定不变的特点。企业投资者增加投入资本，会使营运资金增加，表明投资者对企业未来的生产经营充满信心。将实收资本（或股本）与企业注册资本数额相比较，如果该项目的数额小于注册资本的数额，说明该企业的注册资本存在不到位的现象。

2. 资本公积

在对资本公积进行分析时，应注意资本公积构成的合理性。资本溢价（或股本溢价）是“准资本”，而直接计入所有者权益的利得和损失是具有“损益性质”的资本公积。报表使用者必须深入认识资本公积的性质，了解资本公积信息的充分性及股本扩张能力，借此才能评价所有者权益各组成部分的结构是否合理，避免过度使用资本公积。

3. 其他综合收益

其他综合收益是指企业根据其他会计准则规定未在当期损益中确认的各项利得和损失。其他综合收益项目根据各该项目是否能在以后会计期间重分类进损益而分为两类：（1）以后会计期间不能重分类进损益的其他综合收益项目，主要包括重新计量设定受益计划净负债或净资产导致的变动等情况；（2）以后会计期间在满足规定条件时将重分类进损益其他综合收益项目。

分析本项目时应关注隐含在其他综合收益中未实现的利得和损失。

4. 留存收益

留存收益的增减变化及变动金额的多少，取决于企业的盈亏状况和企业的利润分配政策。对留存收益分析的主要内容是：了解留存收益的变动总额、变动原因和变动趋势；分析留存收益的组成项目，评价其变动的合理性。

（1）盈余公积。企业的盈余公积可以用于弥补亏损、转增资本（或股本）和扩大企业生产经营。对于企业来说，在所有者权益中，盈余公积最为稳定，既无使用期限又无须支付利息。

（2）未分配利润。未分配利润相对于盈余公积而言，属于未确定用途的留存收益，所以企业在使用未分配利润上有较大的自主权且无须支付利息，受国家法律法规的限制较少。

在熟悉了资产负债表主要项目后，我们可以运用财务分析方法中的比较分析法、结构分析法和趋势分析法，对华宝股份的资产负债表进行数据加工，根据所得结果，从三个角度对公司资产负债表做出进一步的分析评价。

微课：资产负债表综合分析

PPT：资产负债表综合分析

三、资产负债表的比较分析

资产负债表的比较分析是将资产负债表的本期实际数与选定的标准进行比较，通过编制资产负债表比较分析表来进行分析，详见表1－1。通过对资产负债表进行比较分析，可以了解总资产规模的变动状况，发现变动幅度较大或对总资产影响较大的重点类别和重点项目，从而对其进行重点研究和分析，也可以侧面反映公司企业财务结构的稳定性和安全性，帮助我们了解企业整体的财务水平、资产负债和所有者权益构成等，为后续深入分析打下基础。

引例分析1－2

根据华宝股份的资产负债表编制的资产负债表比较分析表（见表1－1）大致分析如下：

1. 从投资或资产角度进行分析评价。根据表1－1，可以对华宝股份总资产变动情况做出以下分析评价：该公司总资产本期增加3 406 291 541元，增长幅度为54.76%，说明华宝股份公司本年资产规模有较大幅度的增长。进一步分析可以发现：

流动资产本期增加 3 366 385 053 元，增长幅度为 73.60%，使总资产规模增长了 54.12%。非流动资产本期增加了 39 906 488 元，增长幅度为 2.42%，使总资产规模增长了 0.64%，两者合计使总资产增加了 3 406 291 541 元，增长幅度为 54.76%。

本期总资产的增长主要体现在流动资产的增长上。其增长主要包括以下三个方面：一是货币资金的大幅度增长。货币资金本期增长 2 869 915 361 元，增长幅度为 88.39%，对总资产的影响为 46.13%，说明华宝股份公司本期大幅增加了对货币资金的持有。通过分析该公司现金流量表，可以看出其货币资金的大幅增长主要来源于吸收投资。二是以公允价值计量且其变动计入当期损益的金融资产的增长。以公允价值计量且其变动计入当期损益的金融资产从 0 元直接暴涨至本期的 274 298 227 元，对总资产的影响为 4.41%。三是其他流动资产的大幅增长。其他流动资产本期增长了 261 115 229 元，增长幅度为 283.16%，对总资产的影响为 4.20%。进一步分析华宝股份年报，可以观察到其他流动资产主要由可供出售金融资产和待抵扣增值税构成，其中可供出售金融资产金额为 300 000 000 元，2017 年则为 22 000 000 元，增长 278 000 000 元。

非流动资产的变动主要体现在以下两个方面：一是固定资产净额下降。固定资产净额本期下降了 31 663 889 元，下降幅度为 11.49%，使总资产规模下降了 0.51%。二是在建工程的增长。在建工程本期增长了 73 703 012 元，增长幅度为 2485.68%，使总资产规模增长了 1.18%。在建工程的增长对扩大企业的生产能力是有利的。

2. 从筹资或权益角度进行分析评价。该公司权益总额较上年同期增加了 3 406 291 541 元，增长幅度为 54.76%，说明华宝股份公司权益总额有较大幅度的增长。进一步分析可以发现：

负债本期增加 22 263 571 元，增长幅度为 4.42%，使权益总额增长了 0.36%；股东权益本期增加了 3 384 027 970 元，增长幅度为 59.19%，使权益总额增长了 54.40%，两者合计使权益总额本期增加了 3 406 291 541 元，增长幅度为 54.76%。可见本期权益总额增长体现在股东权益增长和负债增长两个方面，主要是股东权益大幅增长。

负债的增长主要体现在其他应付款的增长上，其他应付款较上期增长了 31 539 242 元，增长幅度为 160.37%，对权益总额的影响为 0.51%；其次是应付票据及应付账款的增长，较上期增长了 4 364 592 元，增长幅度为 2.95%，对权益总额的影响为 0.07%。非流动负债总体表现为下降，共下降 8 017 171 元，下降幅度为 58.57%，对权益总额的影响为 -0.06%。

股东权益本期增加 3 384 027 970 元，增长幅度为 59.19%，对权益总额的影响为 54.40%。其中，股本较上期增长了 61 590 000 元，增长幅度为 11.11%，对权益总额的影响为 0.99%；资本公积较上期增长了 2 250 252 119 元，增长幅度为 95.51%，对权益总额的影响为 36.17%；未分配利润较上期增长了 1 021 722 277 元，增长幅度为 42.40%，对权益总额的影响为 16.42%。结合华宝股份公司年度财务报告分析，可以观察到华宝股份股东权益增加的主要原因是吸收投资及未分配利润的增长。

阶段性任务

请同学们上网搜索2017—2018年紫金矿业的资产负债表（东方财富、新浪财经），在EXCEL软件中对报表数据进行整理，按照表1－1的格式，编制紫金矿业2017—2018年资产负债表比较分析表，结合引例分析1－2的分析思路，用数据加文字对企业财务结构、资产、负债和所有者权益情况进行分析。

四、资产负债表的结构分析

资产负债表的结构分析是通过计算各项目占总资产的比重，在此基础上进行比较并编制资产负债表结构分析表进行的，详见表1－3。通过对资产负债表进行结构分析，可以了解各项目占总资产或权益总额的比重，分析评价企业资产结构和权益结构变动的合理程度，能够从静态角度观察企业资产的配置，分析企业资产流动性和资产风险，也可以观察企业资本的构成，分析企业的经营风险和财务实力。

引例分析1－3

华宝股份公司2018年资产负债表结构分析表如表1－3所示。

表1－3　华宝股份资产负债表结构分析表

2018年12月31日　　单位：元

项目	2018年	2017年	2018年比重（%）	2017年比重（%）	变动情况（%）
流动资产					
货币资金	6 116 741 391	3 246 826 030	63.54	52.19	11.34
以公允价值计量且其变动计入当期损益的金融资产	274 298 227	—	2.85	—	2.85
应收票据及应收账款	745 349 391	887 544 199	7.74	14.27	－6.53
应收票据	104 524 990	140 047 629	1.09	2.25	－1.17
应收账款	640 824 401	747 496 570	6.66	12.02	－5.36
预付款项	11 352 084	7 399 391	0.12	0.12	0.00
应收利息	33 974 371	2 850 100	0.35	0.05	0.31
应收股利	4 700 000		0.05	—	0.05
其他应收款	52 823 791	13 781 331	0.55	0.22	0.33
存货	386 400 562	323 294 571	4.01	5.20	－1.18
其他流动资产	353 330 161	92 214 932	3.67	1.48	2.19
流动资产合计	7 940 295 607	4 573 910 554	82.48	73.53	8.95

续表

项目	2018 年	2017 年	2018 年比重（%）	2017 年比重（%）	变动情况（%）
非流动资产					
长期股权投资	52 769 371	57 935 374	0.55	0.93	-0.38
固定资产净额	243 957 243	275 621 132	2.53	4.43	-1.90
在建工程	76 668 112	2 965 100	0.80	0.05	0.75
无形资产	66 346 386	71 908 082	0.69	1.16	-0.47
商誉	1 194 550 741	1 194 550 741	12.41	19.20	-6.79
长期待摊费用	8 933 752	3 763 795	0.09	0.06	0.03
递延所得税资产	42 692 215	39 211 142	0.44	0.63	-0.19
其他非流动资产	868 634	924 600	0.01	0.01	-0.01
非流动资产合计	1 686 786 454	1 646 879 966	17.52	26.47	-8.95
资产总计	9 627 082 061	6 220 790 520	100.00	100.00	0.00
流动负债					
应付票据及应付账款	152 104 459	147 739 867	1.58	2.37	-0.79
预收款项	3 321 939	3 234 129	0.03	0.05	-0.02
应付职工薪酬	36 996 735	38 813 740	0.38	0.62	-0.24
应交税费	254 202 507	254 588 763	2.64	4.09	-1.45
其他应付款	51 205 487	19 666 245	0.53	0.32	0.22
其他流动负债	25 399 492	33 416 663	0.26	0.54	-0.27
流动负债合计	523 230 619	497 459 407	5.43	8.00	-2.56
非流动负债					
递延所得税负债	2 370 883	4 788 524	0.02	0.08	-0.05
长期递延收益	110 000	1 200 000	0.00	0.02	-0.02
非流动负债合计	2 480 883	5 988 524	0.03	0.10	-0.07
负债合计	525 711 502	503 447 931	5.46	8.09	-2.63
股东权益					
股本	615 880 000	554 290 000	6.40	8.91	-2.51
资本公积	4 606 317 591	2 356 065 472	47.85	37.87	9.97
其他综合收益	27 182 473	7 380 064	0.28	0.12	0.16
盈余公积	307 940 000	277 145 000	3.20	4.46	-1.26
未分配利润	3 431 310 420	2 409 588 143	35.64	38.73	-3.09
归属于母公司股东权益合计	8 988 630 484	5 604 468 679	93.37	90.09	3.28
少数股东权益	112 740 075	112 873 910	1.17	1.81	-0.64
股东权益合计	9 101 370 559	5 717 342 589	94.54	91.91	2.63
负债和股东权益总计	9 627 082 061	6 220 790 520	100.00	100.00	0.00

1. 资产结构的分析评价。根据表1－3得出的数据，可以从以下两个方面对企业的资产结构进行分析评价。

从静态方面分析：该公司2018年流动资产比重高达82.48%，非流动资产仅占17.52%。结合公司本身经营业务是香精产品的开发、研制、生产及相关应用，根据这样的资产结构，可见华宝股份资产流动性较高，属轻资产型结构，资产风险较低。但货币资金持有量较大，占比高达63.54%，一方面上市公司持有大量现金能够体现雄厚的实力，另一方面大量资金闲置可能造成资源浪费，则需要考虑公司战略和实际情况做进一步分析。非流动资产当中又以商誉占比最重，高达12.41%，固定资产和在建工程两项加起来仅占总资产的3.33%，说明该公司对固定资产的投入较少，有利于企业根据市场行情随时调整生产经营方向。

从动态方面分析：2018年该公司流动资产比重较上期上升了8.95%，主要是因为货币资金的快速增长；非流动资产比重较上期下降了8.95%，主要原因不是该公司对非流动资产进行了大幅度调整，相反，非流动资产较之2017年并没有发生大的变化，非流动资产比重之所以下降8.95%，主要是因为在非流动资产基本保持稳定的情况下，资产总额出现了大幅增长。总体而言，企业货币资金量大额增加是导致资产总额大幅增加的主要原因。

2. 资本结构的分析评价。根据表1－3的数据，可以从以下两个方面对企业的资本结构进行分析评价。

从静态方面分析：该公司股东权益比重为94.54%，负债比重为5.46%，资产负债率非常低，公司财务风险非常小。

从动态方面分析：该公司股东权益比重上升了2.63%，负债比重下降了2.63%，变动幅度不大，但是还需考虑到企业股东权益占比大，金额高，结合前文比较分析结果，在股东权益比重上升2.63%的背后，实际上代表着3 384 027 970元的金额变动，股东权益实际增长为59.19%，所以，公司在过去1年间，资本结构有着较大幅度的变化，债务比重进一步降低，财务实力得到提升。

阶段性任务

请同学们上网搜索2017—2018年紫金矿业的资产负债表，对报表数据进行整理，按照表1－3的格式，编制紫金矿业2017—2018年资产负债表结构分析表，结合引例分析1－3的分析思路，从静态和动态两方面，对公司资产结构和资本结构进行分析评价。

五、资产负债表的趋势分析

资产负债表趋势分析，就是通过对企业资产负债表中各项目在较长期间（一般3～5年或更长时期）变动情况进行观察，计算其总资产及主要资产、总负债及主要负债、所有者权益及主要项目的定比或环比数据的变化，揭示变化趋势，发现企业财务活动的成绩与问题。

引例分析 1－4

现以表 1－1 数据为基础，结合该公司近年财务报告，编制华宝股份资产负债表趋势分析表（以 2015 年为基期），如表 1－4 所示。

表 1－4　　华宝股份资产负债表趋势分析表　　单位：万元

项目	2015 年	2016 年		2017 年		2018 年	
	金额	金额	定比（%）	金额	定比（%）	金额	定比（%）
流动资产							
货币资金	235 117. 05	204 425. 42	86. 95	324 682. 60	138. 09	611 674. 14	260. 16
以公允价值计量且其变动计入当期损益的金融资产	14 333. 73	17 843. 56	124. 49			27 429. 82	191. 37
应收票据及应收账款	102 670. 84	106 906. 26	104. 13	88 754. 42	86. 45	74 534. 94	72. 60
预付款项	1 233. 70	1 134. 40	91. 95	739. 94	59. 98	1 135. 21	92. 02
应收利息	3 017. 37	52. 43	1. 74	285. 01	9. 45	3 397. 44	112. 60
应收股利						470. 00	
其他应收款	31 227. 52	1 203. 66	3. 85	1 378. 13	4. 41	5 282. 38	16. 92
存货	66 739. 35	35 379. 71	53. 01	32 329. 46	48. 44	38 640. 06	57. 90
其他流动资产	5 378. 99	3 684. 50	68. 50	9 221. 49	171. 44	35 333. 02	656. 87
流动资产合计	459 718. 55	370 629. 93	80. 62	457 391. 06	99. 49	794 029. 56	172. 72
非流动资产							
可供出售金融资产	1 100. 00						
长期股权投资	34 361. 34	5 634. 23	16. 40	5 793. 54	16. 86	5 276. 94	15. 36
固定资产净额	95 589. 25	30 360. 09	31. 76	27 562. 11	28. 83	24 395. 72	25. 52
在建工程	6166. 20	196. 07	3. 18	296. 51	4. 81	7 666. 81	124. 34
无形资产	26 713. 44	7 541. 97	28. 23	7 190. 81	26. 92	6 634. 64	24. 84
商誉	215 127. 17	120 055. 91	55. 81	119 455. 07	55. 53	119 455. 07	55. 53
长期待摊费用	1 486. 30	654. 50	44. 04	376. 38	25. 32	893. 38	60. 11
递延所得税资产	6 629. 73	3 248. 39	49. 00	3 921. 11	59. 14	4 269. 22	64. 40
其他非流动资产	271. 87	267. 91	98. 54	92. 46	34. 01	86. 86	31. 95
非流动资产合计	387 445. 30	167 959. 07	43. 35	164 688. 00	42. 51	168 678. 65	43. 54
资产总计	847 163. 84	538 588. 99	63. 58	622 079. 05	73. 43	962 708. 21	113. 64
流动负债							
应付票据及应付账款	18 345. 83	11 542. 40	62. 92	14 773. 99	80. 53	15 210. 45	82. 91
预收款项	287. 33	499. 74	173. 93	323. 41	112. 56	332. 19	115. 61
应付职工薪酬	3 366. 38	3 218. 38	95. 60	3 881. 37	115. 30	3 699. 67	109. 90
应交税费	17 262. 08	20 762. 54	120. 28	25 458. 88	147. 48	25 420. 25	147. 26
应付股利	92 151. 49						

续表

项目	2015 年	2016 年		2017 年		2018 年	
	金额	金额	定比（%）	金额	定比（%）	金额	定比（%）
其他应付款	110 764.59	38 423.09	34.69	1 966.62	1.78	5 120.55	4.62
其他流动负债		4 259.56		3 341.67		2 539.95	
流动负债合计	242 177.70	78 705.71	32.50	49 745.94	20.54	52 323.06	21.61
非流动负债							
递延所得税负债	3 767.26	1 425.94	37.85	478.85	12.71	237.09	6.29
长期递延收益	60.00	178.00	296.67	120.00	200.00	11.00	18.33
非流动负债合计	3 827.26	1 603.94	41.91	598.85	15.65	248.09	6.48
负债合计	246 004.96	80 309.65	32.65	50 344.79	20.46	52 571.15	21.37
股东权益							
股本	8 280.74	55 429.00	669.37	55 429.00	669.37	61 588.00	743.75
资本公积	146 543.38	235 654.31	160.81	235 606.55	160.78	460 631.76	314.33
其他综合收益	856.23	1 798.93	210.10	738.01	86.19	2 718.25	317.47
盈余公积	4 140.37	26 062.30	629.47	27 714.50	669.37	30 794.00	743.75
未分配利润	424 144.50	127 805.90	30.13	240 958.81	56.81	343 131.04	80.90
归属于母公司股东权益合计	583 965.22	446 750.44	76.50	560 446.87	95.97	898 863.05	153.92
少数股东权益	17 193.67	11 528.90	67.05	11 287.39	65.65	11 274.01	65.57
股东权益合计	601 158.89	458 279.34	76.23	571 734.26	95.11	910 137.06	151.40
负债和股东权益总计	847 163.84	538 588.99	63.58	622 079.05	73.43	962 708.21	113.64

从表 1－4 资料中可以看出，该公司 3 年来总资产总体而言呈上升趋势，流动资产上升较快，非流动资产保持稳定。流动资产快速增长主要是因为货币资金和其他流动资产增长较快，需要进一步关注公司资金使用效率及流动资产结构是否合理。公司负债总体而言呈下降趋势并逐渐保持稳定，流动负债与非流动负债变化趋势与总负债变化趋势基本一致。非流动负债规模较小，因此，负债变化分析重点应放在流动负债上面，不难看出，引发流动负债下降的主要原因是其他应付款从基期高达 11 亿元暴降至千万级水平。公司股东权益总体呈上升趋势，随着公司 2018 年上市，股东权益达到基期的 1.51 倍。从表 1－4 数据中可以看出，公司上市前股东权益变化不大，尤其是上市前两年除未分配利润外，基本保持稳定，股东权益上升的主要原因是公司上市及未分配利润的历年积累。

阶段性任务

请同学们上网搜索 2015—2018 年紫金矿业的资产负债表，对报表数据进行整理，按照表 1－4 的格式，编制紫金矿业 2015—2018 年资产负债表趋势分析表，结合引例分析 1－4 的分析思路，对公司近 3 年来资产负债表重点项目变化趋势进行分析。

拓展阅读

通过证券公司网站下载行情交易软件可以从中得到实时行情和上市公司的大量财务信息和非财务信息，能很好地帮助完成财务报表分析工作。以广州证券公司提供的上市公司资讯软件为例，其操作步骤如下：第一步，百度搜索“广州证券”并登陆证券公司网站；第二步，点击“软件下载”，下载并安装“岭南创富金融终端”软件；第三步，打开岭南创富金融终端软件，点击“资讯中心”、再点击“功能”菜单下的“基本资料”，在“基本资料”界面下直接输入股票代码就可以查看公司资料，比如输入华宝股份代码“300741”就可以看到图 1－2 所示界面，点击各个版块可以全面了解公司财务信息和非财务信息。

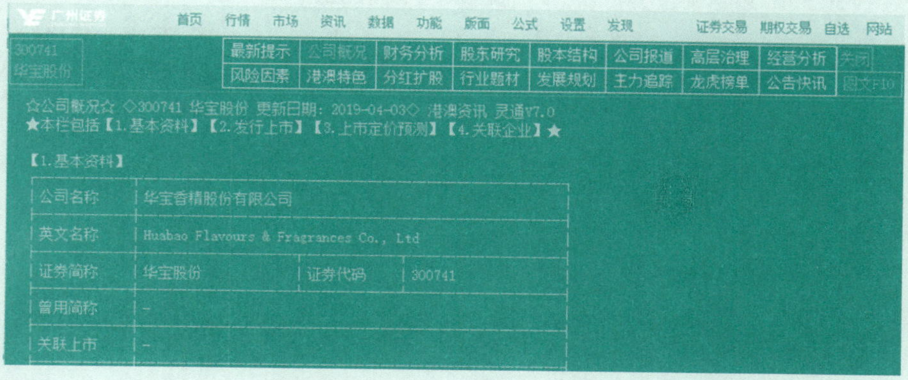

图 1－2　岭南创富金融终端

模块二　利润表分析

职业判断与业务操作

利润表主要提供有关企业经营成果方面的信息，可以反映企业一定会计期间的收入实现情况、费用耗费情况、净利润实现情况等。利润表分析是分析企业如何组织收入、控制成本费用支出实现盈利的能力，评价企业的经营成果。

相关案例

昆明机床财务造假，虚增收入 4.8 亿元

虚增收入 4.8 亿元，昆明机床财务造假迎来了“大结局”。2017 年 11 月 14 日，沈机集团昆明机床股份有限公司（本公司）等收到证监会《行政处罚及市场禁入事先告知书》（处罚字〔2017〕122 号），相关公司及责任人一并受到证监会重罚，董事长王兴被终身市场禁入。

昆明机床涉嫌违法事实包括：2013—2015 年，昆明机床通过上述财务造假行为虚增收入 483 080 163.99 元，少计管理费用 29 608 616.03 元，少计存货 505 985 325.86 元，多计成本 235 272 252.56 元，虚增利润 228 101 078.73 元。其中，2013 年虚增利润 70 179 444.39 元，虚增利润占公开披露的当期利润总额的 706.21%，昆明机床在 2013 年年度报告中将亏损披露为盈利；2014 年虚增利润 50 827 156.90 元，减少了公开披露的当期利润总额的亏损额，减少金额占公开披露利润总额的 29.47%；2015 年虚增利润 107 094 477.44 元，减少了公开披露的当期利润总额的亏损额，减少金额占公开披露利润总额的 48.82%。

（案例来源：https：//www.sohu.com/a/205322741_ 655287。）

从上述案例可见，上市公司财务造假是很严重的问题，我们应该如何判断企业利润的真实性？本部分的学习目的就是如何通过对利润表的分析判断企业利润的真实性和合法性。

一、熟悉利润表分析的内容和目的

（一）熟悉利润表分析的内容

1. 利润额增减变动分析

利润额增减变动分析即通过对利润表的比较分析，从利润的形成和分配两个方面，分析利润额的变动情况，揭示企业在利润形成与分配各环节的会计政策、管理业绩及存在的问题。

2. 利润结构变动分析

利润结构变动分析主要是在对利润表进行结构分析的基础上，揭示各项利润及成本费用与收入的关系，以反映企业各环节的利润构成、利润及成本费用水平。

3. 收入分析

收入是利润的来源，是影响利润的关键因素，企业收入分析的内容包括收入的确认与计量分析、影响收入的价格因素与销售量因素分析、企业收入的构成分析等。

4. 成本费用分析

成本费用分析包括营业成本分析和期间费用分析两个部分，通过分析揭示各成本费用升降的原因，为进一步分析找到方向。

5. 其他损益项目分析

其他损益项目分析主要包括资产减值损失、信用减值损失、公允价值变动损益、投资损益、营业外收支以及所得税费用的分析。

根据华宝股份公司财务报表编制其利润表比较分析表如表 1－5 所示。

表 1－5　**华宝股份利润表比较分析表**

单位：元

项目	2018 年	2017 年	变动额	变动率（%）
一、营业总收入	2 169 074 354	2 197 726 124	－28 651 770	－1. 30
其中：营业收入	2 169 074 354	2 197 726 124	－28 651 770	－1. 30
二、营业总成本	888 437 567	977 245 381	－88 807 814	－9. 09
其中：营业成本	485 030 820	473 763 689	11 267 131	2. 38
税金及附加	33 240 143	45 077 481	－11 837 338	－26. 26
销售费用	185 958 814	136 084 235	49 874 579	36. 65
管理费用	190 841 363	196 311 802	－5 470 439	－2. 79
研发费用	149 740 767	186 019 765	－36 278 998	－19. 50
财务费用	－156 861 969	－67 501 842	－89 360 127	132. 38
资产减值损失	487 629	7 490 251	－7 002 622	－93. 49
加：其他收益	127 189 619	140 833 837	－13 644 218	－9. 69
公允价值变动收益	5 017 094	－41 182 011	46 199 105	－112. 18
投资收益	2 021 974	34 943 884	－32 921 910	－94. 21
其中：对联营企业和合营企业的投资收益	5 267 258	1 593 094	3 674 164	230. 63
资产处置收益	2 770 415	440 648	2 329 767	528. 71
三、营业利润	1 417 635 889	1 355 459 791	62 176 098	4. 59
加：营业外收入	813 865	2 887 189	－2 073 324	－71. 81
减：营业外支出	1 115 695	1 689 690	－573 995	－33. 97
四、利润总额	1 417 334 059	1 356 657 290	60 676 769	4. 47
减：所得税费用	223 636 982	190 096 157	33 540 825	17. 64
五、净利润	1 193 697 077	1 166 561 133	27 135 944	2. 33
持续经营净利润	1 193 697 077	1 166 561 133	27 135 944	2. 33
归属于母公司所有者的净利润	1 175 693 277	1 148 051 121	27 642 156	2. 41
少数股东损益	18 003 800	18 510 012	－506 212	－2. 73
六、其他综合收益的税后净额	19 802 409	－10 609 207	30 411 616	－286. 65
归属母公司所有者的其他综合收益的税后净额	19 802 409	－10 609 207	30 411 616	－286. 65
（一）以后不能重分类进损益的其他综合收益				
（二）以后将重分类进损益的其他综合收益				
外币财务报表折算差额	19 802 409	－10 609 207	30 411 616	－286. 65
归属于少数股东的其他综合收益的税后净额				
七、综合收益总额	1 213 499 486	1 155 951 926	57 547 560	4. 98
归属于母公司所有者的综合收益总额	1 195 495 686	1 137 441 914	58 053 772	5. 10
归属于少数股东的综合收益总额	18 003 800	18 510 012	－506 212	－2. 73
八、每股收益				
基本每股收益（元/股）	1. 94	2. 07	－0. 13	－6. 28
稀释每股收益（元/股）	1. 94	2. 07	－0. 13	－6. 28

（二）了解利润表分析的作用

1. 正确评价企业的经营业绩

由于利润受各环节和各方面的影响，因此，通过对不同环节的利润分析，可以具体了解企业利润形成的主要因素，准确说明各环节的业绩。

2. 及时发现企业经营管理中存在的问题

通过利润分析，可以从中找出业绩形成的主要项目，也能从中发现企业在成本费用控制方面存在的问题或不足，从而为进一步改进企业经营管理工作指明方向。

3. 为投资与信贷决策提供依据

通过对企业利润的分析，可以揭示企业的经营潜力及发展前景，为投资人、债权人等做出正确的投资与信贷决策提供依据。

二、利润表的项目分析

（一）收入项目分析

微课：利润表项目分析

PPT：利润表项目分析

1. 营业收入

营业收入是利润的源泉，是利润表的关键项目。在对营业收入进行分析时，应从以下几个方面入手：

（1）分析主营业务收入的比重。主营业务收入是企业最稳定的收入来源，在企业总收入中所占的比重通常最大。如果一个企业的主营业务收入逐年下降，而营业收入却在上升，说明该企业可能在经营战略和经营方式上正在进行转型和调整；另一种考虑就是企业可能正处在衰退阶段，其营业收入上升的持久性可能不强。

（2）分析营业收入的经营种类分布。在从事多品种经营时，企业不同品种商品或劳务的营业收入构成及变动情况对分析和预测企业的利润具有十分重要的意义。报表使用者要观察占总收入比重较大的商品或劳务的变化情况，因为这些收入项目往往是企业过去和目前业绩的主要构成要素。可以通过这些收入项目的变动来预测企业利润的发展趋势，从而判断企业的发展走向和增长点。

引例分析 1－5

华宝股份营业收入整体情况见表 1－6。

表 1－6 华宝股份营业收入整体情况表

单位：元

项目	2018 年		2017 年		同比增减（%）
	金额	占营业收入比重（%）	金额	占营业收入比重（%）	
营业收入合计	2 169 074 354	100	2 197 726 124	100	－1.30
分行业					
香精	2 169 074 354	100	2 197 726 124	100	－1.30

续表

项目	2018 年		2017 年		同比增减（%）
	金额	占营业收入比重（%）	金额	占营业收入比重（%）	
分产品					
食用香精	2 007738 433	92. 56	2 042253 895	92. 93	-1. 69
食品配料	69 069 305	3. 18	54 496 929	2. 48	26. 74
日用香精	67 584 856	3. 12	68 213 500	3. 10	-0. 92
其他	24 681 760	1. 14	32 761 800	1. 49	-24. 66
分地区					
境内	2 157 688 779	99. 48	2 186 459 564	99. 49	-1. 32
境外	11 385 575	0. 52	11 266 560	0. 51	1. 06

从表 1-6 可以看出，该公司在报告期内实现营业总收入 216 907. 44 万元，较上年同期下降约 1. 30%，公司主营业务突出，食用香精是公司最核心产品，占营业收入比重达到 92. 56%，是公司利润的主要来源。随着公司加快拓展食品配料业务，业务呈现上升趋势，收入增幅达到 26. 74%。日用香精营业收入则与上年基本持平。

（3）分析营业收入的地区分布。如果企业为不同的地区提供产品或劳务，那么企业在不同地区的商品或劳务的营业收入构成及变动情况对分析和预测企业的利润具有重要的价值。占总收入比重大的地区是企业过去和目前业绩的主要来源地，可以根据各地区收入的变动情况，结合不同地区消费者对不同品牌的商品的不同偏好，来预测企业利润的变化趋势。

（4）分析企业与关联方交易所获得的收入占总收入的比重。在企业形成集团化经营的条件下，集团内各个企业之间可能发生关联方交易。由于关联方之间的密切联系，它们有可能为了包装某个企业的业绩而人为地制造一些业务。当然，关联方之间的交易也有企业间正常交易的部分。但是，会计报表使用者必须关注以关联方销售为主体形成的营业收入在交易价格、交易时间等方面所形成的非市场化因素，以判断企业营业收入的合理性。

阶段性任务

利润表中仅有营业收入一项，我们无法通过利润表对上市公司营业收入进行具体分析，还需要结合企业提供的其他财务信息，对营业收入进行全方面的分析与评价。请同学们上网搜索紫金矿业 2018 年度财务报告，根据企业提供的信息，对紫金矿业 2017—2018 年度营业收入的地区、业务情况进行分析。

三分钟了解利润表

相关案例

鑫秋农业财务造假细节曝光：虚增营收 8 832 万元 隐瞒近 2 亿元关联交易

2018 年 4 月 18 日，山东证监局公布了对鑫秋农业以及董事长张友秋、总经理贺杰等 7 位公司高管的行政处罚决定书。经查明，鑫秋农业转让说明书以及 2014 年年报、2015 年半年报、2015 年年报中营业收入存在虚假记载；另外，公司与关联方发生的关联交易，也未按规定进行披露。

鑫秋农业在全国中小企业股份转让系统披露的《公开转让说明书》以及 2014 年年报、2015 年半年报、2015 年年报中营业收入存在虚假记载。鑫秋农业在相关期间披露的前五大客户中，存在四个客户确认的销售收入系全额虚假。

鑫秋农业与关联方德州馨泉农林牧业有限公司、德州馨秋种苗科技有限公司发生的关联交易，未按规定在《公开转让说明书》以及 2014 年年报、2015 年半年报、2015 年年报中进行披露，亦未按规定以临时公告的形式进行披露。具体情况为，2012 年、2014 年 1—8 月，鑫秋农业与馨秋种苗发生关联交易 1 554. 90 万元、663. 62 万元；2013 年、2014 年 1—8 月，鑫秋农业与馨泉农牧发生关联交易 520. 43 万元、4 146. 65 万元，未按规定在《公开转让说明书》中披露。2014 年全年、2015 年 1—6 月、2015 年全年，鑫秋农业与馨泉农牧发生关联交易 4 412. 50 万元、1 222. 90 万元、3 350. 63 万元，鑫秋农业与馨秋种苗发生关联交易 880. 38 万元、680. 46 万元、1 680. 46 万元，未按规定在 2014 年年报、2015 年半年报、2015 年年报中披露，2015 年发生的关联交易未按规定进行临时信息披露。

综上，鑫秋农业与关联方馨泉农业、馨秋种苗累计发生 1. 91 亿元关联交易，未按规定披露。

（资料来源：http：//stock. hexun. com/2018 - 04 - 19/192865262. html。）

2. 公允价值变动收益

公允价值变动收益是指企业由于以公允价值计量且其变动计入当期损益的金融资产、交易性金融负债，以及采用公允价值模式计量的投资性房地产、衍生工具、套期保值业务等的公允价值变动所形成的利得。在每年的年末，企业要评估以公允价值计量且其变动计入当期损益的金融资产、交易性金融负债、投资性房地产、衍生工具、套期保值业务等的公允价值，如果比上一年增值了，即公允价值高出了账面价值，那么高出的部分就算作企业的收益，计入利润表。由于我国目前的情况下，对于某些资产的公允价值的准确确定与评估还存在一定的困难，因此，投资者在分析这一部分收益时应持谨慎的态度，注意观察本期的变动额对利润总额的影响，结合市场调查情况来判断企业是否存在操纵利润的动机和行为。

3. 投资收益

投资收益主要是投资持有期间享有的收益及投资转让处置所得。由于长期股权投资采用权益法核算所确认的投资收益可能是没有现金流入的，却要进行利润分配，所以会导致企业现金流转困难。因此，对投资收益进行分析，应当关注企业所确认的投资收益是否有现金流入。同时，还应注意投资收益占净利润的比例，占比偏高且分布集中，则不利于企业盈利质量与可持续性的提升。虽然企业以闲置资金投入证券市场有其合理性，但这种投资收益也具有不稳定性的特点。在整个市场向好时，它能够为企业的经营业绩锦上添花，但遇到市场不好的时候，它会令企业的经营雪上加霜，造成业绩大起大落，不利于企业的长远稳定发展。

4. 其他收益

其他收益反映计入其他收益的政府补助等。按照《企业会计准则第16号——政府补助》的规定，与企业日常活动相关的政府补助，应当按照经济业务实质，计入其他收益或冲减相关成本费用。与企业日常活动无关的政府补助，应当计入营业外收支。分析本项目时应留意其他收益的分类正确与否。

5. 营业外收入

营业外收入是与公司的生产经营活动没有直接关系的非正常收入，但对公司的利润总额会产生影响。营业外收入的稳定性是比较差的，投资者不能根据这部分收益来预测企业未来的利润水平，在对企业的财务情况进行分析时，应排除营业外收入的影响。分析时应注意某些应属营业外收入的项目，有无不及时转账，长期挂在“其他应付款”“应付账款”账户的情况。对于营业外收入中占比较大的项目，应保持警惕。总体来说，营业外收入占总收入的比例不应过大，如果比例过大超过了企业正常的经营收入，说明企业的盈利结构出现了问题，那么盈利的质量也是值得怀疑的。

（二）费用项目分析

1. 营业成本

无论是工业制造企业还是商品流通企业，占成本额较大的一般是销售成本。工业企业的营业成本一般由直接材料、直接人工和制造费用构成。营业成本分析包括全部营业成本分析和单位营业成本分析。对于全部营业成本的分析，分析者可以采用变动趋势分析和营业成本占营业收入的结构分析相结合的方式进行；也可以分产品进行分析，观察每类产品的利润贡献度。在全部营业成本分析的同时还需深入地对单位营业成本进行分析。对单位成本的分析能够更深入地洞察成本变动的具体原因。企业营业成本的高低，既有企业不可控的因素，如受市场因素的影响而引起的价格波动；也有企业可以控制的因素，如在一定的市场价格水平条件下，企业可以通过选择供货渠道、采购批量等来控制成本水平。因此，对营业成本降低和提高的质量评价，应结合多种因素来进行。

阶段性任务

请同学们根据表1-5的数据，上网搜索华宝股份公司近年的相关情况，对该公司的营业成本做出初步的分析和评价。

2. 税金及附加

税金及附加是指企业经营活动应负担的相关税费，包括消费税、城市维护建设税、教育费附加、资源税、房产税、城镇土地使用税、车船税、印花税等。税金及附加金额一般应与营业收入相匹配，如果出现较大的不匹配应具体分析原因。可能是因为税法的变化，也可能因为税收申报方面出现问题，还有可能是享受某些税收优惠。在分析本项目时应注意增值税是价外税，是向买方收取的，与本项目没有直接关系；所得税是利润总额的抵减项目，也不含在本项目中。

3. 销售费用

销售费用与收入的关系因行业而不同，也因企业而有别。如果产品的市场竞争比较激烈，其销售费用则较高，反之则较低。对于销售费用的分析，应当注意其支出数额与本期收入之间是否匹配，如果不匹配，应当关注相关原因。从销售费用的作用上看，一味地降低企业销售费用，减少相关开支，从长远来看并不一定有利，所以，在对销售费用的分析上不应简单看其数额的增减。第一，如果销售费用有较大的增长，应观察增长的内容是什么，如果是企业广告费的大额支出，应对其作用进行分析。第二，企业如果在新地域和新产品上投入较多的销售费用，如在新地域设立销售机构和销售人员的支出等，这些新的支出不一定在本期就能增加销售收入，分析人员对此也应当慎重分析，以判定其对今后期间收入增加的可能性。

4. 管理费用

管理费用的项目比较庞杂，如果能够取得管理费用的明细资料将对分析有较大帮助。总体而言，管理费用的支出水平与企业规模相关，对管理费用有效的控制可以体现企业管理效率的提高，但是有些项目的控制或减少对企业长远发展是不利的，如职工教育经费等的下降会影响企业今后的发展。如果企业本期资金充裕，将不会减少此类支出，如果本期发生这些项目的支出下降，分析人员应关注企业是否本期面临资金紧张的问题。管理费用多数项目属于固定性费用，与企业营业收入在一定范围和期间内没有很强的相关性，因此，分析不能仅仅依据营业收入的一定比率来判定管理费用的支出效率。预算标准是控制管理费用的重要依据，通过与预算数的对比，可以更容易判断管理费用的支出质量。

5. 研发费用

根据财政部财会〔2018〕37号文件，利润表中要新增“研发费用”项目。研发费用反映企业进行研究与开发过程中发生的费用化支出，本项目实际上是将“管理费用”科目下“研发费用”分拆出来单独列示。企业在研发阶段会投入大量资金，研发过程中短时间内无法取得研发投入的效益，所以可能会出现企业营业收入变动不大的情况下利润减少的情形，需要特别分析。

6. 财务费用

财务费用的发生主要与以下几个业务内容直接相关：第一，与企业借款融资相关；第二，与企业购销业务中的现金折扣相关；第三，与企业外币业务汇兑损益相关。对财务费用进行分析应当细分内部结构，观察企业财务费用的主要用途。首先，应将财务费用的分析与企业资本结构的分析相结合，观察财务费用的变动是源于企业短期借款还是长期借款，同时确认：对于借款费用中应当予以资本化的部分是否已经资本化，或者借款费用中应当计入财务费用的是否对其进行了资本化。其次，应关注购销业务中发生的现金折扣情况，关注企业应当取得的购货现金折扣是否都已经取得，若是存在大量没有取得的现金折扣，应怀疑企业现金流是否紧张。如果企业存在外币业务，应关注汇率对企业业务的影响，观察企业对外币资产和债务的管理能力。

7. 营业外支出

营业外支出与企业生产经营活动无直接关系，但应从企业实现的利润总额中扣除。会计报表使用者分析营业外支出时，应注意营业外支出与营业外收入互不相关，营业外支出与营业外收入都是净收入和净支出，应当分别核算，不得相互冲减。营业外支出与费用虽然都是利润的抵减项目，但费用是日常经营活动产生的，营业外支出并非日常经营活动产生的，具有较大的波动性。分析营业外支出时，应结合会计报表附注，根据营业外支出构成项目，分析营业外支出的变化趋势，对于其中大额异常的项目应保持警惕，往往需要进一步进行分析，判断其是否合理。

8. 所得税费用

所得税费用包括当期所得税费用和递延所得税费用两个部分。一般而言，公司利润报表上的所得税费用并不等于当期应纳所得税，应纳税所得额与利润总额之间、所得税费用与当期应交所得税之间一般都有调整，但这种调整依然是建立在所得税以利润为基础上的。在对所得税费用进行分析时应注意：既然所得税费用是与公司盈亏相联系的，且所得税费用的大小取决于公司利润总额的大小，那么，所得税费用与利润总额之间的相关性应该在适当的范围内，如果出现较大背离，则应进一步分析其原因。

阶段性任务

请同学们上网搜索华宝股份公司2016—2018年的利润表，对该公司的销售费用、管理费用、财务费用、研发费用及所得税费用进行初步分析，结合课本介绍的分析思路，对华宝股份费用项目做出基本判断。

（三）利润项目分析

1. 营业利润

营业利润主要包括主营业务利润和其他业务利润。当企业实行多元化经营，多种经营业务开展得较好时，其他业务利润会弥补主营业务利润低的缺陷，但如果企业其他业务利润长期高于主营业务利润，则企业应适当考虑产业结构的调整问题。营业利润是公司利润的主要来源，将营业利润与利润总额相比，其所占比例的稳定性表现了公司盈利的稳定性和连续性。营业利润越高，主营业务在行业中的地位越高，企业的可持续发展能力越强，投资价值也越大。如果在一家公司中，营业利润比重小或为负数，即使当期公司利润总额比前期有所增长，仍然不能说明该公司具有较好的发展或成长性，相反，只能说明公司的经营活动和管理工作可能存在问题，应做进一步分析。

相关思考

深圳世纪星源股份有限公司（世纪星源：000005）1995 年以其拥有的在建楼宇华乐大厦的部分产权，计人民币 3 061.3 万元，抵偿所欠的中国人民建设银行深圳市分行债务 16 658.6 万元，由此产生利润 13 597.3 万元。后该公司又以 16 658.6 万元的价格向该银行购回上述同一资产，并列作固定资产。请思考：该公司这 13 597.3 万元的利润从何而来，将有什么影响？

2. 利润总额

利润总额是企业的营业利润加上营业外收入减去营业外支出后的余额，利润总额也称“税前利润”，是企业当期取得的全部利润之和，代表企业当期综合盈利能力，直接关系到各利益相关者的利益分配。对利润总额进行分析时，应注意区分正常利润与非正常利润。营业利润是企业正常经营利润，在利润总额中应占较大比重，而营业外收入与营业外支出相抵后的净额占利润总额的比重应较小，如果分析时发现非经常性损益的比重过大，应保持警惕，需要进一步分析企业非正常利润的真实性和稳定性，是否有通过非经常性损益项目来操作利润的嫌疑。

3. 净利润

净利润是企业在一定时期实现的完全属于股东的经营成果，净利润的增减变动是利润表上所有项目增减变动的综合结果。在对营业利润和利润总额进行初步分析的基础上进行净利润的增减变动及其构成的分析时，应将分析的重点放在本期净利润增减变动的主要项目上，尤其应分清经营性、经常性损益项目的影响和非经营性及非经常性损益项目的影响。不论任何企业，经营性的营业利润必须是构成净利润的最重要的部分，其金额应远远高于非经营性损益项目金额。对净利润分析的内容，包括对形成净利润的各项目的增减变动及其结构变动的分析和对其中变动差异较大的重点项目的分析。

三、利润表的比较分析

利润表的比较分析是将连续两期或多个期间的利润表项目金额或内部结构比率进行列示，从利润的形成角度，反映利润额的变动情况，揭示企业在利润形成过程中的管理业绩及存在的问题，用以考察企业经营成果的变化趋势。我们通过观察和比较相同项目增减变动的金额及幅度，可以把握企业收入、费用等会计项目的变动趋势。

微课：利润表综合分析

引例分析 1－6

现以表 1－5 所反映的华宝股份公司 2017 年和 2018 年的数据，看看初步比较分析的结果。

从表 1－5 可以看出，总体上公司营业收入同比下降 1.3%，但是营业利润增长 4.59%，利润总额增长 4.47%，净利润增长 2.33%。导致营业收入下降、利润反增的主要原因在于税金及附加、研发费用的降低，利息收入增加和公允价值变动损益的增加，其中，税金及附加降低 26.26%，研发费用降低 19.50%，利息收入增长 132.38%，公允价值变动损益增长 112.18%。换句话说，公司利润增长并非来自于开源创造出更多营业收入，而主要在于节流减少了开支以及企业其他非经常性的收益的增长。

具体来看，公司营业收入缩减与营业成本上升凸显出公司经营方面存在问题，好在企业毛利率水平较高，超过 70%，但还是需要引起重视，毕竟公司发展的本质是创造更多收入。在控制税金优化费用方面，公司这一阶段做得不错，财务费用为负数意味着利息收入，这与企业持有大量货币资金有一定联系；研发费用大幅度降低，从 1.86 亿元降至 1.50 亿元左右，减少 0.36 亿元，这并不是一个好现象；税金及附加的减少与营业收入减少存在关系，但会不会有未按照规定申报纳税的情况需要进一步核实。资产减值损失减少，对公司有利，金额不大，基本正常。公允价值变动收益由负 4 000 多万元转为正 500 多万元，跨度较大，原因不明，有待进一步查明。最后需要说明的是，公司在销售费用增长了 36.65% 的情况下营业收入反而下降 1.30%，这是比较反常的现象，公司管理层应予以关注。

阶段性任务

请同学们上网搜索上海美特斯邦威服饰股份有限公司（美邦服饰：SZ002269）近两年的利润表，按照表 1－5 的格式，编制美特斯邦威利润表比较分析表，结合引例分析 1－6 的分析思路，对公司近两年利润构成和原因进行分析。

PPT：利润表综合分析

四、利润表的结构分析

利润表的结构分析是通过分析利润形成的各要素占营业总收入的比重来判断各要素对利润的影响程度，揭示各项利润及成本费用与收入的关系，以反映企业各环节的利润构成、利润及成本费用水平。利润表的结构分析一般是通过编制利润表的结构分析表来观察和分析各要素占营业收入的比重状况及其变动幅度对利润构成的影响。

引例分析 1－7

编制华宝股份公司的利润表结构分析表（见表 1－7），并据表做出分析评价。

表 1－7　　华宝股份利润表结构分析表

项目	2018 年（%）	2017 年（%）	变动幅度（%）
一、营业总收入	100.00	100.00	0.00
其中：营业收入	100.00	100.00	0.00
二、营业总成本	40.96	44.47	－3.51
其中：营业成本	22.36	21.56	0.80
税金及附加	1.53	2.05	－0.52
销售费用	8.57	6.19	2.38
管理费用	8.80	8.93	－0.13
研发费用	6.90	8.46	－1.56
财务费用	－7.23	－3.07	－4.16
资产减值损失	0.02	0.34	－0.32
加：其他收益	5.86	6.41	－0.54
公允价值变动收益	0.23	－1.87	2.11
投资收益	0.09	1.59	－1.50
其中：对联营企业和合营企业的投资收益	0.24	0.07	0.17
资产处置收益	0.13	0.02	0.11
三、营业利润	65.36	61.68	3.68
加：营业外收入	0.04	0.13	－0.09
减：营业外支出	0.05	0.08	－0.03
四、利润总额	65.34	61.73	3.61
减：所得税费用	10.31	8.65	1.66
五、净利润	55.03	53.08	1.95
持续经营净利润	55.03	53.08	1.95
归属于母公司所有者的净利润	54.20	52.24	1.96
少数股东损益	0.83	0.84	－0.01
六、其他综合收益的税后净额	0.91	－0.48	1.40
归属母公司所有者的其他综合收益的税后净额	0.91	－0.48	1.40
（一）以后不能重分类进损益的其他综合收益	0.00	0.00	0.00
（二）以后将重分类进损益的其他综合收益	0.00	0.00	0.00
外币财务报表折算差额	0.91	－0.48	1.40
归属于少数股东的其他综合收益的税后净额	0.00	0.00	0.00
七、综合收益总额	55.95	52.60	3.35
归属于母公司所有者的综合收益总额	55.12	51.76	3.36
归属于少数股东的综合收益总额	0.83	0.84	－0.01

从表1－7中可以看出华宝股份公司2018年度财务成果的构成情况：营业利润占营业总收入的比重为65.36%，比上年的61.68%上升了3.68%；利润总额占营业总收入的比重为65.34%，比上年度的61.73%上升了3.61%；净利润占营业总收入的比重为55.03%，比上年度的53.08%上升了1.95%。由此可见，如果仅从公司利润的构成上看，该公司盈利能力比上年有所上升。

从营业利润的影响因素变化看，营业成本占营业收入的22.36%，是收入的最大抵减因素；其次是销售费用和管理费用，分别占比8.57%和8.80%；而财务费用则继续带来利好，由－3.07%变化至－7.23%；其他收益来源于政府补助，2017年和2018年均占营业收入的6%左右，为营业利润的形成做出了一定的贡献；其他项目占比较低，可忽略不计。综合来看，华宝股份公司2018年较之2017年在营业成本的控制上与上年基本持平，销售费用有较大上升，管理费用和财务费用则向好的方向发展。

阶段性任务

请同学们上网搜索美特斯邦威近两年的利润表，按照表1－7的格式，编制美特斯邦威利润表结构分析表，结合引例分析1－7的分析思路，分析公司近两年利润构成和影响各利润的主要因素，并据此对公司未来发展方向提出自己的意见。

五、利润表的趋势分析

在利润表比较分析的基础上，我们可以进一步通过趋势分析了解企业连续期间的经营成果，同时可以观察企业收入、费用指标在一定时间内的变动趋势。

引例分析1－8

以华宝股份公司历年公布的利润表为基础，根据其主要项目编制利润表主要指标的趋势分析表（定比），如表1－8所示。

表1－8　华宝股份利润表趋势分析表　单位：万元

项目	2015年	2016年		2017年		2018年	
	金额（基期）	金额	定比（%）	金额	定比（%）	金额	定比（%）
一、营业总收入	279 179.71	261 498.60	93.67	219 772.61	78.72	216 907.44	77.69
营业收入	279 179.71	261 498.60	93.67	219 772.61	78.72	216 907.44	77.69
二、营业总成本	140 036.31	136 403.50	97.41	97 724.54	69.79	88 843.76	63.44
营业成本	75 447.27	68 175.59	90.36	47 376.37	62.79	48 503.08	64.29
税金及附加	3 730.05	4 726.43	126.71	4 507.75	120.85	3 324.01	89.11
销售费用	12 818.70	14 384.35	112.21	13 608.42	106.16	18 595.88	145.07

续表

项目	2015 年	2016 年		2017 年		2018 年	
	金额（基期）	金额	定比（%）	金额	定比（%）	金额	定比（%）
管理费用	53 830.25	51 006.20	94.75	38 233.16	71.03	34 058.21	63.27
财务费用	-6 003.18	-3 997.17	66.58	-6 750.18	112.44	-15 686.20	261.30
资产减值损失	213.21	2 108.09	988.73	749.03	351.30	48.76	22.87
公允价值变动收益	6 616.31	-2 498.11	-37.76	-4 118.20	-62.24	501.71	7.58
投资收益	654.92	14 064.18	2 147.47	3 494.39	533.56	202.20	30.87
其中：对联营企业和合营企业的投资收益	1 070.35	322.30	30.11	159.31	14.88	526.73	49.21
三、营业利润	146 377.48	136 511.14	93.26	135 545.98	92.60	141 763.59	96.85
加：营业外收入	15 527.15	16 109.17	103.75	288.72	1.86	81.39	0.52
减：营业外支出	93.37	64.16	68.72	168.97	180.97	111.57	119.49
四、利润总额	161 811.26	152 556.15	94.28	135 665.73	83.84	141 733.41	87.59
减：所得税费用	23 890.95	24 837.21	103.96	19 009.62	79.57	22 363.70	93.61
五、净利润	137 920.31	127 718.95	92.60	116 656.11	84.58	119 369.71	86.55

说明：（1）为便于连续4年的数据比较，本表未按新报表格式单独列示研发费用，数据采用新浪财经网提供的华宝股份历年报表数据。

（2）表中2018年管理费用已加回原单独列示的研发费用。

从表1-8可以看出，华宝股份公司自2015年以来，公司整体各项利润表项目均处于小幅下滑或者相对均衡不变的态势，说明公司发展处于相对停滞的状态，企业整体规模和效益没有进一步提升，给人以发展乏力的感觉。需要我们对每一项指标变化趋势深入分析，探寻企业业绩不佳的原因。具体分析如下：

自2016年以来，公司营业利润、利润总额和净利润均处于平稳中有小幅度上升的趋势，但与之对应的是营业收入的较大幅度下滑与营业成本小幅度下降，不难看出，公司利润增长依赖的不是营业收入的增长，这对公司而言是需要引起特别警惕的，说明公司的主营业务存在问题，营业成本下降可能是公司成本管控的成效，也有可能是销量下降导致，有必要结合单位成本进一步分析。在公司销售费用连年上涨的情况下，公司营业收入仍然连年下降，很可能是市场行情不佳，产品销售不畅所致，公司管理层应高度重视产品销售问题，考虑拓展销售渠道，或者加大产品研发力度，提升产品竞争力。

所得税费用2016年和2018年增长幅度超过了利润总额的增长幅度，2017年低于利润总额增长幅度，正常情况下两者是具有相关性的，而公司这两项指标波动趋势呈现相反的态势，考虑存在问题。分析资产负债表，公司账面递延所得税资产也是呈现增长趋势，2018年账面有超过4 200万元，说明企业的会计利润与按照所得税法计算的所得额有较大出入，这些差异有哪些属于正常，有哪些可能存在问题，需要结合账簿资料进一步分析。

管理费用下降较快，公司管理费用在2015年至2016年达5亿元以上，2017年至2018年呈现下降趋势，降至3.4亿元左右，是公司管理水平上升还是其他原因，有待进一步分析。

财务费用为负数，意味着有利息收入。公司利息收入在2018年大幅度增长，其原因多在于2018年公司上市后手中握有大量货币资金导致。

投资收益波动比较大，2015年和2018年分别为655万元和202万元，对利润总额的贡献较小，2016年高达1.4亿元，2017年暴降至3 494万元，总体而言，投资收益呈快速下降趋势，对利润的贡献越来越小；公允价值变动收益逐渐由负转正，从对利润产生较大的负面影响逐渐过渡到可以忽略不计。

阶段性任务

请同学们上网搜索美特斯邦威2015—2018年的利润表，按照表1－8的格式，编制美特斯邦威利润表趋势分析表，结合引例分析1－8的分析思路，对公司利润表项目变化趋势进行详细分析。

利润表另类角度分析

模块三　现金流量表分析

职业判断与业务操作

现金流量包括现金流入量和现金流出量，企业销售商品、提供劳务、出售固定资产、向银行借款等取得现金，形成现金流入；购买原料、接受劳务、购建固定资产、对外投资、偿还债务等而支付现金等，形成现金流出。现金流量信息能够表明企业经营状况是否良好、资金是否紧缺、企业偿付能力是否有问题，从而为投资者、债权人、企业管理者提供非常有用的信息。资产负债表反映了货币资金变动的结果，而现金流量表反映的是货币资金的变动过程；利润表中利润的计量基础是权责发生制，而现金流量表采用收付实现制，弥补了权责发生制的弊端。企业现金流量表项目与结构分析主要是为了剖析经营活动产生的现金流量、投资活动产生的现金流量、融资活动产生的现金流量的变化情况及其对企业总的现金净流量的影响。

就外部投资者而言，现金流量信息能帮助投资者看清企业的真实财务状况，从而减少投资风险。站在企业内部管理者的角度来看，现金流量分析也能帮助管理者看清企业资金的筹集与使用情况，更好地提高资金使用效率，规避不必要的财务风险。

相关案例

扩张过快“造血”乏力 启迪桑德拿什么推动148亿元在建工程?

作为环保领军企业，启迪桑德环境资源股份有限公司强悍的业务获取能力为业界称道，但持续的“失血”也引起市场的普遍忧虑。“市场上钱这么紧张，公司在建工程规模接近150亿元，还要多少钱才能建完？要多长时间才能产生效益?”有受访的机构投资者向记者表示。

“桑德正到处找钱!”某股份制银行信贷部负责人对上证报记者说，近期他已经收到多个关于桑德融资需求的信息。这也在市场的预料之中。启迪桑德的半年报披露后，敏锐的机构就已经发现公司资金链紧绷。当年上半年，启迪桑德经营活动产生的现金流量净额为-10.7亿元，投资活动产生的现金流量净额为-20.8亿元。同期，公司筹资活动的现金流量净额为13.2亿元，“入不敷出”态势明显。

“冰冻三尺非一日之寒”。据上证报资讯统计，自2016年以来，启迪桑德经营性现金流量净额已连续10个季度为负数。投资活动的现金流出也是逐年快速增长，2014—2017年，公司投资活动的现金流量净额分别为-15.2亿元、-16.6亿元、-36.6亿元、-41.5亿元。

（资料来源：https：//baijiahao. baidu. com/s? id = 1612715101219307061&wfr = spider&for = pc。）

一、熟悉现金流量表分析的内容和作用

（一）熟悉现金流量表分析的内容

1. 经营活动产生的现金流量

经营活动是指企业投资活动和筹资活动以外的所有交易和事项。如：销售商品和提供劳务、购买货物或接受劳务、制造产品、广告宣传、缴纳税款等。通过对经营活动产生的现金流量分析可以看出企业日常经营活动中现金流入流出的情况及其原因。

2. 投资活动产生的现金流量

投资活动是指企业长期资产的购置和不包括在现金等价物范围内的投资及其处置活动，如：取得投资收益所收到的现金、购建固定资产所支付的现金等。通过投资活动产生的现金流量分析可以了解企业的投资运作能力。

3. 筹资活动产生的现金流量

筹资活动是指导致企业资本及债务规模和构成发生变化的活动。这里所说的资本，包括资本（股本）和资本溢价（股本溢价）。与资本有关的现金流入和流出项目，包括吸收投资、发行股票、分配利润等。这里所说的债务、是指企业对外举债所借入的款项，如发行债券，向金融企业借入款项以及偿还债务等。

华宝股份现金流量表的具体内容见表 1－9，现金流量分析的内容主要是表中的项目。

表 1－9　华宝股份现金流量比较分析表

单位：元

项目	2018 年	2017 年	变动额	增减（%）
一、经营活动产生的现金流量				
销售商品、提供劳务收到的现金	2 658 237 006	2 743 266 379	－85 029 373	－3.10
收到的税费返还				
收到的其他与经营活动有关的现金	234 216 367	205 684 766	28 531 601	13.87
经营活动现金流入小计	2 892 453 373	2 948 951 145	－56 497 772	－1.92
购买商品、接受劳务支付的现金	595 296 456	433 902 785	161 393 671	37.20
支付给职工以及为职工支付的现金	231 629 564	196 265 569	35 363 995	18.02
支付的各项税费	502 966 943	564 738 844	－61 771 901	－10.94
支付的其他与经营活动有关的现金	294 986 301	311 890 379	－16 904 078	－5.42
经营活动现金流出小计	1 624 879 264	1 506 797 577	118 081 687	7.84
经营活动产生的现金流量净额	1 267 574 109	1 442 153 568	－174 579 459	－12.11
二、投资活动产生的现金流量				
收回投资所收到的现金	1 142 099 359	298 506 128	843 593 231	282.60
取得投资收益所收到的现金	27 991 456	1 327 557	26 663 899	2 008.49
处置固定资产、无形资产和其他长期资产所收回的现金净额	6 097 495	4 376 890	1 720 605	39.31
处置子公司及其他营业单位收到的现金净额	15 272 976		15 272 976	
收到的其他与投资活动有关的现金				
投资活动现金流入小计	1 191 461 286	304 210 575	887 250 711	291.66
购建固定资产、无形资产和其他长期资产所支付的现金	86 085 792	24 021 234	62 064 558	258.37
投资所支付的现金	3 124 720 492	228 489 840	2 896 230 652	1267.55
取得子公司及其他营业单位支付的现金净额				
支付的其他与投资活动有关的现金				
投资活动现金流出小计	3 210 806 284	252 511 074	2 958 295 210	1171.55
投资活动产生的现金流量净额	－2 019 344 998	51 699 501	－2 071 044 499	－4005.93
三、筹资活动产生的现金流量				
吸收投资收到的现金	2 379 174 000	300 000	2 378 874 000	792 958.00
其中：子公司吸收少数股东投资收到的现金	1 800 000		1 800 000	
取得借款收到的现金				
发行债券收到的现金				

续表

项目	2018年	2017年	变动额	增减（%）
收到其他与筹资活动有关的现金				
筹资活动现金流入小计	2 379 174 000	300 000	2 378 874 000	792 958.00
偿还债务支付的现金				
分配股利、利润或偿付利息所支付的现金	139 602 095	20 952 744	118 649 351	566.27
其中：子公司支付给少数股东的股利、利润	16 091345	20 952744	-4 861399	-23.20
支付其他与筹资活动有关的现金	69 378 171	363 236 856	-293 858 685	-80.90
筹资活动现金流出小计	208 980 266	384 189 600	-175 209 334	-45.60
筹资活动产生的现金流量净额	2 170 193 734	-383 889 600	2 554 083 334	-665.32
四、汇率变动对现金及现金等价物的影响	16 131 516	-7 447 301	23 578 817	-316.61
五、现金及现金等价物净增加额	1 434 554 361	1 102 516 168	332 038 193	30.12
加：期初现金及现金等价物余额	3 074 876 030	1 972 359 862	1 102 516 168	55.90
六、期末现金及现金等价物余额	4 509 430 391	3 074 876 030	1 434 554 361	46.65

（二）了解现金流量表分析的作用

1. 直接揭示企业的偿债能力和支付能力

企业的还本付息活动、股利支付活动和生产采购活动是企业债权人、投资者和供应商极为关注的部分，通过对现金流量表的分析，可以获取企业是否具备现金偿债能力和支付能力的重要信息。

2. 对企业经营活动、投资活动和筹资活动做出评价

经营活动产生的现金流量从本质上讲代表了企业自我创造现金的能力，该部分占现金流量的比率越高，企业的财务基础越稳固。而投资活动和筹资活动也是企业重要的业务活动，会对现金流动状况产生较大影响。经营管理者通过对现金流量的分析，可以有效地进行现金管理。

3. 对企业收益质量做出评价

企业账面利润并不一定意味着收回了相应的现金，当应收账款过多时，营业收入的质量就值得怀疑。按照权责发生制计量的企业会计利润和按照收付实现制计量的现金净流量并非同向变化。有的企业账面利润很高，但收现能力很差。对现金流量的分析可以揭示企业的收益质量。

4. 预测企业未来的现金流量

在许多情况下，过去的现金流量是报表使用者预计企业未来现金流量变动的基础。通过分析过去现金流量变化的趋势，可以从中找到现金流量变化的规律，为未来的经营决策打下基础。在企业资本预算和项目评估中现金流量是预测分析的关键信息。

5. 防范会计操纵

现金流量表的编制基础是现金，它可以避免权责发生制下通过虚拟交易发生的信息操纵，以及通过会计政策和核算方法的改变而发生的盈利操纵。现金流量表因为有对应的银行存款等资金可供验证，因而它具有较高的信息

真实性。

二、现金流量表的项目分析

微课：现金流量表项目分析

PPT：现金流量表项目分析

（一）经营活动产生的现金流量分析

经营活动产生的现金流量是企业现金的主要来源，与净利润相比，经营活动所产生的现金净流量的多少，能够更确切地反映企业的经营质量。经营活动产生的现金流量净额指标表明企业经营活动获取现金的能力。在正常情况下，企业的现金流入量主要应依靠经营活动来获取。通过该指标与净利润指标相比较，可以了解到企业净利润的现金含量。如果企业的净利润大大高于经营活动产生的现金流量净额，则说明企业利润的含金量不高，存在大量的赊销行为及未来的应收账款收账风险，同时某种程度上存在着利润操纵之嫌。在了解该指标的过程中，我们还可以了解到企业相关税费的缴纳情况。对于经营活动产生的现金流量质量，可通过以下表现形式进行分析。

1. 经营活动产生的现金流量净额小于零

经营活动产生的现金流量净额小于零，意味着企业通过正常的供、产、销所带来的现金流入量，不足以支付因上述经营活动而引起的现金流出。企业正常经营活动所需的现金支付，则需要通过以下几种方式来解决：一是消耗企业现存的货币积累；二是挤占本来可以用于投资活动的现金；三是进行额外贷款融资；四是拖延债务支付或加大经营负债规模。

如果这种情况出现在企业经营初期，可以认为是企业在发展过程中不可避免的正常状态。因为在企业生产经营活动的初期经营成本较高，导致企业现金流出较多。为了开拓市场，企业有可能投入较大资金，从而有可能使企业在这一时期的经营活动现金流量表现为入不敷出的状态。但是，如果企业在正常生产经营期间仍然出现这种状态，说明企业通过经营活动创造现金净流量的能力下降，应当认为企业经营活动现金流量的质量差。

2. 经营活动产生的现金流量净额等于零

经营活动产生的现金流量净额等于零，意味着企业通过正常的供、产、销所带来的现金流入量，恰恰能够支付因上述经营活动而引起的现金流出，企业的经营活动现金流量处于收支平衡的状态。在这种情况下，企业正常经营活动虽然不需要额外补充流动资金，但企业的经营活动也不能为企业的投资活动以及融资活动贡献现金。

按照“企业会计准则”，企业经营成本中有相当一部分属于按照权责发生制原则的要求而确认的摊销成本（如无形资产、长期待摊费用摊销、固定资产折旧等）和应计成本（如应付利息、应付租金等），即非付现成本。这样，在经营活动产生的现金流量等于零时，企业经营活动产生的现金流量不可能为这部分非付现金成本的资源消耗提供货币补偿。如果这种状态长期持续下去，企业的“简单再生产”都不可能维持。因此，如果企业在正常生产经营期间持续出现这种状态，则表明企业经营活动现金流量的质量不高。

3. 经营活动产生的现金流量净额大于零

经营活动产生的现金净流量大于零，意味着企业具有创造现金的能力，通常表明企业生产经营状况较好。但是，企业经营活动产生的现金流量仅大于零是不够的。经营活动产生的现金净流量大于零并在补偿当期的非现付成本后仍有剩余，才意味着企业通过正常的供、产、销所带来的现金流入量，不但能够支付因经营活动而引起的现金流出、补偿全部当期的非付现成本，而且还有余力为企业的投资等活动提供现金支持。这种状态通常表明企业所生产的产品适销对路，市场占有率高，销售回款能力较强，同时企业的付现成本、费用控制有效。在这种状态下，企业经营活动利润才具有含金量，对企业经营活动的稳定与发展、企业投资规模的扩大才能起到较好的促进作用。

4. 经营活动现金流量净额与净利润对比分析

利润表上反映的净利润，是企业根据权责发生制原则确定的，它并不能反映企业生产经营活动产生了多少现金净流入；而现金流量表中的经营活动产生的现金流量净额是以收付实现制原则为基础确定的，经营活动产生的现金流量净额与净利润往往是不一致的。但是，为了防止人为操纵利润和加强企业经营管理，有必要将经营活动的现金流量净额与净利润进行对比，了解净利润与经营活动产生的现金流量差异的原因，从而对净利润质量进行评价。如果经营活动产生的现金流量净额与净利润之比大于 1 或等于 1，通常说明会计收益的收现能力较强，经营活动现金流量质量与净利润质量较好；若小于 1，则说明净利润可能受到人为操纵或存在大量应收账款，经营活动现金流量质量与净利润质量较差。

阶段性任务

请同学们根据表 1-9 的数据，分析华宝股份经营活动产生的现金流量的主要项目，结合我们刚学习的知识，对公司经营活动现金流量水平做初步的评价。

（二）投资活动产生的现金流量分析

投资活动产生的现金流量净额指标反映企业固定资产、无形资产投资及权益性、债权性投资业务的现金流量情况。投资活动现金流出会对企业未来的市场竞争力产生影响，其数额较大时，应对相关投资行为的可行性做相应的分析了解。对于投资活动产生的现金流量质量，可通过以下表现形式进行分析：

1. 投资活动产生的现金流量净额小于零

投资活动产生的现金流量净额小于零，意味着企业在购建固定资产、无形资产和其他长期资产、权益性投资以及债权性投资等方面所流出的现金之和，大于企业因收回投资，分得股利或利润，取得债券利息收入，处置固定资产，无形资产和其他长期资产而流入的现金净额之和。通常情况下，企业投资活动的现金流量处于入不敷出的状态，投资活动所需资金的缺口只能通过其他渠道解决。在企业的投资活动符合企业的长期规划和短期计划的条件下，投资活动产生的现金流量净额小于零，表明企业扩大再生产的能力较强，也可能表明企业进行产业及产品结构调整的能力或参与资本市场运作实施股权及债权投资的能力较强，是投资活动现金流量的正常状态。企业投资活动的现金流出大于流入的部分，将由经营活动的现金流入量来补偿。例如，企业的固定资产、无形资产购建支出，将由未来使用有关固定资产和无形资产会计期间的经营活动的现金流量来补偿。

2. 投资活动产生的现金流量净额大于或等于零

投资活动产生的现金流量大于或等于零，意味着企业在投资活动方面的现金流入量大于或等于流出量。这种情况的发生，如果是企业在本会计期间的投资回收的规模大于投资支出的规模，表明企业资本运作收效显著、投资回报及变现能力较强；如果是企业处理手中的长期资产以求变现，则表明企业产业、产品结构将有所调整，或者未来的生产能力将受到严重影响、已经陷入深度的债务危机之中。因此，必须对企业投资活动的现金流量原因进行具体分析。

阶段性任务

请同学们根据表1－9的数据，分析华宝股份投资活动产生的现金流量的主要项目，结合我们刚学习的知识，对公司投资活动现金流量水平做初步的评价。

三分钟了解现金流量表

（三）筹资活动产生的现金流量分析

筹资活动现金流量反映了企业的融资能力和融资政策，可以通过以下表现形式进行质量分析：

1. 筹资活动产生的现金流量净额大于零

筹资活动产生的现金流量净额大于零，意味着企业在吸收权益性投资、发行债券以及借款等方面所收到的现金之和大于企业在偿还债务、支付筹资费用、分配股利或利润、偿付利息以及减少注册资本等方面所支付的现金之和。在企业起步到成熟的整个发展过程中，筹资活动产生的现金流量净额往往大于零，通常表明企业通过银行及资本市场的筹资能力较强。例如在企业处于发展的起步阶段，投资需要大量的资金，而此时企业经营活动的现金流量净额又多小于零，企业对现金的需求主要通过筹资活动现金流入来解决。因此，分析企业筹资活动产生的现金流量大于零是否正常，关键要看企业的筹资活动是否已经纳入企业的发展规划，是企业管理层的主动行为，还是企业因投资活动和经营活动的现金流出失控不得已而为之的被动行为。

2. 筹资活动产生的现金流量净额小于零

筹资活动产生的现金流量净额小于零，意味着企业筹资活动收到的现金之和小于企业筹资活动支付的现金之和。这种情况的出现，如果是企业在本会计期间集中发生偿还债务、支付筹资费用、分配股利或利润、偿付利息等业务，则表明企业经营活动与投资活动在现金流量方面运转较好，自身资金周转已经进入良性循环阶段，经济效益得到增强，从而使企业支付债务本息和股利的能力加强。如果企业筹资活动产生的现金流量净额小于零，是由于企业在投资和企业扩张方面没有更多作为造成的，或者是丧失融资信誉造成的，则表明筹资活动产生的现金流量质量较差。

（四）现金及现金等价物净增加额的质量分析

1. 现金及现金等价物净增加额为正数

企业的现金及现金等价物净增加额为正，如果主要是经营活动产生的现金流量净额引起的，通常表明企业经营状况好，收现能力强，坏账风险小；如果主要是投资活动产生的，甚至是由处置固定资产、无形资产和其他长期资产引起的，则表明企业生产经营能力衰退，或者是企业为了走出不良境地而调整资产结构，须结合资产负债表和损益表做深入分析；如果主要是筹资活动引起的，则意味着企业未来将支付更多的本息或股利，需要未来创造更多的现金流量净增加额，才能满足偿付的需要，否则，企业就可能承受较大的财务风险。

2. 现金及现金等价物净增加额为负数

企业的现金及现金等价物净增加额为负数，通常是一个不良信息。但如果企业经营活动产生的现金流量净额是正数且数额较大，而企业整体上现金流量净减少主要是固定资产、无形资产或其他长期资产投资引起的，或主要是对外投资引起的，则可能是企业为了进行设备更新或扩大生产能力，或投资开拓更广阔的市场，此时现金流量净减少并不意味着企业经营能力不佳，而是意味着企业未来可能有更大的现金流入。同样情况下，如果企业现金流量净减少主要是由于偿还债务及利息引起的，这就意味着企业未来用于偿债的现金将减少，企业财务风险变小，只要企业生产经营保持正常运转，企业就不会走向衰退。

阶段性任务

请同学们根据表 1 -9 的数据，分析华宝股份筹资活动产生的现金流量的主要项目，结合我们刚学习的知识，对公司筹资活动现金流量水平做初步的评价。

微课：现金流量表综合分析

PPT：现金流量表综合分析

三、现金流量表的比较分析

现金流量表的比较分析是通过编制现金流量比较分析表来进行的，现金流量比较分析表见表 1 -9。

引例分析 1－9

从表 1－9 可以看出，华宝股份公司 2018 年净现金流量比 2017 年增加了 332 038 193 元，经营活动、投资活动和筹资活动产生的净现金流量较上年的变动额分别为－174 579 459 元、－2 071 044 499 元和 2 554 083 334 元。

1. 经营活动现金流量分析。经营活动净现金流量比上年降低了 174 579 459 元，降低率为 12. 11%。经营活动流入量比上年降低了 56 497 772 元，降低率为 1. 92%，主要原因在于销售商品收到的现金下降。结合营业收入变动情况来分析，营业收入较之上年下降 1. 3%，销售商品收到的现金则下降 3. 10%，现金流量下降幅度超过营业收入下降幅度，说明企业的销售收现比率比上年有所下降。经营活动现金流出量比上年增长了 118 081 687 元，增长率为 7. 84%，主要原因在于购买商品现金流量及支付的职工薪酬增加。

2. 投资活动现金流量分析。投资活动现金净流出量比上年降低了 2 071 044 499 元。投资支付的现金增加了 2 958 295 210 元，增长率为 1 171. 55%，主要是投资所支付的现金较之上年大幅增长了 2 896 230 652 元，增长率达 1 267. 55%；另外购建固定资产、无形资产和其他长期资产所支付的现金也增长了 6 000 万元左右。投资活动现金流入量增长了 887 250 711 元，增长率为 291. 66%，主要原因在于收回投资 11. 42 亿元左右，较之上年增长了 8. 43 亿元左右，其次是收到投资收益及处置子公司带来的现金流量。

3. 筹资活动现金流量分析。筹资活动净现金流量本年比上年增加了 2 554 083 334 元，主要原因在三个方面：一是 2018 年公司上市吸收投资 23. 79 亿元左右；二是 2017 年支付其他与筹资活动有关的现金 3. 63 亿元左右，而 2018 年则降至 0. 69 亿元左右；三是 2018 年公司分红 1. 4 亿元左右，而 2017 年仅 0. 21 亿元左右。

四、现金流量表的结构分析

现金流量结构可以划分为现金流入结构、现金流出结构和现金净流量结构。现金流量结构分析就是以这三类结构中某一类或某个项目占其总体的比重所进行的分析。通过结构分析可以具体了解现金主要来自哪里、主要用于何处，以及净现金流量是如何构成的，并可进一步分析个体对总体所产生影响、发生变化的原因和变化的趋势，从而有利于对现金流量做出更准确的评价。现金流量表的分析是通过编制现金流量表结构分析表来进行的。

引例分析 1－10

华宝股份 2018 年现金流量表结构分析表如表 1－10 所示。

表 1－10　华宝股份现金流量表结构分析表　单位：元

项目	2018 年	现金流入结构（%）	现金流出结构（%）
一、经营活动产生的现金流量			
销售商品、提供劳务收到的现金	2 658 237 006	41. 13	

续表

项目	2018 年	现金流入结构（%）	现金流出结构（%）
收到的税费返还			
收到的其他与经营活动有关的现金	234 216 367	3.62	
经营活动现金流入小计	2 892 453 373	44.75	
购买商品、接受劳务支付的现金	595 296 456		11.80
支付给职工以及为职工支付的现金	231 629 564		4.59
支付的各项税费	502 966 943		9.97
支付的其他与经营活动有关的现金	294 986 301		5.85
经营活动现金流出小计	1 624 879 264		32.21
经营活动产生的现金流量净额	1 267 574 109		
二、投资活动产生的现金流量			
收回投资所收到的现金	1 142 099 359	17.67	
取得投资收益所收到的现金	27 991 456	0.43	
处置固定资产、无形资产和其他长期资产所收回的现金净额	6 097 495	0.09	
处置子公司及其他营业单位收到的现金净额	15 272 976	0.24	
收到的其他与投资活动有关的现金			
投资活动现金流入小计	1 191 461 286	18.43	
购建固定资产、无形资产和其他长期资产所支付的现金	86 085 792		1.71
投资所支付的现金	3 124 720 492		61.94
取得子公司及其他营业单位支付的现金净额			
支付的其他与投资活动有关的现金			
投资活动现金流出小计	3 210 806 284		63.65
投资活动产生的现金流量净额	-2 019 344 998		
三、筹资活动产生的现金流量			
吸收投资收到的现金	2 379 174 000	36.81	
其中：子公司吸收少数股东投资收到的现金	1 800 000	0.03	
取得借款收到的现金			
发行债券收到的现金			
收到其他与筹资活动有关的现金			
筹资活动现金流入小计	2 379 174 000	36.81	
偿还债务支付的现金			
分配股利、利润或偿付利息所支付的现金	139 602 095		2.77
其中：子公司支付给少数股东的股利、利润	16 091 345		0.32
支付其他与筹资活动有关的现金	69 378 171		1.38
筹资活动现金流出小计	208 980 266		4.14

续表

项目	2018 年	现金流入结构（%）	现金流出结构（%）
筹资活动产生的现金流量净额	2 170 193 734		
现金流入总额	6 463 088 659	100.00	
现金流出总额	5 044 665 814		100.00
四、汇率变动对现金及现金等价物的影响	16 131 516		
五、现金及现金等价物净增加额	1 434 554 361		
加：期初现金及现金等价物余额	3 074 876 030		
六、期末现金及现金等价物余额	4 509 430 391		

1. 现金流入结构分析。华宝股份 2018 年现金流入总量为 6 463 088 659 元，其中，经营活动现金流入量、投资活动现金流入量和筹资活动现金流入量所占比重分别为 44.75%、18.43% 和 36.81%。可见企业的现金流入量主要是由经营活动产生的。经营活动的现金流入量中全部是销售商品、提供劳务收到的现金，投资活动的现金流入量中主要是收回投资收到的现金净额，筹资活动的现金流入量全部来自吸收投资收到的现金。总体来说，华宝股份公司的现金流入量中，经营活动的现金流入量占大部分比例，特别是其销售商品、提供劳务收到的现金明显高于其他业务活动流入的现金。

2. 现金流出结构分析。华宝股份 2018 年现金流出总量为 5 044 665 814 元，其中，经营活动现金流出量、投资活动现金流出量和筹资活动现金流出量所占比重分别为 32.21%、63.65% 和 4.14%。可见，在现金流出总量中，投资活动现金流出量所占的比重最大。在经营活动现金流出量中，购买商品、接受劳务支付的现金占 11.80%，比重最大，是现金流出的主要项目，其次是支付的各种税费，占 9.97%。投资活动的现金流出量主要用于对外投资，对外投资支付的现金占现金总支出的比重高达 61.94%。筹资活动的现金流出量主要用于分红，占比 2.77%。总的来说，华宝股份公司的现金流出量中，对外投资占比最大，其次是购买商品、接受劳务支付的现金。

五、现金流量表的趋势分析

在对华宝股份现金流量表做比较分析的基础上，还可以进行趋势分析。现金流量的趋势分析是根据企业 3 ~ 5 年或更长时间的现金流量资料，观察企业现金流入、流出的长期变动趋势，并根据此趋势预测企业未来现金流入、流出可能达到的水平。现金流量趋势分析，不能单纯就某个项目的变动进行孤立分析，要结合表中项目与项目之间、表与表之间有关项目的相互联系进行分析，只有这样才能全面准确地对企业现金流量的变化趋势进行分析评价。尤其是应注意以下几点：一是经营活动现金流量趋势分析，要将现金的流入、流出的变动同利润表中营业收支变动结合起来；二是投资活动现金流量趋势分析与资产负债表中固定资产、在建工程等长期资产的变动结合起来；三是筹资活动现金流出趋势分析与经营活动现金流量净额趋势分析相结合。

引例分析 1－11

华宝股份2018年现金流量表趋势分析表（以2015年为基期），如表1－11所示。

表1－11 华宝股份现金流量表趋势分析表

项目	2015年	2016年	2017年	2018年
	定比（%）	定比（%）	定比（%）	定比（%）
一、经营活动产生的现金流量				
销售商品、提供劳务收到的现金	100	78	78	76
收到的税费返还				
收到的其他与经营活动有关的现金	100	115	95	108
经营活动现金流入小计	100	80	79	78
购买商品、接受劳务支付的现金	100	72	47	64
支付给职工以及为职工支付的现金	100	91	80	94
支付的各项税费	100	92	95	85
支付的其他与经营活动有关的现金	100	104	83	79
经营活动现金流出小计	100	85	70	76
经营活动产生的现金流量净额	100	72	91	80
二、投资活动产生的现金流量				
收回投资所收到的现金	100	112	35	134
取得投资收益所收到的现金	100	2 442	4	81
处置固定资产、无形资产和其他长期资产所收回的现金净额	100	205	217	302
处置子公司及其他营业单位收到的现金净额		100	0	1
收到的其他与投资活动有关的现金	100	423	0	0
投资活动现金流入小计	100	385	28	109
购建固定资产、无形资产和其他长期资产所支付的现金	100	50	25	89
投资所支付的现金	100	155	71	975
取得子公司及其他营业单位支付的现金净额	100	184	0	0
支付的其他与投资活动有关的现金	100	104	0	0
投资活动现金流出小计	100	131	27	337
投资活动产生的现金流量净额	100	2 143	38	－1 469
三、筹资活动产生的现金流量				
吸收投资收到的现金	100	31 434	11	8 811
取得借款收到的现金				
发行债券收到的现金				

续表

项目	2015 年	2016 年	2017 年	2018 年
	定比（%）	定比（%）	定比（%）	定比（%）
收到其他与筹资活动有关的现金	100	79	0	0
筹资活动现金流入小计	100	278	0	556
偿还债务支付的现金	100	50	0	0
分配股利、利润或偿付利息所支付的现金	100	315	2	10
其中：子公司支付给少数股东的股利、利润	100	24	22	17
支付其他与筹资活动有关的现金	100	108	62	12
筹资活动现金流出小计	100	252	19	10
筹资活动产生的现金流量净额	100	245	25	-139
四、汇率变动对现金及现金等价物的影响	100	12	128	-277
五、现金及现金等价物净增加额	100	166	692	901
加：期初现金及现金等价物余额	100	110	127	198
六、期末现金及现金等价物余额	100	115	180	264

说明：上表中在某项目基期（2015 年）数据为零的情况下，为便于分析，将该项目首次出现数据的年份定为基期。

从表 1-11 可以看出，总体而言，华宝股份期末现金及现金等价物余额呈快速上升趋势，2018 年期末现金及现金等价物余额上升至基期的 2.64 倍。具体分析如下：

经营活动产生的现金流量净额呈下降趋势。2017 年虽然有所回升，但也只达到基期的 91%，2018 年则降至基期的 80%。具体来看，经营活动现金流入呈逐年下降趋势，主要原因在于销售商品、提供劳务收到的现金在逐年下降，说明主业获现能力在下降。经营活动现金流出也呈逐年下降趋势，其中购买商品、接受劳务支付的现金下降较快，从基期的 9.27 亿元跳水至 2018 年的 5.95 亿元；其次是支付的其他与经营活动有关的现金降速也较快。对比前述利润表分析，可以推测华宝股份主业增长乏力，应引起管理层高度重视。

投资活动产生的现金流量净额从变化趋势来看如同过山车，总体而言呈急剧下降趋势且由正转负。具体来看，投资活动现金流入项目除 2017 年因为收回投资所收到的现金暴降导致其降至基期的 28% 以外，其他年份均超过基期；投资活动现金流出除 2017 年暴降外，其他年份呈快速上升趋势。具体来看，购建固定资产、无形资产和其他长期资产所支付的现金每年均未过亿元，对投资活动现金流出影响不大；与公司对固定资产投资的态度刚好相反，公司在投资所支付的现金这一项目上非常舍得投入，2015—2017 年分别为 3.20 亿元、4.96 亿元、2.28 亿元，在公司上市的 2018 年其投入更是高达 31.25 亿元。从上述分析，我们不难窥见公司管理层的投资思路。

筹资活动产生的现金流量净额项目在 2015—2017 年连续 3 年为负数，分别为 -15.62 亿元、-38.28 亿元、-3.84 亿元，资金主要用于分红，其次用于支付其他与筹资有关的活动，这种状况直到公司 2018 年上市融入 23.79 亿元资金才得以扭转。

六、现金流量与利润综合分析

通常情况下，企业的净利润与经营活动产生的现金流量净额是紧密相关的，分析二者的差异有利于对企业利润质量的把握。通常的做法是将二者的差异计算出来，编制净利润调节为经营活动的现金流量的表格。

引例分析 1－12

华宝股份 2017 年和 2018 年净利润调节为经营活动的现金流量表如表 1－12 所示。

表 1－12　　净利润调节为经营活动的现金流量表　　单位：元

项目	2018 年	2017 年
净利润	1 193 697 077	1 166 561 133
少数股东权益		
未确认的投资损失		
资产减值准备	487 629	7 490 251
固定资产折旧、油气资产折耗、生产性物资折旧	30 211 251	35 491 772
无形资产摊销	5 533 467	15 784 718
长期待摊费用摊销	1 040 644	5 278 676
处置固定资产、无形资产和其他长期资产的损失	－2 770 415	－440 648
固定资产报废损失		
公允价值变动损失	－5 017 094	41 182 011
递延收益增加（减：减少）		
预计负债		
财务费用	－49 861 535	－6 420 323
投资损失	－2 021 974	－34 943 884
递延所得税资产减少	－4 240 628	－16 193 588
递延所得税负债增加		
存货的减少	－63 365 614	34 553 933
经营性应收项目的减少	130 175 869	180 085 523
经营性应付项目的增加	33 705 432	13 723 994
已完工尚未结算款的减少（减：增加）		
已结算尚未完工款的增加（减：减少）		
其他		
经营活动产生现金流量净额	1 267 574 109	1 442 153 568
债务转为资本		
一年内到期的可转换公司债券		
融资租入固定资产		
现金的期末余额	4 509 430 391	3 074 876 030
现金的期初余额	3 074 876 030	1 972 359 862
现金等价物的期末余额		
现金等价物的期初余额		
现金及现金等价物的净增加额	1 434 554 361	1 102 516 168

华宝股份公司2018年净利润为1 193 697 077元，而其在这一期间内的经营活动净现金流量为1 267 574 109元。形成这种差距的主要原因在于当期发生了以下事项：一是不减少现金的经营性费用，包括资产减值准备、固定资产折旧、无形资产摊销、长期待摊费用的摊销共计37 272 991元；二是非经营性收入包括处置固定资产、无形资产和其他长期资产的收益2 770 415元；公允价值变动收益、投资收益、利息收入共计56 900 603元；三是非现金流动资产的增加包括递延所得税资产的增加、存货的增加共计67 606 242元和经营性应收项目的减少共计130 175 869元；五是流动负债的增加包括经营性应付项目的增加33 705 432元。

华宝股份公司2018年现金及现金等价物的净增加额较之2017年增长了30.12%，但2018年的净利润较之2017年仅增长2.33%，且经营活动现金流量净额下降12.11%，说明华宝股份现金净流量的增长并不是因为经营有方，其现金净流量的增长不具有可持续性。

引例分析1-13

我们回到本项目开篇的问题：华宝股份本次高比例分红合理还是不合理呢？

华宝股份于2018年3月1日上市，共发行6 159万股，募集资金约23.79亿元。2017年年报显示其货币资金为32.47亿元左右，2018年上市后的3月报表显示其货币资金为58.89亿元左右，2018年年报显示其货币资金为61.17亿元左右，2019年3月报表显示其货币资金为65.63亿元左右，不难发现，华宝股份上市后货币资金一直维持在58亿元以上；流动资产变动主要因为货币资金的变化引起，对总资产的影响比例高达46.13%，非流动资产结构变化较小；从现金流量表来看，投资活动支付的现金中"购建固定资产、无形资产和其他长期资产所支付的现金"2018年仅为86 085 792元，而投资所支付的现金则高达3 124 720 492元。可见，华宝股份上市的目的不在于为扩大生产规模或改善生产条件而融资，其上市融到的23.79亿元资金主要用到了对外投资上。

援引引例中相关数据：截至2018年底，华宝股份累计未分配利润34.31亿元，其中母公司累计可供股东分配的利润为25.15亿元。华宝股份本次分红几乎要把该公司能分的利润一次性分光。这次分红的比例有多震撼？按照公告日当天37.88元的收盘价来算，华宝股份的股息率高达10%，同期的余额宝7日年化收益率才刚刚达到2.5%。数据显示，华宝股份2018年营业总收入21.7亿元，较上年同期下降约1.30%；利润14.17亿元，较上年同期增长4.47%；归属于上市公司股东的净利润11.76亿元，较上年同期增长2.41%。2018年，华宝股份净利润才不到12亿，一下把两年的净利润都分了出去。

通过学习本项目，对于华宝股份本次高比例分红是否合理，你有自己的答案了吗？

项目小结

通过对资产负债表、利润表、现金流量表项目与结构的分析，可以对企业的财务和经营情况做出基本的判断，为进一步分析各项指标打下基础。这三大报表的分析各有不同的作用或目的，能从不同的角度满足报表使用者对于财务报表信息的需要。三个报表分析的内容都包括对报表项目的分析、比较分析、结构分析和趋势分析，这些分析是以后的偿债能力分析、营运能力分析、盈利能力分析、发展能力分析和财务报表综合分析的必要基础。

项目实训

实战演练

请同学们上网搜索伊利股份（600887. SH）的财务信息和非财务信息，完成下列任务：

1. 设定自己的角色为股票投资者，已经在2018年3月20日以每股30.35元的价格买进该公司股票100 000股并持有至今。请确立对伊利股份公司进行财务分析的分析目标，明确分析内容。

2. 上网搜索下载该公司的财务报表，在Excel软件中对报表数据进行整理，同时借助网络搜集公司非会计信息。

3. 参照本项目相关表格格式，使用Excel编制相关分析表进行分析并得出基本结论。

（1）编制伊利股份公司资产负债表比较分析表、存货变动情况分析表、资产负债表结构分析表、资产负债表趋势分析表，分析该公司资产负债情况并做出基本判断。

（2）编制伊利股份公司利润表比较分析表、营业收入和营业利润构成情况表、利润表结构分析表、利润表趋势分析表，分析该公司的盈利或亏损情况并做出基本判断。

（3）编制伊利股份公司现金流量表比较分析表、现金流量表结构分析表、净利润调节为经营活动的现金流量表，分析该公司的现金流量情况并做出基本判断。

4. 依据上述计算分析结果对公司财务状况、经营业绩和现金流水平进行总体分析判断，形成“文字 + 数据”的分析报告。

5. 观察该公司最近半年的股价走势，做出卖出、买进还是继续持有该公司股票的决策意见。

知识巩固

一、判断题

1. 资产负债表是反映企业某一段时间财务状况变化的会计报表，它揭示了企业能以货币表现的经济资源的变动状况。（ ）

2. 通过对现金流量表的分析可以了解企业所掌握的各种经济资源以及这些资源的分布与结构。（ ）

3. 资产负债表中固定资产项目是由“固定资产”账户余额减去“累计折旧”贷方余额和“固定资产减值准备”贷方余额的净值反映。（ ）

4. 预收账款如果是由大量的关联交易产生的，则应注意是否是企业集团内部的一种变相借贷行为。（ ）

5. 长期股权投资采用权益法核算所确认的投资收益可能是没有现金流入的，却要进行利润分配，所以会导致企业现金流转困难。（ ）

6. 对管理费用有效的控制可以体现企业管理效率的提高，因此管理费用越少对企业长远发展越有利。（ ）

7. 与净利润相比，经营活动所产生的现金净流量的多少，能够更确切地反映企业的经营质量。（ ）

二、单项选择题

1. 长期股权投资的分析，从以下几个方面看，不包括（ ）。

A. 借款费用资本化　B. 长期股权投资构成分析

C. 投资收益分析　D. 长期股权投资减值准备分析

2. 税金及附加的分析主要分析下列税种与营业收入是否相关（ ）。

A. 房产税　B. 城镇土地使用税

C. 增值税　D. 城市维护建设税

3. 与财务费用没有直接相关的项目是（ ）。

A. 商业折扣　B. 现金折扣

C. 汇兑损益　D. 短期融资

4. 经营活动产生的现金流量是指下列活动产生的现金流量（ ）。

A. 投资收益取得的现金流量　B. 增发股票取得的现金流量

C. 分配利润形成的现金流量　D. 接受劳务产生的现金流量

三、多项选择题

1. 资产负债表可以提供的信息包括（ ）。

A. 企业资产规模和结构信息　B. 企业总体债务水平的信息

C. 企业所有者权益内部结构信息　D. 企业资本规模和结构信息

2. 长期股权投资的分析，可以从以下几个方面进行（ ）。

A. 长期股权投资构成分析　B. 投资收益分析

C. 长期股权投资减值准备分析　　D. 对债权相关条款的履约行为进行分析

3. 下列项目直接影响企业利润的有（　　）。

A. 资产减值损失　　B. 所得税费用

C. 信用减值损失　　D. 投资收益

4. 现金流量表分析的作用包括（　　）。

A. 揭示当前偿债能力　　B. 评价经营活动

C. 评价收益质量　　D. 防范会计操纵

学习评价

专业能力测评表（见表 1－13）

表 1－13　　专业能力测评表

（在□中打√，A 掌握，B 基本掌握，C 未掌握）

业务能力	评价指标	自测结果	要求
资产负债表分析	1. 资产负债表项目分析 2. 资产负债表比较、结构、趋势分析	A □ B □ C □ A □ B □ C □	能运用比较分析法和趋势分析法对企业财务状况做出简要判断
利润表分析	1. 利润表项目分析 2. 利润表比较、结构、趋势分析	A □ B □ C □ A □ B □ C □	能运用比较分析法和趋势分析法对企业经营状况做出简要判断
现金流量表分析	1. 现金流量表分析 2. 现金流量表比较、结构、趋势分析	A □ B □ C □ A □ B □ C □	能运用比较分析法和趋势分析法对企业现金流入和流出情况做出简要判断
教师评语：			
成绩：		教师签字：	

练习题：企业财务报表分析

项目二

企业偿债能力分析

知识目标

1. 理解偿债能力分析的目的和意义。
2. 掌握偿债能力分析各项财务指标的含义和运用。

技能目标

1. 能够结合上市公司财务报表，计算公司各项偿债能力分析指标，并根据计算结果，对上市公司短期和长期偿债能力进行分析评价。

2. 能够借助网络搜索公司行业数据，对上市公司的偿债能力进行同行业比较分析。

3. 能够依托公司历史数据，对上市公司偿债能力进行历史比较分析。

4. 能够结合公司所属行业特点、经营环境、资产结构、资本构成等各项因素，对上市公司进行偿债能力综合分析和评价，为有关报表使用者提供有价值的分析判断。

知识技能点

1. 理解偿债能力内涵
2. 流动比率分析与评价
3. 速动比率分析与评价
4. 现金比率分析与评价
5. 经营活动净现金比率分析与评价
6. 资产负债率分析与评价
7. 产权比率分析与评价
8. 利息偿付倍数分析与评价
9. 有形净值债务率分析与评价

标志性成果

形成一份包括上市公司同行业比较、自身历史水平比较和综合分析的偿债能力分析报告。

职业核心能力

自我学习；数据搜索；数据处理；指标计算；分析问题；解决问题；革新创新。

思维导图

思维导图见图2－1。

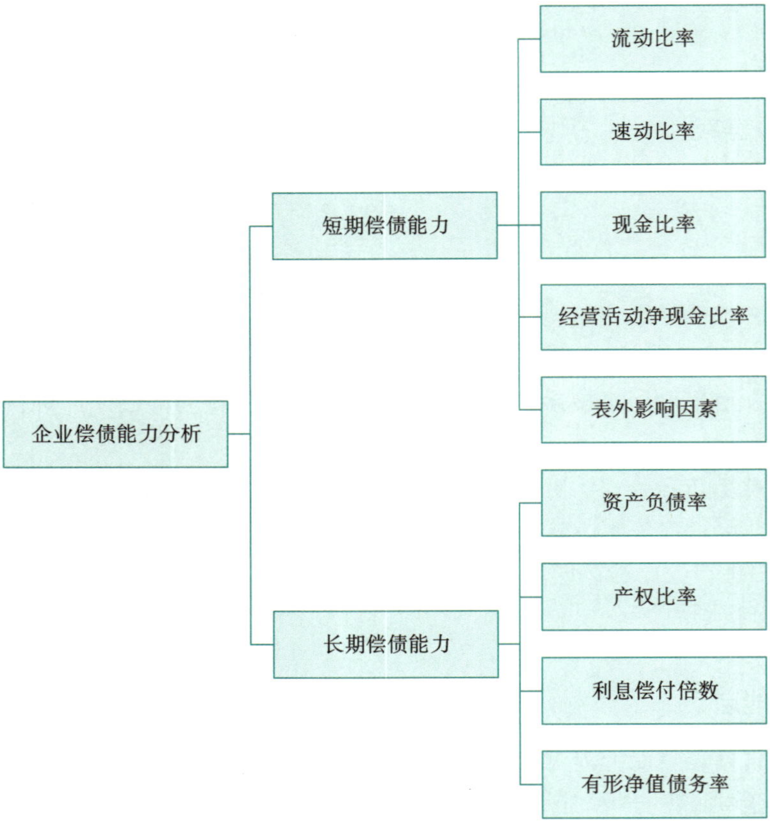

图2－1　企业偿债能力分析思维导图

引　例

2016年6月7日，海尔收购美国通用电气公司（简称："GE"）的交易完成，最终收购价55.8亿美元。对海尔而言，虽然价高，但也算是物有所值。家电行业分析师梁振鹏说，不靠收购，海尔很难完成国际化的全面拓展。

在欧美市场，GE、惠而浦、博世等家电品牌长期霸占中高端市场，这恰是中国企业最难攻下的领地。而海尔想要打通走向国际化中高端市场的大门，并购是最好的办法。并购成功则意味着拥有它的研发、渠道、产品、品牌，更重要的是它拥有大量高端市场的用户，能全面加速海尔的国际化进程。

整个交易金额的60%是由国家开发银行为青岛海尔提供的33亿美元的巨额贷款，远大于一般企业并购贷款金额不超过并购交易总金额50%的红线。青岛海尔此次并购贷款约为33亿美元，期限为5年，青岛海尔必须面临巨额的债务以及由此产生的财务成本。

2019年1月8日，青岛海尔（600690）公告称，公司收购意大利Candy公司100%股份交割已完成。青岛海尔表示，2019年1月4日，本次交易各方共同签署、公证了《转让证书》等文件，确认全部交割条件均已达成，公司根据《股份购买协议》的约定支付了包括交易对价在内的全部款项，Candy公司100%股份转移至海尔欧洲在意大利设立的全资子公司Haier Europe Appliance Solutions（以下简称“海尔意大利”）名下，本次交易已完成交割。自交割完成之日起，海尔意大利直接持有Candy公司100%股份，公司间接持有Candy公司100%股份。本次交易对价为4.75亿欧元（根据中国人民银行公布的2018年9月28日银行间外汇市场人民币汇率中间价计算，折合人民币约38.05亿元）。这标志着中国家电巨头青岛海尔（600690.SH）的全球化布局将再更进一步，而青岛海尔贷款也会更多。

（案例来源：http：//www.chinaz.com/news。）

请同学们思考以下问题：

1. 为什么银行愿意贷款给青岛海尔，银行的依据又是什么？
2. 想要了解青岛海尔的偿债能力，我们该从报表哪些方面入手？

模块一　企业偿债能力指标计算与运用

职业判断与业务操作

偿债能力是指企业用其资产偿还长期债务与短期债务的能力。企业有无支付现金的能力和偿还债务能力，是企业能否健康生存和发展的关键。企业的偿债能力，静态地讲，就是用企业资产清偿企业债务的能力；动态地讲，就是用企业的资产和经营过程创造的收益偿还债务的能力。实际上，影响企业偿债能力的因素很多，我们对企业的偿债能力进行分析时，应考虑各种因素的影响，从而对企业的偿债能力做出正确的分析和评价。

微课：理解偿债能力内涵

PPT：理解偿债能力内涵

一、理解偿债能力的内涵

（一）偿债能力分析意义

企业偿债能力（Debt-paying Ability）分析包括短期偿债能力分析（Short-term Liquidity）和长期偿债能力分析（Long-term Liquidity）。由于影响企业短期偿债能力和长期偿债能力的因素不同，因此我们将分别学习分析短期偿债能力和长期偿债能力的方法。

偿债能力分析是企业财务分析中非常重要的内容之一，偿债能力分析的意义集中在以下几个方面：

1. 评价企业财务状况

能否及时偿还到期债务及偿债能力的强弱，是反映企业财务经济状况的重要指标。通过对企业偿债能力的客观分析，可以准确评价企业财务经济状况及其变动原因，帮助企业所有者、经营者、债权人及其他利益相关者了解企业经营状况，做出正确判断和决策。

2. 控制企业财务风险

举债必须以能偿还为前提，如果企业不能按时偿还所欠债务的本息，势必影响企业筹措资金的信誉，从而影响到企业正常的生产经营，甚至危及企业的生存。即使是盈利不错的企业，也存在着由于资金调度不灵，不能及时偿还债务而破产的风险。因此，企业负债经营的基本原则是举债适度和收益与风险对等，其基本含义是负债的规模控制在一定限度内，即企业能够以足够的现金或随时可以变现的资产及时足额偿还所欠债务。了解并控制企业财务风险，正是偿债能力分析的重要目标。

3. 预测企业筹资前景

企业通过各种渠道筹集资金是维持正常经营活动的必要前提。正确评价企业偿债能力，准确预测企业筹资前景，是企业债权人进行正确信贷决策的基础。因此，分析企业偿债能力，准确预测未来筹资前景，对于企业与潜在债权人的信贷决策至关重要。

4. 把握企业财务活动

筹资、投资与资本收益的分配是企业财务活动的基本环节。企业筹集资金的数量，既取决于生产经营情况，也受制于债务偿还。到期债务的偿还可以用企业自有资金偿还债务，也可以是借新债还旧债。因此，通过对企业偿债能力的分析，可以准确了解企业当前的现金与可变现资产状况，合理安排企业的财务活动，提高资产的利用效率。

（二）偿债能力分析途径

对企业偿债能力主要从两个不同的角度进行分析，包括偿还短期债务和长期债务的能力。

对于短期债务，着重考察企业短期偿债能力，即企业以流动资产偿还流动负债的能力，它反映企业偿付日常到期债务的能力，主要从资产结构层面分析企业偿债能力。

对于长期债务，则注重考察企业长期偿债能力，即企业对全部债务的承担能力和对偿还债务的保障能力，一方面从资本结构层面分析企业偿债能力，另一方面强调企业盈利能力对长期债务的保障。

二、计算分析企业短期偿债能力指标

（一）理解短期偿债能力

1. 短期偿债能力

短期偿债能力（Short-term Liquidity）是指企业用流动资产偿还流动负债的保障程度。一个企业短期偿债能力大小，要看流动资产和流动负债的多少和质量状况。

流动资产的质量是指其“流动性”，即转换成现金及现金等价物的能力，包括是否能不受损失地转换为现金及现金等价物，以及转换需要的时间。对于流动资产的质量应着重理解以下三点：

第一，资产转变成现金及现金等价物是经过正常交易程序实现的。

第二，流动性的强弱主要取决于资产转换成现金及现金等价物的时间和资产预计出售价格与实际出售价格的差额。

第三，流动资产的流动性期限在 1 年以内或超过 1 年的一个正常营业周期。

流动负债也有“质量”问题。一般说来，企业的所有债务都是要偿还的，但是并非所有债务都需要在到期时立即偿还，债务偿还的强制程度和紧迫性被视为负债的质量。

企业流动资产的数量和质量与流动负债的对比程度，就是企业的偿债能力。一般来说，短期偿债能力的分析指标主要包括营运资本、流动比率、速动比率、现金比率及经营活动净现金比率等。

短期偿债能力是企业的任何利益关系人都应重视的问题：对企业管理者来说，短期偿债能力的强弱意味着企业承受财务风险的能力大小；对投资者来说，短期偿债能力的强弱意味着企业盈利能力的高低和投资机会的多少；对企业的债权人来说，企业短期偿债能力的强弱意味着本金与利息能否按期收回；对企业的供应商和消费者来说，企业短期偿债能力的强弱意味着企业履行合同能力的强弱。

2. 营运资本

营运资本（Operating Capital）是指流动资产总额减流动负债总额后的剩

余部分，也称“净营运资本”，它意味着企业的流动资产在偿还全部流动负债后还有多少剩余。营运资本的计算公式如下：

营运资本 = 流动资产 – 流动负债

当营运资本为正值时，表明企业有能力偿还短期债务；当营运资本为零或负值时，表明企业无力偿还短期债务，资金周转存在问题。但是不能认为营运资本越多越好。营运资本过多，说明企业中有部分资产闲置，影响获利能力。

在确定流动资产的数额时要注意以下几点：

（1）现金是用来偿还债务的，用于特殊用途的现金不能作为流动资产。

（2）短期投资必须是短期持有的，要么是管理当局不准备长期持有的有价证券，要么是即将到期的证券投资。

（3）应收账款中包含的来自于非正常业务且收账期长于一年的应收款项应予以扣除。

（4）存货中应扣除那些超出正常经营需要的存货，同时应注意存货计价方法对资产总额带来的影响。

在确定流动负债的数额时要注意以下几点：

（1）流动负债是在一年内准备使用流动资产或产生其他流动负债应偿还的债务，不属于这个范畴的负债应该扣除。

（2）如同递延税款借项不属于流动资产一样，递延税款贷项也不属于流动负债。

拓展阅读

分析公司的营运资本，最重要是分析资产负债表内的有关项目。关于资产负债表，有两个有趣的历史逸闻。美国著名会计学家张伯伦（Chamberlain，1974）曾经评价“世界上第一个亿万富翁”洛克菲勒在19世纪50年代开始经商的时候，“他精通于查看资产负债表，这给美国克利夫兰的商人们留下了深刻的印象”。而作为反例，曾经有过百年辉煌历史的前英国老牌银行帝国巴林银行的董事长彼得·巴林则认为资产负债表没有什么用。他曾经在1994年3月有过这么一段不屑的断言：“若以为揭露更多资产负债表的数据，就能增加对一个集团的了解，那真是幼稚无知。”但随后不久，巴林银行就因为内部控制不力，而且资产负债表对于衍生金融工具风险方面的信息没有得到应有的揭示而倒闭了。很多人都承认，如果巴林银行新加坡分行能够将衍生金融交易过程中的风险敞口通过资产负债表较为充分地加以披露，从而引起总部和相关监管机构的重视，巴林银行也许就不会倒闭。透过这两则逸闻，资产负债表的重要地位和作用便可见一斑。

（二）计算分析企业短期偿债能力指标

1. 流动比率

流动比率（Current Ratio）是指流动资产和流动负债的比率，它是衡量企业的流动资产在其短期债务到期前可以变现用于偿还流动负债的能力，表明企业每 1 元流动负债有多少流动资产作为支付的保障。

微课：流动比率分析与评价

（1）计算流动比率。其计算公式为：

$$流动比率=\frac{流动资产}{流动负债}$$

引例分析 2－1

根据青岛海尔的资产负债表（见表 2－1，简表），计算其流动比率并进行简要评价。

表 2－1 青岛海尔流动比率计算表 单位：元

财务指标	2017－12－31	2016－12－31	增减变动	
			变动额	百分比（%）
货币资金	35 177 276 900	23 504 634 100	11 672 642 800	49.66
交易性金融资产	20 681 700	80 432 400	－59 750 700	－74.29
应收票据	13 033 083 500	13 796 561 200	－763 477 700	－5.53
应收账款	12 448 004 800	12 247 244 100	200 760 700	1.64
预付款项	590 693 700	578 543 400	12 150 200	2.10
应收利息	203 637 500	135 319 800	68 317 800	50.49
应收股利	4 524 500	101 648 900	－97 124 400	－95.55
其他应收款	961 264 000	1 180 418 100	－219 154 100	－18.57
存货	21 503 524 800	15 237 942 400	6 265 582 400	41.12
一年内到期的非流动资产				
其他流动资产	4 389 760 000	2 653 444 600	1 736 315 400	65.44
流动资产合计	88 332 451 400	69 516 189 000	18 816 262 400	27.07
资产总计	151 463 110 700	131 255 290 300	20 207 820 400	15.40
流动负债合计	76 894 450 500	73 452 855 100	3 441 595 500	4.69
流动比率	1.15	0.95	0.20	21

2016 年：流动比率＝流动资产÷流动负债＝69 516 189 000÷73 452 855 100＝0.95

2017 年：流动比率＝流动资产÷流动负债＝88 332 451 400÷76 894 450 500＝1.15

从上述计算结果可以看出，青岛海尔的流动比率低于经验值 2。2017 年青岛海尔的流动比率与 2016 相比稳中略升，上升 0.2，上升了 21%。分析流动资产，导致流动资产增加的主要项目在于货币资金和存货的增加，分别增长了 49.66% 和 41.12%，其他项目如交易性金融资产、其他应收款、应收股利和应收票据是减少项目，虽然减少百分比较大，但金额相对较小。综合来看，虽然 2017 年流动负债增加 344 159.55 万元，比上年增加了 4.69%。但流动资产在 2017 年出现了大幅上升，增加了 27.07%，其变动幅度远远大于流动负债的变动幅度，最终使青岛海尔的流动比率上升了 21%。这表明青岛海尔 2017 年的短期偿债能力比 2016 年略有增强，但依然存在一定的风险。

PPT：流动比率分析与评价

案例：格力电器和深康佳公司流动比率分析

（2）评价流动比率。流动比率是衡量企业短期偿债能力的一个重要财务指标，这个比率越高，说明企业偿还流动负债的能力越强，流动负债得到偿还的保障越大。但是，过高的流动比率也并非好现象，因为流动比率越高，可能是企业滞留在流动资产上的资金过多，未能有效加以利用，可能会影响企业的获得能力。

经验表明，流动比率在2∶1左右比较合适。但是，对流动比率的分析应该结合不同的行业特点和企业流动资产结构等因素。有的行业流动比率较高，有的较低，不应该用统一的标准来评价各企业流动比率合理与否。只有和同行业平均流动比率、本企业历史的流动比率进行比较，才能知道这个比率是高还是低。因此，对流动比率的判断必须结合所在行业的平均标准、流动资产的结构和其他有关因素。例如，一般而言，商业流通领域流动性较高；而机器制造业及电力事业单位等流动性较差。我国近年来部分行业等流动比率参考值为：汽车业为1.1；房地产业为1.2；制药业为1.25；建材行业为1.25；化工行业为1.2；家电业为1.5；计算机行业为2；电子行业为1.45；商业为1.65；机械行业为1.8。

阶段性任务

请同学们上网搜索格力电器2015—2017年资产负债表，计算格力电器2015—2017年流动比率，填入表2-2中，结合你对引例分析的理解和格力电器的流动比率，对公司短期偿债能力做出评价。

表2-2　格力电器流动比率计算表

项目	2015年	2016年	2017年
流动比率			

拓展阅读

计算流动比率时应注意哪些问题？

在利用流动比率评价企业的短期偿债能力时，流动资产能否用于偿债，还要看它们是否能顺利转换成现金。通过报表附注，可以了解各项流动资产的变现能力，并据此对计算口径做出调整。一般而言，为了准确地计算流动比率，在确定流动资产时，应扣除具有特殊用途的现金、扣除不能随时变现的短期投资、扣除坏账准备和有退货权的应收账款数额、扣除回收期在一年以上的应收款项、扣除超出需要的存货等。而对流动负债的调整，主要是注意“表外负债”。需要偿还的债务不仅仅是报表列示的“流动负债”，还应包括长期负债的到期部分以及未列入报表的债务。除了对流动资产和流动负债进行计算口径的调整外，还要注意短期投资和存货的计价问题。当短期投资的市价与成本有较大差别时，计算流动比率时应按市价计量短期投资。由于存货是从不同的来源取得的，并且是分次购入（或生产）的，因此会有不同的取得成本。企业可以选择先进先出法、加权平均法、移动平均法、个别计价法等确定其实际成本。

在学习时还应注意，流动比率虽然能较好地分析短期偿债能力，但其局限性不可忽视：

1. 流动比率是一个静态指标，只表明在某一时点每 1 元流动负债的保障程度，即在某一时点流动负债与可用于偿债资产的关系。只有债务的出现与资产的周转完全均匀发生时，流动比率才能正确反映偿债能力。

2. 流动资产的变现能力与其周转性有关，对流动比率的评价也与流动资产的周转情况相结合。例如，某上市公司的流动比率达 207.98%，反映了较强的偿债能力，但该公司存货期末余额高达 1.06 亿元，存货周转率为 1.33 次，这表明了该公司存货周转速度慢，变现能力相对较弱，会影响其变现价值，导致公司的实际短期偿债能力变弱，偿债风险增大。而速动比率则能避免这种情况的发生，因为速动资产就是指流动资产中容易变现的那部分资产，下一部分我们将介绍速动比率。

2. 速动比率

速动比率，又称“酸性测验比率”（Acid-test Ratio），是指速动资产对流动负债的比率。速动资产是可以迅速转换成为现金或已属于现金形式的资产。

微课：速动比率分析与评价

（1）计算速动比率。速动比率是衡量企业流动资产中可以立即变现用于偿还流动负债的能力。可以理解为每 1 元流动负债有多少速动资产作为偿还的保证。其计算公式为：

$$\text{速动比率}=\frac{\text{速动资产}}{\text{流动负债}}$$

在确定企业的速动资产时，通常有以下方法：

相加法：速动资产 = 货币资金 + 交易性金融资产 + 应收款项（含应收账款 + 应收票据 + 其他应收款 + 应收利息 + 应收股利等）

PPT：速动比率分析与评价

相减法：速动资产 = 流动资产 − 存货 − 预付账款 − 1 年内到期的非流动资产

在计算速动比率时要把存货从流动资产中剔除，其主要原因是：①在流动资产中存货的变现速度最慢；②由于各种原因，存货中可能含有已损失报废但还没做处理的不能变现的存货；③部分存货可能已抵押给某债权人；④存货估价还存在着成本与合理市价相差悬殊的问题。

由于预付账款、其他流动资产等指标的变现能力差或无法变现，所以，如果这些指标规模过大，那么在运用流动比率和速动比率分析公司短期偿债能力时，还应扣除这些项目的影响。

引例分析2－2

根据青岛海尔的资产负债表（见表2－3，简表），计算其速动比率，并进行简要评价。

表2－3 青岛海尔速动比率计算表 单位：元

财务指标	2017－12－31	2016－12－31	增减变动	
			变动额	百分比（%）
货币资金	35 177 276 900	23 504 634 100	11 672 642 800	49.66
交易性金融资产	20 681 700	80 432 400	－59 750 700	－74.29
应收票据	13 033 083 500	13 796 561 200	－763 477 700	－5.53
应收账款	12 448 004 800	2 247 244 100	200 760 700	1.64
预付款项	590 693 700	578 543 400	12 150 200	2.10
应收利息	203 637 500	135 319 800	68 317 800	50.49
应收股利	4 524 500	101 648 900	－97 124 400	－95.55
其他应收款	961 264 000	1 180 418 100	－219 154 100	－18.57
存货	21 503 524 800	15 237 942 400	6 265 582 400	41.12
一年内到期的非流动资产	—	—	—	
其他流动资产	4 389 760 000	2 653 444 600	1 736 315 400	65.44
流动资产合计	88 332 451 400	69 516 189 000	18 816 262 400	27.07
流动负债合计	76 894 450 500	73 452 855 100	3 441 595 500	4.69
速动比率	0.80	0.69	0.11	15.74

2017年：速动比率＝速动资产÷流动负债

＝(88 332 451 400－21 503 524 800－590 693 700－0－4 389 760 000)÷76 894 450 500＝0.80

2016年：速动比率＝速动资产÷流动负债

＝(69 516 189 000－15 237 942 400－578 543 400－0－2 653 444 600)÷73 452 855 100＝0.69

说明：本例用相减法计算速动资产，即速动资产＝流动资产－存货－预付账款－1年内到期的非流动资产－其他流动资产（由于青岛海尔其他流动资产规模较大，故扣除）。

从上述计算结果可以看出，2017年青岛海尔的速动比率与2016年相比，上升了15.74%。分析发现，2017年青岛海尔的流动负债与上年相比，增加了344 159.55万元，比上年增加了4.69%；而速动资产中货币资金增加了49.66%，提高了速动资产的增加幅度，导致了该公司速动比率的上升。表明该公司2017年的短期偿债能力与2016年相比，有增强的发展趋势。但速动比率未达到参考值1，略为偏低。

（2）评价速动比率。通常认为正常的速动比率为1，低于1的速动比率被认为是短期偿债能力偏低。但这仅是一般的看法，因为行业不同速动比率会有很大差别，没有统一标准的速动比率。例如，采用大量现金销售的商店，几乎没有应收账款，大大低于1的速动比率则是很正常的。相反，一些应收账款较多的企业，速动比率可能要大于1。一般情况下，该指标越大，表明公司短期偿债能力越强。

在运用本指标分析公司短期偿债能力时，应结合应收账款的规模、周转速度和其他应收款的规模以及它们的变现能力进行综合分析。如果某公司速动比率虽然很高，但应收账款周转速度慢，且它与其他应收款的规模大、变现能力差，那么该公司较为真实的短期偿债能力要比该指标反映的差。

速动比率也有其局限性。第一，速动比率只是揭示了速动资产与流动负债的关系，是一个静态指标。第二，速动资产中包含了流动性较差的应收账款，使速动比率所反映的偿债能力受到怀疑。特别是当速动资产中含有大量不良应收账款时，必然会减弱企业的短期偿债能力。第三，各种预付款项及预付费用的变现能力也很差。

阶段性任务

请同学们上网搜索格力电器2015—2017年资产负债表，计算格力电器2015—2017年速动比率，填入表2－4中，结合你对引例分析的理解和格力电器的速冻比率，对格力电器短期偿债能力做出评价。

表2－4　格力电器速动比率计算表

项目	2015年	2016年	2017年
速动比率			

案例：万科和鲁南置业公司速动比率分析

拓展阅读

资产的流动性与资产的安全性

公司的短期偿债能力比率如流动比率、速动比率也从某些方面反映了公司资产的安全性。公司资产的安全性应包括两个方面的内容：一是有相对稳定的现金流和流动资产比率；二是短期流动性比较强，不至于影响盈利的稳定性。因此在分析公司资产的安全性时，应该从以下两个方面入手：首先，公司资产的流动性越大，公司资产的安全性就越大。假如一个公司有500万元的资产，第一种情况是，资产全部为设备；另一种情况是70%的资产为实物资产，其他为各类金融资产。假想，有一天该公司资金发生周转困难，公司的资产中急需有一部分去兑现偿债时，哪一种情况更能迅速实现兑现呢？理所当然的是后一种情况。因为流动资产比固定资产的流动性大，而更重要的是有价证券便于到证券市场上出售，各种票据也容易到贴现市场上去贴现。许多公司倒闭，问题往往不在于公司资产数额太小，而在于资金周转不过来，不能及时清偿债务。因此，资产的流动性就带来了资产的安全性问题。

微课：现金比率分析与评价

PPT：现金比率分析与评价

3. 现金比率

现金比率（Cash Ratio）是企业现金类资产与流动负债的比率。现金类资产包括企业所拥有的货币资金和持有的有价证券。它是速动资产扣除应收账款后的余额。由于应收账款存在着发生坏账损失的可能，某些到期的账款也不一定能按时收回，因此速动资产扣除应收账款后计算出来的金额，最能反映企业直接偿付流动负债的能力。

（1）计算现金比率。现金比率的计算公式为：

$$\text{现金比率}=\frac{\text{现金类资产}}{\text{流动负债}}=\frac{\text{货币资金}+\text{交易性金融资产}}{\text{流动负债}}=\frac{\text{速动资产}-\text{应收账款}}{\text{流动负债}}$$

引例分析 2-3

根据青岛海尔的资产负债表（见表 2-5，简表），计算其现金比率并进行简要评价。

表 2-5　青岛海尔现金比率计算表　　单位：元

财务指标	2017-12-31	2016-12-31	增减变动	
			变动额	百分比（%）
货币资金	35 177 276 900	23 504 634 100	11 672 642 800	49.66
交易性金融资产	20 681 700	80 432 400	-59 750 700	-74.29
流动负债合计	76 894 450 500	73 452 855 100	3 441 595 500	4.69
现金比率	0.46	0.32	0.14	42.56

2017 年：现金比率 =（货币资金 + 交易性金融资产）÷流动负债

=（35 177 276 900 + 20 681 700）÷76 894 450 500 = 0.46

2016 年：现金比率 =（货币资金 + 交易性金融资产）÷流动负债

=（23 504 634 100 + 80 432 400）÷73 452 855 100 = 0.32

从上述计算结果可以看出，2017 年青岛海尔的货币资金较上年增加了 49.66 %，幅度较大，2017 年青岛海尔的现金比率比 2016 年上升了 42.56%。青岛海尔近两年的现金比率均在参考值 20% 以上，说明该公司直接偿付流动负债的能力较强。在此基础上，还可以通过报表其他项目的变化以及附注披露的信息，进一步深入分析公司增加货币资金的原因，是为了进行债务偿还、支付股利等，还是筹集资金准备进行投资行为，需要深入了解具体情形后，判断公司现金比率的上升是否合理。

（2）评价现金比率。现金比率最能反映企业直接偿付流动负债的能力，这个比率越高，说明企业偿债能力越强。但是，如果企业停留过多的现金类资产，现金比率过高，就意味着企业流动负债未能合理地运用，经常大量持有获利能力低的现金类资产会导致企业的机会成本增加。通常现金比率保持在20%以上为宜。

例如，某上市公司现金比率为24.24%，比较适宜。流动比率和速动比率分别为176.79%和173.27%，且应收账款周转率和存货周转率分别为11.94次和10.07次，说明该公司流动资产变现性较好，总体的短期偿债能力较强。

案例：丽珠集团和哈药股份公司现金比率分析

阶段性任务

请同学们上网搜索格力电器2015—2017年资产负债表，计算格力电器2015—2017年现金比率，填入表2-6中，结合你对引例分析的理解和格力电器的现金比率，对格力电器短期偿债能力做出评价。

表2-6　格力电器现金比率计算表

项目	2015年	2016年	2017年
现金比率			

重要提示

流动比率、速动比率、现金比率的区别，见图2-2。

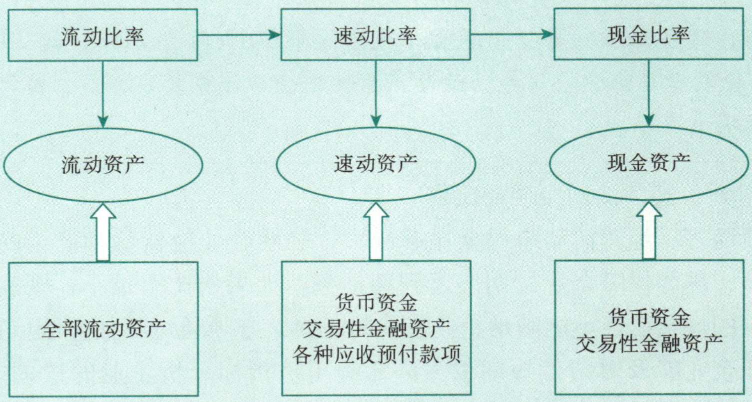

图2-2　流动比率、速动比率、现金比率区别

4. 经营活动净现金比率

经营活动净现金比率（Net Cash Flow From Operating Activities to Current Liability Ratio）是一个以本期经营活动净现金流量偿还债务能力的比率，它既可以衡量企业偿还短期债务的能力，也可衡量企业偿还全部债务的能力。

微课：经营活动净现金比率分析与评价

（1）计算经营活动净现金比率。其计算公式为：

$$\text{经营活动净现金比率}=\frac{\text{经营活动净现金流量}}{\text{流动负债}}\times100\%$$

计算时还可以用负债总额代替流动负债，计算公式如下：

$$\text{经营活动净现金比率}=\frac{\text{经营活动净现金流量}}{\text{负债总额}}\times100\%$$

前者可以衡量短期偿债能力，后者可以衡量长期偿债能力。前者也称为

"现金流动负债比率"，它可以从现金流量角度来反映企业当期偿付短期负债的能力。

引例分析 2－4

根据青岛海尔的资产负债表（见表 2－7，简表），计算其经营活动净现金比率，并进行简要评价。

表 2－7　　青岛海尔经营活动净现金比率计算表　　单位：元

财务指标	2017－12－31	2016－12－31	增减变动	
			变动额	百分比（%）
流动负债合计	76 894 450 500	73 452 855 100	3 441 595 500	4.69
经营活动现金流量净额	16 086 588 000	8 054 704 600	5 579 600 600	69.27
经营活动净现金比率（%）	21	11	10	90.78

2017 年：经营活动净现金比率＝经营活动现金流量净额÷流动负债

$$= 16\ 086\ 588\ 000 \div 76\ 894\ 450\ 500 \times 100\% = 21\%$$

2016 年：经营活动净现金比率＝经营活动现金流量净额÷流动负债

$$= 8\ 054\ 704\ 600 \div 73\ 452\ 855\ 100 \times 100 = 11\%$$

从上述计算可以看出，青岛海尔公司经营活动净现金比率 2017 年为 21%，比 2016 年的 11% 上升了 90.78%，说明青岛海尔公司经营活动产生的现金净流量变多，偿付流动负债的能力变强，其短期偿债压力变小。

PPT：经营活动净现金比率分析与评价

（2）评价经营活动净现金比率。

一般而言，经营活动净现金比率越大，表明企业经营活动产生的现金净流量越多，越能保障企业按期偿还到期债务。如果该比率过小，则表明经营活动产生的现金已经不能满足企业偿债的需要，必须通过其他方法取得现金，才能保证企业能及时清偿短期债务。在利用该指标分析企业的偿债能力时，还需要根据不同行业、具体环境，结合其他相关的指标才能做出正确的判断。

阶段性任务

请同学们上网搜索格力电器 2015—2017 年资产负债表，计算格力电器 2015—2017 年经营活动净现金比率，填入表 2－8 中，结合你对引例分析的理解和格力电器的经营活动净现金比率，对格力电器短期偿债能力做出评价。

表 2－8　　格力电器经营活动净现金比率计算表

项目	2015 年	2016 年	2017 年
经营活动净现金比率			

重要提示

经营活动净现金比率指标是从现金流入和流出的动态角度对企业的实际偿债能力进行考察，反映本期经营活动所产生的现金净流量足以抵付流动负债（或负债总额）的倍数，由于净利润与经营活动产生的现金净流量有可能背离，有利润的年份不一定有足够的现金（含现金等价物）来偿还债务，所以利用以收付实现制为基础计量的现金流动负债比率指标，能充分体现企业经营活动所产生的现金净流量可以在多大程度上保证当期流动负债的偿还，直观地反映出企业偿还流动负债的实际能力。

运用经营活动净现金比率指标时应注意的问题：

一是对经营活动产生的现金净流量的计量。企业的现金流量分为三大类，即经营活动产生的现金流量、投资活动产生的现金流量、筹资活动产生的现金流量。计算企业现金流动负债比率时所取的数值仅为经营活动产生的现金流量。这是因为企业的现金流量来源主要取决于该企业的经营活动，评价企业的财务状况也主要是为了衡量企业的经营活动业绩。投资及筹资活动仅起到辅助作用且其现金流量具有偶然性、非正常性，因此用经营活动产生的现金流量来评价企业业绩更具有可比性。

二是对流动负债总额的计量。流动负债总额中包含有预收账款。由于预收账款并不需要企业当期用现金来偿付，因此在衡量企业短期偿债能力时应将其从流动负债中扣除。对于预收账款数额不大的企业，可以不予考虑。但如果一个企业存在大量的预收账款，则必须考虑其对指标的影响程度，进行恰当的分析处理。另外，经营活动产生的现金净流量是过去一个会计年度的经营结果，而流动负债则是未来一个会计年度需要偿还的债务，二者的会计期间不同。因此，这个指标是建立在以过去一年的现金流量来估计未来一年的现金流量的假设基础之上的。使用这一财务比率时，需要考虑未来一个会计年度影响经营活动的现金流量变动的因素。

（三）影响短期偿债能力的表外因素分析

在进行财务报表分析时，除了从财务报表中取得资料外 还需要分析财务报表资料中没有反映出来的因素，以做出正确的判断。

1. 增加变现能力的因素

（1）可动用的银行贷款指标。银行已同意、但企业尚未办理贷款手续的银行贷款，可以随时增加企业的现金，提高企业的支付能力。这一数据不反映在财务报表中，但会在董事会决议中披露。

（2）准备很快变现的长期资产。企业在“一年内到期的非流动资产”项目中可能有一些长期资产可以随时出售变现，通过变现来增加企业的短期偿债能力。例如在企业发生周转困难时，可以将储备的土地、未开采的采矿权、目前出租的房产等出售且并不影响企业的持续经营。

（3）偿债能力的声誉。如果企业的长期偿债能力一贯很好，即企业信用良好，当企业在短期偿债方面暂时出现困难时，企业可以通过发行债券和股票等方法很快地来解决短期资金短缺的问题。当然，这种提高企业偿债能力的因素要取决于企业自身的信用状况和资本市场的筹资环境。

2. 减少变现能力的因素

（1）已贴现商业承兑汇票形成的或有负债。

（2）未决诉讼、仲裁形成的或有负债。

（3）为其他单位提供债务担保形成的或有负债。

拓展阅读

134 家公司债务违约风险大 260 家公司偿债能力弱

警惕上市公司的债务问题！这不是危言耸听。《投资者报》发现，A 股上市公司的负债额（剔除金融类）达到 11.45 万亿元，这个数字为 3 年来新高。通过运用短期偿债能力对资产负债率较高的公司进行了债务风险分析，结果发现有 134 家面临着较大的债务违约风险。截至 2011 年 6 月 29 日，共有 2 191 家上市公司公布了今年一季度的财报，这些公司的负债总额达到 78.58 万亿元。在剔除金融服务类上市公司的负债后，今年一季度末 A 股公司的负债额为 11.45 万亿元。这一负债总额究竟有多大？根据统计局今年初公布的数据，2010 年中国国内生产总值（GDP）为 39.80 万亿元。这意味着，剔除金融服务类公司后，A 股公司的负债额约相当于 2010 年 GDP 的三成。在过去 3 年中（2008—2010 年），剔除金融服务类公司，上市公司的总负债额分别为 6.89 万亿元、8.68 万亿元和 10.73 万亿元，而 2011 年一季度上市公司负债总额较上年末再次增加 7 183 亿元。截至今年一季度末，如果剔除金融服务类公司，A 股上市公司的流动负债额为 8.14 万亿元，非流动负债额为 3.3 万亿元。今年一季度末上市公司（剔除金融服务类）的流动负债占总负债的 71%，剔除银行等金融机构高负债率的影响，其余 A 股上市公司的资产负债率为 58%，而这个数据在过去 3 年中分别是 56%、57.6% 和 57.8%，表明资产负债率仍在提升。

一般情况下，公司的流动比率大于 2，速动比率大于 1，说明该公司偿债能力较强。流动比率小于 1，速动比率小于 0.5，说明公司的偿债能力偏弱。根据上述两个指标对上市公司的短期偿债能力进行了分析。根据数据，在上述 2145 家可比的公司中，偿债能力较强的公司有 798 家，占总数的 37%。偿债能力较差的公司有 260 家，约占总数的 12%。半数以上的公司偿债能力处于一般的水平。从行业的整体偿债能力来看，按照行业整体流动比率和速动比率测算，电子元器件的偿债能力较高，公用事业和钢铁的短期偿债能力较弱。如果流动比率小于 1，速动比率小于 0.5，公司资产负债率高于70%（普遍认为的警戒线），说明公司的偿债能力偏弱且负债率较高，未来违约风险较大。根据上述三个指标，结合今年一季度上市公司财报，对当前2 145家存在可比数据的上市公司进行了筛选，结果有134家公司“符合”这三项指标。

（资料来源：手机搜狐网。）

三、计算分析企业长期偿债能力指标

（一）理解长期偿债能力

1. 长期偿债能力

长期偿债能力（Long-term Liquidity）是企业偿还长期债务的能力。企业的长期债务是指偿还期在一年或者超过一年的一个营业周期以上的负债，包括长期借款、应付债券、长期应付款等。分析一个企业长期偿债能力，主要是为了确定该企业偿还债务本金和支付债务利息的能力。

由于长期债务的期限长，企业的长期偿债能力主要取决于企业资产与负债的比例关系以及企业的获利能力。

2. 资本结构

资本结构是指企业各种长期筹资来源的构成和比例关系。长期资本来源，主要是指权益筹资和长期债务。资本结构对企业长期偿债能力的影响主要体现在以下两个方面：

（1）权益资本是承担长期债务的基础。

（2）资本结构影响企业的财务风险，进而影响企业的偿债能力。

3. 长期偿债能力与获利能力关系

长期偿债能力与获利能力密切相关。企业能否有充足的现金流入偿还长期负债，在很大程度上取决于企业的获利能力。一般来说，企业的获利能力越强，长期偿债能力越强；反之，则越弱。

微课：资产负债率分析与评价

（二）计算分析企业长期偿债能力指标

评价长期偿债能力的指标主要有资产负债率、产权比率、利息偿付倍数、有形净值债务率等。

1. 资产负债率

PPT：资产负债率分析与评价

资产负债率（Debt Ratio）是全部负债总额除以全部资产总额的百分比，也就是负债总额与资产总额的比例关系，也称之为“债务比率”。这个指标表明企业资产中有多少来源于债务，同时也可以用来检查企业的财务状况是否稳定。若分析者所站的角度不同，对这个指标的理解也不尽相同。

（1）计算资产负债率。该比率表明企业中由债权人提供的资金占资金总来源的比重。其计算公式为：

$$资产负债率=\frac{负债总额}{资产总额}\times100\%$$

引例分析 2 -5

根据青岛海尔的资产负债表（见表2 -9，简表），计算其资产负债率，并进行简要评价。

表 2 -9　　青岛海尔资产负债率计算表　　单位：元

财务指标	2017 -12 -31	2016 -12 -31	增减变动	
			变动额	百分比（%）
资产总额	151 463 110 700	131 255 290 300	20 207 820 400	15. 40
负债总额	104 713 104 600	93 674 923 900	11 038 180 700	11. 78
资产负债率（%）	69. 13	71. 37	-2. 23	-3. 13

2017 年：资产负债率 = 负债总额 ÷ 资产总额

= 104 713 104 600 ÷ 151 463 110 700 × 100% = 69. 13%

2016 年：资产负债率 = 负债总额 ÷ 资产总额

= 93 674 923 900 ÷ 131 255 290 300 × 100% = 71. 37%

从上述计算结果可以看出，2017 年青岛海尔公司的资产负债率比 2016 年有所下降，资产总额方面：2017 年比 2016 年同比增长 15. 4 %。负债总额方面：2017 年比 2016 年同比增长 11. 78 %。负债的增长幅度低于资产的增长幅度，导致青岛海尔的资产负债率略有下降，偿债能力略有增强。

案例：晨鸣纸业和华泰股份资产负债率分析

（2）评价资产负债率

资产负债率这一比重越小，企业资产对债权人权益的保障程度也就越高，企业的长期偿债能力越强。一般认为，资产负债率的适宜水平是 40% ~60%。对于经营风险比较高的企业，为减少财务风险，应选择比较低的资产负债率；对于经营风险低的企业，为增加股东收益应选择比较高的资产负债率。

阶段性任务

请同学们上网搜索格力电器 2015—2017 年资产负债表，计算格力电器 2015—2017 年资产负债率，填入表 2 -10 中，结合你对引例分析的理解和格力电器的资产负债率，对格力电器长期偿债能力做出评价。

表 2 -10　　格力电器资产负债率计算表

项目	2015 年	2016 年	2017 年
资产负债率			

重要提示

要判断资产负债率是否合理，还要看站在谁的立场

1. 从债权人的立场看：他们最关心的是贷给企业的款项的安全程度，

也就是能否按期收回本金和利息。如果股东提供的资本与企业资本总额相比，只占较小的比例，则企业的风险将主要由债权人负担，这对债权人来讲是不利的。因此，他们希望债务比例越低越好，企业偿债有保证，则贷款给企业不会有太大的风险。

2. 从股东的角度看：由于企业通过举债筹措的资金与股东提供的资金在经营中发挥同样的作用，所以，股东所关心的是全部资本利润率是否超过借入款项的利率，即借入资本的代价。在企业所得的全部资本利润率超过因借款而支付的利息率时，股东所得到的利润就会加大。如果相反，运用全部资本所得的利润率低于借款利息率，则对股东不利，因为借入资本的多余的利息要用股东所得的利润份额来弥补。因此，从股东的立场看，在全部资本利润率高于借款利息率时，负债比例越大越好，否则反之。

3. 从经营者的立场看，如果举债很大，超出债权人心理承受程度，企业就借不到钱。如果企业不举债或负债比例很小，说明企业畏缩不前，对前途信心不足，利用债权人资本进行经营活动的能力很差。企业的经营者对资产负债率强调的是负债要适度，因为负债率太高，风险就很大；负债率低，又显得太保守。债权人强调资产负债率要低，债权人总希望把钱借给那些负债率比较低的企业，因为如果某一个企业负债率比较低，钱收回的可能性就会大一些。

但是，由于行业特征不同，导致企业存在资产结构差异、营业杠杆差异等，从而使得不同行业的企业该指标差异较大，如白酒行业与钢铁行业在固定资产比重方面差异巨大，导致两者具有不同的资产负债率；房地产企业则因为生产周期长的特征导致对长期负债的依赖。具有高流动比率的同时，有着较高的资产负债率，可能发生行业性风险。企业选择战略的差异、企业的发展阶段等，也会导致资产负债率差异。因此运用该指标评价企业的偿债能力，需要了解企业相关的行业背景。

拓展阅读

万达集团董事长、全国政协常委王健林近日表示，从调控政策判断，今年（2012 年）上半年比较难过一些，下半年日子会好过一些。他同时称，相比去年，指望今年房价大跌 30%、25% 以上是十分不现实的。但史玉柱愿意跟王打赌：下半年房企也没好日子过。他的微博建议赌注：万达的 0.1% 股份。虽然是一个玩笑，但表明市场的隐忧仍在。不仅因房价下跌上市公司净利润下降，而且更令人担心的是，一些房地产企业可能因资金链断裂陷入危机。

国信证券研究所博士后研究站的杨高宇博士经过统计发现，从企业的短期偿债能力来看，短期偿债能力最差的 30 家房地产企业中，ST 海鸟的流动比率最低，仅 0.0494，这表示该企业流动负债是其流动资产的 20 多倍；世纪星源与金宇车城的流动比率也很低，均低于0.5，这表示两家企业流动负债是其流动资产的2倍多；中国国贸、ST园城、ST珠江以及高新发展等4家企业的流动比率也均低于1，即其流动资产不足以抵偿流动负债；其余23家房地产企业的流动比率在1~1.5，远低于房地产开发企业2.07的行业平均流动比率水平。流动比率与速动比例较低的房地产企业，一旦无法通过再融资以缓解偿债压力，那么发生资金链断裂的可能性就非常大。

资产负债率是反映企业的长期偿债能力的关键指标，过高的资产负债率将意味着企业债务负担重、财务压力大，财务风险也大。从企业的资产负债率来看，根据相关数据显示，136家房地产开发企业平均资产负债率为62.57%。从资产负债率较高的30家房地产企业来看，ST园城的资产负债率最高，达到109.95%，这表明企业已经资不抵债，对于债权人来说风险非常大。资产负债率超过90%的有4家，80%~90%的有9家，76%~80%的有16家。保利地产与万科A也榜上有名，资产负债率分别为80.74%和78.97%。

（资料来源：上述指标主要选取2011年三季度报表的数据进行分析，数据来源为Wind金融数据库，网易财经。）

微课：产权比率分析与评价

PPT：产权比率分析与评价

2. 产权比率

产权比率（Equity Ratio）是负债总额与所有者权益（或股东权益）总额之间的比率，也称之为“债务股权比率”。它也是衡量企业长期偿债能力的指标之一。

（1）计算产权比率。其计算公式如下：

$$产权比率=\frac{负债总额}{所有者权益总额}$$

公式中的“所有者权益”在股份有限公司是指“股东权益”。

产权比率不仅反映了由债务人提供的资本与所有者提供的资本的相对关系，而且反映了企业自有资金偿还全部债务的能力，因此它又是衡量企业负债经营是否安全有利的重要指标。

引例分析2-6

根据青岛海尔的资产负债表（见表2-11，简表），计算其产权比率，并进行简要评价。

表2-11　青岛海尔产权比率计算表　单位：元

财务指标	2017-12-31	2016-12-31	增减变动	
			变动额	百分比（%）
资产总额	151 463 110 700	131 255 290 300	20 207 820 400	15.40
负债总额	104 713 104 600	93 674 923 900	11 038 180 700	11.78
所有者权益总额	46 750 006 100	37 580 366 400	9 169 639 700	24.40
产权比率	2.24	2.49	-0.25	-10.14

2017 年：产权比率 = 负债总额 ÷ 所有者权益总额

= 104 713 104 600 ÷ 46 750 006 100 = 2. 24

2016 年：产权比率 = 负债总额 ÷ 所有者权益总额

= 93 674 923 900 ÷ 37 580 366 400 = 2. 49

从上述计算结果可以看出，近两年青岛海尔的产权比率均在 2 以上，是高风险、高报酬的财务结构。2017 年青岛海尔的产权比率比 2016 年有所下降，主要原因系总负债的增幅小于股东权益增幅。股东权益方面：2017 年比 2016 年增加了 916 963. 97 万元，同比增长 24. 40 %。负债总额方面：2017 年比 2016 年增加了 1 103 818. 07 万元，同比增长 11. 78 %，总的来说，负债的增长幅度要小于股东权益的增长幅度，导致青岛海尔的产权比率略有下降，青岛海尔的长期偿债能力略有上升。

（2）评价产权比率。一般来说，该比率越低，表明债权人权益保障程度越高，承担的财务风险越小。通常认为该比率为 1∶1 比较适宜，即该比率为 100% 以下时，应该是有偿债能力的，但还应该结合企业的具体情况加以分析。当企业的资产收益率大于负债成本率时，负债经营有利于提高资金收益率，获得额外的利润，这时的产权比率可适当高些。产权比率高，是高风险、高报酬的财务结构；产权比率低，是低风险、低报酬的财务结构。

案例：涪陵榨菜和贵糖股份公司产权比率分析

阶段性任务

请同学们上网搜索格力电器 2015—2017 年资产负债表，计算格力电器 2015—2017 年产权比率，填入表 2 – 12 中。结合你对引例分析的理解和格力电器的产权比率，对公司长期偿债能力做出评价。

表 2 – 12　　格力电器产权比率计算表

项目	2015 年	2016 年	2017 年
产权比率			

重要提示

需要注意的是，产权比率与资产负债率都是用于衡量长期偿债能力的，具有相同的经济意义。资产负债率和产权比率可以互相换算。

$$产权比率 = \frac{负债总额}{所有者权益总额}$$

$$= \frac{负债}{资产 - 负债} = \frac{负债/资产}{资产/资产 - 负债/资产}$$

$$= \frac{负债/资产}{1 - 负债/资产} = \frac{资产负债率}{1 - 资产负债率}$$

因此，产权比率是资产负债率的另一种表示方法，产权比率的分析方法与资产负债率分析类似。资产负债率分析中应注意的问题，在产权比率分析中也应引起注意。比如，将本企业产权比率与其他企业对比时，应注意计算口径是否一致等。

微课：利息偿付倍数分析与评价

PPT：利息偿付倍数分析与评价

3. 利息偿付倍数

利息偿付倍数（Interest Times Earned）又称“已获利息倍数”或“利息保障倍数”。它是指企业经营业务收益与利息费用的比率，反映企业经营业务收益（息税前利润）与所支付的利息费用的倍数关系，其数额越大表明企业的偿债能力越强。

（1）计算利息偿付倍数。其计算公式如下：

$$利息偿付倍数=\frac{息税前利润}{利息费用}$$

$$或=\frac{税前利润+利息费用}{利息费用}$$

$$或=\frac{税后利润+所得税+利息费用}{利息费用}$$

分析注意：①公式分子采用的是息税前利润，该项包括了利息费用和所得税。采用息税前利润进行计算实际上是剔除了利息费用和所得税的影响，一定程度上就避免了企业融资政策选择与企业所得税变化对企业利润产生的影响，就使得息税前利润更好地显示出企业本身的盈利能力，这样可以更加准确地估计企业的偿债能力。②公式分母的利息费用指本期发生的全部应付利息，既包括计入财务费用的费用化利息，也包括资本化利息。

引例分析 2－7

根据青岛海尔的比较利润表（见表 2－13，简表），计算其利息偿付倍数，并进行简要评价。

表 2－13　青岛海尔利息偿付倍数计算表　单位：元

财务指标	2017－12－31	2016－12－31	增减变动	
			变动额	百分比（%）
营业收入	159 254 466 900	119 065 825 200	40 188 641 700	33.75
营业成本	109 889 621 600	82 126 882 200	27 762 739 400	33.80
税金及附加	808 891 000	687 765 300	121 125 700	17.61
销售费用	28 276 015 000	21 254 103 200	7 021 911 800	33.04
管理费用	11 133 225 300	8 382 442 100	2 750 783 200	32.82
财务费用	1 392 872 300	720 894 800	671 977 500	93.21
资产减值损失	655 916 900	490 548 400	165 368 500	33.71
公允价值变动收益	614 071 300	94 648 100	519 423 200	548.79
投资收益	1 481 800 100	1 619 717 400	－137 917 400	－8.51
营业利润	10 113 122 400	7 117 554 700	2 995 567 700	42.09
营业外收支净额	431 333 500	1 065 645 600	－634 312 100	－59.52
利润总额	10 544 455 900	8 183 200 300	2 361 255 600	28.85
所得税费用	1 492 806 700	1 491 866 000	940 700	0.06
净利润	9 051 649 200	6 691 334 300	2 360 314 800	35.27
利息偿付倍数	8.57	12.35	－3.78	－30.61

说明：该计算中用财务费用代替利息费用进行计算，求出近似的利息偿付倍数进行分析，在实际操作中，利息费用需要在财务报表附注的财务费用明细中寻找数据。

2017 年：利息偿付倍数 = 息税前利润 ÷ 利息费用 = （税前利润 + 利息费用） ÷ 利息费用

= （10 544 455 900 + 1 392 872 300） ÷ 1 392 872 300 = 8.57

2016 年：利息偿付倍数 = 息税前利润 ÷ 利息费用 = （税前利润 + 利息费用） ÷ 利息费用

= （8 183 200 300 + 720 894 800） ÷ 720 894 800 = 12.35

从上述计算结果可以看出，2017 年青岛海尔的利息偿付倍数与 2016 年的相比，降低了 30.61%，且该公司的利息偿付倍数这一指标与同行业中其他公司相比，处于中下游水平，说明 2017 年青岛海尔的长期偿债能力减弱。

（2）评价利息偿付倍数。利息偿付倍数是通过利润方面来反映长期偿债能力的强弱，所以它也可以算得上是盈利能力类的指标。如果利息偿付倍数处在一个比较适当的位置，表明企业不能偿付其利息债务的风险很小，如果企业偿还利息债务的情况很好，当本金到期时企业也能够重新取得新的资金。有良好的利息清偿记录，对于企业以后获得较优的借款条件，以及获得其他资金来源有着很好的辅助作用。相反，如果该项指标较低而且波动较大，说明企业难以保证用经营所得及时偿付债务利息，将会影响企业举债，同时也折射出其盈利能力较弱的问题。

案例：保利地产和世贸股份公司利息偿付倍数分析

由于行业性质不同，利息偿付倍数没有统一的标准。该指标小于 1，说明企业利用负债经营赚取的收益小于资金成本，企业将无力偿还债务；该指标等于 1，说明企业利用负债经营赚取的收益正好等于资金成本；只有该指标大于 1，企业利用负债经营赚取的收益才大于资金成本；但利息偿付倍数仅大于 1 是远远不够的，因为这只能维持经营。因此，一般认为利息偿付倍数为 3 较好。但是，如果企业在核算期内存在大量的非付现费用，则即使出现利息偿付倍数小于 1 的情况，也不一定不能偿还债务利息。

阶段性任务

请同学们上网搜索格力电器 2015—2017 年资产负债表和利润表，计算格力电器 2015—2017 年利息偿付倍数，填入表 2 - 14 中。结合你对引例分析的理解和格力电器的利息偿付倍数，对公司长期偿债能力做出评价。

表 2 - 14　　格力电器利息偿付倍数计算表

项目	2015 年	2016 年	2017 年
利息偿付倍数			

拓展阅读

巴菲特选股的标准——利息偿付倍数

巴菲特的前10大重仓股市值占整个组合的94%，2010年度这10家公司息税前利润占利息支出的比例是：可口可乐16倍，富国银行5倍，美国运通4倍，宝洁17倍，卡夫2.7倍，强生38倍，沃尔玛12倍，WESCO金融182倍，康菲石油18倍，美国银行4倍。

我们可以总结出巴菲特的一个选股标准：青睐那些具有持续竞争优势的公司，非金融企业的利息保障倍数一般高于7倍。如果利息费用占息税前利润的比例过去几年一直很高，如高于30%以上，表明这家公司业务竞争激烈，属于资本密集型行业，要想维持和扩大竞争优势，就必须追加投资。而巨大的投资金额只靠公司自身盈利形成的资金积累远远不够，还需要从银行进行大量融资。巴菲特选择的具有长期竞争优势的可口可乐、宝洁等公司用于利息支出的费用低于息税前利润的10%。相比之下，通用汽车、固特异公司这种过度竞争和资本密集型企业每年不得不将其营业利润的一半左右用于支付债务利息。

但是，不同行业利息保障倍数的平均水平相差很大，金融企业要比非金融企业高很多，因此个股应该与行业平均水平相比。例如富国银行和全球第三发卡公司美国运通，两个公司分别将其息税前利润的22%和24%用于支付利息，和可口可乐及宝洁相比，这一比例高出很多。但是苹果只能和苹果比，事实上在美国前五大银行中，富国银行的利息保障倍数是最高的。

巴菲特只选择利息保障倍数很高的公司，其原因在于：在任何行业，只有那些具有持续竞争优势的优秀公司，才能长期保持超越同行的超额盈利能力，资产负债率很低，财务状况非常稳健。

微课：有形净值债务率分析与评价

PPT：有形净值债务率分析与评价

4. 有形净值债务率

有形净值债务率（Debt to Tangible Assets Ratio）是企业负债总额与有形净值的百分比。有形净值是所有者权益减去无形资产净值后的净值，即所有者具有所有权的有形资产净值。

（1）计算有形净值债务率。有形净值债务率用于揭示企业的长期偿债能力，表明债权人在企业破产时的被保护程度。其计算公式如下：

$$\text{有形净值债务率}=\frac{\text{负债总额}}{\text{股东权益}-\text{无形资产净值}}$$

有形净值债务率主要是用于衡量企业的风险程度和对债务的偿还能力。这个指标越大，表明风险越大；反之，则越小。同理，该指标越小，表明企业长期偿债能力越强，反之，则越弱。

引例分析 2－8

根据青岛海尔的财务数据（见表 2－15），计算其有形净值债务率，并进行简要评价。

表 2－15　　青岛海尔有形净值债务率计算表　　单位：元

财务指标	2017－12－31	2016－12－31	增减变动	
			变动额	百分比（%）
资产总额	151 463 110 700	131 255 290 300	20 207 820 400	15.40
负债总额	104 713 104 600	93 674 923 900	11 038 180 700	11.78
股东权益总额	46 750 006 100	37 580 366 400	9 169 639 700	24.40
无形资产	7 005 186 300	7 242 420 500	－237 234 200	－3.28
有形净值债务率	2.63	3.09	－0.45	－14.67

2017 年：有形净值债务率＝负债总额÷（股东权益－无形资产净值）

＝104 713 104 600÷（46 750 006 100－7 005 186 300）

＝2.63

2016 年：有形净值债务率＝负债总额÷（股东权益－无形资产净值）

＝93 674 923 900÷（37 580 366 400－7 242 420 500）＝3.09

由上述计算中可以看出，2017 年青岛海尔公司的有形净值债务率为 2.63，与 2016 年相比，有所下降，意味着公司的债务负担稍有减轻，但这一比率高于经验值 1，说明长期偿债能力风险较大。

（2）评价有形净值债务率。对有形净值债务率的分析，可以从以下四个方面进行：

第一，有形净值债务率揭示了负债总额与有形资产净值之间的关系，能够计量债权人在企业处于破产清算时能获得多少有形财产保障。从长期偿债能力来讲，指标越低越好。

第二，有形净值债务率指标最大的特点是在可用于偿还债务的净资产中扣除了无形资产，这主要是由于无形资产的计量缺乏可靠的基础，不可能作为偿还债务的资源。

第三，有形净值债务率指标实际上就是对产权比率指标的改进，所以其分析与产权比率分析相同，负债总额与有形资产净值应维持 1∶1 的比例。

第四，在使用产权比率时，必须结合有形净值债务率指标，做进一步分析。

阶段性任务

请同学们上网搜索格力电器 2015—2017 年资产负债表，计算格力电器 2015—2017 年有形净值债务率，填入表 2－16 中。结合你对引例分析的理解和格力电器的有形净值债务率，对公司长期偿债能力做出评价。

表 2-16 格力电器有形净值债务率计算表

项目	2015 年	2016 年	2017 年
有形净值债务率			

模块二 企业偿债能力综合分析与评价

职业判断与业务操作

美国会计学者亚伯拉罕·比尔拉夫曾经说过："财务报表犹如名贵香水，只能细细品鉴，而不能生吞活剥。"企业短期偿债能力与长期偿债能力并不是截然分开的两种能力，二者从不同层面反映了企业的偿债能力，完整的偿债能力分析应将二者结合起来。

一、分析短期偿债能力

短期偿债能力受多种因素的影响，包括行业特点、经营环境、生产周期、资产结构、流动资产运用效率等。仅凭某一期的单项指标，很难对企业短期偿债能力做出客观评价。因此，在分析短期偿债能力时，一方面应结合指标的变动趋势，动态地加以评价；另一方面，要结合同行业平均水平，进行横向比较分析。同时，还应进行预算比较分析，以便找出实际与预算目标的差距，探求原因，解决问题。一些在财务报表中没有反映出来的因素，也会影响企业的短期偿债能力，甚至影响力相当大。

短期偿债能力的分析主要进行流动比率、速动比率、现金比率等短期偿债能力指标的同业比较、历史比较和预算比较分析。

（一）同业比较分析

同业比较包括同业先进水平、同业平均水平和竞争对手比较三类，它们的原理是一样的，只是比较标准不同。

同业比较分析有两个重要的前提：一是如何确定同类企业；二是如何确定行业标准。短期偿债能力的同业比较程序如下（以核心指标流动比率为例）：

第一，计算反映短期偿债能力的核心指标——流动比率，将实际指标值与行业标准值进行比较，并得出比较结论。

第二，分解流动资产，目的是考察流动比率的质量。

第三，如果存货周转率低，可进一步计算速动比率，考察企业速动比率的水平和质量，并与行业标准值比较，并得出结论。

第四，如果速动比率低于同行业水平，说明应收账款周转速度慢，可进一步计算现金比率，并与行业标准值比较，得出结论。

第五，通过上述比较，综合评价企业短期偿债能力。

1. 流动比率行业比较分析

引例分析 2－9

青岛海尔 2015—2017 年度流动比率的行业比较情况见表 2－17 和图 2－3。

表 2－17　　青岛海尔 2015—2017 年度流动比率行业比较指标表

项目	2017 年	2016 年	2015 年
青岛海尔流动比率	1.15	0.95	1.38
排名	51	58	40
行业均值	1.89	1.99	2.12
行业最高	6.47	8.22	8.69
行业最低	0.47	0.69	0.77
标准值	2.00	2.00	2.00

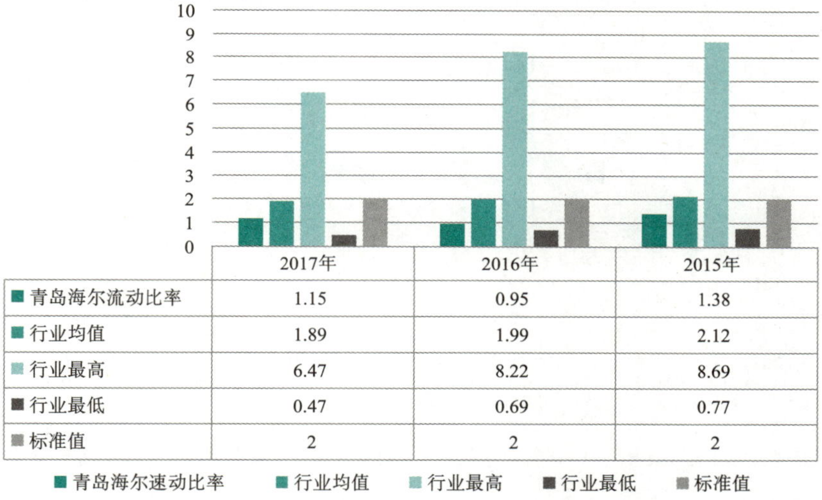

图 2－3　青岛海尔流动比率行业对比分析图

从表 2－17 和图 2－3 所列示的数据可以看出，青岛海尔流动比率呈现波动态势，由 2015 年 1.38 下降至 2016 年 0.95，再于 2017 年上升至 1.15。整体水平低于行业均值，距离行业领先水平还有较大差距，显示公司偿债能力水平有待提升。具体分析，青岛海尔流动比率 2017 年比 2016 年上升 0.2，主因系流动资产比流动负债多增加 1 537 466.69 元。再深入观察，流动资产中货币资金、存货项目有较大幅度和金额的增长，是流动资产项目增长的主要原因；流动负债中，短期借款是主要的减少项目，减少金额为 7 286 951 603.97 元，减少 40.11%，主要增长项目为应付票据及应付账款，金额为 42 032 713 309.73 元，其他项目金额相对较小，影响不大。总体而言，2016 至 2017 年间，公司手中货币量增加，短期负债减少，存货增长与应付项目增长并存，显示公司偿债能力在提高，但仍有非常大的提升空间。

2. 速动比率行业比较分析

引例分析 2－10

青岛海尔 2015—2017 年度速动比率的行业比较情况如表 2－18、图 2－4 所示。

表 2－18　　青岛海尔 2015—2017 年度速动比率行业比较指标表

项目	2017 年	2016 年	2015 年
青岛海尔速动比率	0.80	0.69	1.11
行业均值	1.22	1.30	1.33
行业排名	46	47	31
行业最高	4.79	6.74	5.42
行业最低	0.28	0.28	0.22
标准值	1.00	1.00	1.00

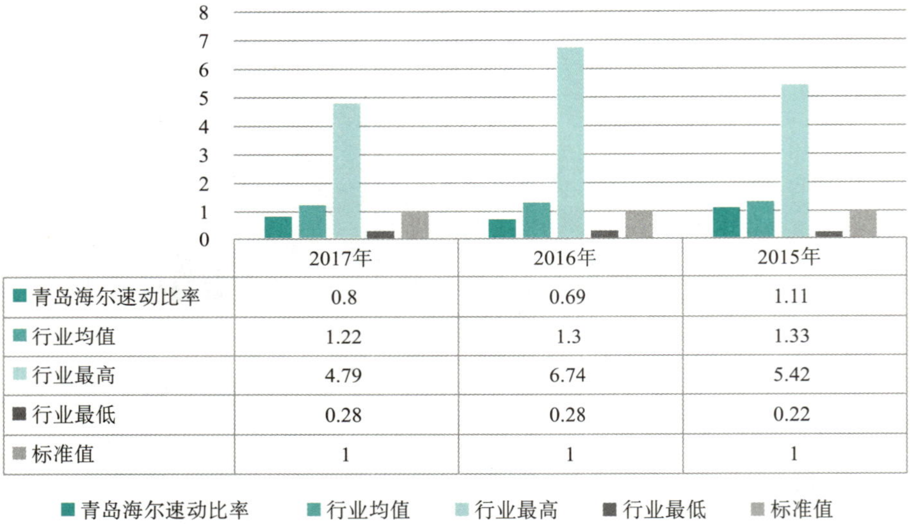

图 2－4　青岛海尔速动比率行业对比分析图

从表 2－18 和图 2－4 所列示的数据可以看出，速动比率依然呈现出波动态势，由 2015 年 1.11 下滑至 2016 年 0.69，再于 2017 年上升至 0.8。整体水平低于行业平均水平，但是接近标准值，距离行业顶尖水平差距较大。具体分析，2017 年青岛海尔速动资产中，货币资金占总资产的比重达 23.22%，应收票据及应收账款占总资产的比重为 16.82%，而 2016 年货币资金占总资产的比重为 17.91%，应收账款及应收票据占总资产的比重为 19.84%，货币资金所占比重上升，应收项目所占比重下降，体现出公司的资产流动性增加。2016 年速动比率为 0.69，这是因为 2016 年期初存货增加，公司为了客户的订货增加量加大了采购以及生产，导致囤货积压。总体看来，速动比率变化趋势和流动比率相似，行业排名略有提升，公司短期偿债能力在逐步提升中。

3. 现金比率行业比较分析

引例分析 2－11

现金类资产包括货币资金和短期投资净额，这两项资产的特点是可以随时变现。表 2－19 和图 2－5 是青岛海尔 2015—2017 年度现金比率的行业比较情况。

表 2－19　青岛海尔 2015—2017 年度现金比率行业比较指标表

项目	2017 年	2016 年	2015 年
青岛海尔现金比率	0. 46	0. 32	0. 62
行业均值	0. 54	0. 61	0. 59
行业排名	25	37	15
行业最高	3. 60	5. 21	3. 92
行业最低	0. 09	0. 08	0. 09
标准值	适当看高	适当看高	适当看高

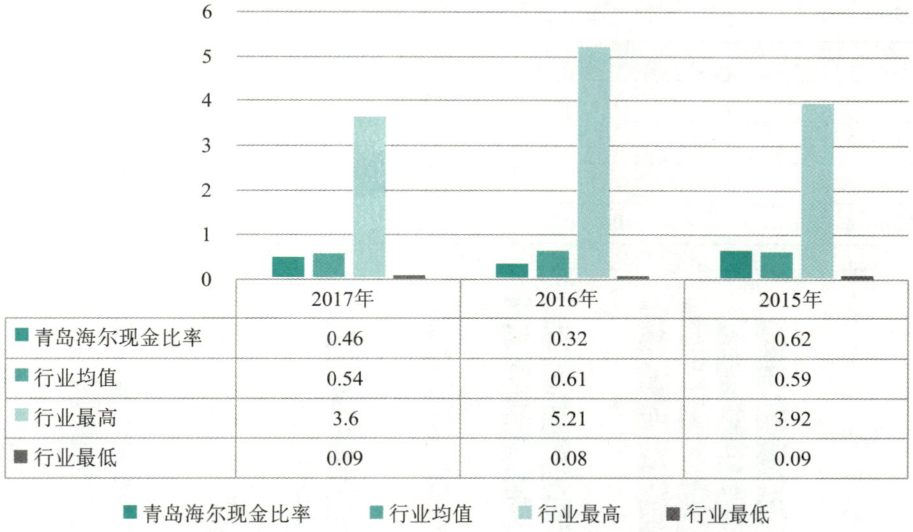

图 2－5　青岛海尔现金比率行业对比分析图

从表 2－19 和图 2－5 所列示的数据可以看出，公司现金比率先降后升，其中 2015 年 0. 62 的水平高于行业均值，2016 年的 0. 32 只有行业均值一半水平，2017 年有所提升，上升至 0. 46，但是还未达到行业均值。原因是公司 2016 年加大了采购、囤货积压，货币资金相对减少和存货增加；对比公司货币资金和短期借款，2017 年公司货币资金 35 177 276 903. 91 元，且基本为银行存款，2017 年短期借款 10 878 580 275. 18 元，公司基本能够保证短期内债务支出，总体而言，公司现金率水平尚可，基本可以保持在行业平均水平，但是与行业领先差距很大。

（二）历史比较分析

短期偿债能力的历史比较分析采用的比较标准是过去某一时点的短期偿债能力的实际指标值。比较标准可以是公司历史最好水平，也可以是公司正常经营条件下的实际值。在分析时，经常采用与上年实际指标进行对比。

采用历史比较分析的优点：一是比较基础可靠，历史指标是公司曾经达到的水平，通过比较，可以观察公司偿债能力的变动趋势；二是具有较强的可比性，便于找出问题。其缺点：一是历史指标只能代表过去的实际水平，不能代表合理水平。因此，历史比较分析主要通过比较，揭示差异，分析原因，推断趋势。二是经营环境变动后，也会减弱历史比较的可比性。

1. 流动比率趋势分析

引例分析 2－12

表 2－20 和图 2－6 是青岛海尔 2014—2017 年度流动比率的趋势变动情况。

表 2－20　　青岛海尔 2014—2017 年流动比率分析

流动比率（倍）	第一季末	第二季末	第三季末	年度末
2014 年	1.37	1.38	1.47	1.43
2015 年	1.40	1.48	1.46	1.38
2016 年	1.40	1.02	1.02	0.95
2017 年	1.06	1.06	1.08	1.15

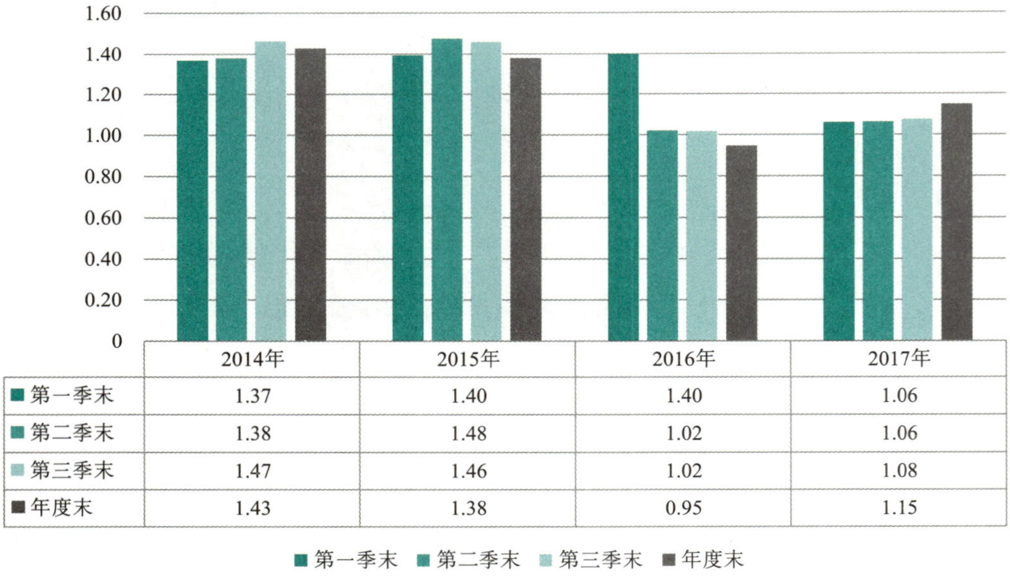

图 2－6　青岛海尔 2014—2017 年流动比率

从表 2－20 及图 2－6 所列示的数据可以看出，青岛海尔流动比率 2014—2017 年整体上有所降低。2014 年和 2015 年的流动比率较为平稳，从 2016 年第二季末开始，流动比率出现大幅下降，显示出短期偿债能力开始减弱，且低于同行业的平均值。通过对公司资产负债表连续4年流动负债项目进行深入分析发现，公司流动负债水平逐年上升，由2014年的416.28亿元上升到2017年768.95亿元，增长352.66亿元，增幅达到84.72%，主要增长项目为应付项目和其他应付款的增长，分别同比增长了52.21%和70.05%，而流动资产由2014年594.75亿元上升到883.32亿元，增长288.58亿元，增幅48.52%，可见，流动负债增速高于流动资产增速，是导致流动比率下滑的主因。

2. 速动比率趋势分析

引例分析 2-13

表2-21和图2-7是青岛海尔2014—2017年度速动比率的趋势变动情况。

表2-21　青岛海尔2014—2017年速动比率分析表

速动比率（倍）	第一季末	第二季末	第三季末	年度末
2014年	1.20	1.24	1.33	1.25
2015年	1.22	1.31	1.31	1.16
2016年	1.20	0.81	0.81	0.74
2017年	0.82	0.83	0.86	0.87

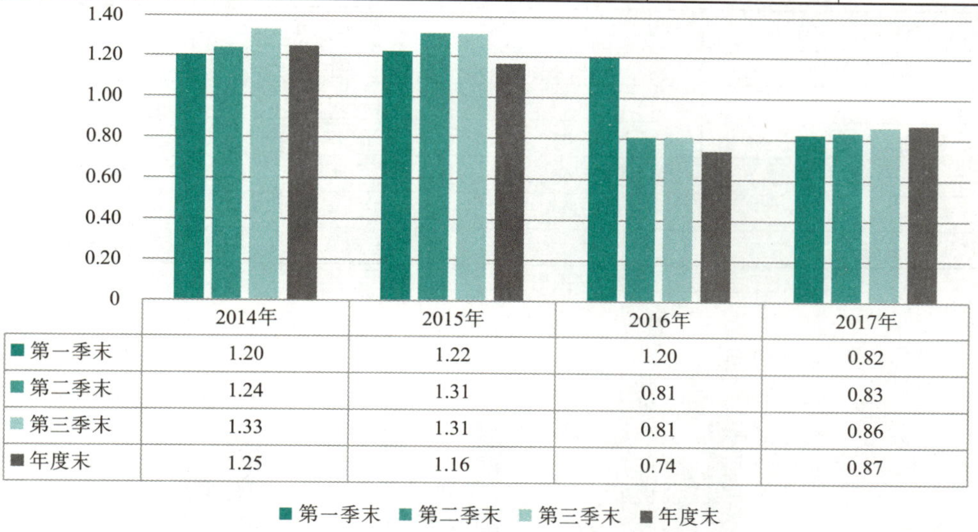

图2-7　青岛海尔2014—2017年速动比率

从表2-21及图2-7所列示的数据可以看出，青岛海尔2014—2017年速动比率的变化趋势与流动比率的变化基本一致。从2014年至2017年，速动比率整体上有所降低。2014年和2015年的流动比率较为平稳，从2016年第二季末开始，流动比率出现大幅下降，显示出短期偿债能力开始减弱，且低于同行业的平均值。具体原因参考流动比率分析，是由于流动负债规模增长较快所致。

（三）预算比较分析

预算比较分析是指对公司指标的本期实际值与预算值所进行的比较分析。预算比较分析采用的比较标准是反映公司偿债能力的预算标准。预算标准是公司根据自身经营条件和经营状况制定的目标。

二、分析长期偿债能力

具体评价公司长期偿债能力需要结合行业标准和公司历史水平，还要结合公司当前实际情况，以确认公司的长期偿债能力处于何种水平。

（一）同业比较分析

公司长期偿债能力的同业比较分析与短期偿债能力的同业比较分析类似。下面以青岛海尔为例，对其长期偿债能力进行同业比较分析。

1. 资产负债率行业比较分析

引例分析 2－14

资产负债率指标表明公司资产中有多少来源于债务，同时也可以用来检查公司的财务状况是否稳定。表 2－22 是近 3 年青岛海尔的资产负债率行业比较情况。

表 2－22　　青岛海尔资产负债率行业分析比较表

资产负债率（%）	2017 年	2016 年	2015 年
青岛海尔	69. 13	71. 37	57. 34
排名	4	3	14
行业均值	47. 05	44. 21	42. 68
行业最高	125. 63	80. 75	78. 42
行业最低	10. 39	4. 97	9. 93
标准值	低于 70	低于 70	低于 70

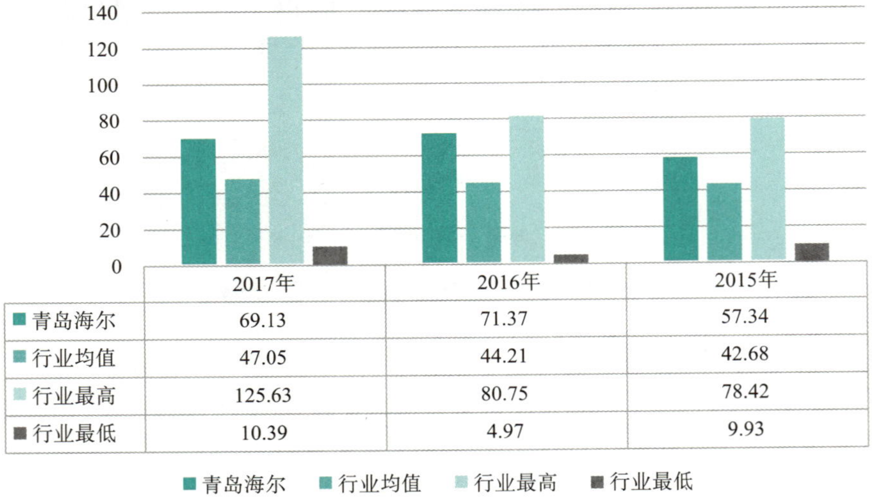

图 2－8　青岛海尔资产负债率行业对比分析图

从表 2－22 和图 2－8 中可以发现，青岛海尔整体资产负债率偏高，2015 年青岛海尔的资产负债率为 0. 57，居于行业中下游；到 2016 年，资产负债率上升至 0. 71，远超于行业均值；2017 年，资产负债率略有下降。具体原因分析：资产总额方面，2016 年比 2015 年增加了 552. 95 亿元，同比增长 72. 79%，2017 年比 2016 年增加了 202. 08 亿元，同比增长 15. 40%。负债方面，2016 年比 2015 年增加了 501. 17 亿元，同比增长 115. 06%；2017 年比 2016 年增加了 110. 38%，同比增长 11. 78%。负债的大幅度增长，一方面是 2016 年公司账面突然增加 152. 34 亿元长期借款，2017 年公司账面增加 51 亿的长期债券；另一方面是前文提到流动负债中应付项目和其他应付款的增长。总体而言，公司债务比例较高，距离行业均值还有一定差距，反映公司长期偿债能力有待进一步提升。

2. 产权比率行业分析比较

引例分析 2－15

表 2－23 和图 2－9 是青岛海尔近 3 年产权比率的行业比较情况。

表 2－23　　青岛海尔产权比率行业分析比较表

产权比率	2017 年	2016 年	2015 年
青岛海尔	2. 24	2. 49	0. 94
排名	3	3	6
行业均值	1. 18	1. 17	1. 04
行业最高	3. 57	4. 80	3. 97
行业最低	0. 12	0. 05	0. 11
标准值	适当看低	适当看低	适当看低

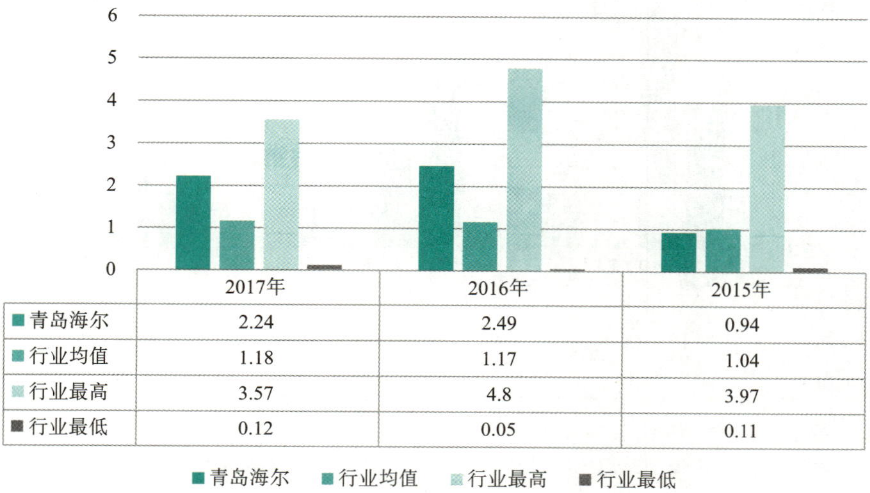

图 2－9　青岛海尔产权比率行业对比分析图

从表2－23和图2－9所列示的数据可以看出，2015年海尔的产权比率尚在行业均值之下，公司长期偿债能力水平相对不错，但自2016年突然激增，基本达到两倍于行业均值的水平，体现公司长期偿债能力较弱，债权人权益保证程度低。参考资产负债率行业比较分析，产权比率激增主要原因在于负债规模的大幅度提升，负债方面，2016年比2015年增加了501.17亿元，同比增长115.06%，2017年比2016年增加了110.38亿元，同比增长11.78%；所有者权益方面，2016年比2015年增加了51.78亿元，同比增长15.98%，2017年比2016年增加了91.7亿元，同比增长24.4%。公司应该引起警惕，致力于保障财务安全，维护资本稳定。

3. 有形净值债务率行业分析比较

引例分析2－16

表2－24和图2－10是青岛海尔近3年的有形净值债务率行业比较情况。

表2－24　青岛海尔有形净值债务率行业分析比较表

有形净值债务率	2017年	2016年	2015年
青岛海尔	2.63	3.09	1.01
排名	2	9	11
行业均值	4.40	1.91	1.43
行业最高	133.71	26.70	7.04
行业最低	0.14	0.12	0.12
标准值	1	1	1

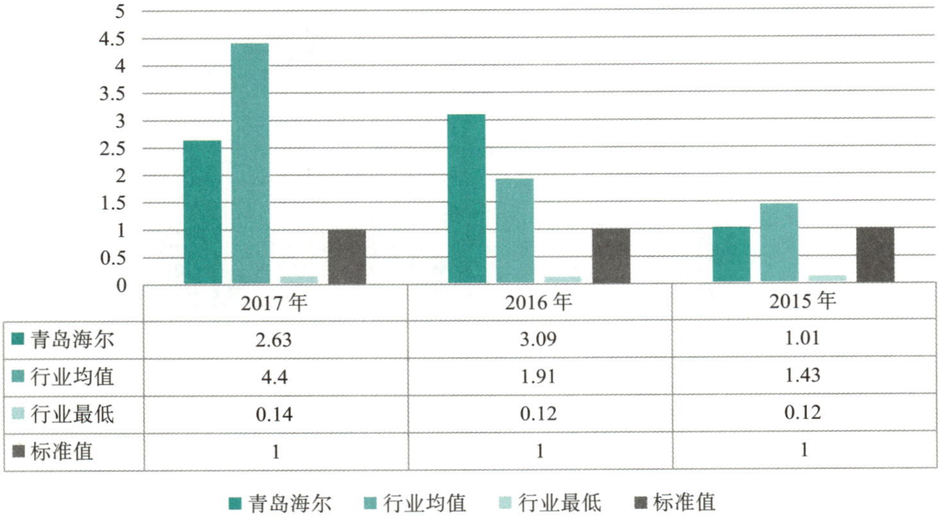

说明：因行业最高值偏差过大，故未在图中体现。

图2－10　青岛海尔有形净值债务率行业对比分析图

从表 2 – 24 和图 2 – 10 所列示的数据可以看出，2015 年青岛海尔的有形净值债务率低于行业均值，说明该年青岛海尔的偿债能力不错；到 2016 年有形净值债务率陡升至 3.09，远高于行业均值，说明这一年青岛海尔的长期偿债能力减弱，2017 年该指标略有下降，长期偿债能力在逐渐恢复。

4. 利息偿付倍数行业分析比较

引例分析 2 – 17

表 2 – 25 是青岛海尔近两年来的利息偿付倍数行业比较情况。

表 2 – 25　青岛海尔利息偿付倍数行业分析比较表

利息偿付倍数	2017 年	2016 年
青岛海尔	8.57	12.35
排名	19	16
行业均值	69.69	93.58
行业最高	1 891.14	2 295.64
行业最低	1.49	0.03
标准值	大于 3	大于 3

说明：由于 2015 年青岛海尔的利息保障倍数为负，该指标不再具备参考价值，故仅选取 2017 年和 2016 年的数据。

从表 2 – 25 所列示的数据可以看出，2017 年青岛海尔的利息偿付倍数有所下降，2016 年和 2017 年这两年的利息偿付倍数均低于行业均值。通过对青岛海尔公司利润表的财务费用和利润总额的研究分析发现：财务费用方面，公司 2017 年比 2016 年增加了 6.71 亿元，同比增长 93.21%；利润总额方面，公司 2017 年比 2016 年增加了 23.61 亿元，同比增长 28.85%；财务费用增长速率远超过利润总额增长速率，是公司利息偿付倍数降低的主因，这与公司账面增长大量长期借款和长期债券有关系，均体现公司长期偿债能力的下滑。从行业排名来看，青岛海尔距离行业均值仍有巨大差异，反映公司长期偿债能力偏弱。

（二）历史比较分析

1. 资产负债率趋势分析

引例分析 2 – 18

表 2 – 26 和图 2 – 11 是青岛海尔 2014—2017 年的资产负债率的历史比较情况。

表 2 – 26　青岛海尔 2014—2017 年资产负债率分析　单位：%

资产负债率	第一季末	第二季末	第三季末	年度末
2014 年	65.16	64.87	61.55	61.18
2015 年	60.26	55.30	55.46	57.34
2016 年	56.01	70.40	70.39	71.37
2017 年	69.66	69.57	69.54	69.13

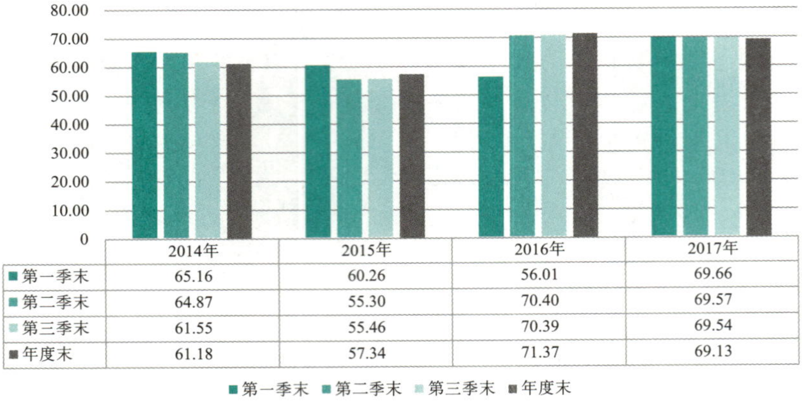

图 2-11 青岛海尔 2014—2017 年资产负债率

从表 2-25 及图 2-11 所列示的数据可以看出，2014—2017 年青岛海尔的资产负债率变化并不太大，一直都在 55%~65%。从 2016 年第二季度末开始，资产负债率有比较大的上升，均达到 70% 的水平，说明公司长期偿债能力在减弱，财务风险较大。纵观公司近年来该项指标，呈现小幅度波动但总体上升的趋势，财务结构越发趋于高风险的状态。

2. 产权比率趋势分析

引例分析 2-19

表 2-27 和图 2-12 是青岛海尔 2014—2017 年的资产负债率的历史比较情况。

表 2-27 青岛海尔 2014—2017 年产权比率

产权比率	第一季末	第二季末	第三季末	年度末
2014 年	1.71	1.67	1.46	1.43
2015 年	1.38	1.13	1.14	1.24
2016 年	1.17	2.27	2.27	2.37
2017 年	2.19	2.19	2.17	1.99

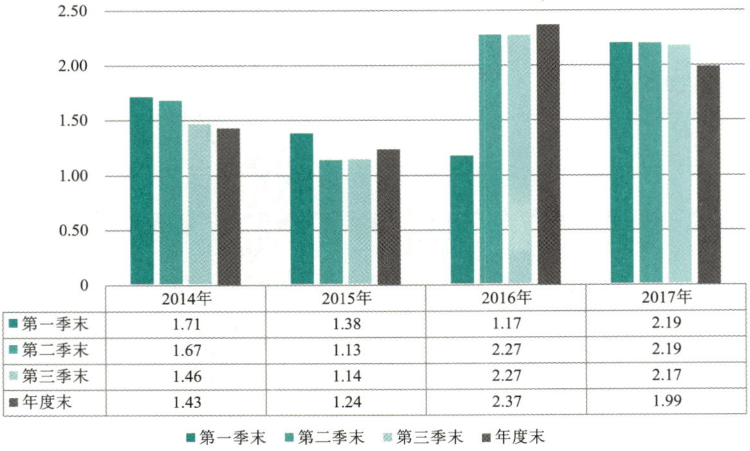

图 2-12 青岛海尔 2014—2017 年产权比率

从表2－27及图2－12所列示的数据可以看出，近4年来青岛海尔的产权比率在2016年第二季度开始上升，长期偿债能力有所降低，2016年年底达到2.37，是近4年来产权比率所体现的长期偿债能力的最弱点。但到2017年年末时，产权比率下降到1.99，说明其偿债能力在开始恢复，但仍然高于行业均值，偿债风险依然存在。

三、综合分析与评价企业偿债能力

公司综合偿债能力分析衡量公司综合偿还各种到期债务的能力大小，是决定公司财务状况优劣的基本要素之一，反映了公司财务状况的稳定性与公司生产经营的发展趋势。对公司的综合偿债能力进行科学、合理地评价，既关系到公司财务风险乃至经营风险是否得以有效地控制，又维系着与公司有利害关系的投资者、债权人及社会公众的经济利益。

引例分析2－20

以青岛海尔为例，见表2－28、图2－13和表2－29。

表2－28　　青岛海尔2014—2017年偿债能力指标

财务指标	2017－12－31	2016－12－31	2015－12－31
流动比率	1.15	0.95	1.38
速动比率	0.80	0.69	1.11
现金比率	0.46	0.32	0.62
资产负债率	0.69	0.71	0.57
产权比率	2.24	2.49	0.94
有形净值债务率	2.63	3.09	1.01

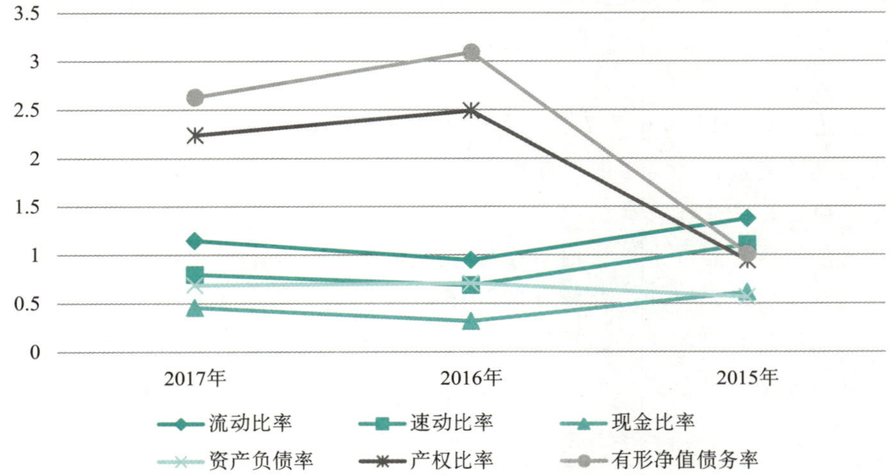

图2－13　青岛海尔2015—2017年偿债能力指标趋势图

表 2－29 家电行业指标排名（所有排名均按数值从高往低的排列顺序）

项目	2017 年	2016 年	2015 年
流动比率	51	58	40
速动比率	46	47	31
现金比率	25	37	15
资产负债率	4	3	14
产权比率	3	3	6
有形净值债务率	2	9	11

公司综合偿债能力可以从静态与动态两个方面来考察。从静态来看，公司综合偿债能力是指公司以其某一时点的资产清偿公司长短期债务的能力；从动态来看，公司综合偿债能力是指公司以其自身资产及经营过程创造的收益偿还公司长短期债务的能力。

短期偿债能力是公司以其流动资产支付短期负债的能力，长期偿债能力则是公司以其资产或劳务偿还长期负债的能力。由于长期负债在一定期限内将逐步转化为短期负债，因此，长期负债得以偿还的前提是公司具有较强的短期偿债能力，短期偿债能力是长期偿债能力的基础。公司短期偿债能力，对于公司的经营、发展乃至生存至关重要。公司短期偿债能力弱，意味着公司对其流动负债的偿还保障能力弱，公司信用受损，并进而影响公司的短期筹资能力，扩大筹资成本，对公司短期获利能力产生消极影响。

可以看出，青岛海尔的流动比率、速动比率、现金比率均经历了 2016 年下降，2017 年又回升的变化，但三大指标值均未达到经验值，且行业排名较为靠后，说明该公司的短期偿债能力较弱。长期偿债能力的三大指标资产负债率、产权比率、有形净值债务率均经历了 2016 年上升，2017 年下降的变化。家电行业的资产负债率一般为 0.4～0.6，青岛海尔的资产负债率略超经验值，且 2017 年和 2016 年该指标在整个家电行业中排在了第 4 和第 3，远远高于行业均值。产权比率在 2016 年、2017 年这两年均超过 2，高于经验值 1，在整个行业中的排名为 3，也是远远高于行业均值。这两个指标说明，青岛海尔的长期偿债能力风险较大。

经查，这是由于 2016 年 6 月 7 日青岛海尔斥资 55.76 亿美元并购通用家电，其中 60% 为银行贷款融资，使得青岛海尔的财务负担加重，直接削弱了青岛海尔的偿债能力。

青岛海尔存在资金管理较弱的问题，主要表现在：现金比率较高，说明公司的现金类资产较多。现金的偿债能力是最强的，但现金的盈利能力也是最弱的，公司过多地保留现金，会使公司的盈利能力下降；青岛海尔 2016 年应收账款 122 多亿元，公司在负债增加数额巨大时，应收账款的回款速度却严重滞后，此时继续赊销，使公司的财务风险加大，无疑是雪上加霜，为此公司在特殊时期更应该加强应收账款管理，促进回款力度，以应对巨额负债的影响。

项目小结

公司偿债能力分析是公司财务分析的重要组成部分。公司偿债能力分析分为短期偿债能力分析和长期偿债能力分析，其中，短期偿债能力分析的基本财务比率有流动比率、速动比率、现金比率及现金流动负债比率等，反映公司偿还流动负债的能力；长期偿债能力分析的基本财务比率有资产负债率、产权比率、有形资产负债率、利息保障倍数等，反映公司偿还非流动负债的能力。以上财务比率指标在反映偿债能力时的侧重点不同，在实务中应根据具体情况结合起来综合考虑。无论是短期偿债能力分析还是长期偿债能力分析，除利用上述基本财务比率外，还应该善于利用财务报表附注中揭示的未能反映到比率之中的一些重要信息，通过对这些补充信息的阅读和分析，能够更客观地反映公司偿债能力。

项目实训

实战演练

请同学分组，根据同学们的兴趣自由选择一家上市公司，上网查找该公司最新财务信息和非财务信息，完成下列任务：

1. 设定自己的角色为债权人，已经对该公司拥有一定的债权。请确立对公司进行财务分析的分析目标，明确分析内容。

2. 对该公司近3年的短期偿债能力指标进行计算，编制该公司流动比率表，格式见表2－1；编制该公司速动比率表，格式见表2－3；编制该公司现金比率表，格式见表2－5；编制该公司经营活动净现金比率表，格式见表2－7。分析该公司短期偿债能力并做出基本判断。

3. 对该公司近3年的长期偿债能力指标进行计算，编制该公司资产负债率表，格式见表2－9；编制该公司产权比率表，格式见表2－11；编制该公司利息偿付倍数表，格式见表2－13；编制该公司有形净值债务率表，格式见表2－15。分析该公司短期偿债能力并做出基本判断。

4. 对上述计算分析结果做出总体分析判断，并写出上市公司偿债能力综合分析报告，格式见本项目的模块二偿债能力综合分析评价。

知识巩固

一、判断题

1. 对债权人而言，公司的资产负债率越高越好。（　　）
2. 对任何公司而言，速动比率应该大于1才是正常的。（　　）
3. 流动比率越高，表明公司资产运用效果越好。（　　）
4. 获利能力强的公司，其偿债能力也强。（　　）
5. 利息保障倍数越高，则长期偿债能力保证程度就越强。（　　）

6. 公司的负债最终要以公司的资产去偿还。 （ ）

7. 资产负债率越高，财务杠杆利益就越大。 （ ）

8. 从稳健角度出发，现金比率用于衡量公司偿债能力最为保险。（ ）

二、单项选择题

1. 创意公司 2018 年年末资产总额为 165 万元，负债总额为 102.3 万元，计算产权比率为（ ）。

A. 0.62 B. 0.61

C. 0.38 D. 1.63

2. 某公司的流动资产为 36 万元，长期资产为 480 万元，流动负债为 20.5 万元，长期负债 78 万元，则资产负债率为（ ）。

A. 15.12% B. 19.09%

C. 16.25% D. 20.52%

3. 公司的长期偿债能力主要取决于（ ）。

A. 资产的短期流动性 B. 获利能力

C. 资产的多少 D. 债务的多少

4. 可以分析评价长期偿债能力的指标是（ ）。

A. 存货周转率 B. 流动比率

C. 保守速动比率 D. 固定支出偿付倍数

5. 理想的有形净值债务率应维持在（ ）的比例。

A. 3:1 B. 2:1

C. 1:1 D. 0.5:1

6. 资本结构具体是指公司的（ ）的构成和比例关系。

A. 长期资本与长期负债 B. 长期债权投资与流动负债

C. 长期应付款与固定资产 D. 递延资产与应付账款

7. 某公司的流动资产为 23 万元，长期资产为 430 万元，流动负债为 10.5 万元，长期负债 83 万元，则资产负债率为（ ）。

A. 19% B. 18%

C. 45% D. 21%

8. 盛大公司 2018 年年末资产总额为 980 万元，负债总额为 525.6 万元，计算产权比率为（ ）。

A. 1.16 B. 0.54

C. 0.46 D. 0.86

9. 诚然公司报表所示：2018 年年无形资产净值为 16 万元，负债总额为 1 278 万元，所有者权益总额为 2 290 万元。计算有形净值债务率为（ ）。

A. 55.8% B. 55.4%

C. 56% D. 178%

10. 利息费用是指本期发生的全部应付利息，不仅包括计入财务费用的利息费用，还应包括（　　）。

A. 汇兑损溢

B. 购建固定资产而发行债券的当年利息

C. 固定资产已投入使用之后的应付债券利息

D. 银行存款利息收入

三、多项选择题

1. 下列项目中，属于速动资产的有（　　）。

A. 现金　　B. 应收账款

C. 其他应收款　　D. 固定资产

E. 存货

2. 下列各项指标中，反映短期偿债能力的指标有（　　）。

A. 流动比率　　B. 速动比率

C. 资产负债率　　D. 净资产负债率

E. 赚取利息倍数

3. 公司采取备抵法核算坏账损失，如果实际发生一笔坏账，冲销应收账款，则会引起（　　）。

A. 流动比率提高　　B. 流动比率降低

C. 流动比率不变　　D. 速动比率不变

E. 营运资金不变

4. 计算速动资产时，把存货从流动资产中扣除的原因有（　　）。

A. 存货的变现速度慢　　B. 存货的周转速度慢

C. 存货的成本与市价不一致　　D. 有些存货可能已经报废

E. 有些存货可能已经被抵押

5. 某公司流动比率为2，以下哪些业务会使该比率下降（　　）。

A. 收回应收账款　　B. 赊购商品与材料

C. 偿还应付账款　　D. 从银行取得短期借款已入账

E. 赊销商品

学习评价

专业能力测评表（见表2－30）

表 2－30 **专业能力测评表**

（在□中打√，A 掌握，B 基本掌握，C 未掌握）

业务能力	评价指标	自测结果	要求
短期偿债能力指标计算	1. 流动比率的计算与评价 2. 速动比率的计算与评价 3. 现金比率的计算与评价 4. 经营活动净现金比率的计算与评价	A □ B □ C □ A □ B □ C □ A □ B □ C □ A □ B □ C □	能够正确计算各项短期偿债能力指标，并进行分析评价
长期偿债能力指标计算	1. 资产负债率的计算与评价 2. 产权比率的计算与评价 3. 利息偿付倍数的计算与评价 4. 有形净值债务率的计算与评价	A □ B □ C □ A □ B □ C □ A □ B □ C □ A □ B □ C □	能够正确计算各项长期偿债指标，并进行分析评价
公司偿债能力综合分析评价	公司偿债能力的综合分析与评价	A □ B □ C □	能够独立对上市公司的偿债能力进行综合分析
教师评语：			
成绩：		教师签字：	

练习题：企业偿债能力分析

项目三

企业盈利能力分析

知识目标

1. 熟悉企业盈利能力分析的内涵，了解分析企业盈利能力的途径。
2. 掌握并熟练运用盈利能力分析各项财务指标。

技能目标

1. 能够结合上市公司财务报表，计算公司各项盈利能力分析指标，并根据计算结果，对上市公司各项盈利能力指标进行分析评价。

2. 能够借助网络搜索公司行业数据，对上市公司的销售、资产、资本获利能力进行行业比较分析。

3. 能够依托公司历史数据，对上市公司盈利能力进行历史比较分析。

4. 能够结合公司所属行业特点、经营环境、资产结构、资本构成等各项因素，对上市公司进行盈利能力综合分析和评价，为有关报表使用者提供有价值分析判断。

知识技能点

1. 理解盈利能力内涵
2. 毛利率分析与评价
3. 营业利润率及营业净利率分析与评价
4. 成本费用利润率分析与评价
5. 总资产报酬率分析与评价
6. 净资产收益率分析与评价
7. 每股收益及每股净资产分析与评价
8. 市盈率及市净率分析与评价

标志性成果

形成一份包括上市公司销售获利能力、资产获利能力、资本获利能力、股东获利能力和综合分析的盈利能力分析报告。

职业核心能力

自我学习；数据处理；指标计算；分析问题；独立思考；解决问题；革新创新。

思维导图

思维导图见图 3－1。

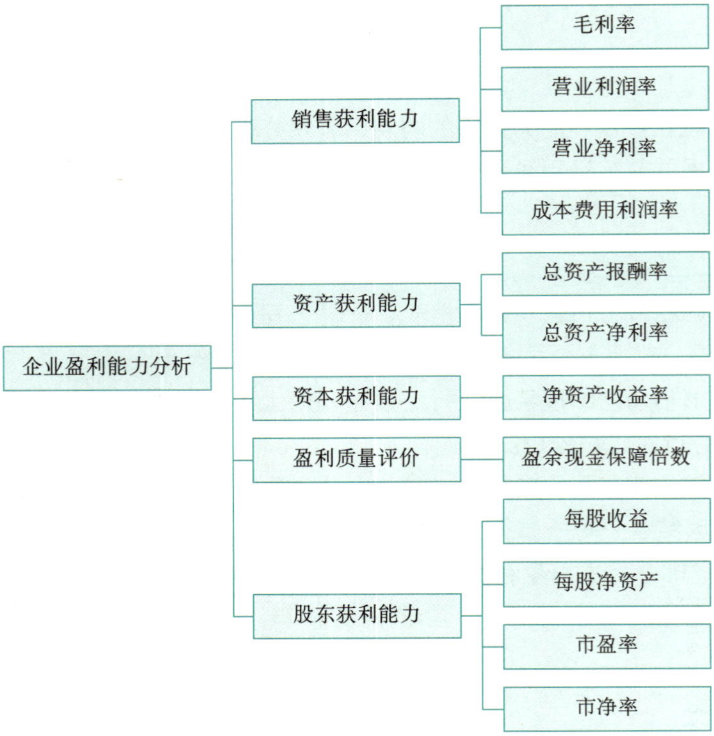

图 3－1　企业盈利能力分析思维导图

引　例

“曙光时代”五粮液步入快车道 股价破百元市值近 4 000 亿元

2019 年 4 月 4 日，A 股白酒板块整体飘红，而作为行业龙头企业的五粮液，公司股价最高走出 101.53 元/股的历史高位，最终报收于 100.23 元/股，当日涨幅 5.06%，公司市值达到 3 891 亿元。伴随着五粮液公司股价站上 100

元大关，A股百元俱乐部成员扩容至20家。

在业内人士看来，五粮液公司股价一路高歌的背后，与公司亮丽的业绩不无关系，投资者看好五粮液的未来预期。

根据公司2018年年报数据显示，在报告期内，五粮液实现营收400.30亿元，同比增长32.61%；实现归属于上市公司的净利润为133.84亿元，同比增长38.36%。2016—2018年，五粮液营收增幅保持了高增长，增幅分比为13.32%、22.99%和32.61%。而净利润也从67.85亿元一路上涨破百亿元，达到133.84亿元。五粮液2018年不管是营收增幅还是净利润增幅都超过行业平均水平。在报告期内，公司营收跨上400亿元新台阶，营收增幅创3年来新高。

对于公司2018年的整体表现，五粮液在年报中也有阐述，“奋力推进‘二次创业’”“抢抓发展机遇，不断深化改革”“公司股权激励计划、员工持股计划”“优化产品体系，强化品牌营销”“确立和完善‘1+3’产品体系”“按计划推进‘普五’精益求精的包装升级”“开发高端窖池系列产品”“重塑高端白酒价值体系”等关键词在年报中均有提到。

2018年，五粮液位居世界品牌实验室发布的2018年“中国500最具价值品牌”第20位，“世界品牌500强”第326位，较2017年上升12位，排名增速居食品饮料行业入选企业第1位；位居BrandZ发布“2018最具价值中国品牌100强”榜单第46位。

据《证券日报》记者统计显示，在2019年1月2日至4月4日，A股19家白酒类上市中，市值增幅超过100%的有3家，它们分别是古井贡、五粮液、今世缘。而在一线白酒中，五粮液的市值涨幅居首，五粮液市值从年初的1 938亿元一路攀升至3891亿元，3个月时间，五粮液市值增幅为100.77%。

（案例来源：http://stock.eastmoney.com。）

请同学们站在财务角度思考：

1. 通过对案例的阅读，同学们觉得五粮液公司的业绩如何呢？

2. 如果要量化五粮液的各项盈利能力，我们又该从哪些角度切入，运用哪些指标来评价呢？

3. 相比于我们熟知的贵州茅台等知名白酒企业，五粮液的盈利水平在白酒行业内又处在怎样的位置呢？

模块一　企业盈利能力指标计算与运用

职业判断与业务操作

盈利能力是指企业获取利润的能力。企业盈利能力越强，则其给予股东的回报就越高，企业价值越大；同时盈利能力越强，带来的现金流量越多，企业的偿债能力会得到加强。无论是企业的经理人员、债权人还是股东（投资者），都非常关心企业的盈利能力，并重视对利润率及其变动趋势的分析与预测。

一、理解盈利能力的内涵

微课：理解盈利能力内涵

PPT：理解盈利能力内涵

（一）盈利能力分析的意义

盈利能力是指企业获取利润的能力，也称为“企业的资金或资本增值能力”，通常表现为一定时期内企业收益数额的多少及其水平的高低。盈利能力（Profitability）的大小是一个相对的概念，即利润相对于一定的资源投入、一定的收入而言。利润率越高，盈利能力越强；利润率越低，盈利能力越差。企业经营业绩的好坏最终可通过企业的盈利能力来反映。

从企业的角度来看，企业从事经营活动，其直接目的是最大限度地赚取利润并维持企业持续稳定地经营和发展。持续稳定地经营和发展是获取利润的基础，而最大限度地获取利润又是企业持续稳定发展的目标和保证，只有在不断地获取利润的基础上，企业才可能发展；同样，盈利能力较强的企业比盈利能力较弱的企业具有更大的活力和更好的发展前景。因此，盈利能力是企业经营人员最重要的业绩衡量标准和发现问题、改进企业管理的突破口。对企业经理人员来说，进行企业盈利能力分析的意义具体表现在以下两个方面：

第一，利用盈利能力的有关指标反映和衡量企业经营业绩。企业经理人员的根本任务，就是通过自己的努力使企业赚取更多的利润。各项收益数据反映着企业的盈利能力，也表现了经理人员工作业绩的大小。用已达到的盈利能力指标与标准、基期、同行业平均水平、其他企业相比较，则可以衡量经理人员工作业绩的优劣。

第二，通过盈利能力分析发现经营管理中存在的问题。盈利能力是企业各环节经营活动的具体表现，企业经营的好坏都会通过盈利能力表现出来。通过对盈利能力的深入分析，可以发现经营管理中的重大问题，进而采取措施解决问题，提高企业收益水平。

对于债权人来讲，利润是企业偿债的重要来源，特别是对长期债务而言，盈利能力的强弱直接影响企业的偿债能力。企业举债时，债权人势必审查企业的偿债能力，而偿债能力的强弱最终取决于企业的盈利能力。因此，分析企业的盈利能力对债权人也是非常重要的。

对于股东（投资者）而言，企业盈利能力的强弱更是至关重要的。在市场经济下，股东往往会认为企业的盈利能力比财务状况、运营能力更重要。股东们的直接目的就是获得更多的利润，因为对于信用相同或相近的几个企业，人们总是将资金投向盈利能力强的企业。股东们关心企业赚取利润的多少并重视对利润率的分析，是因为他们的股息与企业的盈利能力紧密相关；此外，企业盈利能力增加还会使股票价格上升，从而使股东们获得资本收益。

（二）盈利能力分析途径

对企业的盈利能力主要可以从三个不同的角度进行分析，诠释销售或资金的盈利能力：

一是销售获利能力，指企业在经营活动中平均每 1 元销售收入创造收益的能力。采用的指标有毛利率、营业利润率、营业净利率、成本费用率和盈余现金保障倍数。

二是资产获利能力，指企业用全部资产创造收益的能力。采用的指标有总资产报酬率和总资产净利率。

三是资本获利能力，指企业投资者在资本市场上的每 1 元投资创造收益的能力，采用的指标是净资产收益率。

重要提示

假如有两家公司在某一会计年度实现的利润总额正好相同，但这是否意味着它们具有相同的获利能力呢？答案是否定的，因为这两家公司的资产总额可能并不一样，甚至还可能相当悬殊。再如，某公司 2012 年度实现税后利润 100 万元。很显然，光有这样一个会计数据只能说明该公司在特定会计期间的盈利水平，对报表使用者来说还无法做出最有效的经济决策。但是，如果我们将该公司 2011 年度实现的税后利润 60 万元和 2010 年度实现的税后利润 30 万元加以比较，就可能得出该公司近几年的利润发展趋势，使财务报表使用者从中获得更有效的经济信息。如果我们再将该公司近 3 年的资产总额和销售收入等会计数据综合起来进行分析，就会有更多隐含在财务报表中的重要信息清晰地显示出来。

可见，财务报表的作用是有一定局限性的，它仅能够反映一定期间内企业的盈利水平、财务状况及资金流动情况。报表使用者要想获取更多的对经济决策有用的信息，必须以财务报表和其他财务资料为依据，运用系统的分析方法来评价企业过去和现在的经营成果、财务状况及资金流动情况，据以预测企业未来的经营前景，从而制定未来的战略目标和做出最优的经济决策。

微课：毛利率分析与评价

PPT：毛利率分析与评价

二、计算分析企业盈利能力指标

（一）计算分析销售获利能力指标

对企业销售活动的盈利能力分析是企业盈利能力分析的重点，因为营业利润是企业利润的主要的来源，而营业利润高低的关键取决于产品销售的增长幅度。产品销售额的增减变化，直接反映了企业生产经营状况和经济效益的好坏。从企业的角度看，盈利能力可以用利润和销售收入的比例关系来评价，由于销售收入是取得利润的基础，利润是收入的一部分，在收入一定的情况下，利润占收入的比重越大则利润越多，所以利润占收入的比重成为企业盈利能力的标志之一。

1. 毛利率

毛利率（Gross Margin）是毛利与销售收入（或营业收入）的百分比，其中毛利是收入和与收入相对应的成本之间的差额。

（1）计算毛利率。由于有不同的计算口径，常见的毛利率有以下两种算法：

计算公式一：销售毛利率 = 销售毛利 ÷ 销售收入 ×100%

= (销售收入 − 销售成本) ÷ 销售收入 ×100%

计算公式二：营业毛利率 = 营业毛利 ÷ 营业收入 ×100%

= (营业收入 − 营业成本) ÷ 营业收入 ×100%

引例分析 3－1

根据五粮液 2016—2017 年年度报表相关资料，计算其营业毛利率（见表 3－1）。

表 3－1　　五粮液营业毛利率计算表　　单位：元

项目	2017 年	2016 年	差异
营业收入	30 186 780 409. 14	24 543 792 660. 59	
营业成本	8 450 087 271. 36	7 314 252 452. 38	
营业毛利	21 736 693 137. 78	17 229 540 208. 21	
营业毛利率（%）	72. 01	70. 20	1. 81

2017 年：营业毛利率 = 营业毛利 ÷ 营业收入 ×100%

= （21 736 693 137. 78 ÷ 30 186 780 409. 14） ×100% = 72. 01%

2016 年：营业毛利率 = 营业毛利 ÷ 营业收入 ×100%

= （17 229 540 208. 21 ÷ 24 543 792 660. 59） ×100% = 70. 20%

通过计算分析可得出，五粮液 2017 年的毛利率比 2016 年略有上升，由 2016 年的 70. 2% 上升为 72. 01%，保持上升的态势，说明 2017 年公司产品利润空间进一步加大，盈利能力增强。从行业整体毛利率水平分析，五粮液公司毛利率水平位于行业领先，体现了公司强大的创造利润能力和强劲的后续发展能力。

（资料来源：行业数据取自同花顺股票行情公开数据库。）

（2）评价毛利率。毛利率作为反映企业盈利能力的指标，不同的行业该比率差别很大。据统计，电力、电信、医疗器械、电子、通信等行业，由于其垄断性或者由于其专有技术性，毛利率通常比较高；而机械、基础建设、食品、农产品加工等行业，由于其劳动密集和传统性，毛利率偏低。

因此，在评价一个企业的毛利率水平时，需要考虑其行业特性，与同行业平均值做比较更具有可比性，更能说明企业的盈利能力和行业竞争力。

案例：贵州茅台和皇台酒业公司销售毛利率分析

阶段性任务

请同学们查找泸州老窖2015—2017年财务报表，计算泸州老窖近3年毛利率，填入表3-2中。结合你对引例分析的理解和泸州老窖毛利率，对该公司毛利率水平做出评价。

表3-2　泸州老窖毛利率计算表

项目	2015年	2016年	2017年
毛利率			

拓展阅读

上市公司毛利率分析的重要性

毛利率是评价上市公司投资价值绕不开的财务数据。股神巴菲特将毛利率作为选择股票的准则之一，而其极为欣赏的投资大师费雪也认为：真正能够让你投资赚大钱的公司，大部分都有相对偏高的利润率。

销售毛利率是用以反映企业每1元营业收入中含有多少毛利额，它是净利润的基础，此外，通过对这个指标的观察也可以从历史的角度看企业的成长脉络。

通常经历了多轮熊牛市风雨洗礼的股票能更好地反映其成长性和竞争力，如果将10年来销售毛利率、销售净利率和主营业务利润率的前100只个股进行统计，以10年涨跌幅（总市值加权平均）为指标，我们发现销售毛利率前100名的上市公司整体涨幅为505.22%、主营业务利润率前100名的整体涨幅为472.85%、销售净利率前100名的整体涨幅为412.79%，三项指标都远远跑赢A股10年来318.17%的涨幅。

（资料来源：http：//finance.sina.com.cn。）

微课：营业利润率及营业净利率分析与评价

2. 营业利润率

营业利润率（Business Profit Ratio）是指企业的营业利润与营业收入的比率。它是衡量企业经营效率的指标，反映了在不考虑非营业成本的情况下，企业管理者通过经营获取利润的能力。

PPT：营业利润率及营业净利率分析与评价

（1）计算营业利润率。营业利润率指标反映了每百元营业收入中所赚取的营业利润的数额，其计算公式为：

$$营业利润率 = \frac{营业利润}{营业收入} \times 100\%$$

引例分析 3－2

我们根据五粮液 2016—2017 年年度报表资料，计算其营业利润率（见表 3－3）。

表 3－3　五粮液营业利润率计算表　单位：元

项目	2017 年	2016 年	差异
营业收入	30 186 780 409.14	24 543 792 660.59	
营业利润	13 374 535 185.09	9 237 211 057.61	
营业利润率（%）	44.31	37.64	6.67

2017 年：营业利润率＝营业利润÷营业收入×100%

＝（13 374 535 185.09÷30 186 780 409.14）×100%＝44.31%

2016 年：营业利润率＝营业利润÷营业收入×100%

＝（9 237 211 057.61÷24 543 792 660.59）×100%＝37.64%

通过计算得知，五粮液 2017 年的营业利润率比 2016 年有所上升，由 37.64% 上升至 44.31%，说明 2017 年五粮液的营业利润稳步提升，盈利能力增强。从行业整体营业利润率水平分析，五粮液公司营业利润率水平位于行业领先地位，说明五粮液具有强劲且稳定的盈利能力。

（2）评价营业利润率。营业利润是企业利润总额中最基本、最经常，同时也是最稳定的组成部分。营业利润占利润总额比重的多少，是说明企业盈利能力质量好坏的重要依据。同时，营业利润作为一种净获利额，比销售毛利更好地说明了企业销售收入的获利情况，从而能更全面、完整地体现收入的盈利能力。显然，营业利润率越高，说明企业营业收入的盈利能力越强；反之，则盈利能力越弱。

拓展阅读

营业利润率的比较分析

营业利润率的比较分析通常可从因素分析、结构比较分析和同业比较分析等多个方面进行。

1. 因素分析。即对同一企业不同时期之间或不同企业同一时期之间的营业利润率差异原因所进行的分析。企业的营业利润与营业利润率成正比关系，而营业收入与之成反比关系。企业在增加营业收入额的时候，必须相应地获得更多的营业利润，才能使营业利润率保持不变或有所提高。

2. 结构比较分析。营业利润率的结构比较分析是从营业利润率的构成要素及其结构比重的变动情况所进行的分析，旨在更进一步分析营业利润率增减变动的具体原因。

3. 同业比较分析。将企业的个别营业利润率指标与同行业的其他企业进行对比分析，可以发现企业盈利能力的相对地位，从而更好地评价企业盈利能力的状况。

阶段性任务

请同学们查找泸州老窖2015—2017年财务报表，计算泸州老窖近3年营业利润率，填入表3-4中。结合你对引例分析的理解和泸州老窖营业利润率，对公司营业利润率水平做出评价。

表3-4　泸州老窖营业利润率计算表

项目	2015年	2016年	2017年
营业利润率			

3. 营业净利率

净利润，或称“净利”，在我国会计制度中是指税后利润。营业净利率（Net profit to Operating Ratio）是净利润与营业收入的比率，它反映企业营业收入创造净利润的能力。

（1）计算营业净利率。营业净利率采用企业净利润与营业收入相比的形式，反映每百元营业收入带来净利润的多少。其计算公式为：

$$营业净利率=\frac{净利润}{营业收入}\times100\%$$

引例分析3-3

我们根据五粮液2016—2017年年度报表资料，计算其营业利润率（见表3-5）。

表3-5　五粮液营业净利率计算表　单位：元

项目	2017年	2016年	差异
营业收入	30 186 780 409.14	24 543 792 660.59	
净利润	10 085 969 230.03	7 056 765 568.86	
营业净利率（%）	33.41	28.75	4.66

2017年：营业净利率＝净利润÷营业收入×100%

＝（10 085 969 230.03÷30 186 780 409.14）×100%＝33.41%

2016年：营业净利率＝净利润÷营业收入×100%

＝（7 056 765 568.86÷24 543 792 660.59）×100%＝28.75%

通过计算得知，五粮液2017年的营业净利率比2016年略有上升（上升4.66个百分点），说明其2017年销售盈利能力略有提高。该公司2017年的净利润与2016年相比，增加幅度远大于营业收入的增幅，五粮液的营业收入创造净利润的能力在增强。

（2）评价营业净利率。该指标反映营业收入的收益水平，营业净利率越大，表明企业盈利能力越强。从营业净利率的指标关系看，净利润额与营业净利率成正比关系，而营业收入额与营业净利率成反比关系。公司在增加营业收入额的同时，必须相应获得更多的净利润，才能使营业净利率保持不变或有所提高。通过分析营业净利率的升降变动，可以促使公司在扩大销售业务的同时，注意改进经营管理，提高盈利水平。

阶段性任务

请同学们查找泸州老窖2015—2017年财务报表，计算泸州老窖近3年营业净利率，填入表3-6中。结合你对引例分析的理解和泸州老窖营业净利率，对该公司营业净利率水平做出评价。

表3-6　　泸州老窖营业净利率计算表

项目	2015年	2016年	2017年
营业净利率			

微课：成本费用利润率分析与评价

PPT：成本费用利润率分析与评价

4. 成本费用利润率

成本费用利润率（Rate of Profit Based on the Cost of Production and Expenses）是企业一定期间的利润总额与成本、费用总额的比率。成本费用利润率指标表明每付出1元成本费用可获得多少利润，体现了经营耗费所带来的经营成果。

（1）计算成本费用利润率。其计算公式为：

$$成本费用利润率=\frac{利润总额}{成本费用总额}\times 100\%$$

式中的利润总额和成本费用总额来自企业的利润表。成本费用总额一般包括营业成本、税金及附加、销售费用、管理费用和财务费用等成本费用总和。

分析时，还可以将成本费用与营业利润对比，计算成本费用营业利润率指标。其计算公式如下：

$$成本费用营业利润率=营业利润额\div 成本费用总额\times 100\%$$

如果利润中还包括其他业务利润，而其他业务利润与成本费用也没有内在联系，分析时，还可将其他业务利润扣除。

引例分析 3－4

我们根据五粮液2016—2017年年度报表资料，计算其成本费用利润率（见表3－7）。

表3－7　　五粮液成本费用利润率计算表　　单位：元

项目	2017年	2016年	差异
利润总额	13 391 688 208.91	9 337 410 656.93	
成本费用总额	16 948 700 064.28	15 327 811 401.64	
成本费用利润率（%）	79.01	60.92	18.09

2017年：成本费用利润率＝利润总额÷成本费用总额×100%

＝（13 391 688 208.91÷16 948 700 064.28）×100%

＝79.01%

2016年：成本费用利润率＝利润总额÷成本费用总额×100%

＝（9 337 410 656.93÷15 327 811 401.64）×100%

＝60.92%

从上述计算结果可以看出，五粮液2017年与2016年相比，成本费用利润率由60.92%上升到79.01%，上升了18.09%，这说明该公司的成本费用控制能力和经营管理水平有极大提升，成本费用支出所获得的回报有所增加，公司盈利能力在稳步增长。

（2）评价成本费用利润率

企业的成本费用利润率反映出企业每投入的一项成本费用支出是否能够获得相应的回报。通常情况下，成本费用利润率越高，往往企业利润就越多，说明企业的经济效益好；相反的，成本费用利润率越低，可能企业利润就较少，说明企业的经济效益不佳，有待企业的管理者思考企业经济效益下滑的原因，决策如何调整方向帮助企业提升经济效益。因此该指标可以评价企业对成本费用的控制能力和经营管理水平，促使企业加强内部管理，节约支出，提高经营质量。

案例：贵州茅台和五粮液成本费用利润率分析

阶段性任务

请同学们查找泸州老窖2015—2017年财务报表，计算泸州老窖近3年成本费用利润率，填入表3－8中。结合你对引例分析的理解和泸州老窖成本费用利润率，对公司成本费用获利水平做出评价。

表3－8　　泸州老窖成本费用利润率计算表

项目	2015年	2016年	2017年
成本费用利润率			

拓展阅读

M 公司利润表的秘密

曾有一家资产过亿、员工超过 6 000 名的老国有企业（我们称之为“M 公司”），多年来一直亏损，持续经营无望，经破产清算后将其中少部分良性资产整合，成立了新的股份有限公司（我们称之为“m 公司”），任命了新的老总。此后 3 年，m 公司对外报出的报表显示，该公司连续 3 年盈利 过 1 000 万元。于是在破产清算中买断工龄的大批员工就感叹了：“看看，企业还是生产那些东西，并没有特殊的技术革新，留下来的 300 人也是那些人，可企业却能盈利，这新老总真不是一般人啊！”

为什么只要重组企业就能盈利呢？难道真的只要“股份”，企业就能盘活？或者真的是这个新老总是个能人？带着这样的疑问，我们详细阅读了 m 公司报表及附注，看完后忍不住哑然失笑：m 公司完全没有改变 M 公司经营不善的本质，企业之所以盈利，就是因为在破产清算时“算”上了一笔好投资。原来，M 公司在多年前慧眼投资了一个台资机械类合资公司，其占该合资公司 40% 的股份。M 公司破产时，做出的最英明决策就是保留企业在这个台资企业的股份份额没变。当然，M 公司破产了，它所占的股份理所当然地转到了新成立的股份公司 m 公司名下。随着这个合资企业的不断兴起，在最近 3 年里，其净利润每年接近 5 000 万元，而 m 公司作为它的“继”母公司，自然而然地得到 40% 的利润，这就是 m 公司什么也不做，利润表上也可直接增加 2 000 万元收益的原因。

当资产过亿并巨额亏损的 M 公司分得 2 000 万元利润时，它还是亏损，而当甩掉包袱的 m 公司拥有 2 000 万元“外来”利润时，它的合并后报表出现 1 000 万元的盈利就再正常不过了。只可惜破产清算中买断工龄的大批员工并不知道利润表中还有这样的秘密，也没有想到新老总所有的业绩全是“移花接木”。由此我们不难看出，分析企业盈利能力，需要对利润的来源做出详细的分析，这才能正确评价一个企业经营的好坏。

微课：总资产报酬率分析与评价

PPT：总资产报酬率分析与评价

（二）计算分析资产获利能力指标

1. 总资产报酬率

总资产报酬率（Rate of Return on Total Assets）也称“总资产收益率”，是企业一定期限内实现的收益额与该时期企业平均资产总额的比率。该指标反映企业利用全部经济资源获取利润的能力。它是反映企业资产综合利用效果的指标，也是衡量企业总资产盈利能力的重要指标。

（1）计算总资产报酬率。其计算公式如下：

$$\text{总资产报酬率}=\frac{\text{息税前利润}}{\text{平均资产总额}}\times 100\%$$

其中：

息税前利润 = 利润总额 + 利息支出

= 税后利润 + 利息支出 + 所得税

公式中的“平均资产总额”是指期初资产总额与期末资产总额的平均数。对总资产报酬率的原始计算公式进行分解，具体过程如下：

总资产报酬率 = 息税前利润 ÷ 平均总资产 × 100%

= （营业收入 ÷ 平均总资产 × 100%） × （息税前利润 ÷ 营业收入）

= 总资产周转率 × 息税前利润率

引例分析 3－5

我们根据五粮液 2016—2017 年年度报表资料，计算其总资产报酬率（见表 3－9）。

表 3－9　五粮液总资产报酬率计算表　单位：元

项目	2017 年	2016 年	差异
利息支出	－890 505 901.86	－765 864 110.92	
利润总额	13 391 688 208.91	9 337 410 656.93	
平均总资产	66 548 516 631.32	57 360 520 761.86	
息税前利润	12 501 182 307.05	8 571 546 546.01	
总资产报酬率（%）	18.79	14.94	3.84

2017 年：总资产报酬率 = 息税前利润 ÷ 平均总资产 × 100%

= （利润总额 + 利息支出） ÷ 平均总资产 × 100%

= 12 501 182 307.05 ÷ 66 548 516 631.32 × 100% = 18.79%

2016 年：总资产报酬率 = 息税前利润 ÷ 平均总资产 × 100%

= （利润总额 + 利息支出） ÷ 平均总资产 × 100%

= 8 571 546 546.01 ÷ 66 548 516 631.32 × 100% = 14.94%

通过计算得知，五粮液 2017 年的总资产报酬率比 2016 年有所上升（上升了 3.85 个百分点），说明该公司 2017 年的资产周转速度加快，资产运用效率提高，利用全部经济资源获取利润的能力有所增强。

（2）评价总资产报酬率。影响总资产报酬率的因素有两个：一是总资产周转率，作为反映资产运营能力的指标，可用于说明公司资产的运用效率，是公司资产经营效果的直接体现。二是息税前利润率，该指标反映了公司产品的盈利能力，产品盈利能力越强，息税前利润率越高。总之，资产运用效率越好，资产周转率越快，息税前利润率越高，总资产报酬率越高；反之，总资产报酬率越低。

重要提示

运用该指标时应注意：仅仅计算和分析企业某一个会计年度的总资产报酬率往往不足以对企业的资产管理状况及盈利能力做出全面的评价，因为利润总额中可能包含着非经常或非正常的因素，因此，我们通常应进行连续几年（如5年）的总资产报酬率的计算，并对其变动趋势进行判断，才能取得相对准确的信息。在此基础上再进行同业比较分析，有利于提高分析结论的准确性。

阶段性任务

请同学们查找泸州老窖2015—2017年财务报表，计算泸州老窖连续3年总资产报酬率（请以财务费用代替利息费用进行计算），填入表3－10中。结合你对引例分析的理解和泸州老窖总资产报酬率，对该公司总资产报酬率水平做出评价。

表3－10　泸州老窖成总资产报酬率计算表

项目	2015年	2016年	2017年
总资产报酬率			

2. 总资产净利率

总资产净利率（Net Interest Rate of Total Assets）是指公司净利润与平均资产总额的百分比。该指标反映的是公司运用全部资产所获得利润的水平，即公司每占用1元的资产平均能获得多少元的净利润。

（1）计算总资产净利率。其计算公式如下：

$$总资产净利率=\frac{净利润}{平均资产总额}\times 100\%$$

其中：

$$平均资产总额=（期初资产总额+期末资产总额）\div 2$$

引例分析3－6

根据五粮液2016—2017年年度报表资料，计算其总资产净利率（见表3－11）。

表3－11　五粮液总资产净利率计算表　　单位：元

项目	2017年	2016年	差异
净利润	10 085 969 230.03	7 056 765 568.86	
平均总资产	66 548 516 631.32	57 360 520 761.86	
总资产净利率（%）	15.16	12.30	2.85

2017 年：总资产净利率 = 净利润 ÷ 平均总资产 × 100%

= 10 085 969 230.03 ÷ 66 548 516 631.32 × 100% = 15.16%

2016 年：总资产净利率 = 净利润 ÷ 平均总资产 × 100%

= 7 056 765 568.86 ÷ 66 548 516 631.32 × 100% = 12.30%

通过计算得知，五粮液 2017 年的总资产净利率与 2016 年相比，略有上升（上升 2.85 个百分点），说明该公司 2017 年与 2016 年相比，资产管理能力加强，资产利用效率提高，利用全部经济资源获取净利润的能力略有增强。

（2）评价总资产净利率。

第一，该指标比率越高，说明企业的资产利用效率越高，注重了增加收入和节约资金两个方面。

第二，利用该指标可以与企业历史资料、与计划、与同行业平均水平或先进水平进行对比，分析形成差异的原因。

第三，对于资产平均占用额，企业可以加强资产管理，增强资产的利用率，其占用额会相对减少，总资产净利率会升高；对于净利润，企业分析经营中存在的问题，提高销售利润率，加速资金周转，降低成本费用，利润总量会增加，总资产净利率也会升高。

阶段性任务

请同学们查找泸州老窖 2015—2017 年财务报表，计算泸州老窖连续 3 年总资产净利率，填入表 3 - 12 中。结合你对引例分析的理解和泸州老窖总资产净利率，对该公司总资产净利率水平做出评价。

表 3 - 12　泸州老窖总资产净利率计算表

项目	2015 年	2016 年	2017 年
总资产净利率			

（三）计算分析资本获利能力指标

投资者投资的目的是获得投资报酬，需要对股东投入资本运用效率进行分析，也就是权益资本的获利能力。资本盈利能力是指企业所有者通过投入资本在生成经营过程中取得利润的能力。企业适当的提高财务杠杆水平，运用债务资本获取更多利润，支付利息以后还有剩余，股东收益率就会提高，进而提高资金的使用效率。借入的资金过多会增大企业的财务风险。净资产收益率是衡量股东资金使用效率的重要财务指标。

微课：净资产收益率分析与评价

净资产收益率（Rate of Return on Net Assets，ROE）又称“股东权益报酬率”（Return on Stockholder’s Equity）。该指标反映股东权益的收益水平，用以衡量公司运用自有资本的效率。

PPT：净资产收益率分析与评价

（1）计算净资产收益率。净资产收益率是净利润与平均股东权益的百分比，是公司税后利润除以净资产得到的百分比率。其计算公式为：

$$净资产收益率=\frac{净利润}{平均净资产}\times100\%$$

其中：

$$平均净资产=（期初净资产+期末净资产）\div2$$

引例分析 3－7

五粮液 2016—2017 年年度报表资料如表 3－13 所示，计算其净资产收益率并做出简要分析：

表 3－13 五粮液净资产收益率计算表 单位：元

项目	2017 年	2016 年	差异
平均净资产	10 085 969 230. 03	7 056 765 568. 86	
净利润	51 440 092 429. 44	46 275 510 086. 13	
净资产收益率（%）	19. 61	15. 25	4. 36

2017 年：净资产收益率＝净利润÷平均净资产×100%

＝51 440 092 429. 44÷10 085 969 230. 03×100%＝19. 61%

2016 年：净资产收益率＝净利润÷平均净资产×100%

＝7 056 765 568. 86÷46 275 510 086. 13×100%＝15. 25%

通过计算得知，五粮液 2017 年的净资产收益率比 2016 年略有上升，从 2016 年的 15. 25%上升至 2017 年的 19. 61%，共上升了 4. 36 个百分点。说明该公司 2017 年利用全部经济资源获取净利润的能力略有提高，股东的投资回报有所提升。

（2）评价净资产收益率。净资产收益率是衡量上市公司盈利能力的重要指标，代表着股东股权投资的报酬率，体现了企业所有者的获利能力，也反映企业的赚钱能力，指标值越高，说明投资带来的收益越高。该指标体现了以自有资本获得净收益的能力。

评价净资产收益率，至少需要 2～3 年的该项指标进行综合评价，受融资和投资进度的影响，只看一年净资产收益率，无法真实全面反映上市公司的盈利能力，而连续年度的净资产收益率可以将上市公司的盈利能力暴露无遗。

重要提示

运用该指标时应注意：

1. 净资产收益率反映所有者投资的盈利能力，该比率越高，说明所有者投资带来的收益越高。

2. 净资产收益率是从所有者角度考察企业盈利水平高低，而总资产收益率则从所有者和债权人两个方面来共同考察整个企业的盈利水平。在相同的总资产收益率水平下，若企业采用不同的资本结构形式，即不同的负债和所有者权益比例，会造成不同的净资产收益。

3. 净资产收益率是衡量企业盈利能力的主要核心指标之一。一般来说，企业的净资产收益率越高，企业自有资本获取利润的能力越强，其营运效率越高，对投资者和债权人的保障程度越高。

4. 净资产收益率可衡量公司对股东投入资本的利用效率，它弥补了每股税后利润指标的不足。例如，在公司对原有股东送红股后，每股盈利将会下降，从而给投资者造成错觉，以为公司的获利能力下降了，而事实上，公司的获利能力并没有发生变化，用净资产收益率来分析公司获利能力就比较适宜。

巴菲特选股绝招最重要的选股指标：净资产收益率

阶段性任务

请同学们查找泸州老窖2015—2017年财务报表，计算泸州老窖连续3年净资产收益率，填入表3-14中。结合你对引例分析的理解和泸州老窖净资产收益率，对该公司净资产收益率水平做出评价。

思维导图：净资产收益与营业收入净利率分析图

表3-14　　泸州老窖成净资产收益率计算表

项目	2015年	2016年	2017年
净资产收益率			

拓展阅读

净资产收益率在投资决策中的核心地位

净资产收益率在所有财务指标中处于核心地位。投资的真谛是买到好公司，好公司的标准是那些很会赚钱的公司。净资产收益率是判断一家上市公司赚钱的能力怎么样，赚钱的效率高不高的指标。巴菲特就认为每股收益是个烟雾弹，公司的净资产收益率更能说明问题，净资产收益率的增加则说明公司盈利能力增加。

案例：中国平安和中国太保公司净资产收益率分析

观察净资产收益率，至少要看过去3年的指标。只看1～2年的净资产收益率，有可能无法真实全面反映上市公司的盈利能力。连续几年的净资产收益率最能够将上市公司的盈利能力显示出来。

观察一家上市公司连续几年的净资产收益率表现，会发现一个有意思的现象：上市公司往往在刚刚上市的几年里都有不错的净资产收益率表现，但之后，这个指标会出现明显下滑。这是因为，当一家企业随着规模不断扩大、净资产不断增加时，必须开拓新的产品、新的市场，并辅之以新的管理模式，以保证净利润与净资产同步增长。但对于企业来说，这是一个很大的挑战。这主要考验一个企业领导者对行业发展的预测，对新的利润增长点的判断，以及其管理能力是否可以不断提升。

上市公司的净资产收益率多少合适呢？一般来说，上不封顶，越高越好。但下限还是有的，就是不能低于银行一年定期的存款利率。如果一家上市公司的净资产收益率低于银行一年定期的存款利率，就说明这家公司经营得很一般，赚钱效率很低，已经不值得投资者关注了。

高于银行利率的净资产收益率是上市公司经营的及格线，偶然一年低于银行利率也许还可以原谅，但如果长年低于银行利率，这家公司上市的意义也就不存在了。

（四）计算分析盈利质量评价指标

盈余现金保障倍数（Surplus Cash Coverage Ratio）是企业一定时期经营现金净流量与净利润的比值，反映了企业当期净利润中现金收益的保障程度，真实反映了企业盈余的质量。

（1）计算盈余现金保障倍数。其计算公式为：

$$盈余现金保障倍数=\frac{经营现金净流量}{净利润}$$

引例分析 3－8

我们根据五粮液 2016—2017 年年度报表资料，计算其盈余现金保障倍数（见表 3－15）。

表 3－15　　五粮液盈余现金保障倍数计算表　　单位：元

项目	2017 年	2016 年	差异
净利润	10 085 969 230. 03	7 056 765 568. 86	
经营活动产生的现金流量净额	9 766 175 822. 66	11 696 760 569. 21	
盈余现金保障倍数（倍）	0. 97	1. 66	－0. 69

2017 年：盈余现金保障倍数（倍）＝经营活动产生的现金流量净额÷净利润×100%
＝（9 766 175 822. 66÷10 085 969 230. 03）×100%
＝0. 97

2016 年：盈余现金保障倍数（倍）＝经营活动产生的现金流量净额÷净利润×100%
＝（11 696 760 569. 21÷7 056 765 568. 86）×100%
＝1. 66

从上述计算结果可以看出，五粮液 2017 年与 2016 年相比，盈余现金保障倍数下降幅度很大，说明该公司 2017 年的利润质量相比 2016 年的有所下降，但该指标仍然接近经验值 1，说明 2017 年五粮液的公司盈利能力质量较佳，而降低的警钟也已经敲响。

（2）评价盈余现金保障倍数。一般而言，当企业当期净利润大于 0 时，该指标应当大于 1。该指标越大，表明企业经营活动产生的净利润对现金的贡献越大，利润的可靠性较高，具有一定的派现能力。但是，由于指标分母变动较大，致使该指标的数值变动也比较大，所以，对该指标应根据企业实际效益状况有针对性地进行分析。

阶段性任务

请同学们查找泸州老窖2015—2017年财务报表，计算泸州老窖近3年盈余现金保障倍数，填入表3－16中。结合你对引例分析的理解和泸州老窖盈余现金保障倍数，对该公司盈利质量做出评价。

表3－16　　泸州老窖成盈余现金保障倍数计算表

项目	2015年	2016年	2017年
盈余现金保障倍数			

拓展阅读

浙江龙盛：刚性负债突破220亿 利润增长含金量几何？

翻查财报，发现浙江龙盛大幅增加的利润有相当一部分来自于非经常性损益。

财报显示：2018年一季度，浙江龙盛归母净利润约10.19亿元，同比增加103.33%；扣非后归母净利润约7.64亿元，同比增加53.08%。扣非利润比归母利润少2亿多，增幅也打对折。这其中的差异，主要因公司原先按成本法计量的可供出售金融资产改为按公允价值计量，产生公允价值变动损益约2.16亿元。时间再往前推，过去3年，公司每年都有相当一部分收益来自于非经常性损益。2015—2017年，公司非经常性损益合计约25.63亿元，占到同期归母净利润的35.67%（追溯调整后）。这里面，除了出售金融资产获得的投资收益以及政府补助，“财技”也是功不可没。2016年，浙江龙盛将投资性房地产的后续计量模式由成本模式变更为公允价值模式，并对2015年度报表项目追溯调整。2015—2017年，公司投资性房地产产生公允价值变动损益合计约13.33亿元。这一计量方式的变更，除了对当期利润产生影响，还有一项更为深远的影响就是：投资性房地产采用公用价值模式计量之后，不计提折旧或进行摊销，不但降低了未来期间结转的成本或期间费用，对于已经计提的折旧还可以冲回。根据上市公司披露的公告，2016年1—6月，公司冲回原先计提的投资性房地产累计折旧约1 370.89万元。尽管关于资产的计量模式，上市公司具有自由裁量权，变更会计政策合法合规，但是与出售资产不同的是，通过会计政策变更增加的利润并不会产生实际上的现金流入。

接下来，就看看公司的现金流情况。

投入100多亿元开发房地产经营性净现金流持续为负。翻查财报，2016年以来，公司经营性净现金流持续为负。公开数据显示：2016年至2018年一季度，公司净利润合计约62.93亿元，经营性净现金流合计净流出约68.71亿元，两者相差数额超过百亿。以下为根据公开数据计算的公司净利润与经营性净现金流对比情况：

报表利润高速增长，经营性现金流却大额流出，为什么会出现这种现象？从公开信息来看，这和公司房地产项目前期土地开发资金持续投入有关。

从财务数据来看，公司账面上存货余额由2015年的67.63亿元增加至2018年一季度的205.16亿元，增加了2.03倍。其中，开发成本由2015年的33.98亿元增加至2017年的161.35亿元，增加了127.37倍。

而近年来，公司股权投资规模也在扩张，账面上可供出售金融资产余额由2014年年底的17.43亿元增加至2017年年底的37.34亿元。尽管出售部分股权获得了投资收益，但是投资活动产生的净现金流持续为负：自2003年上市以来，除2012年以外，基本上都处于净流出状态。

最近几年，经营性净现金以及投资性净现金均为负，公司经营所需资金从何而来？负债290亿元，刚性债务大幅攀升。从财务数据来看，浙江龙盛通过增加举债规模来补充现金流。截至2018年3月31日，公司负债总额约290.67亿元，资产负债率约58.76%，相比于2015年的43.41%增加了15个百分点。而其中相当一部分增量来自于刚性债务。根据公司债券2018年评级报告，公司刚性债务由2015年的84.16亿元增加至2018年一季度的220.50亿元，在负债总额中的占比由72.52%增加至75.86%，在总资产中的占比由31.33%增加至44.58%。从公司发行的债券来看，目前还有约55亿元的债券处于存续期内。

到这里，该如何看待浙江龙盛这家公司？

（案例来源：http：//finance. sina. com. cn。）

（五）计算分析股东获利能力指标

作为投资者（股东）而言，股利的多少、股票转让价格的高低都是和企业的获利能力直接相关的。因此，影响股票价格最重要的因素是企业的盈利状况和股利分配水平。由于股份公司的特点和股票投资的特殊性，投资者在进行企业获利能力分析时，应着重考核每股收益、每股净资产、市盈率等指标。

拓展阅读

现在经常可以看到的一些上市公司的分析报告大致可以分为这样几个部分：前面是有关该公司基本面方面的分析，一般来说都是未来业绩有增长的预期，随后就是对公司未来的业绩进行判断，如收入、利润等，其中每股收益是重中之重，最后给出未来股价的定位。

从分析报告的结尾往前看可以发现，定价的判断依据是市盈率，因此结论的准确性就与市盈率密切相关。这类报告对市盈率的预测有几种方法，我们来分析一下。

一种是利用当前行业的平均市盈率。比如某公司所处行业当前的平均市盈率为20倍，因此就假设公司未来业绩增长后的市盈率也是20倍。这里忽略了一个很大的问题，就是市场的相对位置。如果现在上证指数是1 700点，而当该公司业绩增长以后的上证指数只有1 300点，或者是2 500点，这样的市场位置是不一样的，即使是同一个行业，其平均市盈率也会出现较大的差异，所以用当前的平均市盈率作为未来的预测可以说有些不着边际。

另一种是对市盈率进行溢价，因为同行业的股票不多，所以就在几个类似公司的市盈率的基础上加上一些溢价，比如把市盈率提高20%等。至于溢价幅度的理由则一句话就带过。这里有两个问题：一个是其他类似公司的市盈率有没有可比性，另一个是溢价的幅度。由于类似的公司较少，因此市盈率就缺乏明显的代表性。我们知道，有相当一部分个股有主力在运作，所以股价往往会高估一些，相应的市盈率也就会高一些，在此基础上再给以溢价就有更加高估的嫌疑。至于溢价的幅度其实是一个相当难以确定的问题，不是轻轻一句话就可以带过的。

其实我们自己在判断时也离不开市盈率，只是从实际投资的需要出发，我们应该判断的是我们可以买进并持有的市盈率所对应的股价。从风险的角度考虑，个人倾向于10倍以下的市盈率，这样可以几乎保证不会亏损，即使未来两年市场一路下跌。

这里判断的是买进时的市盈率而不是未来的市盈率，这与研究报告有很大的区别。因为我们是要通过投资获利的，所以关键是未来的股价要上涨，至于未来最终的市盈率是多少并不是主要的，而且也许根本就无法预测，但有一点是肯定的，那就是要比我们买进时的市盈率高，只有这样我们才可以获利。

（资料来源：http：//stock. hexun. com/。）

请思考：市盈率在股票定价以及股票投资决策中这么重要，那么什么是市盈率？我们如何去计算和评价呢？

微课：每股收益及每股净资产分析与评价

PPT：每股收益及每股净资产分析与评价

1. 每股收益

每股收益（Earning Per Share，EPS），又称“每股税后利润”“每股盈余”，是企业净收益与发行在外普通股股数的比率。它反映了某会计年度内企业平均每股普通股获得的收益，用于评价普通股持有者获得报酬的程度。因此，只有普通股才计算每股收益。

每股收益是评价上市公司获利能力的基本和核心指标，该指标具有引导投资、增加市场评价功能、简化财务指标体系的作用。

（1）每股收益指标具有联结资产负债表和利润表的功能。

（2）每股收益指标反映了企业的获利能力，决定了股东的收益数量。

（3）每股收益还是确定企业股票价格的主要参考指标。

（1）计算每股收益。如果企业发行的产权证券只有普通股一种，或虽有其他证券，但无稀释作用或稀释作用不明显，则该企业是简单资本结构。简单资本结构的每股收益计算较为简单，其计算公式如下：

$$每股收益=\frac{净利润-优先股股利}{发行在外的加权平均普通股股数}$$

其中：

加权平均股数 = ∑（流通在外的股数 × 流通在外的月数占全年月数的比例）

引例分析 3－9

某上市公司2017年度归属于普通股股东的净利润为18 000万元。2016年年末的股本为8 000万股，2017年2月8日，以截至2016年总股本为基础，向全体股东10送10股，总股本变为16 000万股。2017年11月28日再发行新股6000万股。请计算该公司2017年度基本每股收益：

基本每股收益＝18 000÷（8 000＋8 000×11÷12＋6 000×1÷12）＝1.13元/股

引例分析 3－10

五粮液的每股收益计算表如表3－17所示，根据公司提供的以下信息进行每股收益的分析。

表 3－17　五粮液每股收益计算表　单位：元

项目	2017年	2016年	差异
净利润	10 085 969 230.03	7 056 765 568.86	
普通股股数	3 795 966 720.00	3 795 966 720.00	
每股收益	2.66	1.86	0.80

2017 年：每股收益 = 净利润 ÷ 普通股股数

= 51 440 092 429. 44 ÷ 3 795 966 720. 00 = 2. 66（元）

2016 年：每股收益 = 净利润 ÷ 普通股股数

= 7 056 765 568. 86 ÷ 3 795 966 720. 00 = 1. 86（元）

通过计算得知，五粮液 2017 年的每股收益比 2016 年略有上升，从 2016 年的 1. 86 元上升至 2. 66 元，说明该公司 2017 年的普通股获利水平提高，每股股份所创造的利润增加。且该公司的每股收益指标在同行业中居于领先水平，说明该公司能够为股东带来更多利益，显示出公司较强的盈利能力和盈利稳定性。

（2）评价基本每股收益。每股收益反映了每股创造的税后利润，是衡量上市公司盈利能力最重要的财务指标。它反映普通股的获利水平，比率越高，表明所创造的利润越多。分析时，可以进行公司间的比较，以评价该公司相对的盈利能力；可以进行不同时期的比较，了解该公司盈利能力的变化趋势；可以进行经营实绩和盈利预测的比较，掌握该公司的管理能力。

思维导图：每股收益分析图

阶段性任务

请同学们查找泸州老窖 2015—2017 年财务报表，计算泸州老窖连续 3 年每股收益，填入表 3 – 18 中。结合你对引例分析的理解和泸州老窖每股收益，对该公司每股收益水平做出评价。

表 3 – 18　泸州老窖成每股收益计算表

项目	2015 年	2016 年	2017 年
每股收益			

案例：顺鑫农业和酒鬼酒每股净资产分析

2. 复杂资本结构的每股收益

如果企业发行的产权证券中既包括普通股，又包括普通股的同等权益，如可转换债券、认股权证等，则企业的资本结构类型要视具体情况而定：如果企业因认股权证持有者行使认股权利，而增发的股票不超过现有流通在外的普通股的 20%，则该企业仍属于简单资本结构；如果企业因认股权证持有者行使认股权利，增发的股票超过现有流通在外的普通股的 20% 时，则该企业属于复杂资本结构。

（1）基本每股收益。基本每股收益是指将企业真正稀释的证券加入普通股，一并计算确定的每股收益。其计算公式如下：

$$\text{基本每股收益} = \frac{\text{净利润} - \text{优先股股利}}{\text{流通在外的普通股股数} + \text{增发的普通股股数} + \text{真正稀释的约当股数}}$$

引例分析 3 - 11

某上市公司 2017 年的净利润额为 847 460 万元，应付优先股股利为 30 万元。假设该公司流通在外普通股股数情况如表 3 - 19 所示。试计算公司的每股收益。

表 3 - 19　　流通在外普通股股数情况表

时间	股数	权数
1—3 月	1 423 180	3/12
4—12 月	1 563 520	9/12
合计	—	—

具体计算如下：

表 3 - 20　　加权平均普通股股数计算表

时间	股数	权数	加权平均股数
1—3 月	1 423 180	3/12	355 795
4—12 月	1 563 520	9/12	1 172 640
合计	—	—	1 528 435

每股收益 = （8 474 600 000 - 300 000） ÷1 528 435 =0.55 （元）

阶段性任务

某上市公司本年实现净收益为 10 万元，优先股股利为 1 万元，该年年初流通在外的普通股有 1 万股，该公司分别于 7 月 1 日和 10 月 1 日新增发行普通股 2 000 股和 3 000 股。那么，该公司当年普通股每股收益是多少呢？

（2）充分稀释的每股收益。充分稀释的每股收益是指将所有可能的影响（并非真正稀释）因素都加入到普通股股权中去计算出的每股收益值，目的在于更为稳健地反映每股收益状况。其计算公式为：

$$\text{充分稀释的每股收益}=\frac{\text{净利润}-\text{不可转化优先股的股利}}{\text{流通在外的普通股股数}+\text{普通股股票等同权益}}$$

工作实例

某上市公司 2017 年归属于普通股股东的净利润为 20 000 万元，期初发行在外普通股股数 10 000 万股，年内普通股股数未发生变化。2017 年 1 月 1 日，公司按面值发行 20 000 万元的三年期可转换公司债券，债券每张面值 100 元，票面固定年利率为 2%，利息自发放之日起每年支付一次，即每年 12 月 31 日为付息日。该批可转换公司债券自发行结束后 12 个月以后即可以转换为公司股票。转股价格为每股10元，即每100元债券可转换为10股面值为1元的普通股。债券利息不符合资本化条件，直接计入当期损益，所得税税率为25%。

假设不考虑可转换公司债券在负债和权益成分上的分析，且债券票面利率等于实际利率，2017年度每股收益计算如下：

基本每股收益 = 20 000 ÷ 10 000 = 2（元）

假设转换所增加的净利润 = 20 000 × 2% ×（1 − 25%）= 300（万元）

假设转换所增加的普通股股数 = 20 000 ÷ 10 = 2 000（万股）

增量股的每股收益 = 300 ÷ 2 000 = 0.15（元）

增量股的每股收益小于基本每股收益，可转换公司债券具有稀释作用：

稀释每股收益 =（20 000 + 300）÷（10 000 + 2 000）= 1.692（元）

阶段性任务

某上市公司2017年度归属于普通股股东的净利润为200万元，发行在外普通股加权平均数为500万股，该普通股平均市场价格为4元。年初，该公司对外发行100万份认股权证，行权日为该年年末，每份认股权证可以在行权日以3.5元的价格认购本公司1股新发的股份。

要求：（1）计算该公司2017年基本每股收益。

（2）计算该公司2017年稀释每股收益。

重要提示

在运用每股收益指标时应注意：

单一的每股收益指标值并不能很好地说明企业的盈利状况。通常我们还应该对其进行趋势分析和同业比较分析。

每股收益的趋势分析即对连续若干年的每股收益变动状况及其趋势所进行的分析，旨在了解企业投资报酬在较长时期中的变动规律。

每股收益的同业比较分析，可以帮助我们更进一步了解企业该指标值在同业中所处的地位，从而在市场平均状况下对其做出更客观的判断。

3. 每股净资产

公司净资产代表公司本身拥有的财产，也是股东们在公司中的权益，又叫作“股东权益”。在会计计算上，相当于资产负债表中的总资产减去全部债务后的余额。每股净资产（Net Asset Value Per Share）是指股东权益与总股数的比率，反映每股股票所拥有的资产现值。

（1）计算每股净资产。其计算公式为：

$$\text{每股净资产} = \frac{\text{股东权益}}{\text{总股数}}$$

引例分析 3 - 12

五粮液的每股净资产计算表如表 3 - 21 所示，根据公司提供的以下信息进行每股净资产的分析。

表 3 - 21　五粮液每股净资产计算表　单位：元

项目	2017 年	2016 年	差异
普通股股数	3 795 966 720.00	3 795 966 720.00	
股东权益总额	54 674 325 649.18	48 205 859 209.70	
每股净资产	14.40	12.70	1.70

2017 年：每股净资产 = 股东权益总额 ÷ 普通股股数

= 54 674 325 649.18 ÷ 3 795 966 720.00 = 14.40（元）

2016 年：每股净资产 = 股东权益总额 ÷ 普通股股数

= 48 205 859 209.70 ÷ 3 795 966 720.00 = 12.70（元）

通过计算得知，五粮液 2017 年的每股净资产比 2016 年略有上升，从 12.70 元上升至 14.4 元，说明该公司 2017 年每股股票的公司净资产价值有所提高，股东拥有的资产现值变高，公司的盈利能力增强。

（2）评价每股净资产

每股净资产值反映了每股股票代表的公司净资产价值，为支撑股票市场价格的重要基础。每股净资产值越大，表明公司每股股票代表的财富越雄厚，通常创造利润的能力和抵御外来因素影响的能力越强。每股净资产越少，股东拥有的资产现值越少。一般来说每股净资产越高越好。

拓展阅读

244 只个股跌破每股净资产　152 只市净率低于 0.9

《证券时报》股市大数据新媒体“数据宝”统计，截至 2018 年 8 月 16 日收盘，有 244 只个股跌破每股净资产，其中 * ST 天马（1.53 -0.65%）、厦门国贸（6.92 -0.14%）、* ST 凯迪（1.27 -5.22%）等个股市净率最低，分别为 0.390、0.515、0.542。从近一个月的涨跌幅看，* ST 凯迪、华闻传媒（3.44 -1.71%）、渤海金控（3.56 -1.11%）等个股的跌幅最大，分别达 55.44%、54.44%、38.27%（见表 3 - 22）。

表 3－22　2018 年部分上市公司每股净资产表

证券代码	证券简称	每股净资产（元）	最新收盘价（元）	市净率（倍）	近一个月涨跌幅（%）
002122	＊ST 天马	3. 93	1. 53	0. 390	－6. 71
600755	厦门国贸	13. 43	6. 92	0. 515	－2. 40
000939	＊ST 凯迪	2. 34	1. 27	0. 542	－55. 44
600015	华夏银行	13. 43	7. 29	0. 543	0. 28
000701	厦门信达	12. 22	6. 88	0. 563	－2. 96
002501	利源精制	6. 67	3. 79	0. 568	－36. 83
000536	华映科技	4. 40	2. 50	0. 569	－5. 66
600376	首开股份	11. 58	6. 79	0. 586	2. 26
601818	光大银行	5. 83	3. 49	0. 599	1. 50
300004	南风股份	6. 25	3. 80	0. 608	0. 00
601328	交通银行	8. 93	5. 46	0. 611	－2. 50
600026	中远海能	6. 83	4. 18	0. 612	2. 45
600919	江苏银行	9. 93	6. 11	0. 615	－0. 49
000926	福星股份	10. 84	6. 69	0. 617	－1. 47
600221	海航控股	3. 49	2. 19	0. 627	－32. 20
600634	＊ST 富控	3. 51	2. 23	0. 635	－12. 20
000564	供销大集	5. 09	3. 25	0. 638	－31. 87

资料来源：南方财富网。

4. 市盈率

市盈率（Price to Earning Ratio，PE 或 P/E Ratio），也称“本益比股价收益比率”或“市价盈利比率”（简称“市盈率”）。市盈率是最常用来评估股价水平是否合理的指标之一。

（1）计算市盈率。市盈率是某只股票每股市价与每股盈利的比率，市场广泛谈及市盈率通常指的是静态市盈率。其计算公式为：

$$\text{市盈率（静态市盈率）}=\frac{\text{普通股每股市场价格}}{\text{普通股每年每股盈利}}$$

上式中的分子是当前的每股市价，分母可用最近一年盈利，也可用未来一年或几年的预测盈利。

微课：市盈率及市净率分析与评价

PPT：市盈率及市净率分析与评价

引例分析 3－13

五粮液的市盈率计算表如表 3－23 所示，根据公司提供的以下信息进行市盈率的分析。

表 3－23 五粮液市盈率计算表

项目	2017 年	2016 年	差异
基本每股收益（元）	2. 66	1. 86	
每股市价	79. 47	33. 91	
市盈率（倍）	29. 88	18. 23	11. 64

2017 年：市盈率＝每股市价÷每股收益＝79. 47÷2. 66＝29. 88

2016 年：市盈率＝每股市价÷每股收益＝33. 91÷1. 86＝18. 23

通过计算得知，五粮液 2017 年的市盈率与 2016 年相比，从 18. 23 倍上升至 29. 88 倍，股价也是上升了一倍多，一方面公司每股收益稳步提升，显示良好的盈利能力和发展势头；另一方面，股价大幅度提升，反映市场对五粮液盈利能力的认可，股票得到大众的积极追捧。

文本：深度解读市盈率

（2）评价市盈率。市盈率越低，代表投资者能够以较低价格购入股票以取得回报。每股盈利的计算方法，是该企业在过去 12 个月的净利润减去优先股股利之后除以总发行已售出股数。

例如：假设某股票的市价为 18 元，而过去 12 个月的每股盈利为 1. 8 元，则市盈率为 18÷1. 8＝10。该股票被视为有 10 倍的市盈率，即每付出 10 元可分享 1 元的盈利。

市场广泛谈及的市盈率通常指的是静态市盈率，用来作为比较不同价格的股票是否被高估或者低估的指标。用市盈率衡量一家公司股票的质地时，并非总是准确的。一般认为，如果一家公司股票的市盈率过高，那么该股票的价格具有泡沫，价值被高估。当一家公司增长迅速以及未来的业绩增长非常看好时，股票目前的高市盈率可能恰好准确地估量了该公司的价值。需要注意的是：利用市盈率比较不同股票的投资价值时，这些股票必须属于同一个行业，因为此时公司的每股收益比较接近，相互比较才有效。

如果某股票有较高市盈率，说明：①市场预测未来的盈利增长速度快。②该企业一向取得可观盈利，但在前一个年度出现一次过的特殊支出，降低了盈利。③出现泡沫，该股被追捧。④该企业有特殊的优势，保证能在低风险情况下持久取得盈利。⑤市场上可选择的股票有限，在供求定律下，股价将上升。这使得跨时间的市盈率比较变得意义不大。

拓展阅读

市盈率之辨

单纯用以市盈率来衡量不同证券市场的优劣和贵贱具有一些片面性。由于投资股票是对上市公司未来发展的一种期望，已有的市盈率只能说明上市公司过去的业绩，并不能代表公司未来的发展。

从近几年来看，中国经济一直保持一个高速的发展，这是美国及欧洲发达国家所不能比拟的。而中国经济的高速发展必然要反映在上市公司上面。因此，中国上市公司业绩的进一步增长是可以值得期待的。从这个角度来看，中国上市公司市盈率比欧美发达国家高一些，应该也是正常的。同时，市盈率作为衡量上市公司价格和价值关系的一个指标，其高低标准并非绝对的。事实上，市盈率高低的标准和该国货币的存款利率水平有着紧密联系。目前美元的年利率保持在4.75%左右，所以，美国股市的市盈率保持在1÷（4.75%）=21倍的市盈率左右，这是正常的。因为，如果市盈率过高，投资不如存款，大家就会放弃投资而把钱存在银行吃利息；反之，如果市盈率过低，大家就会把存款取出来进行投资以取得比存款利息高的投资收益。而目前中国人民币的一年期存款利率是3.5%，相应与3.5%的利率水平的市盈率是1÷（3.5%）=28.57（倍）。

目前美国道·琼斯指数平均市盈率为21倍，标准·普尔500平均市盈率24倍，美国GDP年增长只有2%~3%，而且它的经济增长还充满着各种不确定性。中国未来10年的经济增长却是可以预期的。这一点在上市公司的年报中可以窥见一斑。

5. 市净率

市净率（Price to Book Ratio，P/B）指的是每股股价与每股净资产的比率。

（1）计算市净率。其计算方法是：

$$\text{市净率}=\frac{\text{每股市价}}{\text{每股净资产}}$$

例如：假设某只股票的市价为14.02元，而年末的每股净资产为7.13元，则市净率为14.02÷7.13=1.97。

案例：保利地产和万通地产市净率分析

引例分析3-14

五粮液的市净率计算表如表3-24所示，根据公司提供的以下信息进行市净率的分析。

表3-24　五粮液市净率计算表

项目	2017年	2016年	差异
每股净资产（元）	14.40	12.70	1.70
每股市价（元）	79.47	33.91	
市净率（倍）	5.52	2.67	2.85

通过计算得知，五粮液 2017 年的市净率比 2016 年的高出 2.85，达到了 5.52。结合具体数据，可以发现导致市净率上升的主要原因在于股票价格的提高，公司每股净资产稳定上升显示公司净资产实力进一步上升，但是股票价格大幅度提高，某种程度上也代表五粮液的投资价值相比 2016 年有所下降。

（2）评价市净率

净资产的多少是由股份公司的经营状况决定的，股份公司的经营业绩越好，其资产增值越快，股票净值就越高，因此股东所拥有的权益也越多。

市净率可用于投资分析，一般来说市净率较低的股票，投资价值较高，相反，则投资价值较低；但在判断投资价值时还要考虑当时的市场环境以及公司经营情况、盈利能力等因素。

知识链接

股票净值是决定股票市场价格走向的主要根据。上市公司的每股内含净资产值高而每股市价不高的股票，即市净率越低的股票，其投资价值越高。相反，其投资价值就越小。但在判断投资价值时还要考虑当时的市场环境以及公司经营情况、盈利能力等因素。

市净率能够较好地反映出“有所付出，即有回报”，它能够帮助投资者寻求哪个上市公司能以较少的投入得到较高的产出，对于大的投资机构，它能帮助其辨别投资风险。每股净资产是股票的账面价值，它是用成本计量的，而每股市价是这些资产的现在价值，它是证券市场上交易的结果。市价高于账面价值时企业资产的质量较好，有发展潜力，反之则资产质量差，没有发展前景。优质股票的市价都超出每股净资产许多，一般说来市净率达到 3 可以树立较好的公司形象。市价低于每股净资产的股票，就像售价低于成本的商品一样，属于“处理品”。当然，“处理品”也不是没有购买价值，问题在于该公司今后是否有转机，或者购入后经过资产重组能否提高获利能力，是市价与每股净资产之间的比值，比值越低意味着风险越低。

市净率的作用还体现在可以作为确定新发行股票初始价格的参照标准。如果股票按照溢价发行的方法发行的话，要考虑按市场平均投资潜力状况来定溢价幅度，这时股市各种类似股票的平均市盈率便可作为参照标准。

模块二　企业盈利能力综合分析与评价

职业判断与业务操作

在前面的模块中，我们已经知道获利能力——也称“盈利能力”，是指企业在一定时期内赚取利润的能力。追求利润最大化是企业的动力所在。获利能力分析是企业财务分析的重点，是企业管理活动的出发点和归宿点。获利能力的大小是一个相对的概念，即利润是相对于一定资源投入、一定的收入而言的。利润率越高，说明获利能力越强；利润率越低，说明获利能力越差。企业经营业绩的好坏最终可通过企业的获利能力来反映。无论是企业的管理层、投资者、债权人还是其他利益相关者，都非常关心企业的获利能力，因为企业获利能力的大小，与管理人员的工作业绩、投资者的投资收益、债权人的债权安全、企业职工的工资水平乃至整个国家的财政收入等都息息相关。我们继续以五粮液为例，对其盈利能力进行综合分析。

一、计算盈利能力分析指标

盈利能力主要由利润率指标体现，企业的盈利能力对企业的所有利益关系人来说都非常重要。企业盈利能力强，能够赚取丰厚的利润，则债权人的利息和本金都有了偿还保障，经营管理者获得了良好的业绩以及根据业绩支付的奖励，投资人有了分配股利的基础，国家有了收取所得税的依据，企业职工有望增加劳动收入和改善福利待遇。因此，盈利能力是任何企业、在任何情况下、任何利益关系者都非常关心的。

引例分析 3－15

五粮液 2015—2017 年盈利能力指标计算见表 3－25。

表 3－25　　五粮液 2015—2017 年度盈利能力指标表

盈利能力指标	2017 年	2016 年	2015 年
毛利率（%）	72.01	70.20	69.20
营业利润率（%）	44.31	37.64	38.07
总资产报酬率（%）	18.79	14.94	15.27
盈余现金保障倍数	0.97	1.66	1.04
成本费用利润率（%）	79.01	60.92	61.75
净资产收益率（%）	19.61	15.25	14.93
每股收益（元）	2.66	1.86	1.69

二、分析销售获利能力

（一）营业毛利率分析

毛利率反映了企业产品销售的初始获利能力，是企业净利润的起点，没有足够高的毛利率便不能形成较大的盈利。毛利率反映的是公司业务转化为利润的核心能力，通过公司原材料价格、生产技术水平、产品竞争力、供求关系、市场定价权等因素的优势，直接反映公司的竞争力强弱。毛利率能直接反映企业的盈利能力和竞争力，高毛利率通常是拥有壁垒的特征之一。高毛利率不代表高的净利率，如果企业费用控制不当或者行业的特殊性会造成高毛利率低净利率的现象。

引例分析 3－16

五粮液销售营业毛利率水平见表 3－26 和图 3－2。

表 3－26　五粮液营业毛利率行业比较表

项目	2017 年	2016 年	2015 年
五粮液毛利率（%）	72.01	70.2	69.2
排名	7	8	8
行业均值（%）	51.11	51.33	51.61
行业最高（%）	89.8	91.23	92.23
行业最低（%）	17.08	18.74	20.82

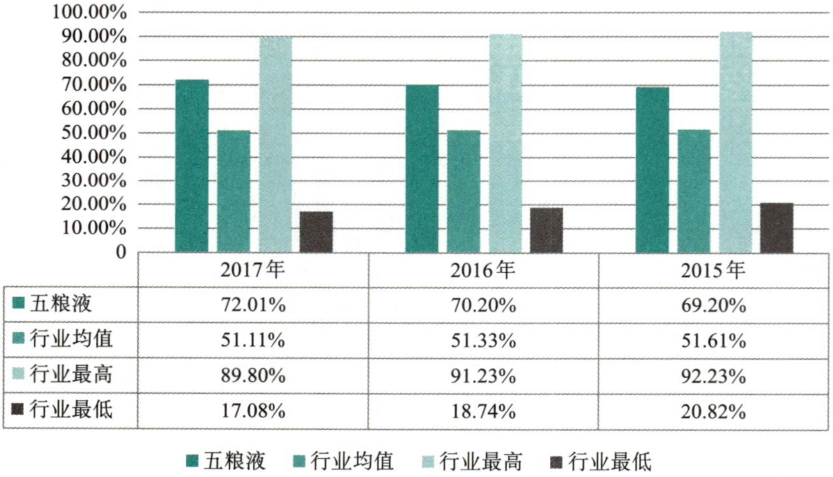

图 3－2　五粮液营业毛利率行业比较图

从表 3－26 和图 3－2 所列示的数据可以看出，五粮液的毛利率 2015—2017 年一直处于上升趋势，毛利率是企业获利能力的基础，单位收入的毛利率越高，抵补各项期间费用的能力越强，企业的获利能力也越高，这说明五粮液的盈利情况趋势良好。对具体原因进行分析，主因是营业收入上涨幅度大于营业成本的上涨幅度。2016—2017 年，公司营业收入增长了 22.99%，营业成本上涨了 15.53%；2015—2016 年，公司营业收入增长 13.32%，营业成本上涨 9.63%；充分证实了这一点。从行业排名来看，五粮液的排名比较稳定，且 2017 年跃升到了第 7 位，说明其经营状况良好，公司市场竞争力强，发展潜力大。

（二）营业利润率分析

营业利润率是指企业营业利润与营业收入的比率。该指标用于衡量企业营业收入的净获利能力。

引例分析 3－17

五粮液营业利润率水平见表 3－27 和图 3－3。

表 3－27　　五粮液营业利润率行业比较表

项目	2017 年	2016 年	2015 年
五粮液营业利润率（%）	44.31	37.64	38.07
排名	3	5	3
行业均值（%）	8.44	13.72	15.00
行业最高（%）	66.89	62.44	67.85
行业最低（%）	1.34	0.68	0.84

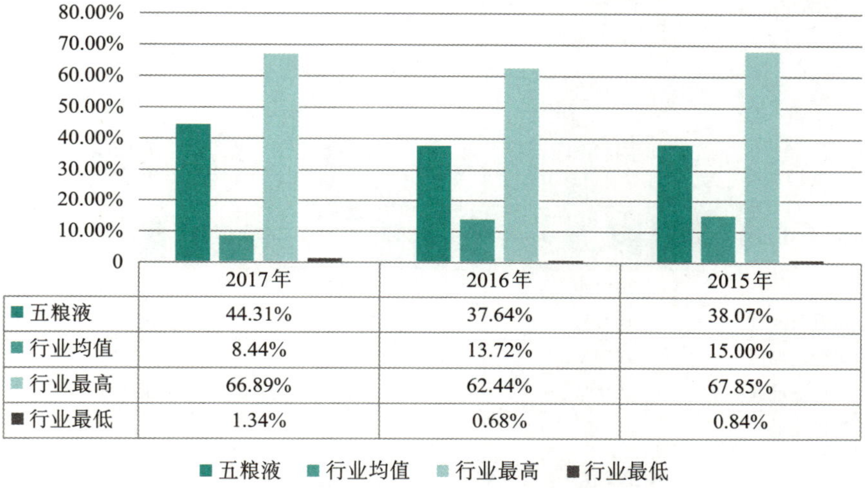

图 3－3　五粮液营业利润率行业比较图

从表 3－27 和图 3－3 所列示的数据可以看出，2016 年五粮液的营业利润率较 2015 年的稳中有降，2017 年又迅速回升，说明 2017 年五粮液的获利能力得到提升。具体原因分析：主要原因在于公司销售费用的增减变化，2015—2016 年，公司销售费用增长 1 126 483 719.64 元，增长 31.57%，2016—2017 年，销售费用减少 1 069 147 161.79 元，降低 22.77%，从而使得公司营业利润呈现 V 字形的波动。此外，2016—2017 年，公司税金及附加项目激增 1 553 521 539.17 元，增长 80.03%，是导致 2017 年公司营业利润增长幅度不大的主要因素。

从行业数据来看，2015—2017 年，五粮液一直处于行业领先的位置，排名分别为 3、5、3，说明了五粮液近 3 年的获利能力一直在行业中处于较高位置。

（三）成本费用利润率分析

成本费用利润率是企业一定期间的利润总额与成本、费用总额的比率。成本费用利润率指标表明每付出 1 元成本费用可获得多少利润，体现了经营耗费所带来的经营成果。该项指标越高，反映企业的经济效益越好。

引例分析 3－18

五粮液成本费用利润率见表 3－28 和图 3－4。

表 3－28　五粮液成本费用利润率行业比较表

项目	2017 年	2016 年	2015 年
五粮液成本费用利润率（%）	0.79	0.61	0.74
排名	20	17	17
行业均值（%）	0.74	0.79	0.76
行业最高（%）	2.10	3.57	3.18
行业最低（%）	0.13	0.09	0.08

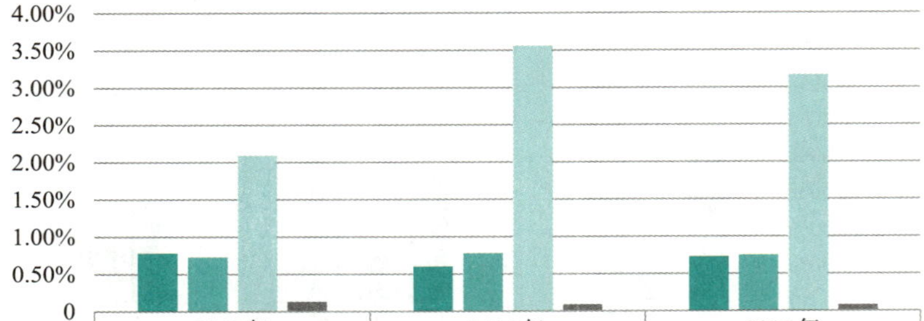

	2017年	2016年	2015年
五粮液	0.79%	0.61%	0.74%
行业均值	0.74%	0.79%	0.76%
行业最高	2.10%	3.57%	3.18%
行业最低	0.13%	0.09%	0.08%

五粮液　行业均值　行业最高　行业最低

图 3－4　五粮液成本费用利润率行业比较图

从表 3－28 和图 3－4 所列示的数据可以看出，2015—2017 年五粮液的成本费用利润率呈现先下降后上升的趋势。其中，2016 年，五粮液的成本费用利润率较 2015 年下降了 13%；2017 年，该指标较 2016 年上升了 18%，基本回到了 2015 年的指标水平，说明五粮液的盈利能力在不断增强。具体分析，2015—2016 年，公司营业成本和“三项”期间费用总额增长 1 749 918 002.77 元，增长了 15.04%，当期利润总额增长 1 049 916 673.78 元，增长 12.67%，利润总额增幅小于成本费用的增幅；2016—2017 年，公司营业成本和“三项”期间费用总额增长 67 367 123.47 元，仅增长 0.50%，而利润总额增长 4 054 277 551.98 元，增长 43.42%，利润总额增长远超成本费用增长。可见，一方面公司加强了成本费用控制，另一方面公司创造了更多利润，业绩更好，两个方面的因素都需要考虑。

从行业来看，五粮液的成本费用利润率近 3 年来一直处于行业中上游，排名相对稳定，但是 2017 年不进反退，可见公司在成本费用控制方面还需要继续努力，有一定的提升空间。

三、分析资产获利能力

总资产报酬率是企业一定期限内实现的收益额与该时期企业平均总资产总额的利率。它是反映企业资产综合利用效果的指标，也是衡量企业总资产获利能力的重要指标。

引例分析 3－19

五粮液总资产报酬率见表 3－29 和图 3－5。

表 3－29　　五粮液总资产报酬率行业比较表

项目	2017 年	2016 年	2015 年
五粮液总资产报酬率（%）	18.79	14.94	15.27
排名	6	10	8
行业均值（%）	5.45	5.63	7.73
行业最高（%）	23.44	28.64	40.22
行业最低（%）	0.29	0.06	0.19

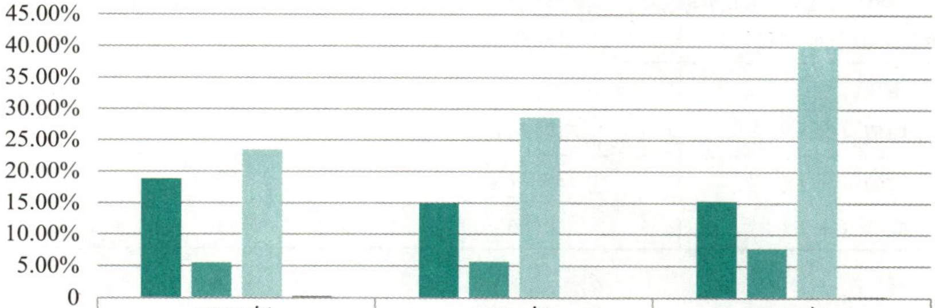

	2017年	2016年	2015年
五粮液	18.79%	14.94%	15.27%
行业均值	5.45%	5.63%	7.73%
行业最高	23.44%	28.64%	40.22%
行业最低	0.29%	0.06%	0.19%

图 3－5　五粮液总资产报酬率行业比较图

从表 3－29 和图 3－5 所列示的数据可以看出，五粮液 2015—2017 年的总资产收益率总体呈先下降后上升的趋势，2016 年与 2015 年相比，该指标小幅度降低，2017 年比 2016 年上升 3.8 个点，超过 2015 年的总资产报酬率。

使用总资产收益指标分析企业的获益能力时，还要注意：由于利润总额中包含偶然性、波动性较大的营业外收支净额和投资收益，使该指标年际之间的变化相对较大。企业短期投资者和债权人的利益主要体现在当时，他们更关心当期企业的总获利能力的大小，所以他们通常可以直接使用这一指标。而对于企业管理者及所有者来说，则要将该指标值与利润总额的内部构成结合起来进行分析，判断企业的长期正常获利能力。从行业来说，五粮液2015—2017年的排名分别为8、10、6，总体处于行业总资产报酬率的较高位置，表明行业资产总和利用效率逐步上升。

四、分析资本获利能力

净资产收益率又称“股东权益收益率”，是衡量上市公司盈利能力的重要指标。它是指利润额与平均股东权益的比值，该指标越高，说明投资带来的收益越高；净资产收益率越低，说明企业所有者权益的获利能力越弱。该指标体现了自有资本获得净收益的能力。

引例分析3－20

五粮液净资产收益率见表3－30和图3－6。

表3－30　五粮液净资产收益率行业比较表

项目	2017年	2016年	2015年
五粮液净资产收益率（%）	18.79	14.94	15.27
排名	5	13	12
行业均值（%）	10.38	4.55	9.68
行业最高（%）	38.77	24.83	46.22
行业最低（%）	0.36	0.11	0.32

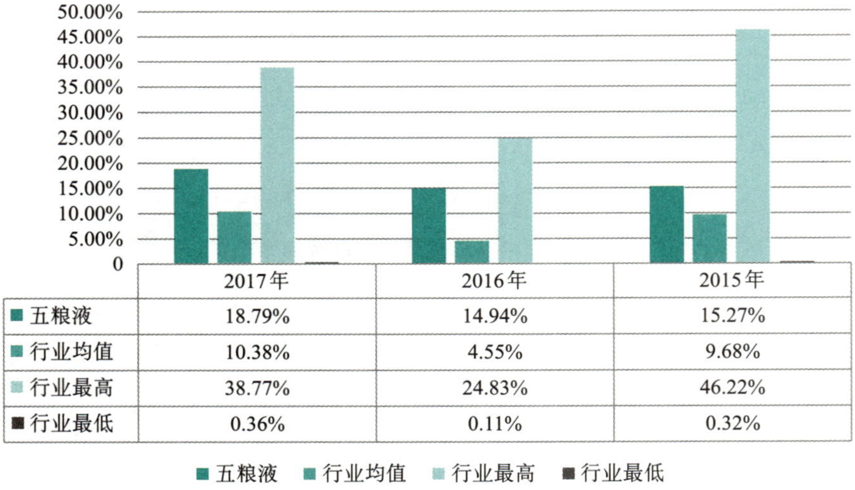

图3－6　五粮液净资产收益率行业比较图

从表3-30和图3-6所列示的数据可以看出，五粮液2015—2017年的净资产收益率先缓慢下降后大幅度上升，2016年比2015年降低0.33个百分点，下降了2.16%，2017年比2016年上升3.85点，上涨了25.77%。其主要原因在于2017年公司业绩有较大幅度提升，2017年净利润增长42.93%，2017年净资产增长13.42%；同比2016年净利润增长仅10.08%，2016年净资产增长8.71%。净资产收益率是立足于所有者总权益的角度来考核其获利能力的，因而它是最被所有者关注的、对企业具有重大影响的指标。毫无疑问，该指标值越大，说明投资人投入资本的获利能力越强，因而对投资者越具吸引力。所以，五粮液一方面公司盈利能力提升，另一方面股东收益水平也得以提升。鉴于公司资产负债率一直保持在20%的水平线上，负债比率较低，公司可以进一步运用财务杠杆，增强股东回报水平。从行业来看，五粮液2015年和2016年的净资产收益率一直处于行业中上游水平，2017年一跃成为行业领先水平，说明五粮液的盈利能力在增强。

五、分析股东获利能力

每股收益即每股盈利（EPS），又称“每股税后利润”“每股盈余”，指税后利润与股本总数的比率。它是测定股票投资价值的重要指标之一，是分析每股价值的一个基础性指标，是综合反映公司获利能力的重要指标，是公司某一时期净收益与股份数的比率。该比率反映了每股创造的税后利润，比率越高，表明所创造的利润就越多。若公司只有普通股时，每股收益就是税后利润除以股份数，股份数是指发行在外的普通股股数。如果公司还有优先股，应先从税后利润中扣除分派给优先股股东的利息。

引例分析3-21

五粮液每股收益见表3-31和图3-7。

表3-31　五粮液每股收益行业比较表

单位：元

项目	2017年	2016年	2015年
五粮液每股收益	2.66	1.86	1.63
排名	4	4	4
行业均值	1.21	0.93	0.93
行业最高	21.56	13.31	12.34
行业最低	-1.06	-0.71	-0.14

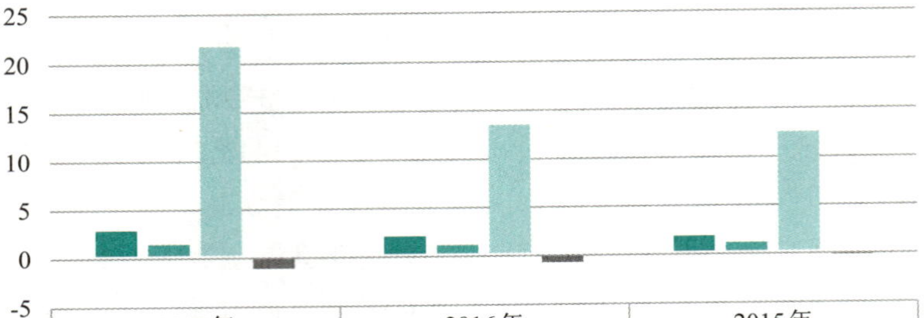

	2017年	2016年	2015年
■五粮液	2.66	1.86	1.63
■行业均值	1.21	0.93	0.93
■行业最高	21.56	13.31	12.34
■行业最低	-1.06	-0.71	-0.14

■五粮液　■行业均值　■行业最高　■行业最低

图 3－7　五粮液每股收益行业比较图

从表 3－31 和图 3－7 所列示的数据可以看出，五粮液 2015—2017 年每股收益呈现不断上升的趋势，且 2017 年的上升幅度较大。公司过去年间流动普通股股数均未发生变化，故公司每股收益的增长，得益于公司获得了更多净利润，显示公司盈利能力的提升。该指标是反映企业普通股股东持有每一份所能享有企业利润或承担企业亏损的业绩评价指标。每股收益越高，说明每股获利能力越强，投资者回报越多；每股收益越低，说明每股获利能力越弱。从行业来看，五粮液 2015—2017 年的每股收益远远超出行业均值，且排名一直稳定在第 4 名，说明了五粮液的获利能力在同行业中处于领先地位。

六、综合分析与评价企业盈利能力

引例分析 3－22

通过对五粮液 2015—2017 年获利能力指标计算与分析，可以看出：该公司的获利能力在不断增强，且处于行业领先地位，但还有一定的成长空间。

公司盈利能力各项指标，在 2016 年略微下滑，2017 年反弹明显。具体分析发现，2016 年公司营业成本、税金及附加、销售费用、管理费用等项目都有较大幅度增长，导致当期利润减少，是最终引起各项盈利指标下滑的主因。2017 年公司营业收入大增，进而使当期公司净利润大幅度增长，最终引起当期各项盈利指标强势反弹。综合各项指标分析，公司下一步需要做的工作包括：继续优化成本费用管理，控制公司营业成本和销售费用；合理调整公司财务杠杆，积极运用负债，以进一步增强股东收益回报率；做好商品营业利润、投资收益和营业外收支净额的管理，力争降低资产平均占用额，提升总资产报酬率；继续保持公司现金流水平，增强现金收入，继续增强公司利润质量，提升盈余现金保障倍数。

从整个行业来看，一是近年来酿酒行业迎来景气周期，行业增速加快；二是市场消费升级带来的高端白酒的增速大于行业增速。从五粮液的内部管理来看，一是五粮液的销售渠道不断创新，努力抢占市场。强化渠道终端建设，构建最短的酒业直供链。公司依托“百城千县万店”工程建设，加快实现向现代终端营销转型；大力推进基于大数据和直面终端消费者、线上线下一体的新零售体系建设。二是以产品的品质提升为根本，大力弘扬五粮酿造特色优势，持续提升产能。

拓展阅读

企业盈利能力分析中应注意的问题

1. 销售额分析不能客观评价企业获利。企业销售活动的盈利能力分析是企业盈利能力分析的重点，产品销售额的增减变化，直接反映企业生产经营状况和经济效益的好坏。然而，影响企业销售利润的因素还有产品成本、产品结构、产品质量等因素，影响企业整体盈利能力的因素还有对外投资情况、资金的来源构成等，所以仅从销售额来评价企业的盈利能力是不够的，有时不能客观地评价企业的盈利能力。

2. 税收政策对盈利能力的影响不容忽视。税收政策是国家进行宏观调控的主要手段，符合税收政策的企业能够享受税收优惠，增强企业的盈利能力；不符合国家税收政策的企业，则被要求缴纳高额的税收，从而不利于企业盈利能力的提高。因此，评价分析企业的盈利能力，离不开对其面临的税收政策环境的评价。然而，由于税收政策属于影响企业发展的外部影响因素，往往容易被忽视。

3. 利润结构会对企业盈利能力产生影响。企业的利润主要由主营业务利润、投资收益和非经常项目收入共同构成，一般来说，主营业务利润形成企业利润的基础，非经常项目在企业总体利润中不应该占太多比例。实际上有时企业利润总额很多，从总体上看企业的盈利能力很好，但是如果企业的利润主要来源于一些非经常性项目，或者不是由企业主管业务活动创造的，那么这样的利润结构往往存在较大的风险，不能反映出企业的真实盈利能力。

4. 关注资本结构对企业盈利能力的影响。资本结构是影响企业盈利能力的重要因素之一，企业负债经营程度的高低对企业的盈利能力有直接的影响。当企业的资产报酬率高于企业借款利息的时候，企业负债经营可以提高企业的盈利能力，否则企业负债率经营反而会降低企业的盈利能力。有些企业只注重增加资本投入，扩大企业投资规模，而忽视了资本结果是否合理，有可能会妨碍企业利润的增长。

5. 注意资产运转效率对企业盈利能力的影响。通常情况下，资产的运转效率越高，企业的营运能力就越好，而企业的盈利能力也越强，所以说企业盈利能力与资产运转效率是相辅相成的。如果只通过对资产与利润、销售与利润的关系进行比较，直接评价企业的盈利能力，而忽视了企业资产运转率对企业盈利能力的影响，将不利于企业通过加强内部管理；提高资产管理效率，提升盈利能力。

项目小结

企业的盈利能力是指企业获取利润的能力，企业盈利能力越强，则其给予股东的回报就越高，企业价值越大；同时盈利能力越强，带来的现金流量越多，企业的偿债能力会得到加强。无论是企业的经理人员、债权人，还是股东（投资人），都非常关心企业的盈利能力，并重视对利润率及其变动趋势的分析与预测。

企业的盈利能力分析包括销售获利能力、资产获利能力、成本费用获利能力、盈余现金保障倍数及上市公司获利能力等分析，常用的指标包括毛利率、营业利润率、总资产报酬率、净资产报酬率、成本费用利润率、盈余现金保障倍数、每股收益等。

项目实训

实战演练

请同学分组，根据同学们的兴趣自由选择一家上市公司，上网查找该公司最新财务信息和非财务信息，完成下列任务：

1. 设定自己的角色为股票投资者，已经在两年前买进该公司股票 20 万股并持有至今。请确立对公司进行财务分析的分析目标，明确分析内容。

2. 通过以下计算，运用比较分析法、比率分析法对公司盈利能力进行分析并得出基本结论。

（1）对该公司近 3 年的销售获利能力指标进行计算，编制该公司的营业毛利率计算表，格式见表 3－1；编制该公司营业利润率计算表，格式见表 3－3；编制该公司营业净利率计算表，格式见表 3－5；编制该公司成本费用率计算表，格式见表 3－7；分析该公司销售获利能力并做出基本判断。

（2）对该公司近 3 年的资产获利能力指标进行计算，编制该公司总资产报酬率计算表，格式见表 3－9；编制该公司总资产净利率计算表，格式见表 3－11；分析该公司资产获利能力并做出基本判断。

（3）对该公司近 3 年的资本获利能力指标进行计算，编制该公司净资产收益率计算表，格式见表 3－13。分析该公司资本获利能力并做出基本判断。

（4）分别计算公司近 3 年的每股收益、每股净资产、市盈率、市净率，并运用比较分析法分析其股东获利能力，并得出基本结论。

3. 对上述计算分析结果做出总体分析判断，写出公司盈利能力综合分析报告，格式见本项目的盈利能力综合分析评价和本项目模块二盈利能力综合分析。

知识巩固

一、判断题

1. 对企业盈利能力的分析主要指对利润额的分析。（ ）
2. 总资产报酬率越高，净资产收益率就越高。（ ）
3. 当总资产报酬率高于负债利息率时，提高负债与所有者权益之比，将使净资产收益率提高。（ ）
4. 净资产收益率是反映盈利能力的核心指标。（ ）
5. 销售利润率是综合反映企业成本效益的重要指标。（ ）
6. 企业盈利能力的高低与利润的高低成正比。（ ）
7. 影响销售成本利润率的因素与影响销售收入利润率的因素是相同的。（ ）
8. 普通股权益报酬率与净资产收益率是相同的。（ ）

二、单项选择题

1. 总资产报酬率是指（ ）与平均总资产之间的比率。

A. 利润总额　　B. 息税前利润
C. 净利润　　D. 息前利润

2. （ ）是反映盈利能力的核心指标。

A. 总资产报酬率　　B. 股利发放率
C. 总资产周转率　　D. 净资产收益率

3. （ ）指标越高，说明企业资产的运用效率越好，也意味着企业的资产盈利能力越强。

A. 总资产周转率　　B. 存货周转率
C. 总资产报酬率　　D. 应收账款周转率

4. 股利发放率的计算公式是（ ）。

A. 每股股利 ÷ 每股市价　　B. 每股股利 ÷ 每股收益
C. 每股股利 ÷ 每股账面价值　　D. 每股股利 ÷ 每股金额

5. 在企业各收入利润率中，（ ）通常是其他利润率的基础。

A. 产品销售利润率　　B. 营业收入利润率
C. 总收入利润率　　D. 销售净利润率

6. 上市公司盈利能力分析与一般企业盈利能力分析的区别关键在于（ ）。

A. 利润水平　　B. 股东权益

C. 股利发放　　D. 股票价格

7. (　　) 是指股东权益总额减去优先股权益后的余额与发行在外的普通股平均股数的比值。

A. 每股收益　　B. 每股股利

C. 每股金额　　D. 每股账面价值

8. 每股收益主要取决于每股账面价值和 (　　) 两个因素。

A. 净利润　　B. 普通股权益报酬率

C. 优先股股息　　D. 普通股股数

9. (　　) 是普通股股利与每股收益的比值，反映普通股股东从每股的全部获利中分到多少。

A. 每股收益　　B. 普通股权益报酬率

C. 市盈率　　D. 股利发放率

三、多项选择题

1. 影响净资产收益率的因素主要有 (　　)。

A. 总资产报酬率　　B. 负债利息率

C. 企业资本结构　　D. 总资产周转率

E. 所得税率

2. 反映企业盈利能力的指标有 (　　)。

A. 营业利润　　B. 利息保障倍数

C. 净资产收益率　　D. 成本利润率

E. 净利润

3. 影响总资产报酬率的因素有 (　　)。

A. 资本结构　　B. 销售利润率

C. 产品成本　　D. 销售息税前利润率

E. 总资产的周转率

4. 反映上市公司盈利能力的指标有 (　　)。

A. 每股收益　　B. 普通股权益报酬率

C. 股利发放率　　D. 总资产报酬率

E. 价格与收益比率

5. 资产经营盈利能力受 (　　) 的影响。

A. 资本经营盈利能力　　B. 商品经营盈利能力

C. 资产运营效率　　D. 产品经营盈利能力

E. 资本运营效率

6. 反映收入利润率的指标主要有 (　　) 等。

A. 产品销售利润率　　B. 营业收入利润率

C. 总收入利润率　　D. 销售净利润率

E. 销售息税前利润率

7. 普通股权益报酬率的变化受（　　）因素的影响。

A. 普通股股息　　B. 净利润

C. 优先股股息　　D. 普通股权益平均额

E. 普通股股数

8. （　　）是企业发放每股股利与股票市场价格之比。

A. 股利发放率　　B. 股利报偿率

C. 价格与收益比率　　D. 股利与市价比率

E. 市盈率

练习题：企业盈利能力分析

学习评价

专业能力测评表（见表3－32）

表3－32　　**专业能力测评表**

（在□中打√，A掌握，B基本掌握，C未掌握）

业务能力	评价指标	自测结果	要求
销售获利能力指标计算	1. 毛利率的计算与评价	A □ B □ C □	能够正确计算各项盈利指标，并进行分析评价
	2. 营业利润率的计算与评价	A □ B □ C □	
	3. 营业净利率的计算与评价	A □ B □ C □	
	4. 成本费用利润率的计算与评价	A □ B □ C □	
	5. 盈余现金保障倍数的计算与评价	A □ B □ C □	
资产获利能力指标计算	1. 总资产报酬率的计算与评价	A □ B □ C □	
	2. 总资产净利率的计算与评价	A □ B □ C □	
资本获利能力指标计算	净资产收益率	A □ B □ C □	
股东获利能力指标计算	1. 每股收益的计算与评价	A □ B □ C □	
	2. 每股净资产的计算与评价	A □ B □ C □	
	3. 市盈率的计算与评价	A □ B □ C □	
	4. 市净率的计算与评价	A □ B □ C □	
企业盈利能力综合分析评价	企业盈利能力综合分析评价	A □ B □ C □	能够独立对上市公司的盈利能力进行综合分析

教师评语：	
成绩：	教师签字：

项目四
企业营运能力分析

知识目标

1. 熟悉企业营运能力分析的意义，理解资产运用效率和营运能力分析目的。

2. 掌握营运能力分析各项财务指标的含义和运用。

技能目标

1. 能够结合上市公司财务报表，计算公司各项营运能力分析指标，并根据计算结果，对上市公司各项资产营运指标进行分析评价。

2. 能够借助网络搜索公司所属行业数据，对上市公司的营运能力进行同行业比较分析。

3. 能够依托公司历史数据，对上市公司营运能力进行历史比较分析。

4. 能够根据上市公司所属行业、经营特点和各项资产水平，对上市公司营运能力进行综合分析和评价，整理出各方面需要的信息。

知识技能点

1. 理解营运能力内涵
2. 应收账款周转率分析与评价
3. 存货周转率分析与评价
4. 流动资产周转率分析与评价
5. 固定资产周转率分析与评价
6. 总资产周转率分析与评价
7. 资产周转率的影响因素和提升途径

标志性成果

选择一家上市公司，搜集公司财务信息和非财务信息，计算各项营运能力指标，对公司营运能力进行分析和评价，形成一份包括上市公司流动资产营运能力、非流动资产营运能力和总资产营运能力的综合分析报告。

职业核心能力

自我学习；数据搜索；EXCEL 数据处理；指标计算；分析问题；解决问题；革新创新。

思维导图

思维导图见图 4－1。

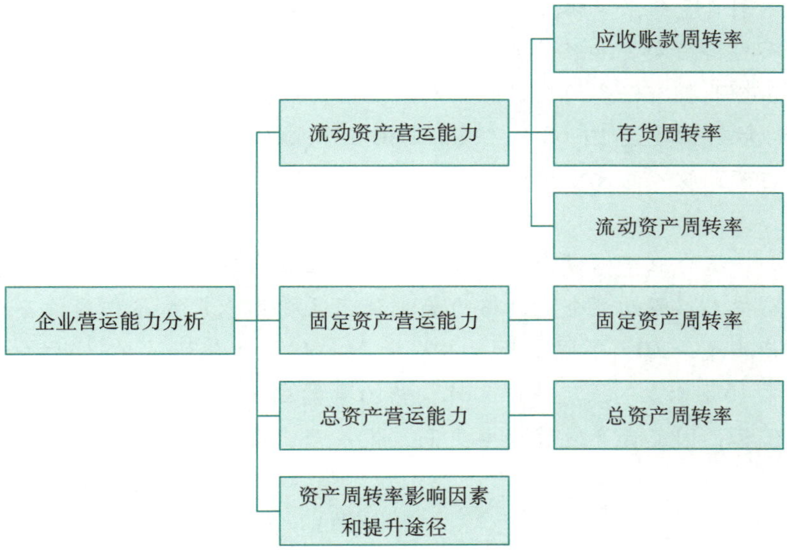

图 4－1　企业营运能力分析思维导图

引　例

格力电器优秀业绩背后的高效运作

2019 年 2 月，格力电器发布 2018 年业绩预告，全年预计收入 2 000 亿～2 010亿元收入，同比增长 33%～34%，归母净利润 260 亿～270 亿元，预计同比增长 16%～21%，对应每股收益 4.32 元。其中，第四季度收入 513 亿～523 亿元，同比增长 37%～40%。同时，临时股东大会完成换届选举，董明珠连任董事长。对于业绩上升的原因，格力电器称，2018 年度家电行业表现良好，公司把握行业趋势，优化内部管理，凭借品牌、技术和渠道优势，盈利水平稳定增长。

格力电器作为国内家喻户晓的家电品牌，2018 年空调业务依旧高歌猛进，这与企业优秀的经营运作策略息息相关，主要体现在以下几个方面：

第一，从企业收入结构来看，格力依旧秉持“好空调，格力造”的经营战略，空调业务依旧是格力电器的主要收入项目且继续保持高速增长，根据年报显示，2018年格力营业总收入超过2 000亿元大关，其中，营业收入达1 981.23亿元，企业营业收入继续保持同比增幅35%以上 。

第二，从企业库存战略来看，格力积极开展去库存战略，2018年国内空调行业库存依旧保持在4 190万台的高库存状态，高库存会占用企业流动资金，增加资金成本和经营风险，会产生高额的库存管理和维护费用，对企业资源造成极大浪费。在面对行业高压的竞争压力下，2018年格力致力于降低库存量，积极消化存货，全年库存量持续降低，尤其第四季度库存压力持续减缓，释放资金的同时减少费用支出，增强企业竞争力。

第三，从企业资金往来策略上来看，格力对企业上游供应商和下游分销商采取不同资金往来策略。当格力向上游零部件厂商购入产品时，可以先货后款；而当格力向下游经销商卖出产品时，则以先款后货的形式为主，因此财报显示企业拥有较多的应付账款和较少的应收账款，2018年企业应付账款占其营业收入比重达19.68%，预收账款占营业收入的比重为5%左右，而应付账款占营业收入的比重仅为3.9%，显示格力拥有对上下游极强的资金占用能力。

第四，从企业整体资产战略来看，格力继续保持轻资产运营战略。作为劳动力与技术双驱动型企业，格力长期资产主要由以厂房与机器设备为主的固定资产构成，2018年固定资产占总资产比重仅为7.3%，相对于美的集团长期以来15%以上的固定资产占比，格力电器固定资产折旧负担轻，进而产生成本优势，固定资产运营效率更高，投入产出比更大，并且企业资产灵活性更好。

（资料来源：http：//vip. stock. finunce. sina. com。）

格力电器之所以能够在竞争压力巨大的白家电行业内持续保持稳定的发展，与上述格力的资产运营策略息息相关，请同学们站在财务角度思考：

1. 格力的高效营运操作，体现在哪些方面的哪些操作？
2. 格力上述的战略，应该如何在财务报表中进行挖掘呢？
3. 探索企业营运效率，关键切入点在哪里？
4. 如何正确评价公司的营运能力呢？

模块一　企业营运能力指标计算与运用

职业判断与业务操作

企业营运能力分析又称“资产运用效率分析”，简单地说，是指企业运用各项资产以赚取利润的能力，即企业的经营运行能力，一般用资产周转率等指标来反映。企业营运能力分析的目的就是揭示存量资产可能存在的问题，从而提高各类资产的运用效率，有效防止或消除资产经营风险。

一、理解营运能力的内涵

（一）营运能力分析的意义

资产运用效率是指资产利用的有效性和充分性。资产利用的有效性是指资产使用结果的效率，属于产出的概念，一般通过资产运用创造的收入来衡量。资产利用的充分性是指资产使用过程的效率，属于投入的概念，也就是企业的资产是否被全部利用，各类资产的功能是否被充分发挥。企业资产被利用的越充分，资产运用创造的收益就越多，资产运用效率就越好。

微课：理解营运能力内涵

PPT：理解营运能力内涵

资产运用效率是资产管理效果的重要体现，资产管理效果越好，闲置、低效的资产就越少，相应的资产周转速度就会提高，企业的经营管理水平也就越好。我们通常用资产周转率指标来衡量资产的运用效率的高低，其一般计算公式为：

资产周转率 = 周转额 ÷ 资产

企业资产运用效率分析即企业营运能力分析，是财务报表分析的重要内容之一。不同报表使用人衡量与分析资产运用效率的意义各不相同：

如何理解营运资本

第一，股东通过资产运用效率分析，有助于判断企业财务安全性及资产的收益能力，以进行相应的投资决策。

第二，债权人通过资产运用效率分析，有助于判明其债权的物质保障程度或其安全性，从而进行相应的信用决策。

第三，管理者通过资产运用效率的分析，可以发现闲置资产和利用不充分的资产，从而处理闲置资产以节约资金，或提高资产利用效率以改善经营业绩。

（二）营运能力分析途径

企业营运能力分析主要是通过对企业资产周转状况一系列指标进行分析，从而判断企业的资产运用效率。营运能力指标计算是营运能力分析的基础，包括各项流动资产周转率、固定资产周转率和总资产周转率计算和分析。

二、计算分析企业营运能力指标

（一）计算分析流动资产周转能力指标

微课：应收账款周转率分析与评价

反映流动资产周转情况的指标主要有应收账款周转率、存货周转率和流动资产周转率。

1. 应收账款周转率

企业通过赊销政策来促进销售，但是赊销也导致企业必须在应收账款上进行投资，而这些投资是否达到促销的目的，以及应收账款的管理水平与安全性如何，需要利用应收账款周转率和应收账款周转天数来评价。

PPT：应收账款周转率分析与评价

（1）计算应收账款周转率。应收账款周转率（Receivable Turnover）是反映应收账款周转速度的指标，它是一定时期内营业收入与应收账款平均余额的比率，应收账款周转率有两种表示方法：一种是应收账款在一定时期内（通常为一年）的周转次数；另一种是应收账款的周转天数，即所谓应收账款账龄（Age of Receivable）。

应收账款周转率的计算公式为：

$$\text{应收账款周转率（周转次数）}=\frac{\text{营业收入}}{\text{应收账款平均余额}}\times 100\%$$

其中：

$$\text{应收账款平均余额}=(\text{应收账款余额年初数}+\text{应收账款余额年末数})\div 2$$

与应收账款周转率相关的另一个指标是应收账款周转天数，其计算公式：

$$\text{应收账款周转天数}=\frac{360}{\text{应收账款周转率（次数）}}$$

引例分析 4－1

根据格力电器2015—2017年财务数据，计算其应收账款周转率及周转天数（见表4－1）。

表4－1　格力电器2015—2017年应收账款周转率计算表　　单位：元

项目	2015年	2016年	2017年
营业收入	97 745 137 194.16	108 302 565 293.70	148 286 450 009.18
应收账款年初余额	2 661 347 628.69	2 879 212 111.93	2 960 534 651.37
应收账款年末余额	2 879 212111.93	2 960 534651.37	5 814 491641.18
应收账款周转率（次）	35.28	37.09	33.80
应收账款周转天数（天）	10.20	9.71	10.65

2015年：2015年年初余额为2014年年末余额

应收账款平均余额 =（期初应收账款 + 期末应收账款）÷2

=（2 661 347 628.69 + 2 879 212 111.93）÷2

=2 770 279 870.31（元）

应收账款周转率 = 营业收入 ÷ 应收账款平均余额

=97 745 137 194.16 ÷2 770 279 870.31

=35.28（次）

应收账款周转天数 = 计算期天数 ÷ 应收账款周转率

=360 ÷35.28 =10.2（天）

2017 年：应收账款平均余额 =（期初应收账款 + 期末应收账款）÷2

=（2 960 534 651.37 + 5 814 491 641.18）÷2

=4 387 513 146.28（元）

应收账款周转率 = 营业收入 ÷ 应收账款平均余额

=148 286 450 009.18 ÷4 387 513 146.28

=33.8（次）

应收账款周转天数 = 计算期天数 ÷ 应收账款周转率

=360 ÷33.8

=10.65（天）

根据引例分析 4－1 的结论，格力电器 2015—2017 年应收账款周转率稳定在 35 次的平均水平线上下，应收账款周转天数保持在 10 天左右，表现出格力电器近 3 年来应收账款回款能力保持稳定，应收账款账龄较短，收现速度快，流动性强，应收账款的整体管理效率高。体现格力电器格力拥有对上下游极强的资金占用能力，与引例中格力的资金往来策略一致。

结合行业数据，2017 年格力电器应收账款回流速度处于行业第 3 位，资金收回效率高，利于增强公司营运能力。

（资料来源：行业数据取自同花顺股票行情公开数据库。）

重要提示

应收账款周转率计算公式的分子本应该是企业的赊销净额，并不能包括企业的现销收入额，因为应收账款都是由赊销引起的。但赊销收入作为企业的商业秘密并不对外公布，外部分析者很难取得赊销收入的资料，因此只好直接使用销售收入计算，把现金销售视为收账时间为零的赊销。在计算指标时，我们可以直接使用利润表中的营业收入来进行计算，只要保持历史的一贯性，使用营业收入来计算该指标一般不影响与上期数据的可比性。

案例：分析应收账款周转率——片仔癀

（2）评价应收账款周转率。在一定时期内应收账款周转的次数越多，表明应收账款回收速度越快，企业管理工作的效率越高。这不仅有利于企业及时收回货款，减少或避免发生坏账损失的可能性，而且有利于提高企业资产的流动性，提高企业短期债务的偿还能力。

应收账款周转率是不是越快越好呢？其实，这应该是有前提条件的。即在销售收入不减少的条件下，应收账款周转率才是越快越好。但从实际考察，一个企业应收账款周转率的高低与企业制定的信用政策有关，而企业的信用政策又影响到企业的销售收入。企业放松信用，应收账款周转率减慢；企业收紧信用，应收账款周转率加快。企业放松信用标准是为了促销和增加利润，收紧信用标准是为了减少流动资金占用量、回避风险和减少坏账损失。企业在权衡风险与收益之后定出的信用标准，也就是应收账款周转率的标准。应收账款周转率计划是考核应收账款实际周转率快慢的一个标准。当然，应收账款周转率的行业平均值也是判断企业应收账款周转率快慢的一个标准。

由于应收账款周转率受到季节性经营、分期付款结算方式等因素的影响，财务报表使用者在分析这一指标时，也需要将本期指标与前期指标、行业平均水平或其他类似企业的指标相比较，从而判断该指标的高低水平是否符合企业财务现状，判断企业的营运能力如何。

相关案例

三大白电巨头业绩大 PK

近日，格力电器、青岛海尔、美的集团均发布了 2018 年三季度报。据统计，今年上半年，三大白电巨头总营收达 4 015. 79 亿元，归属于母公司净利润总额 451. 18 亿元。

美的集团披露三季报，2018 年前三季度实现营收 2 057. 56 亿元，同比增长 10. 06%，实现净利 179 亿元，同比增长 19. 35%，第三季度净利润 49. 6 亿元，同比增长 18. 55%。

青岛海尔披露三季报，2018 年前三季度实现营业收入 1 381 亿元，同比增长 12. 77%；归母净利润 61 亿元，增长 9. 35%。

格力电器披露三季报，第三季度营收 577. 23 亿元，同比增长 38. 46%，第三季度净利润 83. 12 亿元，同比增长 38. 35%；前 9 个月营收 1 486. 99 亿元，同比增长 34. 11%；前 9 个月净利润 211. 18 亿元，同比增长 36. 59%。

从营收来看，前三季度美的大于格力大于海尔，从净利润看，格力大于美的大于海尔；从增长速度来看，格力大于海尔大于美的；净利润格力大于美的大于海尔。具体说来，美的营收优势明显，格力净利润仍处于领先，但与美的相隔已不大，不过仍是海尔的 3 倍多。总体来说，美的与格力各有所长，基本难分伯仲，而海尔已被明显甩开。无论从哪方面看，海尔与其竞争对手都已不是一个量级。

分析三家上市公式应收账款周转率，截至2018年9月30日，三家上市公司三季度报显示：格力电器应收账款周转率为23.95，排在上市公司白色家电行业第3位，仅次于浙江美大的42.53和九阳股份30.85；美的集团应收账款周转率为11.23，行业排名第8，青岛海尔排名第10，应收账款周转率为9.23。在应收账款周转水平，格力处于绝对领先水平，这也是格力在营收水平距离美的还存在差异的情况下，净利润水平和增幅超过美的的原因之一。反观海尔，作为2001年曾经的白色家电行业巨擘，在曼哈顿花费1 450万美元购买了地标性建筑Greenwich Savings Bank大楼，曾经的口号是成为世界第三大电器制造商，17年过去了，海尔不仅没能如愿成为世界第三大电器制造商，在国内也逐渐被主要竞争对手美的、格力甩开，至少从营收账款周转指标上分析，曾经的巨擘已经在逐步走下神坛。

（案例来源：https：//cj. sina. com. cn。）

阶段性任务

美的集团与格力电器均是白家电空调行业的领军龙头企业，请同学们上网搜索美的集团2015—2017年财务报表，计算美的集团2015—2017年应收账款周转率及周转天数，填入表4－2中，结合格力电器指标水平对美的集团应收账款周转进行分析。

表4－2　美的集团应收账款周转能力计算表

项目	2015年	2016年	2017年
应收账款周转率（次）			
应收账款周转天数（天）			

拓展阅读

计算应收账款周转率时应注意哪些问题?

1. 应收账款年末余额的可靠性问题。应收账款是特定时点的存量，容易受季节性、偶然性和人为因素的影响。在应收账款周转率用于业绩评价时，最好使用多个时点的平均数，以减少这些因素的影响。

2. 应收账款的减值准备问题。统一财务报表上列示的应收账款是已经提取减值准备后的净额，而销售收入并没有相应减少。其结果是，提取的减值准备越多，应收账款周转天数越少。这种周转天数的减少不是好的业绩，反而说明应收账款管理欠佳。如果减值准备的数额较大，就应进行调整，使用未提取坏账准备的应收账款计算周转天数。报表附注中应披露应收账款减值的信息，可作为调整的依据。

3. 应收票据是否计入应收账款周转率。大部分应收票据是销售形成的，只不过是应收账款的另一种形式，应将其纳入应收账款周转天数的计算，称为“应收账款及应收票据周转天数”。

4. 应收账款周转天数是否越少越好。应收账款是赊销引起的，如果赊销有可能比现金销售更有利，周转天数就不会越少越好。收现时间的长短与企业的信用政策有关。例如，甲企业的应收账款周转天数是18天，信用期是20天；乙企业的应收账款周转天数是15天，信用期是10天。前者的收款业绩优于后者，尽管其周转天数较多。改变信用政策，通常会引起企业应收账款周转天数的变化。

5. 应收账款分析应与销售额分析、现金分析联系起来。应收账款的起点是销售，终点是现金。正常的情况是销售增加引起应收账款增加，现金的存量和经营现金流量也会随之增加。

微课：存货周转率分析与评价

PPT：存货周转率分析与评价

2. 存货周转率

存货周转率（Inventory Turnover）是反映企业销售能力、存货资产流动性及存货资金占用量是否合理的一个指标，是衡量企业生产经营各个环节中存货运营效率的一个综合性指标，在企业管理决策中被广泛地使用，促使企业在保证生产经营连续性的同时，提高资金的使用效率，增强企业的短期偿债能力和盈利能力。

（1）计算存货周转率。存货周转率有两种不同计价基础的计算方式。

一是以成本为基础的存货周转率，即一定时期内企业销货成本与存货平均余额间的比率，它反映企业流动资产的流动性，主要用于流动性分析。

二是以收入为基础的存货周转率，即一定时期内企业营业收入与存货平均余额间的比率，主要用于短期偿债能力和盈利能力分析。

两种不同计价基础的存货周转率计算公式分别如下：

$$\text{成本基础的存货周转率（周转次数）}=\frac{\text{营业成本}}{\text{存货平均余额}}$$

$$\text{收入基础的存货周转率（周转次数）}=\frac{\text{营业收入}}{\text{存货平均余额}}$$

其中：存货平均余额 ＝（期初存货余额＋期末存货余额）÷2

与存货周转率相关的另一个指标是存货周转天数。其计算公式为：

$$\text{存货周转天数}=\frac{360}{\text{存货周转率（次数）}}$$

以成本为基础的存货周转率，可以更切合实际地表现存货的周转状况；而以收入为基础的存货周转率则维护了资产运用效率比率各指标计算上的一致性。在实际工作中，通常较多采用成本基础的存货周转率来计算和评价存货周转情况。

引例分析 4－2

根据格力电器 2015—2017 年财务数据，计算其存货周转率及周转天数（见表 4－3）。

表 4－3　**格力电器 2015—2017 年度存货周转率计算表**

单位：元

项目	2015 年	2016 年	2017 年
营业成本	66 017 353 745. 09	72 885 641 217. 00	99 562 912 753. 17
存货年初余额	8 599 098 095. 97	9 473 942 712. 51	9 024 905 239. 41
存货年末余额	9 473 942 712. 51	9 024 905 239. 41	16 568 347 179. 12
存货周转率（次）	7. 31	7. 88	7. 78
存货周转天数	49. 28	45. 69	46. 27

2015 年：2015 年初余额为 2014 年年末余额。

存货平均余额＝（期初存货余额＋期末存货余额）÷2

＝（8 599 098 095. 97 ＋9 473 942 712. 51）÷2

＝9 036 520 404. 24（元）

存货周转率＝营业成本÷存货平均余额

＝66 017 353 745. 09 ÷9 036 520 404. 24

＝7. 31（次）

存货周转天数＝计算期天数÷存货周转率

＝360 ÷ 7. 31

＝49. 28（天）

2017 年：存货平均余额＝（期初存货余额＋期末存货余额）÷2

＝（9 024 905 239. 41＋16 568 347 179. 12）÷2

＝12 796 626 209. 27（元）

存货周转率＝营业成本 ÷ 存货平均余额

＝99 562 912 753. 17 ÷12 796 626 209. 27

＝7. 78（次）

存货周转天数＝计算期天数÷存货周转率

＝360 ÷ 7. 78

＝46. 27（天）

根据引例分析 4－2 的结论，格力电器 2015—2017 年存货周转率基本稳定在 7. 5 次的平均水平线上下，存货周转天数保持在 46 天左右，存货周转速率稳步缓慢提升，截至 2018 年第三季度存货周转率已达 7. 36，表现出格力电器销售状况良好，各项存货周转正常，企业存货管理稳中有升，提升了企业竞争力，体现出企业去库存战略的良好效果。

结合行业数据，2017 年格力电器存货周转速率 7. 78，在白色家电行业 49 家上市公司中居于行业第 8 位，效率排名行业前列，与排名第一的九阳股份 10. 5 有 2. 22 的差距，考虑进一步削减库存，提升存货管理，其存货周转速率仍具有提升空间。

（2）评价存货周转率。存货本质上是货币资金的另一种存在形式，把原材料通过生产制造加工成为产品，再销售出去，存货就可以实现变现，带来更多的货币资金，而增加的那部分货币资金即为企业的毛利，存货的周转速度越快，就越能够带来更多的毛利。因此，一般情况下，企业存货周转率是一个正向指标，周转率越高，则越好，表明企业的库存周转得越快，从采购到生产制造再销售出去的过程很短，产生盈利的次数就越多，会增强企业的短期偿债能力及获利能力；而存货周转率越低，则表示企业货物卖出变现的时间周期长，库存有可能存在积压变质，从而积压资金，影响企业的盈利。

多行业存货周转分析

企业要扩大产品销售数量，增强销售能力，就必须在原材料购进、生产过程中的投入、产品的销售、现金的收回等方面做到协调和衔接。因此，存货周转率不仅可以反映企业的销售能力，而且能用以衡量企业生产经营中的各有关方面运用和管理存货的工作水平。通过存货周转速度分析，有利于找出存货管理中存在的问题，尽可能降低资金占用水平。

不同行业企业的存货周转率存在着较大的差异。存货周转率的快慢取决于如下两个因素：一是生产、物流等技术方面的原因。随着科技的进步、生产技术的提升，积压在生产过程中的在制品存货会减少；物流技术的提升，会使原材料存货、产成品存货减少。二是取决于企业经营思路。如果企业采用以产定销的经营思路，存货量会增大，而采用以销定产的经营思路，存货量则会减少。

存货周转率是否越高越好，它是否是个完美的指标？

因此，判断一个企业存货周转率快慢的标准有两个：

一是行业平均存货周转率。当企业实际存货周转率快于行业平均存货周转率时，可以判定企业的存货资产利用效率较高；反之，则较低。二是按企业经营思想确认的存货量计算出的计划存货周转率，当实际快于计划，说明任务完成得好；反之则差。

相关案例

存货周转率趋势有很强的行业特性。在做横向比较时，仅与同业之间有可比性。我们选择两个行业龙头企业做一组对比分析。

白酒行业是一类特殊行业，白酒企业的生产通常都要通过一个粮食采购、酿造、窖藏、再蒸馏勾兑这样一个工艺环节，而酿造窖藏的时间长短与酒的品质有非常大的关系，我们都知道好的白酒需要多年的窖藏，所以我们不能单纯依据“存货周转率越高越好”这样的评判标准去分析。贵州茅台2018年第三季度报显示，企业存货为218.62亿元，企业存货周转率为0.21，换算成存货周转天数，需要1 278.41天。

与白酒业不同，食品加工制造行业由于产品不能久藏，有一定的保质期，因此，对这些企业而言，他们的存货周转率就要高很多，且越高，就越能发现企业的效率越高。伊利股份2018年三季度报存货31.86亿元，存货周转率9.69，即平均库存的天数为28天左右，居于该行业第5，基本符合食品行业保质期要求。

重要提示

在计算分析存货周转率指标时，还应注意以下几个问题：

1. 报表使用者在分析存货周转率指标时，应尽可能结合存货的批量因素、季节性变化因素等情况对指标加以理解，同时对存货的结构以及影响存货周转率的重要指标进行分析，通过进一步计算原材料周转率、在产品周转率或某种存货的周转率，从不同角度、环节上找出存货管理中的问题，在满足企业生产经营需要的同时，尽可能减少经营占用资金，提高企业存货管理水平。

2. 存货周转过快，有可能会因为存货储备不足而影响生产或销售业务的进一步发展，特别是那些供应较紧张的存货。

3. 存货周转率还可以衡量存货的储存是否适当，是否能保证生产不间断地进行和产品有秩序的销售。存货既不能储存过少，造成生产中断或销售紧张；又不能储存过多形成呆滞、积压。存货周转率也反映存贷结构是否合理与质量是否合格的状况。因为只有结构合理，才能保证生产和销售任务正常、顺利地进行；只有质量合格，才能有效地流动，从而达到提高存货周转率的目的。

阶段性任务

请同学们上网搜索美的集团2015—2017年财务报表，计算美的集团2015—2017年存货周转率及周转天数，填入表4-4中。结合格力电器指标水平对美的集团存货周转率进行分析。

表4-4　　美的集团存货周转能力计算表

项目	2015年	2016年	2017年
存货周转率（次）			
存货周转天数（天）			

拓展阅读

存货周转率：衡量经营效率的试金石

存货周转率是衡量上市公司资产管理能力高低的一个重要指标。通过这个指标，人们能看到企业的产品从购入原材料、投入生产、销售回收等各个环节的管理状况，成为企业资产运营效率的直接体现。

存货周转率是不是越高越好？一般来说，存货周转率越高越好。因为存货会占用企业大量的流动资金，如果能够将这部分资金解放出来投入到其他领域，如扩充生产线、对外投资等，无疑会创造出更多的价值。另外，通过对这个指标的纵向比较（上市公司历年的存货周转率）也能在一定程度上显示出该上市公司主要产品在市场上的销售情况，如果这个指标变高，则说明生产、销售形式看好，生产出的东西能够立刻卖出去。我们常常说某企业效益好不好，能从工厂门口排队拉货的车上看出来就是这个道理。当然，这个指标也并非越高越好，我们知道存货既包括原材料、半成品，又包括产成品。从原材料方面来讲，如果存货过低，企业在接到大订单时会出现没米下锅的局面，而从成品的角度来讲，适当的库存可以应对市场上可能出现的突发性需求，不会因为手中一时无货而错失商机。

如何通过存货周转率来分析上市公司？在分析上市公司财务的时候发现了一个有趣的现象：上海某国有集团公司在股市上有三四家上市公司，这些上市公司都有个共同特点，就是流动资产比例特别高，平均达到70%，而其中存货和应收账款又在流动资产中占据了绝大部分。这是一个大股东挪用上市公司资金的典型例子。由于大股东和上市公司都是电子仪表生产企业，大股东利用上市公司的资金来为自己的全资子公司购买生产原料，体现在报表上就是上市公司的存货增加，在主营成本一定的情况下，其存货周转率下降。所以，投资者在分析这个指标的时候，最好与同行业的其他上市公司相比较，也就是横向对比时才能发现一些端倪。

（资料来源：http：//www. laoban. org。）

3. 流动资产周转率

企业的其他流动资产项目和业务量之间的因果关系并不十分紧密，没有逐一设计周转能力指标，但是并不意味这些项目不重要，所以综合考虑所有流动资产的管理效率，可以采用流动资产周转率指标。

微课：流动资产周转率分析与评价

PPT：流动资产周转率分析与评价

（1）计算流动资产周转率。流动资产周转率（Current Assets Turnover）是反映企业流动资产周转速度的指标。它是指企业一定时期的营业收入与流动资产平均余额的比率。其计算公式为：

$$\text{流动资产周转率（周转次数）}=\frac{\text{营业收入}}{\text{流动资产平均余额}}$$

其中：

$$\text{流动资产平均余额}=\text{（流动资产年初数}+\text{流动资产年末数）}\div 2$$

与流动资产周转率相联系的另一个指标是流动资产周转天数。其计算公式为：

$$\text{流动资产周转天数}=\frac{360}{\text{流动资产周转率（次数）}}$$

引例分析 4－3

根据格力电器 2015—2017 年财务数据，计算其流动资产周转率及周转天数（见表 4－5）。

表 4－5 格力电器 2015—2017 年流动资产周转率计算表 单位：元

项目	2015 年	2016 年	2017 年
营业收入	97 745 137 194. 16	108 302 565 293. 70	148 286 450 009. 18
流动资产年初余额	120 143 478 823. 10	120 949 314 644. 95	142 910 783 531. 64
流动资产年末余额	120 949 314644. 95	142 910 783531. 64	171 534 646159. 36
流动资产周转率（次）	0. 81	0. 82	0. 94
流动资产周转天数	443. 98	438. 54	381. 69

2015 年：2015 年初余额为 2014 年年末余额。

流动资产平均余额＝（期初流动资产＋期末流动资产）÷2

＝（120 143 478 823. 10＋120 949 314 644. 95）÷2

＝120 546 396 734. 03（元）

流动资产周转率＝营业收入÷流动资产平均余额

＝97 745 137 194. 16÷120 546 396 734. 03

＝0. 81（次）

流动资产周转天数＝计算器天数÷流动资产周转率

＝360÷0. 81＝443. 98（天）

2017 年：流动资产平均余额＝（期初流动资产＋期末流动资产）÷2

＝（142 910 783 531. 64＋171 534 646 159. 36）÷2

＝157 222 714 845. 50（元）

流动资产周转率＝营业收入÷流动资产平均余额

＝148 286 450 009. 18÷157 222 714 845. 50

＝0. 94（次）

流动资产周转天数＝计算器天数÷流动资产周转率

＝360÷0. 94

＝381. 69（天）

根据引例分析 4－3 的结论，格力电器 2015—2017 年流动资产转率基本稳定在 0. 8 次水平线之上，连续年度内呈现上升的趋势，流动资产周转天数逐年缩短，显示出格力电器流动资产整体利用率在上升，与前文格力电器业绩优秀，营收、净利润保持稳步增长相一致。

从行业视角观察，2017 格力电器流动资产周转率为 0. 94，在白色家电行业 49 家上市公司中，仅排名 37 位，而行业平均水平为 1. 35，格力电器还达不到行业均值水平。且行业第一达沃斯，其流动资产周转率为 2. 49，可见格力与行业领先水平还有一定差距，其流动资产周转率整体表现在行业内是不理想的。此时，我们就应该深入企业报表进行具体分析，寻找导致格力电器流动资产周转率水平不高的原因。

深入格力资产负债表，通过比较分析和结构分析，可以发现其流动资产周转率较低的主要原因是格力电器账面持有大量现金类资产。2015—2017 年几个连续年度，其货币资金占流动资产比重分别为 73. 43%、66. 9% 和 58. 07%，比重均超过半数，在一定程度上削弱了公司的营运能力。但是，同时我们也能看到，近3年其货币资金占总资产比重指标开始呈现出下降趋势，也可以看出格力电器已经在逐步降低持有现金量，将更多现金投入企业经营运转之中，这与企业近3年流动资产周转率稳步提升相符。

（2）评价流动资产周转率

流动资产周转率是用来判断企业流动资产运用效率的指标，从企业全部资产中流动性最强的流动资产角度对企业资产的利用效率进行分析，以进一步揭示影响企业资产质量的主要因素。

原则上，流动资产周转速度越快越好，意味着企业用同样多的流动资产可以取得更多的营业收入，或取得同样多的营业收入所占用的流动资产会减少。除此之外，流动资产周转速度越快，说明它的变现速度越快，变现速度越快，流动资产的风险就越低。对流动资产周转率的分析，就是为了进一步认识流动资产的使用效率和揭示其风险。

案例：分析流动资产周转率——片仔癀与马应龙

对流动资产周转率进行分析时，也需要与以前年度数据、同行业其他企业数据或者行业平均水平进行比较，跨行业比较流动资产周转率缺乏实际意义。

阶段性任务

请同学们上网搜索美的集团2015—2017年财务报表，计算美的集团2015—2017年流动资产周转率及周转天数，填入表4－6中。结合格力电器指标水平对美的集团流动资产周转率进行分析。

表4－6　美的集团流动资产周转能力计算表

项目	2015年	2016年	2017年
流动资产周转率（次）			
流动资产周转天数（天）			

拓展阅读

格力电器现金流转换能力

企业流动资产营运能力分析除了包括应收账款周转率、存货周转率和流动资产周转率的分析，其实还有一项，就是应付账款周转率的能力。这个指标反映企业利用应付账款节约投入资本，从而提高资本盈利能力和营运效率。应付账款周转率是企业一年内支付应付账款的平均次数，为360天除以账期，表示的是企业一年内平均支付应付账款的次数。其计算公式为：

$$应付账款周转率=\frac{营业成本}{应付账款平均余额}$$

应付账款周转率是一个负向指标，值越小，表明企业的议价能力越强，相应对供应商的账款就越长；反之，应付账款周转率高，表明应付款账款账期越短，议价能力越弱。合理的应付账款周转率来自于与同行业对比和公司历史正常水平，如公司应付账款周转率低于行业平均水平，说明公司较同行可以更多占用供应商的货款，显示其重要的市场地位，但同时也要承担较多的还款压力。

将格力电器各项流动资产营运能力指标结合起来，综合来看企业存货周转天数、应收账款周转天数和应付账款周转天数三者的关系，可以用来分析格力电器销售行为转换成现金的能力。

格力电器2017年的应收账款周转天数是10.65天，也就意味着每隔10.65天格力电器会回收一次自己的应收账款；格力电器的存货周转天数是46.27天，这个数字也是越低越好，这代表格力的存货周转速度很快；格力电器的应付账款周转天数经计算为115.88天，也就是格力电器平均115.88天给他的供应商结算一次；把应收账款周转天数加上存货周转天数减去应付账款期限，可以得到格力的现金转换周期，现金转换周期越短意味着销售行为转换成现金的能力越强，格力电器的这个数字是负的，-58.96天。

负的现金周期数意味着，格力电器完成整个销售行为的全部资金，都来自于他的供应商。通俗一点讲，格力电器的谈判能力极强，它对它的供应商议价能力很强，延迟支付供应商的货款，-58.96天意味着，在日常经营活动结束之后的59天内，格力电器手里还握着供应商的钱尚未支付。假设格力电器在1月1日从供应商拿了10亿元的货，然后在2月17日前销售完，并且拿回来10亿元现金，格力电器一般在4月15日才把钱给供应商，从2月17日到4月15日，这10亿元格力可以做好多事情。

（二）计算分析固定资产周转能力指标

企业经营活动使用的资产不仅仅是流动资产，还包括固定资产、无形资产等非流动资产。这些资产的使用效率同样影响着企业的营运获利能力。而在非流动资产中，最重要的莫过于企业的固定资产。

（1）计算固定资产周转率。固定资产周转率（Fixed Assets Turnover）是指企业一定时期的营业收入与固定资产平均净值的比率。它是反映企业固定资产周转状况、衡量固定资产运用效率的指标，表示企业每1元固定资产所获得的营业收入。固定资产周转率有周转次数和周转天数两种表现形式，其计算公式为：

$$固定资产周转率（周转次数）=\frac{营业收入}{固定资产平均余额}$$

微课：固定资产周转率分析与评价

PPT：固定资产周转率分析与评价

其中：

固定资产平均余额 =（期初固定资产 + 期末固定资产）÷2

与固定资产周转率相关的另一个指标是固定资产周转天数，其计算公式为：

$$固定资产周转天数 = \frac{360}{固定资产周转率（次数）}$$

引例分析 4-4

根据格力电器 2015—2017 年财务数据，计算其固定资产周转率及周转天数（见表 4-7）。

表 4-7　　格力电器 2015—2017 年固定资产周转率计算表　　单位：元

项目	2015 年	2016 年	2017 年
营业收入	97 745 137 194.16	108 302 565 293.70	148 286 450 009.18
固定资产年初净值	14 939 279 647.88	15 431 813 077.20	17 681 655 478.06
固定资产年末净值	15 431 813 077.20	17 681 655 478.06	17 467 371 455.63
固定资产周转率（次）	6.44	6.54	8.44
固定资产周转天数	55.93	55.03	42.67

2015 年：2015 年初余额为 2014 年年末余额。

固定资产平均余额 =（固定资产年初净值 + 固定资产年末净值）÷ 2

=（14 939 279 647.88 + 15 431 813 077.20）÷ 2

= 15 185 546 362.54（元）

固定资产周转率 = 营业收入 ÷ 固定资产平均余额

= 97 745 137 194.16 ÷ 15 185 546 362.54

= 6.44（次）

固定资产周转天数 = 计算器天数 ÷ 固定资产周转率

= 360 ÷ 6.44 = 55.93（天）

2017 年：固定资产平均余额 =（固定资产年初净值 + 固定资产年末净值）÷ 2

=（17 681 655 478.06 + 17 467 371 455.63）÷ 2

= 17 574 513 466.85（元）

固定资产周转率 = 营业收入 ÷ 固定资产平均余额

= 148 286 450 009.18 ÷ 17 574 513 466.85

= 8.44（次）

固定资产周转天数 = 计算器天数 ÷ 固定资产周转率

= 360 ÷ 8.44

= 42.67（天）

根据引例分析4－4的结论，格力电器2015—2017年固定资产周转率呈现上升的趋势，2017年有显著性提升。其主要原因考虑为2017年企业营业收入的大幅度增长和轻资产战略下固定资产规模控制措施，显示出格力电器连续年度内固定资产利用效率较好，固定资产结构控制合理，经营活动成效显著。

结合行业数据，2017年格力固定资产周转率为8.44，排名行业第11位。当年行业固定资产周转率均值为6.45，最高值为小天鹅21.38，格力的固定资产增长率水平超过行业平均线，但距离行业先进水平还存在一定差异，有一定的提升空间。未来，企业在保持营业收入稳定增长同时，提升固定资产管理水平，加强固定资产优化配置，进而提升固定资产营运效率。

重要提示

计算及分析固定资产周转率时应注意的问题

1. 企业固定资产所采用的折旧方法和折旧年限不同会导致不同的固定资产账面净额，也会对固定资产周转率的计算产生重要影响，造成指标的人为差异。公式中分母的固定资产平均占用额可按固定资产原值或净值计算。目前有两种观点：一种观点主张采用固定产原值计算，理由是：一是固定资产生产能力并非随着其价值的逐步转移而相应降低，比如，一种设备在其全新时期和半新时期往往具有同样的生产能力；二是用原值便于企业不同时间或与不同企业进行比较，如果采用净值计算，则失去可比性。另一种观点主张采用固定资产净值计算，理由是固定资产原值并非一直全部都被企业占有着，其价值中的磨损部分已逐步通过折旧收回，只有采用净值计算，才能真正反映一定时期内企业实际占用的固定资金。一般应按固定资产原值的平均余额计算，否则会因所采用的折旧方法或折旧年限不同而产生人为的差异，导致该指标缺乏可比性。采用固定资产净值计算一般适宜于自身纵向比较；如果与其他单位横向比较，则要注意两个企业的折旧方法是否一致。

2. 企业的固定资产一般采用历史成本法记账，因此在企业的固定资产、销售情况并未发生变化的条件下，也可能由于通货膨胀导致物价上涨等因素而使营业收入虚增，导致固定资产周转率提高，而实际上企业的固定资产效能并未增加。

3. 一般情况下固定资产的增加不是渐进的，而是突然上升的，这会导致固定资产周转率的变化。

4. 在进行固定资产周转率比较时，固定资产的来源不同将对该比率的大小产生重要影响。如果一家公司的厂房或生产设备是通过经营性租赁得来的，而另一家公司的固定资产全部是自有的，那么对这两家的固定资产周转率进行比较就会产生误导。

基于上述分析，在对固定资产周转率进行分析前，必须充分结合固定资产的投资规模、固定资产投资时间、固定资产来源等多方面的情况才更有价值。

（2）评价固定资产周转率。固定资产周转率指标没有绝对的判断标准，一般通过与企业原来的水平相比较加以考察。一般情况下，固定资产周转率越高越好，表明企业固定资产利用越充分，说明企业固定资产投资得当，固定资产结构分布合理，能够较充分地发挥固定资产的使用效率，企业的经营活动越有效；反之，则表明固定资产使用效率不高，提供的生产经营成果不多，企业固定资产的营运能力较差。

阶段性任务

请同学们上网搜索美的集团2015—2017年财务报表，计算美的集团2015—2017年固定资产周转率及周转天数，填入表4-8中。结合格力电器指标水平对美的集团固定资产周转中进行分析。

表4-8　美的集团固定资产资产周转能力计算表

项目	2015年	2016年	2017年
固定资产周转率（次）			
固定资产周转天数（天）			

（三）计算分析总资产周转能力指标

微课：总资产周转率分析与评价

PPT：总资产周转率分析与评价

对企业全部资产使用效率的一个总体评价需要用到总资产周转率指标（Total Assets Turnover）。总资产周转率是考察企业资产运营效率的一项重要指标，体现了企业经营期间全部资产从投入到产出的流转速度，反映了企业全部资产的管理质量和利用效率。

（1）计算总资产周转率。总资产周转率是指企业一定时期的营业收入与资产总额均值的比率，说明企业的总资产在一定时期内（通常为一年）周转的次数。其计算公式为：

$$总资产周转率（周转次数）=\frac{营业收入}{总资产平均余额}$$

其中：

$$平均资产总额=（资产总额年初数+资产总额年末数）\div 2$$

与总资产周转率相关的另一个指标是总资产周转天数，其计算公式为：

$$总资产周转天数=\frac{计算期天数（360）}{总资产周转率（次数）}$$

引例分析 4－5

根据格力电器 2015—2017 年财务数据，计算其总资产周转率及周转天数（见表 4－9）。

表 4－9 格力电器 2015—2017 年总资产周转率计算表 单位：元

项目	2015 年	2016 年	2017 年
营业收入	97 745 137 194.16	108 302 565 293.70	148 286 450 009.18
总资产年初余额	156 230 948 479.88	161 698 016 315.06	182 369 705 049.35
总资产年末余额	161 698 016 315.06	182 369 705 049.35	214 967 999 328.38
总资产周转率（次）	0.61	0.63	0.75
总资产周转天数	585.47	571.84	482.32

2015 年：2015 年初余额为 2014 年年末余额。

总资产平均余额＝（期初资产总额＋期末资产总额）÷2
＝（156 230 948 479.88＋161 698 016 315.06）÷2
＝158 964 482 397.47（元）

总资产周转率（次数）＝营业收入÷总资产平均余额
＝97 745 137 194.16÷158 964 482 397.47
＝0.61（次）

总资产周转天数＝计算期天数÷总资产周转率
＝360÷0.61＝585.47（天）

2017 年：总资产平均余额＝（期初资产总额＋期末资产总额）÷2
＝（182 369 705 049.35＋214 967 999 328.38）÷2
＝198 668 852 188.87（元）

总资产周转率（次数）＝营业收入÷总资产平均余额
＝148 286 450 009.18÷198 668 852 188.87
＝0.75（次）

总资产周转天数＝计算期天数÷总资产周转率
＝360÷0.75
＝482.32（天）

根据引例分析 4－5 的结论，格力电器 2015—2017 年总资产周转率呈现上升的趋势，2017 年有显著性提升，总资产周转天数明显缩短，由 2015 年度的 585.47 天缩减至 482.32 天，显示出格力电器整体资产周转效率逐渐提升，资产利用率转好，轻资产战略使企业资产灵活性更强，整体资产结构更加合理，经营活动成效显著，为企业带来营业收入的大幅度增长。

结合行业数据，2017 年格力电器总资产周转率为 0.75，排名行业第 29 位。当年总资产周转率行业均值为 0.88，最高值为科沃斯 1.88，格力电器总资产周转率排名靠后，且尚未达到行业平均水平线，与行业先进水平也还存在距离，体现格力电器总资产营运能力在行业内表现不佳，还有待提升。结合前文流动资产周转率指标，格力电器账面握有大量现金类资产，是导致格力总资产周转率水平不高的主因，格力电器应该尽快改善。

（2）评价总资产周转率。总资产周转率综合反映了企业整体资产的营运能力，一般来说，指标越高，意味着资产的周转次数越多或周转天数越少，表明其周转速度越快，营运能力也就越强，资产的运用效率越好，其结果必然会给企业带来更多的收益，使企业的盈利能力、偿债能力都得到提高。

总资产周转率常用的分析方法有两种，分别是行业分析和趋势分析。

文本：总资产周转率辨析

第一，总资产周转率的行业分析。资产周转率的分析方法主要采用比较法。一般进行同业比较，即同行业之间的比较。它可以是与同行业的平均水平相比，也可以是与同行业先进水平相比。前者反映的是在行业中的一般状况，后者反映的是与行业先进水平的距离或者是在行业中的领先地位。企业进行实际分析时可根据需要选择比较标准。

第二，资产周转率的趋势分析。由于资产周转率指标中的资产数据是一个时点数，极易受偶然因素的干扰甚至是人为的修饰。因此，要弄清企业资产周转率的真实状况，先应对其进行趋势分析，即对同一个企业的各个时期的资产周转率的变化加以对比分析，以掌握其发展规律和发展趋势。通过对比自身历史总资产周转率水平，反映企业本年度以及以前年度总资产的运营效率和变化，促进企业挖掘潜力、积极创收、提高产品市场占有率、提高资产利用效率。

从指标的计算方法可知，要想提高总资产的运用效率有两条途径：一是增加收入，二是减少资产。怎样增加收入？这就要从影响收入的各项因素入手进行分析；减少资产，当然要减少的是企业不需要的、闲置的、质量差的资产。

阶段性任务

请同学们上网搜索美的集团2015—2017年财务报表，计算美的集团2015—2017年总资产周转率及周转天数，填入表4－10中。结合格力电器指标水平对美的集团总资产周转率进行分析。

表4－10　美的集团总资产周转能力计算表

项目	2015年	2016年	2017年
总资产周转率（次）			
总资产周转天数（天）			

拓展阅读

要结合商业模式分析营运效率

分析企业的营运效率，更要结合公司的商业模式。如房地产行业，有些企业信奉“快进快出”，故毛利率低，但资产周转率快；而有些房企走高端路线，甚至走炒地策略，这时其资产周转率就很慢，毛利率在行业景气上升时期会显得很高，甚至高得离谱，就像中国前几年的地产市场。不管是“快鱼”或“慢牛”策略，就其经营模式本身没有对错，每个企业都有自己的竞争策略，市场细分也不同，这会直接影响资产的营运效率。不同的财务战略也直接导致企业的资产负债结构不同，有些企业可能是轻资产、低负债；有些企业是重资产、高负债，但是，如果你发现一家公司是轻资产、高负债或重资产、轻负债，这时就要小心该公司可能存在的财务风险或经营风险，如“轻资产、高负债”会不会出现现金危机，“重资产、轻负债”是否有虚增固定资产的可能。

相关案例

低利润、高周转型公司，俗称“薄利多销”，主要表现为低销售净利率和高总资产周转率。比如外婆家，餐厅里每个菜色的毛利都很低，但他们的总资产周转率却非常高。

总资产周转率也可以理解为翻桌率，也就是一段时间内，一张桌子能翻几次，服务几场客人。在时间固定的情况下，服务的次数越多，说明公司的周转率快，赚得多，就可以弥补低毛利的缺陷了。

所以这类公司的主要盈利来源于高效的资产周转。一般出现在家电、零售、低价商品、制造业和建筑施工等行业。

对比老凤祥、沃尔玛、双汇发展三家公司，如图4－2所示。

2016年	老凤祥	沃尔玛百货	双汇发展
行业	珠宝首饰	零售	肉制品
净利润率	3.2%	3.13%	8.5%
总资产周转率	2.73	2.39	2.34
杠杆系数	2.67	2.49	1.43
ROE	22.02%	18.15%	28.4%

图4－2 三家公司总资产周转率对比分析

从图4－2中可以发现，它们的总资产周转率都非常高，而净利润率却都非常低，杠杆系数不定。他们的高ROE，主要和总资产周转率相关。周转越快，肯定赚得越多。

为什么他们可以依靠高周转率获胜呢？

主要为以下原因：一方面，提供的都是日常需求，比如吃的、生活用品等等；另一方面，产品的差异化程度不高，像双汇、沃尔玛等，卖的东西差不多。如果你卖的价格高，消费者就会马上转向其他商店。所以这类公司非常依靠经营效率，创造高周转率，以获得较高的利润。查看一下老凤祥的十年周转情况。非常典型的高周转率、低销售净利率的公司。

（资料来源：https：//blog. csdn. net/qq_ 39422642/article/details/84018814。）

（四）影响资产周转率因素分析和资产周转率提升途径

1. 分析影响资产周转率的因素

微课：资产周转率的影响因素和提升途径

一般而言，影响资产周转率的因素包括企业所处的行业、企业经营周期的长短、企业的资产构成及其质量、资产的管理力度，以及企业所采用的财务政策等。

（1）企业所处行业：企业所处行业及其经营背景不同，会导致不同的资产周转率水平。

（2）企业经营周期：企业经营周期长短不同，会导致不同的资产周转率水平。

（3）企业资产：企业资产的构成及其质量不同，也会导致不同的资产周转率水平。

PPT：资产周转率的影响因素和提升途径

（4）资产管理和财务政策：企业所采取的资产管理力度和采用的财务政策不同，会导致不同的资产周转率水平。

2. 研究提升资产周转率的途径

分析影响资产周转率的原因，寻找提高资产周转率的方法是企业经营管理的一个重要方面。企业通常可以通过以下具体途径加快资金周转，提高企业周转率，增强企业资产管理效率，提升企业的经济效益：

（1）以销定产，以销促产。根据市场调查基础上的销售预测或订单组织生产可以有效降低产品库存时间，同时也可以按照销售预测情况有计划地安排采购和生产，从而减少原材料和在产品的资金占用。

（2）合理采购，既不允许超大范围购进，也不能顾此失彼。对库存材料实行恰当的管理方法，例如ABC管理法等，这种分类管理能有效地对重点材料进行管理，既保证供应又不致积压。要做好市场预测，盲目采购大量原材料很可能要吃市场价格的亏，造成成本大幅度上升，无法与同类产品进行市场竞争；当然，预测材料涨价应适量购进或采取预购定金的办法签约合同稳住价格，要把握住市场的脉搏。

（3）加强应收账款的管理，及时收回外欠资金。一些企业利用不正当手段逃避债务，靠企业仅有的方法手段难以收回，必须依法行事。同时，在营销过程中，加强经济合同的管理十分必要。企业根据自身需要对外签订经济合同，建立稳定的产供销渠道和合作关系，使企业在资金借贷、原材料供应、商品销售等方面得到保证，这就为企业资金正常运行铺设了轨道。

（4）及时盘活资产，提高资产收益。如果企业的总资产周转率较低且长期处于较低的状态，企业应采取措施提高各项资产的利用效率，处置多余、闲置不用的资产，提高销售收入，从而提高总资产周转率。要定期对本单位的资产、负债进行全面清理，尤其要对资产进行深入分析，划分出有效资产、无效资产、闲置资产及租赁资产，对长期闲置不用的资产要尽快拿出如何处置的可行性意见，有开发价值的适时开发，既无开发价值又不能租赁的要及时处置变现，同时对租赁资产要考虑市场变化因素适时调整租赁合同、租金收入；再者要认真分析影响收入、费用的各项主客观因素，分析负债的合理程度，力争最大限度地达到资产盘活、业务放大，提高收入，降低费用，增加收益。

相关案例

招商地产：高存货下的策略之变

“只有实现销售，才能实现回款，才能实现真正的周转。”2012 年 3 月 26 日，招商地产董事长林少斌在接受专访时说。3 月 20 日，招商局地产控股股份有限公司公布 2011 年年报。年报显示，公司存货为 514.4 亿元，同比增加 33%，达到历史最高位。林少斌不否认存货对于招商地产的压力，基于此，招商地产将“保销售”列为其 2012 年工作的重中之重。2 月份，招商地产启动了全国性优惠促销活动，力求抓住市场销售窗口期，加速资金回流。

毛利大增

2011 年是招商地产新 10 年计划中的第一年，销售速度较往年明显加快。“提速、提效，加快周转以盘活存量优质资产”是上年招商地产的发展基调。江苏镇江项目就是体现其快速开发的案例之一，项目从拿地到实现销售共 136 天。在上年，招商地产在 14 个城市有 37 个楼盘在售，实现签约销售面积超过 120 万平方米，签约销售金额超过 210 亿元，同比分别增长 26% 和 44%，销售额增幅高于万科的 12.4% 和中海地产的 29.8%。虽然招商地产近些年的保守发展备受质疑，但其高效益却有目共睹。

招商地产的房地产销售和出租物业经营的毛利率近几年均维持在 40% 以上，在行业中位于前列。由于毛利率的大幅提升，使得招商地产在 2011 年实现了 28.85% 的净利润增长率。年报显示，2011 年，招商地产实现营业收入 151.11 亿元，同比增长 9.64%；实现净利润 25.92 亿元。

存货高企

高企的存货总量是招商地产不可回避的现实。年报显示，公司存货值为 514.4 亿元，同比增加 33%。存货增加是因“规模扩大、房地产项目增加”。2011 年，招商地产在佛山、武汉、镇江、上海、青岛等地新获项目用地 9 幅，扩充了 258 万平方米的土地面积。据粗略统计，这些新增土地耗资超过 100 亿元，是 2011 年招商地产全年销售额 210 亿元的一半左右。

2011 年，招商地产新开工面积 292 万平方米，竣工面积 85 万平方米，销售面积 120 万平方米，尚余 200 多亿元可售存货。很显然，大规模的扩张提速是导致招商地产存货增加的主要原因。

负债激增

2011 年年报显示，招商地产的资产负债率达到了 69.53%，首次超过

65%的水平，再创历史新高。而其上年三季报显示，公司资产负债率达到了66.9%。“但是这个数值依然是低于行业平均水平的”，林少斌表示。因为公司账上有高达144.84亿元的货币资金，因此公司的短期债务尚无明显偿付压力。年报显示，招商地产短期借款加一年内到期的非流动负债为65亿元。林少斌还表示，如果把预收账款从553.9亿元的总负债中剔除，招商地产的实际负债率只有48.3%。

但记者发现，随着招商地产拿地增多，大量盈余资金投入土地市场，从而导致其经营性现金流不断下降。“2011年度有息负债规模与本公司之前相比确实有所提高，但公司的负债率等指标仍处于国内房地产行业较低水平。”林少斌表示，招商地产一直注重多渠道融资，筹资能力也比较强。

据了解，招商地产在今年不仅将加速销售，也将严格控制管理成本。2011年，招商地产已开始将权力下放到项目公司，并完成了组织架构的调整，成立了运营中心和产品管理中心。而这两个新部门的设立，很大一部分职能是为了加强销售回款和成本控制。

（资料来源：http：//www. scfdc. cn/XinWen/XinWenXX. aspx? wid = 107796，四川房地产网。）

想一想： 通过阅读该新闻资料，给我们带来什么启发？请同学们探讨影响资产周转能力的因素有哪些？提高企业资产周转率的方法又有哪些？

模块二　企业营运能力综合分析与评价

职业判断与业务操作

企业要在激烈的市场竞争中生存和发展，必须有效利用各项经济资源，认真做好企业营运能力分析工作，不断提高营运能力。这对加强企业经营管理，提高企业的竞争能力，促进企业的长远发展具有重要意义。企业营运能力指标是对企业综合实力的描述，如果资金周转状况好，周转速度快，就说明企业营运能力比较强。企业的资金周转状况与供、产、销各个环节密切相关。任何一个环节出现问题，都会影响到企业资金的正常周转。资金只有顺利地通过各个经营环节，才能完成一次循环。而资金能否顺利通过各个经营环节，又决定于企业经营管理水平。通过对企业进行整体营运能力分析，发现其存在的问题，从而提出解决问题的对策，为企业的发展指明方向。因此，对企业经营能力分析与评价，是实现企业资源合理配置、保证企业持续经营的有效手段。

案例回顾

珠海格力电器股份有限公司是一家多元化的全球型工业集团，主营家用空调、暖通设备、智能装备、生活电器、空气能热水器、工业制品等产品。自主品牌产品远销160多个国家和地区，用户超过4亿。其中，家用空调产销量已连续23年领跑国内市场，连续13年领跑全球市场，2018年上半年中国空调总销量同比增长14.30%，居各家电品类增长率之首。

2012—2017年，格力电器实现营收共计7 208.55亿元，是过去21年的近两倍；实现净利润827.48亿元，是过去21年的4倍左右；纳税741.78亿元，是过去21年的3倍多；分红363.96亿元，是过去21年的7倍。

2018年上半年，公司实现营业总收入920.05亿元，较上年同期增长31.40%，继续保持较高增长势头；利润总额153.04亿元，较上年同期增长36.80%；实现归属于上市公司股东的净利润128.06亿元，较上年同期增长35.48%；基本每股收益2.13元，较上年增长35.67%，经营业绩再创新高。

我们继续以格力电器为例，带领大家对分格力电器综合营运能力水平进行分析与评价。具体数据可见表4－11。

表4－11　　格力电器主要财务数据汇总表　　单位：亿元

格力电器2014—2017主要财务数据				
报表日期	2014－12－31	2015－12－31	2016－12－31	2017－12－31
流动资产				
货币资金	545.46	888.20	956.13	996.10
应收票据	504.81	148.80	299.63	322.56
应收账款	26.61	28.79	29.61	58.14
预付款项	15.91	8.48	18.15	37.18
存货	85.99	94.74	90.25	165.68
流动资产合计	1 201.43	1 209.49	1 429.11	1 715.35
非流动资产				
固定资产净额	149.39	154.32	176.82	174.67
无形资产	24.80	26.56	33.55	36.04
递延所得税资产	81.93	87.64	96.68	108.38
非流动资产合计	360.87	407.49	394.59	434.33
资产总计	1 562.31	1 616.98	1 823.70	2 149.68
营业收入	1 377.50	977.45	1 083.03	1 482.86
营业成本	880.22	660.17	728.86	995.63
净利润	142.53	126.24	155.25	225.09

一、分析流动资产营运能力

引例分析 4 –6

结合报表数据，我们可以发现格力电器的资产结构显示出以下特征：

第一，金融资产中货币资金持有量比例非常高，账面金额逐年增加，由 2015 年的 888.2 亿元上升到 2017 年 996.1 亿元，体现格力现金流充盈，连续年度产生大量收益；但是占总资产结构比重呈现下降趋势，2015—2017 年比例分别是 54.93%、52.43%、46.34%。

第二，格力电器各项往来应收项目所占比重不高，在只考虑应收票据和应收账款情况下，2015—2017 年占总资产结构比重分别为 10.98%、18.05%、17.71%，具体金额为 177.59 亿元、329.24 亿元、380.71 亿元；再结合往来应付项目，2015—2017 年的金额分别为 322.22 亿元、386.69 亿元、443.20 亿元，可以发现公司往来项目为净流入，说明公司占用了很多上下游公司的资金。

第三，企业存货库存水平始终维持在较低水平线上，连续年度内存货占总资产比重分别为 5.86%、4.95%、7.71%。

第四，公司流动资产比重大，2015—2017 年占总资产比重分别为 74.80%、78.36%、79.80%，逐年上升，体现格力轻资产战略实施的效果。

综合看来，格力现金储备充足，商业往来占据优势，能够为企业带来额外的营运资金，库存总量稳健，保持在可控范围，流动资产比重大，属于稳健型资产结构。下面，我们通过各项周转指标进行综合分析。

（一）应收账款周转能力分析

应收账款周转能力分析通常用应收账款周转率来进行衡量。应收账款周转率指的是企业一定时期赊销收入与应收账款平均余额的比率。该指标用来衡量企业的应收账款转变为现金的速度。由于赊销收入不容易取得，在实务中多采用营业收入替代赊销收入进行计算。

引例分析 4 –7

结合格力电器具体情况，分析如下：

格力电器的客户面向整个社会，包括企事业单位、组织和个人消费者，结合财务数据，其销售行为更多以现金方式结算。2015—2017 年应收账款占销售收入比重分别为 2.95%、2.73%、3.92%，赊销收入比例很小，所以用销售收入数据得出的应收账款周转率非常高（见表 4 –12 和图 4 –3）。一般说来，企业的该项比率越高，说明企业催收账款的速度越快，可以减少坏账损失，而且资产流动性强，企业的短期偿债能力也会增强，在一定程度上可以弥补流动比率低的不利影响。若企业应收账款周转率过低，则说明企业催收账款的效率太低或信用政策十分宽松，会影响企业资金利用率和资金的正常周转。

表 4－12　格力电器 2015—2017 年应收账款周转率计算表

项目	2015－12－31	2016－12－31	2017－12－31
应收账款周转率（次）	35.28	37.09	33.8
应收账款周转天数（天）	10.2	9.71	10.65

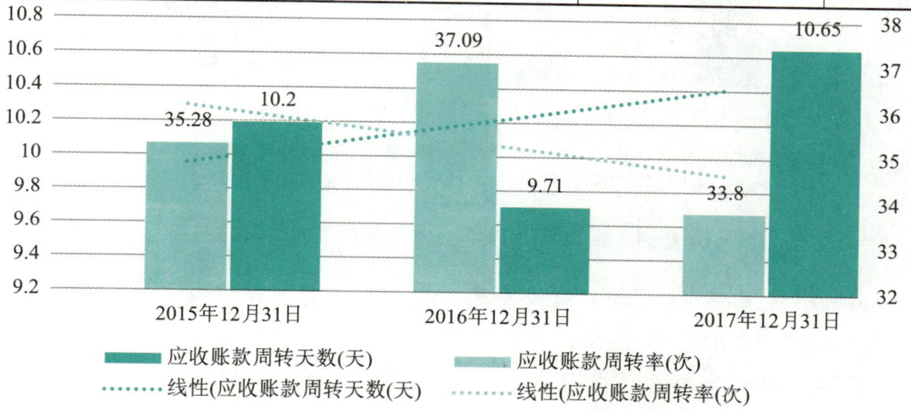

图 4－3　格力电器 2015—2017 年应收账款周转情况图

从表 4－12 及图 4－3 可知，格力电器应收账款周转率自 2015—2017 年呈现小幅下滑趋势，2016 年有所提升，但是 2017 年又有一定幅度下滑，应收账款周转天数呈现增长的趋势，表明企业的资金被外单位占用的时间延长，体现公司近 3 年来应收账款的回款速度减慢，应收账款周转效率降低，应收账款的管理和催收工作需要着重关注。

（二）存货周转能力分析

存货是流动资产的重要组成部分，其质量和流动性对企业流动比率具有举足轻重的影响，并进而影响企业的短期偿债能力及周转能力。存货周转能力分析通常用存货周转率来进行分析评价。存货周转率在分析中通常使用成本基础计算法，用企业的销售成本计算得出的结果。存货周转状况还可以用存货天数来表示，即表示存货周转一次所需要的时间，天数越短，说明存货周转越快。

引例分析 4－8

前文提到，格力存货水平 3 年来持续保持低水平，一方面与空调市场整体饱和程度有关，另一方面与格力自身致力于减少库存积压、保持流动性的轻资产策略有关（见表 4－13、图 4－4）。

表 4－13　格力电器 2015—2017 年存货周转率计算表

项目	2015－12－31	2016－12－31	2017－12－31
存货周转率（次）	7.31	7.88	7.78
存货周转天数（天）	49.28	45.69	46.27

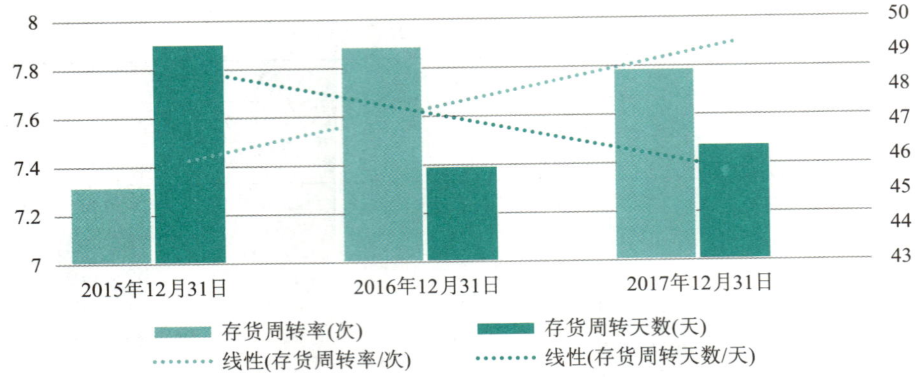

图4-4 格力电器2015—2017年存货周转情况图

通过表4-13及图4-4可知，近3年来，格力电器存货周转率呈现稳定上升态势，由2015年的7.31上升到2017年7.78，存货周转天数由2015年49.28天缩短至46.27天，表明企业存货周转速率和管理水平在逐步提升，存货占用资金水平进一步降低，企业营运能力略有提升。结合表4-11的财务数据，导致企业存货周转提升的原因一方面在于存货规模控制，虽然存货规模小幅度增加，但是营业成本增长幅度更大，体现企业销售量增加，说明企业存货整体销售运转效率在上升。

（三）流动资产周转能力分析

流动资产是企业全部资产中流动性最强的，站在流动资产角度对企业资产的利用效率进行分析，可以进一步揭示影响企业资产质量的主要因素，通常用流动资产周转率来进行分析评价。流动资产周转率是企业的营业收入与流动资产平均余额的比率。通过这个比率的分析，我们可以进一步了解企业流动资产周转能力的变化。

引例分析4-9

格力的流动资产特点包括流动资产总额大、比重高，2015—2017年占总资产的比重分别为74.80%、78.36%、79.80%，逐年上升；流动资产内部金融资产比重大，比如货币资金项目，2015—2017年占流动资产比重达73.44%、66.90%、58.07%，呈现下降趋势；往来应收项目比例合理，2015—2017年占流动资产比重分别为14.68%、23.04%、22.19%；存货项目比重较低，2015—2017年占流动资产比重分别为7.83%、6.32%、9.66%；总体而言，格力流动资产结构偏向稳健，体现了企业强大的偿债能力；金融资产比例过高但是在逐步降低，意味着企业在减持现金并投入到经营中去，将金融资产转化为更高收益率的资产项目；往来项目和存货水平合理，从前文应收账款周转率和存货周转率可以得到证实（见表4-14、图4-5）。

表4-14 格力电器2015—2017年度流动资产周转率计算表

项目	2015-12-31	2016-12-31	2017-12-31
流动资产周转率（次）	0.81	0.82	0.94
流动资产周转天数（天）	443.98	438.54	381.69

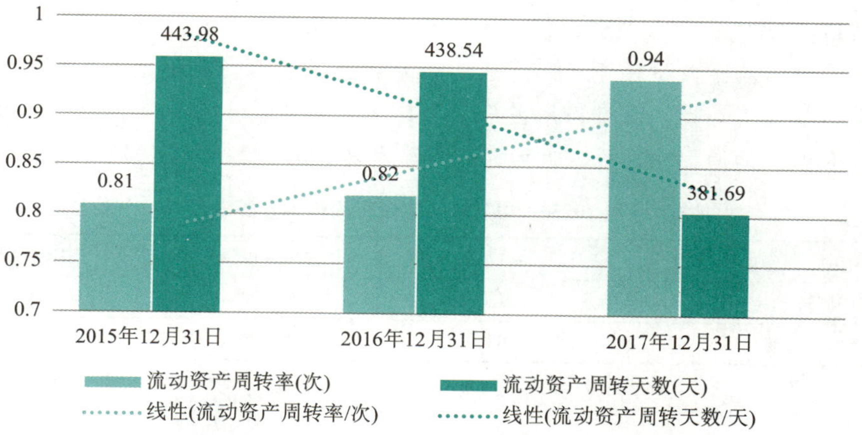

图 4－5　格力电器 2015—2017 年流动资产周转情况图

结合流动资产周转率指标，格力电器流动资产周转率由 2015 年 0.81 上升到 2017 年 0.94，流动资产增周转天数由 2015 年 443.98 天缩短至 2017 年 381.69 天，显示格力流动资产整体利用效率有较大提升，一方面是已经提到的流动资产内部因素，另一方面则是格力电器营业收入有较大增长，从 2015 年 977.45 亿元上升到 2017 年 1 482.86 亿元，是格力电器流动资产周转率提升的关键原因，说明企业采取措施扩大销售、加强管理，提高了流动资产的综合使用效率。

二、分析非流动资产营运能力

固定资产周转能力分析

固定资产是企业的重要经营性资产，固定资产的质量与使用效率越高，其推动流动资产运行的有效规模与周转率就越大、越快，实现的周转额也就越多。因此，在不断提高流动资产自身营运能力的同时，如何卓有成效地提高固定资产的质量与使用效率，并以相对节约的固定资产投资推动尽可能多的流动资产规模，加速流动资产价值的转换速率，从而实现更多的销售收入，是固定资产营运能力分析的主要目标。固定资产营运能力主要用固定资产周转率来进行分析和评价。

引例分析 4－10

参考表 4－11，格力电器非流动资产项目中，比重较大项目主要是固定资产和递延所得税资产，这里我们着重关注固定资产项目。

2015—2017 年非流动资产占总资产的比重为 25.20%、21.64%、20.20%，呈现逐步下降趋势。

2015—2017 年固定资产占非流动资产的比重为 37.87%、44.81%、40.22%，虽有波动但总体水平在下降。

2015—2017 年固定资产占总资产的比重为 9.54%、9.70%、8.13%，亦属于总体水平下降；显示格力电器属于典型轻资产制造业，非流动资产占总资产比重低，而且还在进一步资产轻量化，提升流动性，固定资产占总资产比重更是不足十分之一，有利于格力在白色家电行业竞争激烈的局面下，根据市场经济形势及时做出调整（见表 4－15、图 4－6）。

表 4－15　　格力电器 2015—2017 年固定资产周转率计算表

项目	2015－12－31	2016－12－31	2017－12－31
固定资产周转率（次）	6.44	6.54	8.44
固定资产周转天数（天）	55.93	55.03	42.67

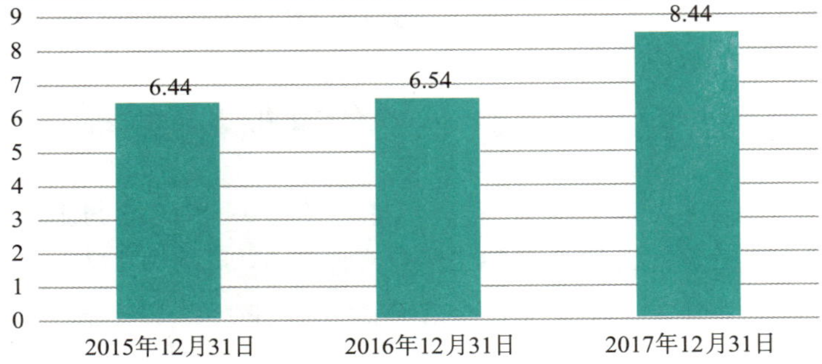

图 4－6　格力电器 2015—2017 年固定资产周转情况图

从表 4－15 及图 4－6 来看，格力电器 2015—2017 年存固定资产转率呈现上升的趋势，由 2015 年 6.44 上升至 2017 年 8.44，周转天数由 2015 的 55.93 天缩短至 42.67 天，表明企业固定资产利用效率逐年加强，说明公司在生产经营中充分利用闲置设备，使得固定资产周转率有所增加；或通过促进改善固定资产的设备，提高设备利用效率，并加速了产品的销售与利润的实现，提高了生产经营活动的经济效益。

重要提示

一般而言，固定资产的质量与使用效率越高，其推动流动资产运行的有效规模与周转率就越大、越快，实现的周转额也就越多。因此，在不断提高流动资产自身营运能力的同时，如何卓有成效地提高固定资产的质量与使用效率，并以相对节约的固定资产投资推动尽可能多的流动资产规模，加速流动资产价值的转换速率，从而实现更多的销售收入，成为固定资产营运效率分析评价工作的重要内容。

在进行固定资产周转率分析时，可以以企业历史水平和同行业平均水平作标准进行对比分析，从中找出差距，努力提高固定资产周转速度。周转率越高，说明固定资产的利用效率越高；周转率越低，说明固定资产量过多或设备闲置。与同行相比，如果固定资产周转率较低，意味着企业生产能力过剩；固定资产周转率较高，可能是企业设备利用得较好引起的，也可能是设备老化即将折旧完了造成的。在后一种情况下，可能会引起较高的生产成本，使企业实现的利润降低，使将来的更新改造更加困难。企业一旦形成固定资产过多的局面，除了想办法利用以扩大销售之外，没有其他有效办法。由于设备等固定资产具有成套性和准用性，使其既不能拆散处理，又不能移作他用，因此，拥有过多的固定资产处理起来比较困难。如果固定资产使用率极低，设备却是多余的，就必须想办法处理。

三、分析总资产营运能力

总资产周转能力分析

总资产营运能力是衡量企业组织、管理和营运整个资产的能力和效率。总资产营运能力是企业经营效率的重要影响因素。分析总资产周转率及其驱动因素，体现了企业对总资产的管理状况和管理水平，通过优化资产结构和提高各类资产利用率，是加强企业资产管理、提高资金利用效益的重要方法。总资产周转率是指企业的营业收入与总资产平均余额的比率。

引例分析 4－11

格力电器 2015—2017 年总周转率见表 4－16、图 4－7。

表 4－16　　格力电器 2015—2017 年总资产周转率计算表

项目	2015－12－31	2016－12－31	2017－12－31
总资产周转率（次）	0.61	0.63	0.75
总资产周转天数（天）	585.47	571.84	482.32

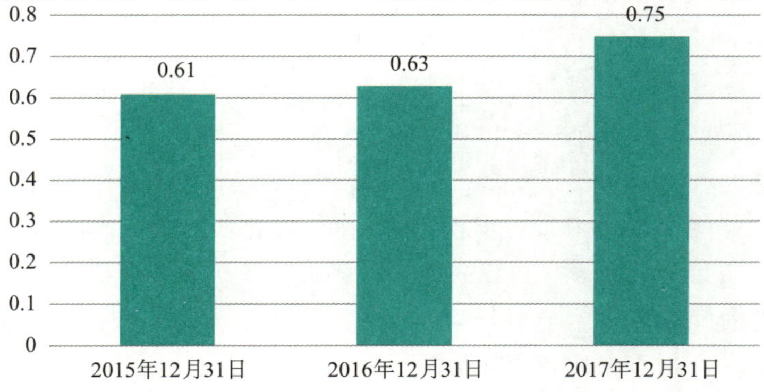

图 4－7　格力电器 2015—2017 年总资产周转情况图

通过表 4－16 及图 4－7 可知，格力电器总资产周转率呈现逐年上升的态势，由 2015 年的 0.61 上升至 2017 年 0.75，总资产周转天数由 2015 年 585.47 天缩短至 2017 年 482.32 天，可见周转周期有较大幅度减少，表明公司利用全部资产进行经营的效率逐年增强，最终增加了企业的获利能力。其主要是由于营业收入增加，从而使总资产周转率上升，企业采取措施提高各项资产的利用效率，处置多余、闲置不用的资产；提高销售收入，从而提高总资产的周转率。

格力电器总资产周转率在其行业内部比较，没有达到行业平均水平0.88，这是格力应该着重致力于提升的一环。

总之，资产周转率是综合评价企业资产经营质量和利用效率的重要指标，在财务分析指标体系中具有重要地位，体现了企业经营期间资产从投入到产出的流转速度，反映了企业资产的管理质量和利用效率。通过该指标的对比分析，可以反映企业本年度以及以前年度资产的运营效率和变化，发现企业与同类企业在资产利用上的差距，促进企业挖掘潜力、积极创收、提高产品市场占有率、提高资产利用效率。

四、综合分析与评价企业营运能力

结合前文格力电器流动资产营运能力分析和非流动资产营运能力分析，可以发现，除格力电器流动资产周转率表现不佳外，其他营运指标均表现良好，表明流动资产周转率是影响格力电器总资产周转率的主要因素，而导致流动资产周转率水平不高的原因已经在前面提到，是格力电器手中握有大量的现金类资产造成的。因此，总的来说，格力电器资产营运能力较强，尤其是其应收账款、存货、固定资产、营运能力很好。下一步需要提升的就是提高现金类资产利用率，将其投入企业转换为更高收益率的资产，为企业带来更多收益。

拓展阅读

总资产周转率另类分析

啥叫公司的“营运能力”呢？换一种同学们身边常见的情景，很好记忆理解就是——“翻桌率”。

我们去餐馆吃饭，有的饭店热闹非凡，门口排队等位的顾客也是络绎不绝，比如“外婆家”“海底捞”等。它们店里的每张桌子每一顿饭都能接待好几波客人。但有的餐厅就是门可罗雀、宾客稀少，甚至可能服务员都比顾客多。

例子中的桌子就是餐厅的资产，餐厅营运能力好不好，看看这张桌子一年能为公司做几趟生意？理所当然，翻桌率是越多越好。换言之，能够不断翻桌的饭店，用一张桌子就可以创造更多的收入，这就显示出这一张桌子的效率。

公司最重要的几个资产分别是：应收账款、存货、固定资产、总资产。要判断一家公司的营运能力，就要看上述这些资产一年给公司做几笔生意，带来多少营业收入。

总资产周转率公式是：营业收入除以总资产，分子是产出，分母是投入。所以把它理解记忆成为：投入产出比。你是老板，2018 年初投入 1 000万元，到今年年末时至少产出 1 001 万元吧，就是总资产周转率 >1。总资产周转率一般情况下希望是大于 1 的，总资产周转率介于 1 ~ 2 之间的，都是营运正常的公司。数字接近 1，表示公司的营运能力比较普通，如果接近 2，表示其经营能力非常优秀。一般传统制造业，本身毛利率不高，必须通过有效运用公司投入的总资产来创造营业收入，不能让资产闲置在公司仓库里，所以制造业总资产周转率 >1。流通业、快消业，产品卖得快，资金周转快，自然会产生更多的利润，他们总的资产周转率通常 >2。

如果分子比分母小，则代表投入的多，产出的少，也就是总资产周转率 <1。翻成大白话就叫“烧钱的行业”，国内叫“重资产行业”，专业名词叫“资本密集型行业”。烧钱的行业有哪些？天上飞的飞机、水上行驶的船、金银铜铁与石油等原材料产业、科技企业、半导体行业等，该行业需要每年大量投入资金更新设备，保持竞争力，所以当总资产周转率 <1 时，要确认该公司有足够的现金支撑企业经营运作。如何确认呢？

1. 企业账面有没有足够的现金类资产，也就是企业现金占总资产的结构比率，如果企业账面留存有大量现金类资产且满足比例超过 >25%，意味着企业现金量充盈，能够保证正常的经营需要，当然，现金类资产越多越好。

2. 如果企业账面没有大量现金类资产，要看企业是不是能够不断地收取现金的公司，为什么要收取现金，因为企业烧钱，那最可怕的是什么？明明每天都在烧钱，但口袋里却没有钱，此时就该判断企业是否能源源不断收取现金，就要用到我们的应收账款周转天数指标，通常的评价标准是应收账款周转天数 <15 天。

我们以酿酒行业为例（见表 4 – 17），由于酿酒行业对地理、工艺、水源、原料都有很高的要求，所以该行业均为资本密集型企业，总资产周转率均 <1。整个行业都烧钱，我们需要确认企业有没有足够多的现金，再确认是不是收取现金的企业。

表 4 – 17　　　　酿酒行业经营能力三项指标汇总表

酿酒行业总资产周转率对比					
指标	贵州茅台	洋河股份	金枫酒业	山西汾酒	舍得酒业
总资产周转率	0.47	0.49	0.41	0.74	0.38
现金占总资产比率	65.30%	4%	11.40%	13.70%	24.20%
应收账款周转天数	6.3	3.5	40.6	110.8	28.5

虽然都是烧钱行业，但茅台手上现金高达 65.3%，企业有钱腰板就硬，且产品供不应求，不存在赊销的状况，应收账款周转天数非常快。其

次关注洋河股份，2017 年现金只有 0.4%，显然手头没有足够多的资金，但是从应收账款周转天数指标看它是家收取现金的公司。

想一想：大家觉得运营这样一家公司，会存在什么风险呢？

项目小结

企业的营运能力是指企业充分利用现有资源创造价值的能力。其实质就是要以尽可能少的资产占用，尽可能短的时间周转，生产尽可能多的产品，创造尽可能多的销售收入。企业营运能力分析对企业的不同利益相关者具有不同的作用。

营运能力分析主要是对资产运用效率的分析。资产运用效率是指资产利用的有效性和充分性。对资产运用效率进行评价的财务比率是各种资产的周转率指标，包括应收账款周转率、存货周转率、流动资产周转率、固定资产周转率和总资产周转率等。

一般来说，影响企业营运能力的因素包括企业所处的行业及其经营背景、企业经营周期的长短、企业的资产构成及其质量、企业资金筹措和运用，以及企业所采用的财务政策等。

项目实训

实战演练

请同学们分组，根据同学们的兴趣自由选择一家上市公司，上网查找该公司最新财务信息和非财务信息，完成下列任务：

1. 设定自己的角色为投资者，已经对该公司拥有一定的股权。请确立对公司进行财务分析的分析目标，明确分析内容。

2. 计算该公司近 3 年流动资产营运能力指标，编制应收账款周转率计算表，格式见表 4 –1；编制存货周转率计算表，格式见表 4 –3；编制流动资产周转率计算表，格式见表 4 –5；并进行分析和评价，对其流动资产营运能力做出基本判断。

3. 计算该公司近 3 年非流动资产营运能力指标，编制固定资产周转率计算表，格式见表 4 –7 并进行分析和评价，对其非流动资产营运能力做出基本判断。

4. 计算该公司总资产营运能力指标，编制总资产周转率计算表，格式见表 4 –9，并进行分析和评价，对其总资产营运能力做出基本判断。

5. 对上述计算分析结果做出总体分析判断，并写出上市公司营运能力综合分析报告，格式见本项目模块二的综合分析营运能力。

知识巩固

一、判断题

1. 总资产收入率与总资产周转率的经济实质是一样的。（　　）
2. 在其他条件不变时，流动资产比重越高，总资产周转速度越快。（　　）
3. 资产周转次数越多，周转天数越多，表明资产周转速度越快。（　　）
4. 使用产品销售收入作为周转额是用来说明垫支的流动资产周转速度。（　　）
5. 成本收入率越高，流动资产周转速度越快。（　　）

二、单项选择题

1. 如果流动资产大于流动负债，则月末用银行存款偿还一笔其他应付款会使（　　）。

A. 营运资金减少　　B. 营运资金增加

C. 流动比率提高　　D. 流动比率降低

2. 某企业计划年度销售成本为 1 400 万元，销售毛利率为 30%，流动资产平均占用额为 400 万元，则该企业流动资金周转天数为（　　）天。

A. 120　　B. 90

C. 72　　D. 65

3. 某企业 2012 年的经营现金流入量为 800 万元，经营现金流出量为 360 万元，期初资产总额为 190 万元，期末负债总额为 100 万元，年末资产负债率为 40%，则企业该年的资产现金回收率为（　　）。

A. 364%　　B. 220%

C. 200%　　D. 100%

4. 从资产流动性方面反映总资产效率的指标是（　　）。

A. 总资产产值率　　B. 总资产收入率

C. 总资产周转率　　D. 产品销售率

5. 流动资产占总资产的比重是影响（　　）指标变动的重要因素。

A. 总资产周转率　　B. 总资产产值率

C. 总资产收入率　　D. 总资产报酬率

6. 影响流动资产周转率的因素是（　　）。

A. 产出率　　B. 销售率

C. 成本收入率　　D. 收入成本率

7. 当流动资产占用量不变时，由于流动资产周转加快会形成流动资金的（　　）。

A. 绝对浪费额　　B. 相对浪费额

C. 绝对节约额　　D. 相对节约额

8. 当流动资产占用量不变时，由于销售收入减少会形成流动资金的（　　）。

A. 绝对浪费额　　B. 相对浪费额

C. 绝对节约额　　D. 相对节约额

9. 提高固定资产产值率的关键在于（　　）。

A. 提高销售率　　B. 增加生产设备

C. 增加生产用固定资产　　D. 提高生产设备产值

三、多项选择题

1. 在计算应收账款周转率时，关于应收账款余额的确定，下列说法错误的是（　　）。

A. 包括“应收账款”和“应收票据”等的全部赊销账款，金额为扣除坏账准备前的数额

B. 包括“应收账款”和“应收票据”等的全部赊销账款，金额为扣除坏账准备后的净额

C. “应收账款”账户的期末余额

D. 仅在本年度发生的应收账款

2. 某企业流动比率为2.5，存货与流动负债之比为1.2，则下列说法正确的有（　　）。

A. 存货占流动资产的48%　　B. 速动比率为1.3

C. 营运资金大于零　　D. 企业的偿债能力很强

3. 反映企业营运能力的指标有（　　）。

A. 总资产收入率　　B. 固定资产收入率

C. 流动资产周转率　　D. 存货周转率

E. 应收账款周转率

4. 影响存货周转率的因素有（　　）。

A. 材料周转率　　B. 在产品周转率

C. 总产值生产费　　D. 产品生产成本

E. 产成品周转率

5. 应收账款周转率越高越好，因为它表明（　　）。

A. 收款迅速　　B. 减少坏账损失

C. 资产流动性高　　D. 销售收入增加

E. 利润增加

6. 存货周转率偏低的原因可能是（　　）。

A. 应收账款增加　　B. 降价销售

C. 产品滞销　　D. 销售政策发生变化

E. 大量赊销

7. 反映流动资产周转速度的指标有（　　）。

A. 流动资产周转率　　B. 流动资产垫支周转率
C. 存货周转率　　D. 存货构成率
E. 应付账款周转率

学习评价

专业能力测评表（见表 4－18）

表 4－18

（在□中打√，A 掌握，B 基本掌握，C 未掌握）

业务能力	评价指标	自测结果	要求
认知企业营运能力	1. 资产运作效率 2. 营运能力分析方法	A □ B □ C □ A □ B □ C □	理解营运能力指标设计逻辑
营运能力指标计算	1. 应收账款周转率计算与评价 2. 存货周转率计算与评价 3. 流动资产周转率计算与评价 4. 固定资产周转率计算与评价 5. 总资产周转率计算与评价	A □ B □ C □ A □ B □ C □ A □ B □ C □ A □ B □ C □ A □ B □ C □	能够正确计算各项营运指标，并进行分析评价
企业营运能力分析评价	企业综合营运能力分析	A □ B □ C □	能够独立对上市公司进行营运能力进行综合分析
教师评语：			
成绩：		教师签字：	

练习题：企业营运能力分析

项目五

企业发展能力分析

知识目标

1. 熟悉企业发展能力分析的意义，了解分析企业发展能力的途径。
2. 掌握发展能力分析各项财务指标的含义和运用。

技能目标

1. 能够结合上市公司财务报表计算公司各项发展能力分析指标，并根据计算结果，对上市公司各项发展指标进行分析评价。

2. 能够对上市公司历年财务数据进行整理分析，结合财务信息和非财务信息，对上市公司未来发展能力进行综合分析和评价。

知识技能点

1. 理解发展能力内涵
2. 销售增长率分析与评价
3. 营业收入增长率分析与评价
4. 净利润增长率分析与评价
5. 营业利润增长率分析与评价
6. 总资产增长率分析与评价
7. 股东权益增长率分析与评价

标志性成果

选择一家上市公司，搜集公司财务信息和非财务信息，计算各项发展能力指标，对公司发展能力进行分析和评价，形成一份包括上市公司单项发展指标分析、公司发展能力行业分析和整体发展能力分析的公司发展能力综合分析报告。

职业核心能力

自我学习；数据搜索；Excel 数据处理；指标计算；分析问题；解决问题；革新创新。

思维导图

思维导图见图 5－1。

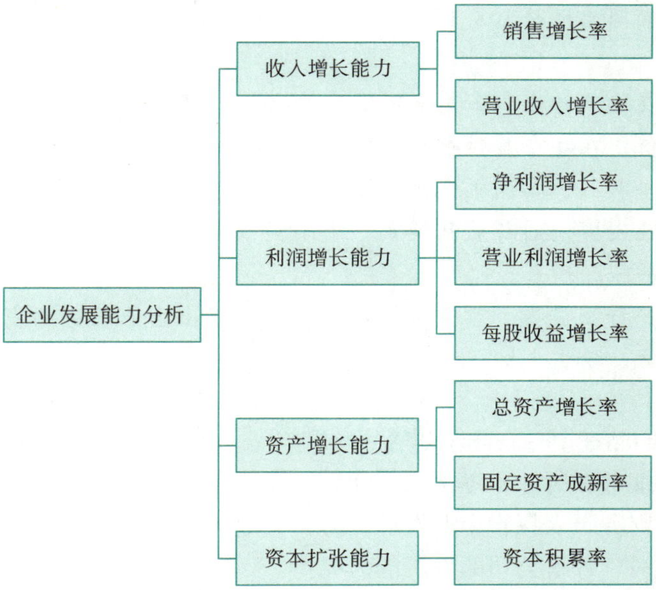

图 5－1　企业发展能力分析思维导图

引　例

万科 A 地产颓势下彰显发展后劲

2017 年，全国商品房销售增速持续放缓，随着中国房价快速上涨的时代结束，地产商弯腰捡钱的时代也一去不复返了，单纯依靠规模粗犷式增长模式难以为继，地产行业今日呈现的局面是：随着房价单边上涨和购销两旺时代的结束，降杠杆去库存是大趋势，越来越多的地产商会沿着产业链进行多元化发展，租赁住房市场或将爆发。

万科，作为国内房地产行业中的领军企业，在 2017 年依然取得优秀的业绩，全年累计完成销售面积 3595.2 万平方米，完成销售金额 5 298.8 亿元，历史首次突破 5 000 亿元门槛，在国内地产业面临严峻考验的 2017 年，为了应对行业寒冬，转变企业发展思维，积极拓展产业链多元化发展，优化企业资本结构。其改变具体包括：

其一，万科拓展商业地产和长租公寓业务，自 2014 年起确立了未来城市综合配套服务商的定位，近年来不断加大商业地产和物流地产的拓展力度，同时积极布局长租公寓市场，整合形成了集中式长租公寓品牌“泊寓”，以市场化租金定价，致力于满足城市青年人群的中长期租住需求，通过产业多元化发展，不断开拓新的业务市场，扩大营收渠道。

其二，随着去杠杆去库存战略的实施，企业不断优化资本结构，降低财务杠杆，从而降低费用，2017 年全年净负债率降至 8.84%，较 2016 年下降了 17%，同时短期借款及一年内到期非流动负债占货币资金的比重为 35.8，也较 2016 年下降 14%；此外，积极去库存加快企业资金回笼速度，经营性活动现金流净额同比增长 108.1%，建立在原有营收渠道基础上，不断提升营收质量。

其三，在地产行业高压竞争环境、国家长效调控机制下，行业整体利润水平持续走低。在房企盈利能力备受考验的时点，万科继续推进“轨道 + 物业”的新业务模式，与深圳地铁集团牵手合作，帮助万科在当前行业生态下顺利破局行业困境，创新盈利模式，进而提升企业盈利水平和盈利质量，为企业带来新一轮的增长。

作为地产行业龙头，万科的一系列举措体现出企业长远的发展视野，可谓是步步为赢，抢占先机。

（案例来源：http：//www.360doc.com。）

请同学们站在财务视角下思考：

1. 万科能够在行业寒冬下取得优秀业绩的直接原因是什么？
2. 基于财务报表探索企业发展能力，关键切入点在哪里？
3. 如何科学评价公司的发展能力呢？

模块一　企业发展能力指标计算与运用

职业判断与业务操作

企业的发展能力也称“企业的成长性”。它是企业通过自身的生产经营活动，不断扩大积累而形成的发展潜能。企业能否健康发展取决于多种因素，包括外部经营环境、企业内在素质以及资源条件等。

一、理解发展能力的内涵

（一）发展能力分析的意义

企业发展能力通常是指企业未来生产经营活动的发展趋势和发展潜能，是企业的价值源泉。从过程来讲，企业发展能力主要是通过自身的生产经营活动不断扩大积累形成，依托企业不断增长的销售收入、不断增加的资金投入和不断得到的收益而发展。从结果来讲，发展能力强的企业能够不断为股东创造财富，不断增加企业价值，促进国民经济总量不断上升，促使经济健康稳步发展。

微课：理解发展能力内涵

股东、政府、债权人以及潜在投资者等利益相关者不仅关注自身眼前利益，更注重企业的长远发展能力。对股东而言，通过对公司发展能力分析和对股东价值的衡量，可以为下一步战略行动提供依据；对经营者而言，通过对公司发展能力分析，可以发现影响企业未来发展的关键因素，从而采取正确的经营决策和财务策略促进企业的可持续发展；对潜在投资者而言，通过对公司发展能力分析，可以判断企业的成长性，从而选择合适的投资主体，做出正确的投资决策；对债权人而言，通过对公司发展能力分析，可以判断企业未来盈利能力，从而做出正确的信贷决策；对政府监管部门而言，通过对公司发展能力分析，可以判断其未来的发展趋势是否符合国家产业政策和宏观政策导向，是否能够创造税收增加政府财政收入，是否创造就业机会，带动地方经济发展，从而做到心中有数。

PPT：理解发展能力内涵

重要提示

企业财务分析是一个动态与静态相结合的分析过程。首先，企业价值在很大程度上取决于未来的盈利能力，取决于营业收入、收益及股利的未来增长，而不是企业过去或者目前所取得的收益情况。其次，无论是增强企业的盈利能力、偿债能力还是提高资产营运效率，都是为了企业未来的活力需要，都是为了提高企业的发展能力，也就是说发展能力是企业盈利能力、营运能力和偿债能力的综合体现。所以，要全面衡量一个企业的价值，就不应该仅仅从静态的角度分析其经营能力，而更应该着眼于从动态的角度分析和预测企业的经营发展性水平，即发展能力。

发展能力分析可以抑制企业的短期行为，有利于完善现代企业制度。企业的短期行为集中表现为追求眼前的利润，忽视企业资产的保值与增值。为了实现短期利润，有些企业不惜损耗设备、少计费用和成本。增加了对企业发展能力的考核后，不仅要考核企业目前实现的利润，还要考核企业资产的保值与增值情况，这就可以从一定程度上抑制企业的短期行为，真正增加企业的经济实力，完善现代企业制度。

企业发展能力分析结构

以前章节讲的是企业现有价值，那么发展能力讲的就是企业未来价值。

（二）发展能力分析的途径

企业发展能力可以通过以下三种途径进行分析：

一是增长率分析。企业价值要增长，就要依赖于股东权益、净利润、营业收入、资产等方面的不断增长来实现，增长率分析就是对股东权益增长率、收益增长率、营业收入增长率、总资产增长率等指标进行分析，并结合企业财务报表对企业综合发展能力进行评价。

二是股东权益增加值分析。企业价值增长的实质即企业股东权益是否增长。股东权益增加值分析主要通过比较不同时期的股东权益增加值增减变化和趋势，分析企业股东价值增长情况及其原因，从而判别企业的成长性。

三是企业竞争能力分析。主要通过比较产品的市场占有率、市场覆盖率、产品竞争力、企业竞争策略等，对参与竞争的企业的实力做出合理的分析和评价。

在本项目中，我们学习结合企业财报，通过计算和分析企业各项价值增长影响因素增长率，对上市公司发展能力进行单项和综合评价。

二、计算分析企业发展能力指标

（一）计算分析收入增长能力指标

1. 销售增长率

微课：销售增长率分析与评价

销售是企业收入的最根本来源，销售增长是企业价值增长的最基本体现。销售的稳定增长就是企业发展的表现，而充足的收入也可为企业进一步扩大市场、开发新产品、进行技术改造等提供资金来源，促进企业的进一步发展。

（1）计算销售增长率。销售增长率是衡量企业经营状况和市场占有能力、预测企业经营业务拓展趋势的重要指标，也是企业扩张增量资本和存量资本的重要前提。销售增长率是本年销售的增长额与上年的销售额之比，反映企业销售的增长情况。该比率越大，说明企业销售实现的越多。其计算公式为：

$$销售增长率 = \frac{本期销售额 - 上期销售额}{上期销售额} \times 100\%$$

引例分析 5－1

根据万科 A 2015—2017 年财务数据，计算其销售增长率（见表 5－1）。

表 5－1　万科 A 2015—2017 年销售增长率计算表　　单位：亿元

项目	2014 年	2015 年	2016 年	2017 年
销售额	2 151.3	2 614.7	3 647.7	5 298.82
销售额增长金额	—	463.4	1 033	1 651.12
销售增长率（%）	—	21.54	39.51	45.26

2015 年销售增长率 =（2015 年销售额 − 2014 年销售额）÷2014 年销售额

=（2 614.7 − 2151.3）÷2 151.3

= 21.54%

2017 年销售增长率 =（2017 年销售额 − 2016 年销售额）÷2016 年销售额

=（5 298.82 − 3 647.7）÷3647.7

= 45.26%

根据引例分析 5 − 1 的结论，万科 A 2015—2017 年销售增长率呈现逐年上升的趋势且上升势头显著。万科 A 近 3 年来销售水平不断提升，市场占有率稳步推进。从行业视角分析，2015 年万科 A 销售额居于行业首位，2016 年销售额位居第二，仅次于中国恒大，2017 年居于行业第二，碧桂园后来居上以 5 500 亿元占据榜首。万科 A 排名相对稳定，销售额始终保持高速稳定的增长态势，且与行业榜首差距不大，综合显示出企业强大的销售创造能力。截至 2018 年第一季度，企业前 2 个月销售额已经突破千亿规模，实现销售额 1 035.8 亿元，预计 2018 销售规模将会再创新高。

重要提示

销售额是指纳税人销售货物、提供应税劳务或服务，从购买或接受应税劳务方或服务方收取的全部价款和一切价外费用，但是不包括向购买方收取的销项税额以及代为收取的政府性基金或者行政事业性收费。销售额与销售收入之间，存在时滞上的差异和税金上的差异。

从房地产行业视角分析，房地产预收尚未建设完成的期房，可以取得预售收入，预售阶段的销售是无法确认收入的，但是房地产商统计的销售额都会将这部分统计在内。只有满足交付条件、发出交付通知书之后，才可以结转相应的收入成本，这是时滞上的差异；从税金角度分析，销售额一般指的是含税的合同总金额，而销售收入是企业确认的纯粹的收入。

PPT：销售增长率分析与评价

（2）评价销售增长率。该指标是衡量企业经营状况和市场占有能力、预测企业经营业务拓展趋势的重要指标，也是衡量企业增长增量和存量资本的重要前提。不断增加的销售额，是企业生存的基础和发展的条件。该指标大于零，表示企业本年的销售额有所增长，指标值越高，表明增长速度越快。

在实际分析时，应结合企业历年的销售水平、企业市场占有情况、行业未来发展及其他影响企业发展的潜在因素进行潜在性预测，或结合企业前 3 年的销售额增长率做出趋势性分析判断。分析中可以与其他类似企业历史水平及行业平均水平作为比较标准。

2. 营业收入增长率

市场是企业生存和发展的空间，客户是企业利润增长的源泉。一个企业的营业收入情况越好，市场所占份额越多，企业生存和发展的空间也就越大；相应的，企业的营业收入增长越快，说明企业生存和发展的能力提高越快。

微课：营业收入增长率分析与评价

PPT：营业收入增长率分析与评价

因此，可以用营业收入增长率来反映企业在营业收入方面发展的能力。

（1）计算营业收入增长率。营业收入增长率（Increase Rate of Main Business Revenue）是衡量企业经营状况和市场占有能力、预测企业经营业务拓展趋势的重要指标，营业收入增长率是企业本年营业收入增加额对上年营业收入总额的比率，是评价企业成长状况和发展能力的重要指标。其计算公式为：

$$营业收入增长率=\frac{本期营业收入-上期营业收入}{上期营业收入}\times 100\%$$

引例分析 5－2

根据万科 A 2015—2017 年财务数据，计算其营业收入增长率（见表 5－2）。

表 5－2　　万科 A 2015—2017 年营业收入增长率计算表　　单位：元

项目	2014 年	2015 年	2016 年	2017 年
营业收入	146 388 004 498	195 549 130 021	240 477 236 923	242 897 110 251
营业收入增长额		49 161 125 522	44 928 106 902	2 419 873 327
营业收入增长率（%）	—	33.58	22.98	1.01

2015 年营业收入增长率＝（2015 年营业收入－2014 年营业收入）÷2014 年营业收入
＝（195 549 130 021 －146 388 004 498）÷146 388 004 498
＝33.58%

2017 年营业收入增长率＝（2017 年营业收入－2016 年营业收入）÷2016 年营业收入
＝（242 897 110 251 － 240 477 236 923）÷240 477 236 923
＝1.01%

根据引例分析 5－2 的结论，万科 A 2015—2017 年营业收入增长率呈现出下降趋势且下降趋势明显。2016 年营业收入 2 404.77 亿元，行业排名第二；2017 年营业收入总额为 2 428.97亿元，行业排名跌落至第三，不管是营收增长减慢，还是行业排名位置下滑，均反映企业在销售环节存在问题。但是，评价万科 A 营业收入增长率指标还需要结合具体财务报表数据和企业所处行业背景共同分析。一方面行业整体行情不景气是导致万科 A 营业收入增长放缓的主要因素；另一方面，分析万科 A 财务报表，2016 年预收账款 2 746 亿元，2017 年预收账款 4 077 亿元，同比增长 48%，考虑到房地产开发企业预售预收特殊情况，营业收入增速放缓与企业部分预收款尚未确认收入存在关系。但从指标层面，大幅度减缓的营业收入增速应该引起企业的警惕。

（2）评价营业收入增长率。营业收入增长率是反映企业经营状况的核心指标之一，是企业长期稳定盈利的基础。因为营业收入不像利润那样容易受到记账方法的影响，而且营业收入比利润指标更快地反映企业的盈利能力和变化趋势，所以对于企业未来增长情况的预测，营业收入增长率指标起着较为重要的作用。

收入增长率大于零，说明企业的营业收入增长率呈正增长，企业的销售规模有所扩大，在销售毛利率等其他指标不发生变化的情况下，企业的最终盈利状况也会出现同比增长。

如果营业收入增长率小于零，则说明企业出现了负增长，企业的经营状况出现了重大变化。如果营业收入增长率下滑了30%以上，说明企业主营业务有较大变数。

该指标越高，表明企业的营业收入增长速度越快，企业的产品越有竞争力，企业在行业内的竞争力越强，市场前景越好。指标持续的上升，反映企业的竞争力持续增强，未来企业有着更好的发展前景，属于成长股。

营业收入同比增长详解

拓展阅读

营业收入增长的效益：如果营业收入的增加主要依赖于资产的相应增加，即营业收入增长率低于总资产增长率，说明这种营业收入增长不是效益型增长，同时也反映未来企业在营业收入方面的成长性并不好，可持续发展能力不强。正常情况下，企业的营业收入增长率应高于总资产增长率，只有这样才说明企业在营业收入方面具有较好的发展性。

营业收入增长的趋势：在对该指标进行实际分析时，应结合企业较长期的历年营业收入水平、企业市场占有情况、行业未来发展及其他影响企业发展的潜在因素进行前瞻性预测，或结合企业前3年的营业收入增长率来做出趋势性分析判断。同时，在分析过程中要确定比较标准，因为单独的一个发展能力指标并不能说明所有的问题，只有在企业间或本企业各年度之间进行比较才有意义。

根据某产品的销售收入增长率指标分析企业的成长性：一种产品的生命周期一般可划分为四个阶段，即投放期、成长期、成熟期和衰退期。处于不同周期的产品有不同的销售表现。根据这个原理，大致可以分析企业产品所处的生命周期阶段，据此也可以判断企业发展前景。对于一个具有良好发展前景的企业来说，较为理想的产品结构是成熟一代，生产一代，储备一代，开发一代。对一个所有产品都处于成熟期或者衰退期的企业来说，其发展前景值得怀疑。

阶段性任务

截至2018年底，国内知名房地产上市公司（以下统称“房企”）相继公布了2018年全年销售业绩。按照销售金额从大到小排序，依次是碧桂园（2007. HK）、万科（000002. SZ）、中国恒大（3333. HK）、融创中国（1918. HK）和保利地产（600048. SH），和2017年位次相同。五大房企中，万科与保利地产属于国内A股，碧桂园、中国恒大和融创中国属于香港H股。

为了方便数据查找，我们选择同属A股的保利地产作为分析对象，请同学们上网搜索保利地产2015—2017年财务报表，计算保利地产2015—2017年营业收入增长率，填入表5-3中。结合万科A对保利地产营业收入增长率进行分析。

表5-3　　保利地产营业收入增长率计算表　　单位：元

项目	2014年	2015年	2016年	2017年
营业收入				
营业收入增长额	—			
营业收入增长率（%）	—			

（二）计算分析盈利增长能力指标

由于一个企业的价值主要取决于其盈利能力及增长能力，所以企业的收益增长是反映企业增长能力的重要方面。由于收益表现为营业利润、利润总额、净利润等多种指标，因此相应的收益增长率也具有不同的表现形式。

微课：净利润增长率分析与评价

PPT：净利润增长率分析与评价

1. 净利润增长率

净利润增长率反映了企业实现价值最大化的扩张速度，是综合衡量企业资产营运与管理业绩，以及成长状况和发展能力的重要指标。

（1）计算净利润增长率。净利润是企业经营的结果，因此净利润的增长是企业成长性的基本表现。净利润增长率是本期净利润增长额与上期净利润之比，其计算公式为：

$$\text{净利润增长率}=\frac{\text{本期净利润}-\text{上期净利润}}{\text{上期净利润}}\times 100\%$$

或者：

$$\text{净利润增长率}=\frac{\text{本期归属于母公司净利润}-\text{上期归属于母公司净利润}}{\text{上期归属于母公司净利润}}\times 100\%$$

引例分析5-3

根据万科A 2015—2017年财务数据，计算其净利润增长率（见表5-4）。

表5-4　　万科A　2015—2017年净利润增长率计算表　　单位：元

项目	2014年	2015年	2016年	2017年
归属于母公司净利润	15 745 454 145	18 119 406 249	21 022 606 257	28 051 814 882
净利润增加额	—	2 373 952 105	2 903 200 007	7 029 208 626
净利润增长率（%）	—	15.08	16.02	33.44

2015年净利润增长率＝（2015年归母净利润－2014年归母净利润）÷2014年归母净利润
＝（18 119 406 249 － 15 745 454 145）÷15 745 454 145
＝15.08%

2017 年净利润增长率 =（2017 年归母净利润 - 2016 年归母净利润）÷2016 年归母净利润
= （28 051 814 882 - 21 022 606 257）÷21 022 606 257
=33.44%

根据引例分析 5 - 3 的结论，2015—2017 年万科 A 净利润增长率呈现上升趋势，且 2017 年上升势头明显，显示出企业稳定且良好的经营业绩，在房地产行业内部具有较强的竞争力。但是，2017 年万科 A 33.44% 的净利润增长率一旦放入行业内部进行比较，就相对黯淡一些。2017 年国内 11 家房企净利润增长率增幅超过 100%，包括中国恒大、融创中国和碧桂园等。恒大以 378.73% 净利润增长率排名第一，融创中国以 344% 排名第二，碧桂园净利润增长率也达到 126.31%。

但是，虽然万科 A 的净利润增长率排名靠后，但是其 2017 年归属于母公司净利润 280.52 亿元在当年上市房地产企业中排名第二，其净利润规模是很大的，考虑到企业连续年度稳定增长的趋势，这也是万科 A 净利润增长缓慢的原因。综合看来，企业的净利润有着稳健增长的趋势，反映企业强劲的发展后劲。

所以我们在分析该指标时，应该全面结合净利润具体数字、行业水平和指标趋势进行综合评价。

（2）评价净利润增长率。该指标通常越大越好。该指标越大，说明企业收益增长得越多，表明企业经营业绩突出、市场竞争能力越强；该指标越小，说明企业收益增长得越少，表明企业经营业绩不佳，市场竞争能力越弱。企业的发展必然体现出净利润的增长，但两者并不一定同步，净利润的增长可能滞后于企业的发展。

分析企业净利润的增长率，还需结合企业的销售增长率一起来分析。如果企业的净利润增长率高于销售增长率，表明企业产品获利能力在不断提高，企业正处于高速成长阶段，具有良好的增长能力；如果企业的净利润增长率低于销售增长率特别是营业利润增长率，可能反映企业成本费用的上升超过了销售的增长，需要结合财报和企业表外信息进行综合评价。

全面分析企业的净利润增长率，仅仅计算和分析企业某一年度的净利润增长率是不够的，它无法反映出企业净利润增长的真实趋势。正确分析企业净利润增长趋势的方法是将企业连续多年的净利润增长率指标进行对比分析。如果企业的净利润增长率连续 3 年增长，说明企业的净利润增长能力比较稳定，具有良好的增长趋势，如果企业的净利润增长率连续 3 年大幅度下降，或者 2 年无增长，则说明企业的盈利能力不稳定，企业经营存在一定的问题，不具备良好的增长势头。

相关案例

在分析企业营运能力时，我们引入格力电器作为案例，对其营运能力做出综合分析。这里，我们再通过营业收入增长率和净利润增长率对格力电器发展能力进行评价。我们统计了2003—2017年15年来格力电器的营业收入增长率和净利润增长率的情况（见图5－2）。

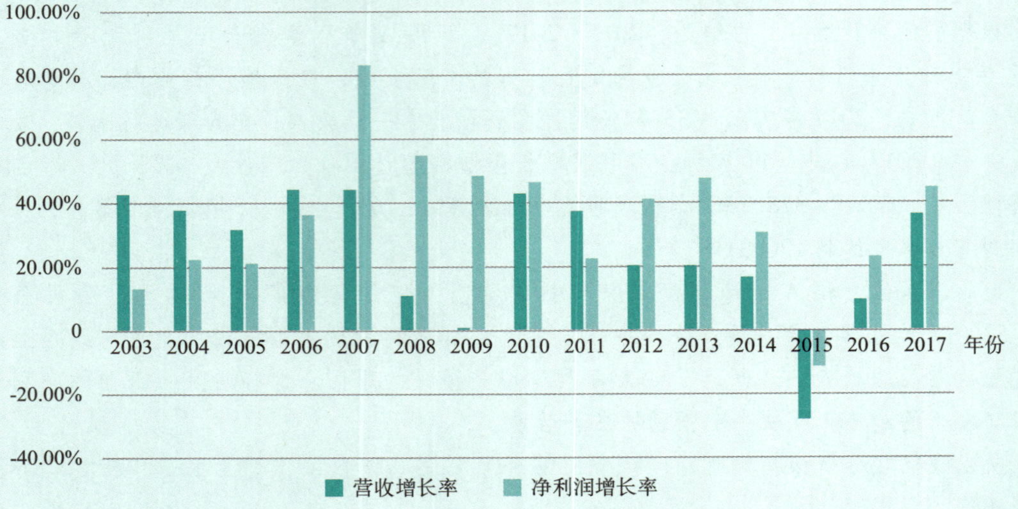

图5－2 格力电器营业收入增长率和净利润增长率对比分析图

一般来说，营收增长大于净利润增长，说明企业处于扩张阶段。从上面的对比，2007年，是一个拐点。2007年以前，格力电器营业收入增长率高于净利润增长率，企业处在快速扩张时期。

而如果营收增长小于净利润增长，说明企业通过提高售价、降低成本、控制费用等手段来增厚净利润。2007年以后，公司营业收入增长率低于净利润增长率，说明企业通过提高售价、降低成本、控制费用等手段来增厚净利润，其表现就是营业成本在营业收入中的占比下降，公司毛利率提升（见表5－5）。

表5－5 格力电器2008—2012年营收、成本、毛利率对比

项目/年度	2008	2009	2010	2011	2012
营业成本（亿元）	337.33	319.56	474.09	681.32	732.03
营业收入（亿元）	420.32	424.58	604.32	831.55	993.16
比重（%）	80.26	75.26	78.45	81.93	73.71
毛利率（%）	19.74	24.74	21.55	18.07	26.29

格力电器2013—2017营收、成本、毛利率对比

项目/年度	2013	2014	2015	2016	2017
营业成本（亿元）	803.86	880.22	660.17	728.86	995.63
营业收入（亿元）	1 186.26	1 377.5	977.45	1 083	1 482.9
比重（%）	67.76	63.90	67.54	67.30	67.14
毛利率（%）	32.24	36.10	32.46	32.70	32.86

如表5－5所示，公司营业成本在营业收入中的占比，从2008年的80.26%降低到2017年的67.14%，公司的毛利率从2008年的19.74%上升到2017年的32.86%。

（案例来源：http：//m. sohu. con。）

阶段性任务

请同学们上网搜索保利地产2015—2017年财务报表，计算保利地产2015—2017净利润增长率，填入表5－6中。结合万科A对保利地产净利润增长率进行分析。

表5－6　保利地产净利润增长率计算表　单位：元

项目	2014年	2015年	2016年	2017年
归属于母公司净利润				
净利润增加额	—			
净利润增长率（%）	—			

微课：营业利润增长率分析与评价

PPT：营业利润增长率分析与评价

2. 营业利润增长率

如果一个企业的利润增长迅速，但是销售收入并未增长，也就是说其利润增长并不是来自于其营业活动，这样的增长是不能持续的，随着时间的推移将会消失。因此，利用营业利润增长率这一比率可以较好地考察企业的成长性。

（1）计算营业利润增长率。营业利润增长率又称“销售利润增长率”，是企业本年营业利润增长额与上年营业利润总额的比率，反映企业营业利润的增减变动情况。其计算公式为：

$$营业利润增长率=\frac{本期营业利润-上期营业利润}{上期营业利润}\times 100\%$$

引例分析5－4

根据万科A 2015—2017年财务数据，计算其营业利润增长率（见表5－7）。

表5－7　万科A　2015—2017年营业利润增长率计算表　单位：元

项目	2014年	2015年	2016年	2017年
营业利润	24 979 358 868	33 122 777 303	39 023 778 798	50 812 916 408
营业利润增加额	—	8 143 418 435	5 901 001 495	11 789 137 611
营业利润增长率（%）	—	32.60	17.82	30.21

2015年营业利润增长率＝(2015年营业利润－2014年营业利润）÷2014年营业利润

＝（33 122 777 303 － 24 979 358 868）÷24 979 358 868

＝32.60%

2017 年营业利润增长率 =（2017 年营业利润 −2016 年营业利润）÷2016 年营业利润

=（50 812 916 408 − 39 023 778 798）÷39 023 778 798

=30.21%

根据引例分析 5 −4 的结论，可以发现近 3 年来万科 A 的营业利润增长率呈现 V 形波动态势，其中 2016 年水平最低，2017 年反弹回升。结合企业行情背景，2016 年房地产开发行业整体行情较差，但是万科 A 的营业利润增长依然保持相对稳定，体现了万科 A 作为房企龙头对市场的抗压能力，能够在较差的市场环境下持续保证营业利润不断增长，显示出企业持续的发展后劲。

再结合营业收入增长率来分析，企业 3 年来营业收入增长放缓，呈现大幅度下滑趋势，2017 年营业收入增长率仅为 1.01%，但是依然能够保证营业利润稳定增速，主要原因得益于优秀的成本费用控制能力，这里，我们给出大家一组对比数字（见表 5 −8 和表 5 −9）。

表 5 −8　　万科 A 2015—2017 年“三项”期间费用变动水平　　单位：亿元

项目	2014 年	2015 年	2016 年	2017 年
期间费用	90.65	93.61	135.53	172.03
增长额	—	2.96	41.92	36.50
期间费用增长率（%）	—	3.26	44.78	26.93

表 5 −9　　万科 A 2015—2017 年营业成本变动水平　　单位：亿元

项目	2014 年	2015 年	2016 年	2017 年
营业成本	1025.57	1 381.51	1 697.42	1 600.80
营业成本增长额	—	355.94	315.92	−96.62
营业成本增长率（%）	—	34.71	22.87	−5.69

结合利润表中成本和期间费用增长变化水平，我们可以发现，2016 年企业营业收入增长率 22.98%，增幅放缓，但是企业期间费用增长较高，增速达到 44.78%，超过营业收入增速，这是导致 2016 年企业营业利润增长下滑的主要原因之一。另外，2017 年虽然企业营业收入仅增长 1%，但是企业期间费用增长降低，营业成本呈现负增长的状况，导致 2017 年企业营业利润反弹回升。

所以，我们在分析企业发展能力单项指标的时候，需要多角度、全方位地审视指标结果和变化趋势，并通过多项指标结合进行分析。当出现如万科 A 这种情况时，就需要再返回报表，深入观察企业各项业绩水平，并综合判断后得出结论。

（2）评价营业利润增长率。营业利润是企业从事生产经营活动中取得的利润，是企业最基本经营活动的成果，也是企业一定时期获得利润中最主要、最稳定的来源，所以营业利润增长率体现企业核心的稳定收益来源的增长情况。该指标越大，说明企业营业利润增长得越快，表明企业营业情况好、业务扩张能力强；相反，则说明企业营业利润增长得越慢，反映企业营业活动发展停滞，业务扩张能力减弱。

分析企业增长——看数量更要看质量

阶段性任务

请同学们上网搜索保利地产2015—2017年财务报表，计算保利地产2015—2017年营业利润增长率，填入表5－10中。结合万科A对保利地产营业利润增长率进行分析。

表5－10　　保利地产营业利润增长率计算表　　单位：元

项目	2014年	2015年	2016年	2017年
营业利润				
营业利润增加额	—			
营业利润增长率（%）	—			

3. 每股收益增长率

作为投资者判断企业是否值得投资，可以通过其在公开市场上的股票成长性来判断，可以借助于每股收益增长率来帮助分析。每股收益增长率是指反映了每一份公司股权可以分得的利润的增长程度。

（1）计算每股收益增长率。企业出现亏损，其净利润为负数，当年每股收益则会显示为负数，所以我们在计算每股收益增长率时，其中的上期每股收益作为分母，应该用绝对数来计算，故其计算公式为：

$$每股收益增长率=\frac{本期每股收益-上期每股收益}{ABS（上期每股收益）}\times 100\%$$

式中，分母ABS（）代表取绝对数。

引例分析5－5

根据万科A 2015—2017年财务数据，计算其每股收益增长率（见表5－11）。

表5－11　　万科A　2015—2017年每股收益增长率计算表

项目	2014年	2015年	2016年	2017年
每股收益（元/股）	1.43	1.64	1.9	2.54
每股收益增加额	—	0.21	0.26	0.64
每股收益增长率（%）	—	14.69	15.85	33.68

2015年每股收益增长率＝（2015年每股收益－2014年每股收益）÷2014年每股收益
＝（1.64－1.43）÷1.43
＝14.69%

2017年每股收益增长率＝（2017年每股收益－2016年每股收益）÷2016年每股收益
＝（2.54－1.9）÷1.9
＝33.68%

根据引例分析5－5的结论，万科A连续年度每股收益增长率呈现上升趋势，且2017年上升势头显著，显示出企业近年来业绩保持高速增长。说明该企业在近3年为股东提供了不断增长的良好收益。结合之前万科A净利润增长，我们可以发现其每股收益增长趋势与净利润增长趋势呈现近乎完全一致的走势（见图5-3），呈现出企业良好的收益持续性和整体水平，表明企业未来优秀的成长潜力。

图5-3 万科A净利润、每股收益增长率对比

（2）评价每股收益增长率。每股收益增长率越高越好，意味着企业获得更多的净利润，股东可以获得更高的回报，逐年增高的每股收益会给予投资者足够的信心购买或继续持有企业股票，企业可以通过公开市场的融通带来更多资金，为企业后续发展提供支持。

重要提示

在评价一家上市公司的每股收益增长率时，可以将本公司的每股收益增长率与整个市场的平均每股收益增长率比较；也可以与同一行业其他公司的每股收益增长率比较；还可以将本期每股收益增长率和公司本身历史每股收益增长率比较；除此之外，更重要的是还需要将每股收益增长率与销售收入增长率比较，以衡量公司未来的成长潜力。一般而言，每股收益的增长应伴随着营业收入的成长，否则可能只是因为削减成本或一次性收益等无法持续的因素造成。

阶段性任务

请同学们上网搜索保利地产2015—2017年财务报表，计算保利地产2015—2017年每年资产负债表日每股收益增长率，填入表5-12中。结合万科A对保利地产总资产增长率进行分析。

表5-12 保利地产每股收益增长率计算表 单位：元

项目	2014年	2015年	2016年	2017年
每股收益				
每股收益增加额	—			
每股收益增长率（%）	—			

（三）计算分析资产增长能力指标

资产是企业生产经营活动的物质条件，是企业用以取得收入的资源，也是企业偿还债务的保证。企业资产规模与其经营规模是相适应的，资产规模扩大往往意味着企业实力增强。通常情况下，发展能力强的企业都能保持资产的稳定增长，因此，资产增长率可以用来衡量企业的发展状况和发展能力。评价企业资产增长能力的指标通常有总资产增长率和固定资产成新率等。

微课：总资产增长率分析与评价

PPT：总资产增长率分析与评价

1. 总资产增长率

总资产增长率（Total Assets Growth Rate），又名“总资产扩张率”，是企业本年总资产增长额同年初资产总额的比率。总资产增长率反映了企业资本规模的扩张速度，是衡量企业总量规模变动和成长状况的重要指标。

（1）计算总资产增长率。总资产增长率是本期总资产增长额与期初总资产之比，其计算公式为：

$$总资产增长率=\frac{总资产期末余额-总资产期初余额}{总资产期初余额}\times 100\%$$

引例分析 5－6

根据万科 A 2015—2017 年财务数据，计算其总资产增长率（见表 5－13）。

表 5－13　万科 A 2015—2017 年总资产增长率计算表　单位：元

项目	2014 年	2015 年	2016 年	2017 年
总资产	508 408 755 416	611 295 567 689	830 674 213 924	1 165 346 917 805
总资产增加额		102 886 812 274	219 378 646 235	334 672 703 880
总资产增长率（%）	—	20. 24	35. 89	40. 29

2015 年总资产增长率＝（2015 年总资产－2014 年总资产）÷2014 年总资产
＝（611 295 567 689 － 508 408 755 416）÷508 408 755 416
＝20. 24%

2017 年总资产增长率＝（2017 年总资产－2016 年总资产）÷2016 年总资产
＝（1 165 346 917 805 － 830 674 213 924）÷830 674 213 924
＝40. 29%

根据引例分析 5－6 的结论，万科 A 连续年度总资产增长率呈现上升状态，反映企业总体规模依然在逐年增大，意味着生产能力的提升和经营规模的扩大。其中，2017 年万科 A 总资产增长率 40. 29%，为近年来最高点，高于行业平均水平 19. 42%，显示企业较强的竞争力。

深入报表分析，我们可以发现企业总资产的增长源于账面货币资金持有量增长和存货项目增长，货币资金由 2016 年 870. 32 亿元上升到 2017 年 1 741. 21 亿元；增幅达 100. 07%，存货由 2016 年 4 673. 61 亿元上升到 2017 年 5 980. 88 亿元，增幅为 27. 97%；这是导致总资产规模扩大的主要原因。万科把握 2017 年地产回暖的时机，积极拓储，以保障规模快速增长，加快存货注入，强化企业规模优势，进而推动了企业资产规模持续提升，实现了效益的提高，彰显企业行业龙头地位。

（2）评价总资产增长率。该指标是从企业资产总量扩张方面衡量企业的发展能力，表明企业规模增长水平对企业发展后劲的影响。总资产增长率指标大于零，说明企业本期资产增加了，生产经营规模扩大了，生产能力加强了。总资产增长率越高，说明企业本期内资产规模扩张速度越快，获得规模效益的能力越强。但应注意资产规模扩张质与量之间的关系以及企业的后续发展能力，避免因追求高资产增长而导致的企业盲目扩张。

影响企业规模变化的因素主要有两个：一是企业对外举债而扩大规模；二是企业所有者权益增加而引起的企业规模的扩大，包括企业实现盈利而增加企业资产，还包括企业吸收新的投资而使自己的规模扩大。引起企业规模扩大的具体原因，在评价总资产增长率指标时应予以考虑。

总资产增长率可以反映企业的市场占有率及竞争力状况，当企业总资产增长率低于行业平均值被认为竞争力较差，高于行业平均值则是具有竞争力或者成长较快的企业。

重要提示

在评价企业总资产增长率时，应注意：从投资者角度来看，通常希望总资产增长率越高越好，因为资产规模扩大通常是成长中的企业所为。但是要评价企业的资产规模增长是否适当，必须与营业收入增长、利润增长等情况结合起来分析。只有在企业的营业收入增长、利润增长超过资产规模增长的情况下，这种资产规模增长才属于效益型增长，才是适当的、正常的；相反，如果企业的营业收入增长、利润增长远远低于资产规模增长且持续存在，则投资者对此应该提高警惕。因此，企业总资产增长率高并不意味着企业的资产规模增长就一定适当。

企业资产一般来源于负债和所有者权益，因此，企业资产规模变动受负债和所有者权益规模两个因素的影响。在其他条件不变的情况下，无论是增加负债规模还是增加所有者权益规模，都会提高总资产增长率。负债规模增加，说明企业对外举债了；所有者权益规模增加可能存在多种原因，如企业吸收了新的投资，或者企业实现了盈利。

如果一个企业资产的增长完全依赖于负债的增长，而所有者权益在年度里没有发生变动或者变动不大，则说明企业不具备良好的发展潜力。企业资产的增加应该主要取决于企业盈利的增加，而不是负债的增加。因为一个企业只有通过增加股东权益，才有能力继续对外举债，才能进一步扩大资产规模，进而顺利地实现增长，从而使企业偿还债务也具有保障。

我们在运用总资产增长率作为企业发展能力指标的同时，需要结合企业的盈利能力指标，只有总资产增长率和盈利能力“双升”的企业，才是真正有发展潜力的企业。

相关案例

截至 2017 年底，万科的总资产为 11 653.47 亿元，同比增长 40.29%；总负债为 9 786.73 亿元，同比增长 46.29%；资产负债率为 83.98%，同比增加了 3.44 个百分点。有的同学就会提出疑问，企业负债增长比资产增长还高，且企业背负了超过 80% 的资产负债率，意味着企业资产的增长更多的是依靠负债实现的，这是不是说明万科面临较大偿债压力且现有增长模式不是合理的增长途径呢？

这里我们要专门向大家解释，万科资产负债率看起来很高，但是其中牵扯到了地产行业特点：一方面，由于“预售”模式，在交房之前，地产公司会把大量销售款计入“预收账款”，算作企业负债，这些预收款会拉高地产公司的负债率；另一方面，地产行业是典型的资金驱动型行业，财务杠杆高。

这两个因素会使得地产公司的负债率看起来非常高。其实最能真实反映地产公司资产负债结构（债务风险）的，是净负债率。其计算公式为：

净负债率 =（有息负债 − 货币资金）÷净资产

万科 2017 年年底的有息负债是 1 906.24 亿元，货币资金 1 741.21 亿元，净资产 1 866.74 亿元，计算出来净负债率为 8.84%，这个净负债率在地产行业是很低的水平，地产行业平均净负债率在 50% 左右。再进一步分析，万科短期借款和一年内到期的有息负债合计 622.7 亿元，占比为 32.7%，一年以上有息负债 1 283.5 亿元，占比为 67.3%，所以它的有息负债主要是长期负债。综上，万科在偿债方面，财务政策是稳健的，债务风险比较小，并不是万科纯粹的运用负债增长实现资产增长，而是由行业特殊的经营模式决定的。

阶段性任务

请同学们上网搜索保利地产 2015—2017 年财务报表，计算保利地产 2015—2017 年总资产增长率，填入表 5 - 14 中。结合万科 A 对保利地产总资产增长率进行分析。

表 5 - 14　保利地产总资产增长率计算表　单位：元

项目	2014 年	2015 年	2016 年	2017 年
总资产				
总资产增加额	—			
总资产增长率（%）	—			

2. 固定资产成新率

固定资产成新率又称“固定资产净值率”或“有用系数”，是企业当期平均固定资产净值同固定资产原值的比率，反映了企业所拥有的固定资产的新旧程度，体现了企业固定资产更新的快慢和持续发展的能力。

（1）计算固定资产成新率。固定资产成新率用企业平均固定资产净值比平均固定资产原值。其计算公式为：

$$\text{固定资产成新率}=\frac{\text{平均固定资产净值}}{\text{平均固定资产原值}}\times 100\%$$

式中，平均固定资产净值是指企业固定资产净值的年初数同年末数的平均值；平均固定资产原值是指企业固定资产原值的年初数与年末数的平均值。

（2）评价固定资产成新率。固定资产成新率反映了企业所拥有的固定资产的新旧程度，体现了企业固定资产更新的快慢和持续发展的能力。该指标高，表明企业固定资产比较新，对扩大再生产的准备比较充足，发展的可能性比较大。运用该指标分析固定资产新旧程度时，应剔除企业应提未提折旧对房屋、机器设备等固定资产真实状况的影响。

重要提示

利用该指标分析应注意的问题：

1. 应剔除企业应提未提折旧对固定资产真实情况的影响。
2. 进行企业间比较时，注意不同折旧方法对指标的影响。
3. 该指标受周期影响大，评价时应注意企业所处周期阶段这一因素。

（四）计算分析资本扩张能力指标

1. 资本积累率

资本积累率（Rate of Capital Accumulation）即股东权益增长率，是指企业本年所有者权益增长额同年初所有者权益的比率。较多的资本积累是企业发展强盛的标志，是企业扩大再生产的源泉，是评价企业发展潜力的重要指标。

微课：股东权益增长率分析与评价

PPT：股东权益增长率分析与评价

（1）计算资本积累率。资本积累率是指企业本年所有者权益增长额同年初所有者权益的比率，资本积累率表示企业当年资本的积累能力。其计算公式为：

$$\text{资本积累率}=\frac{\text{本年所有者权益增长额}}{\text{年初所有者权益}}\times 100\%$$

或者：

$$\text{资本积累率}=\frac{\text{本年归属于母公司所有者权益增长额}}{\text{年初归属于母公司所有者权益}}\times 100\%$$

引例分析 5－7

根据万科 A 2015—2017 年财务数据，计算其资本积累率（见表 5－15）。

表 5－15 **万科 A 2015—2017 年度资本积累率计算表** 单位：元

项目	2014 年	2015 年	2016 年	2017 年
年末所有者权益	115 893 616 920	136 309 617 321	161 676 571 281	186 673 939 158
本年所有者权益增加额		20 416 000 401	25 366 953 960	24 997 367 877
资本积累率（%）		17.62	18.61	15.46

2015 年资本积累率＝（2015 年末所有者权益－2014 年末所有者权益）÷2014 年末所有者权益
＝（136 309 617 321 － 115 893 616 920）÷115 893 616 920
＝17.62%

2017 年资本积累率＝（2017 年末所有者权益－2016 年末所有者权益）÷2016 年末所有者权益
＝（186 673 939 158 － 161 676 571 281）÷161 676 571 281
＝15.46%

从上述计算结果可以看出，近 3 年来万科 A 的资本积累率不断上升，到 2017 年资本积累率达到了 16.95%，这说明了该公司的净资产规模在不断增长，企业发展日益强盛，应付风险、持续发展的能力越来越强。

（2）评价资本积累率。资本积累率是企业当年所有者权益总的增长率，反映了企业所有者权益在当年的变动水平，体现了企业资本的积累情况，是企业发展强盛的标志，也是企业扩大再生产的源泉，展示了企业的发展潜力。

资本积累率反映了投资者投入企业资本的保全性和增长性，该指标越高，表明企业的资本积累越多，企业资本保全性越强，应付风险、持续发展的能力越大。该指标如为负值，表明企业资本受到侵蚀，所有者利益受到损害，应予以充分重视。

如何判断企业已经陷入发展困境

阶段性任务

请同学们上网搜索保利地产 2015—2017 年财务报表，计算保利地产 2015—2017 年资本积累率，填入表 5－16 中，并对保利地产资本积累率进行分析。

表 5－16 **保利地产资本积累率计算表** 单位：元

项目	2014 年	2015 年	2016 年	2017 年
所有者权益				
所有者权益增加额	—			
资本积累率（%）	—			

拓展阅读

复合增长率——巴菲特增长1万倍的秘密

2019年2月，“股神”巴菲特发布一年一度《巴菲特致股东的信》。信中，巴菲特对伯克希尔公司2018年的表现、市场看法、投资情况等做了介绍。全文有个非常重要的关键词：复合增长率。

1965—2018年，伯克希尔公司的复合年增长率为18.7%，明显超过标普500指数的9.7%。1964—2018年伯克希尔的整体增长率是1 091 899%（即10 918倍以上），而标普500指数为15 019%（150倍），只比标普500指数高9个百分点的复合年增长率具备什么样的魔力？让巴老爷子53年时间获得1万倍以上的收益？

增长指标可以划分为三类，包括同比增长率、平均增长率和复合增长率。本项目我们学习各单项增长指标属于同比增长率，而平均增长率是在同比增长率基础上计算出来的均值，至于复合增长率，则是以几何平均的角度，用“复利”的思路，考察某项指标在较长周期内的发展趋势。复合增长率的计算公式为：

$$复合增长率=\left(\sqrt[\frac{1}{年数}]{\frac{现有价值}{基础价值}}-1\right)\times100\%$$

我们通过一个简单例子进行说明。

假设××企业2015年净利润1亿元，2016年1.3亿元，2017年1.2亿元，2018年2.5亿元，则：

1. 同比增长率计算结果：

2016年企业净利润增长率为$[(1.3-1)\div1]\times100\%=30\%$

2017年企业净利润增长率为$[(1.2-1.3)\div1.3]\times100\%=-7.69\%$

2018年净利润增长率为$[(2.5-1.2)\div1.2]\times100\%=108.33\%$

2. 平均增长率计算结果：

平均增长率=（2016净利润增长率+2017净利润增长率+2018净利润增长率）÷3×100%

=（30%+（−7.69%）+108.33%）×100%

=43.55%

3. 复合增长率计算结果：

$$复合增长率=\left(\sqrt[\frac{1}{3}]{\frac{2.5}{1}}-1\right)\times100\%=35.72\%$$

通过对比结果，我们可以发现：

连续年度内企业净利润增长率波动十分明显，波动幅度很大，通俗的解释就是2016年企业净利润呈现增长的趋势，2017年出现负增长，2018年又强势反弹，显示较大幅度增长，所以同比增长率侧重于每一个报表年度的指标分析和评价；

平均增长率则是最基本的算数平均数，通过求和后均摊，计算3年内企业净利润增长的平均水平，但是鉴于2017企业净利润出现负增长的趋势，单纯的观察平均增长率无法说明问题。

复合增长率是基于较长周期基础上的计算3年间企业净利润的几何平均增长水平，虽然2017年企业净利润出现负增长，导致整个3年间企业净利润增长呈现剧烈波动，但是复合增长率平滑了增长曲线，减少短期内波动影响，反映长周期业绩变化，更能够说明企业净利润增长或变迁的潜力和预期，减少短期数据波动的影响，反映长周期的趋势，相比于同比增长率和平均增长率，更具有代表性。

复合增长率反映出复利增长的魅力，在实际应用过程中，复合增长率一般用于较长周期的数据计算，一般要5年或10年以上，再结合使用同比增长率判断短期内的波动，把复合增长率和同比增长率结合起来，综合判断会收到更好的效果。

所以，大名鼎鼎的巴菲特巴老爷子将其作为评价伯克希尔公司的一项重要指标，并且在1964—2018年过去的54年里，每年一度的《巴菲特致股东的信》中，将其对全体股东进行披露。

模块二　企业发展能力综合分析与评价

职业判断与业务操作

企业发展能力通常是指企业未来生产经营活动的发展趋势和发展潜能，也可以称为“增长能力”。从形成看，企业的发展能力主要是通过自身的生产经营活动不断扩大积累而形成的，主要依托于不断增加的资金投入、不断增长的营业收入和不断创造的利润。从结果来看，一个发展能力强的企业，资产规模不断增加，股东财富持续增长。企业发展能力分析可以帮助报表分析者了解企业未来生产经营活动的发展趋势和发展潜能。

引　例

用30万元创造800亿元，他卖的不是衣服

海澜之家是一个挺猛的公司，因为公司老板周建平说：要跟优衣库拼了。

1988年，海澜之家创始人周建平怀揣30万元资金，承包了镇属集体性质的江苏新桥第三毛纺厂，1994年“三毛”精纺产品年销售额超过了1亿元，1996年，公司总资产达55亿元人民币，职工5 000人，年产销10亿元。周建平的野心已不仅仅满足于面料生产了，他开始希望能利用自身优势进入服装行业，继而创造了“圣凯诺”品牌。2002 年，在赴日本进行市场考察期间，周建平来到了优衣库，自选量贩式的卖衣服方式深深吸引住了他，并下定决心，要向优衣库学习。而那一年，正是优衣库刚刚进入中国市场的时间。

从日本回来之后，他创办了今天海澜之家的前身，江阴海澜之家服饰有限公司，“海澜之家”第一家门店——南京中山北路店正式开业，这种全新的、自选式购衣模式为中国服装营销史掀开了崭新的一页。2014 年，海澜之家借壳凯诺科技实现上市，开始步入正轨。

一家在 2012 年总资产不到 30 亿元，营业收入仅有不到 14 亿元的服装企业，在短短的 5 年间，一跃成为国内服装行业龙头，市值突破 600 亿元，超越 Coach、Prada、Burberry 等世界著名品牌。在服装企业业绩纷纷遇冷的大环境下，在 A 股上市的海澜之家成为“另类”。标准·普尔公布的“全球市值最高服装配饰奢侈品公司 25 强名单”中显示，来自中国的海澜之家排名第 14 位，市值为 94.98 亿美元。榜单排名第 1 的为奢侈品巨头 LVMH，其市值为 807 亿美元，海澜之家市值相当于 LVMH 的 1/8。

2018 年 3 月 12 日，海澜之家发布 2017 年度业绩快报公告。报告期内，海澜之家营业总收入为 182 亿元，同比增长 7.06%；营业利润为 43.60 亿元，同比增长 7.04%；利润总额为 43.95 亿元，同比增长 7.06%；归属于上市公司股东的净利润为 33.29 亿元，同比增长 6.60%。位列行业龙头地位。

海澜之家从不打折，在定价之初就让利消费者，走大众化路线，但是亲民的价格却并不意味着对品质要求的降低。在波司登、七匹狼和佐丹奴纷纷陷入关店潮的时候，他却在疯狂开店……而且，今年上半年一口气就开了 652 家！目前已经有超过 3 000 家门店了……

（资料来源：http：//www.sohu.com。）

接下来，让我们通过解析海澜之家财务数据，了解企业过去 8 年间的表现。

一、分析各项发展能力

（一）销售增长能力分析

销售增长能力的重要评价指标销售增长率可以反映出企业销售收入的增

长速度，销售收入增长速度越快，企业销售的产品越多，表明企业产品的市场需求大，企业的生产发展也越快，业务扩张能力强，则企业在一定时间内的发展潜力也大。

引例分析 5－8

我们整理2011—2018年海澜之家营业收入，并计算了连续8个年度营业收入增长率（见表5－17、图5－4）。

表5－17 **海澜之家2011—2018年营业收入增长率计算表** 单位：亿元

年度	2010	2011	2012	2013	2014	2015	2016	2017	2018
营业收入	11.46	13.95	13.68	71.50	123.38	158.30	170.00	182.00	190.90
营业收入增长率（%）	—	21.68	1.93	422.64	72.57	28.30	7.39	7.06	4.89

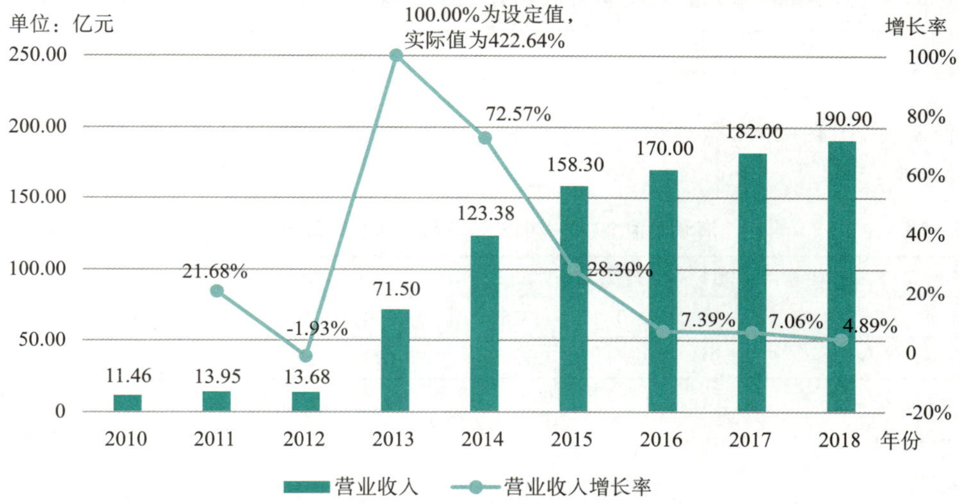

图5－4 海澜之家2011—2018年营业收入增长率走势图

（因2013年数据变动加大，图示设定值为100%）

从表5－17和图5－4中可以发现，企业整体营业收入增长率呈现大幅度提升又逐渐回落的态势，但是营业收入规模有显著性增长。需要重点关注的是：企业在2012—2014年营业收入有一个显著性提升，2012年营业收入为13.68亿元，2013年一举增长至71.5亿元，2014年再次有一次质的提升，达到123.38亿元；2013年营业收入增长率422.64%，2014年也有72.57%的较大增幅。2012—2018年年均复合增长率达67.8%

查找企业发展历史，海澜之家2013年与凯诺科技重组，并于2014年上市，成功提升企业经营规模和产业延伸度，极大地提升了企业经营业绩和财务实力，并从此迅速发展，跻身百亿营收行列，成为国内服装行业上市公司翘楚。

2015年以来，企业营业收入逐年增长，2016年上半年开始，海澜之家不断拓展线上流量，与天猫、唯品会等平台合作，自主创新策划符合品牌调性的店铺活动，提升品牌线上的影响力，仅2016年上半年，线上实现主营业务收入41 690.17万元，较上年同期增长99.11%，2017年以182亿元营业收入位列行业第3，虽然增长速度有所放缓，但是面对近年来线下服装零售寒冬期，海澜之家逆势疯狂增开实体零售商店，2017年实体门店净增881家，并实现了辉煌的销售业绩。品牌传播上，海澜之家赞助冠名《奔跑吧！兄弟》、冠名《吉尼斯中国之夜》、赞助《最强大脑》等一系列国内极具影响力的节目，使海澜之家品牌影响力获得有效提升，进一步提升了企业竞争力，显示出企业未来强大的营业收入增长能力。截至2019年2月25日，企业再次实现营业收入增长，实现营业收入190.9亿元，暂居行业第一。

（二）盈利增长能力分析

1. 分析净利润增长率

净利润增长率反映企业盈利能力增长情况，以及企业盈利能力变化趋势。该指标越大，表明企业收益增长得越多、经营业绩突出、市场竞争力强。

引例分析 5－9

我们整理2011—2018年海澜之家净利润，并计算了连续8个年度净利润增长率（见表5－18、图5－5）。

表5－18 海澜之家2011—2018年净利润增长率计算表 单位：亿元

年度	2010	2011	2012	2013	2014	2015	2016	2017	2018
净利润	0.85	1.06	1.07	13.51	23.79	29.54	31.23	33.29	34.56
净利润增长率（%）	—	25.91	0.84	1 157.98	76.09	24.17	5.72	6.60	3.80

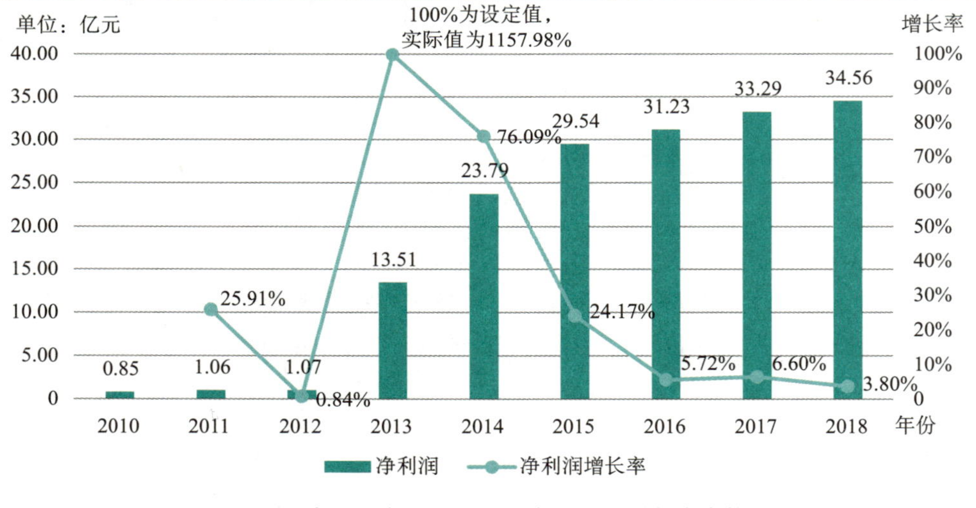

图5－5 海澜之家2011—2018年净利润增长率走势图
（因2013年数据变动加大，图示设定值为100%）

从表5－18和图5－5可以发现，企业整体净利润增长率呈现大幅度提升又逐渐回落的态势，波动剧烈，但是净利润规模自2013年以来上升到行业高水平。上文已经提到2013—2014年企业因重组上市原因营业收入大幅度提升，是导致企业净利润大幅度增长的原因，这里不再重复解释。可以发现，自 2014 年以来，海澜之家净利润逐年上升，从 2014 年 23.79 亿元增长到 2018 年 34.56 亿元，其中，2016 年以 31.23 亿元位居本行业国上市公司第 2 位，2017 年以 33.29 亿元位居行业第 1，虽然增长速率放缓，但是从行业视角来看，海澜之家已经做到行业龙头地位，在净利润总量很大的情况下依然实现逐年增长，显示出企业近年来强大的发展速度和实力。

海澜之家首次提出服装开发从原始的羊毛开始，在国内服装界率先形成了从羊毛进来到服装成品出去的完整产业链，从牧场到工厂直接进入卖场，全部利用自身资源，没有任何中间商参与，有效控制成本和品质，从生产到销售整个流程都统一管理，以减少中间环节、降低成本（见表 5－19、图 5－6）。

表 5－19　　海澜之家 2011—2018 年营业成本增长率计算表　　单位：亿元

年度	2010	2011	2012	2013	2014	2015	2016	2017	2018
营业成本	8.45	9.75	8.67	45.18	74.17	94.55	103.71	111.10	112.93
营业成本增长率（%）	—	15.47	-11.12	421.18	64.17	27.48	9.69	7.13	1.65

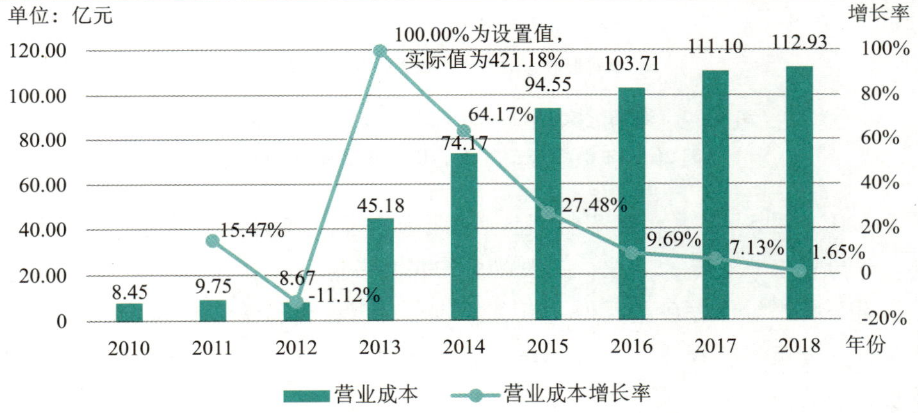

图 5－6　海澜之家 2011—2018 年营业成本增长率走势图

（因 2013 年数据变动加大，图示设定值为 100%）

我们可以从表 5－19 和图 5－6 中发现，企业自 2015 年以来，营业成本增长大幅度下降，由 2015 年 27.48% 逐渐控制到 2018 年 1.65%，营业成本控制展现出显著效果。既保持营业收入的增长，又控制住成本上升，是海澜之家净利润稳步增长的另一重要原因。

2. 分析每股收益增长率

每股收益增长率是指反映了每一份公司股权可以分得的利润的增长程度。很多投资者都非常关注该指标的成长性，把它称为“判别个股成长性的试金石”，它也是一般机构衡量个股成长性的核心指标之一。通常认为该指标越高越好。

引例分析 5－10

我们整理 2011—2018 年度海澜之家每股收益，并计算了连续 8 个年度每股收益增长率（见表 5－20、图 5－7）。

表 5－20 海澜之家 2011—2018 年每股收益增长率计算表 单位：元

年度	2014	2015	2016	2017	2018
每股收益	0. 54	0. 66	0. 7	0. 74	0. 77
每股收益增长率（%）	—	22. 22	6. 06	5. 71	4. 05

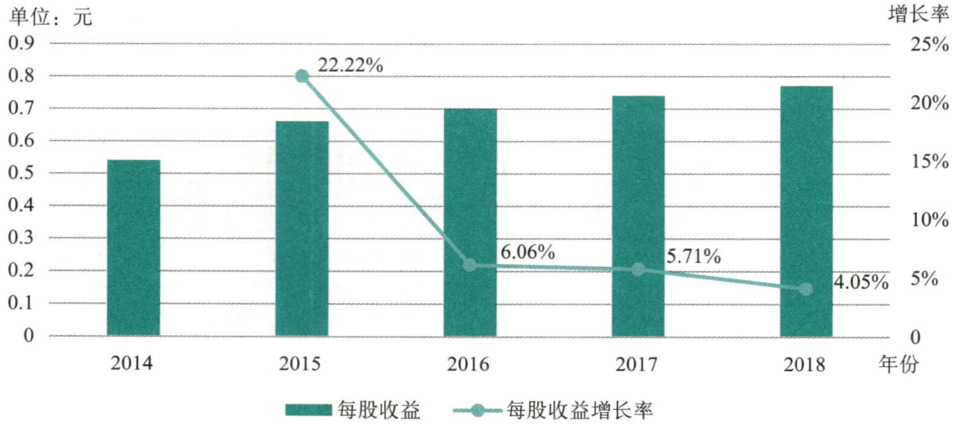

图 5－7 海澜之家 2011—2018 年每股收益增长率走势图
（因 2013 年数据变动加大，图示设定值为 100%）

从表 5－20 和图 5－7 中可以发现，企业每股收益呈现稳定上升趋势，但是增长速率近年来放缓。作为仅上市 5 年的企业，每股收益均保持每年上升，显示企业良好的发展状态。通过杜邦比率分析来看，每股收益增长率自身的驱动因素包括总资产周转率、营业利润率、权益乘数和股息分配率。每股收益若想增长，前三项因素也必需增长，而一项因素只有下降才能驱动每股收益增长。

（三）资产增长能力分析

总资产增长率反映企业资产总量的扩张速度，表明其企业规模增长水平对企业发展后劲的影响。该指标越高，表明企业一定时期内资产经营规模扩张的速度越快。

引例分析 5－11

我们整理 2011—2018 年度海澜之家总资产情况，并计算了连续 8 个年度总资产增长率（见表 5－21、图 5－8）。

表 5－21 海澜之家 2011—2018 年总资产增长率计算表 单位：亿元

年度	2010	2011	2012	2013	2014	2015	2016	2017	2018
总资产	24. 10	26. 54	29. 51	112. 26	185. 30	234. 42	243. 77	250. 98	295. 91
总资产增长率（%）	—	10. 11	11. 17	280. 48	65. 07	26. 50	3. 99	2. 96	17. 90

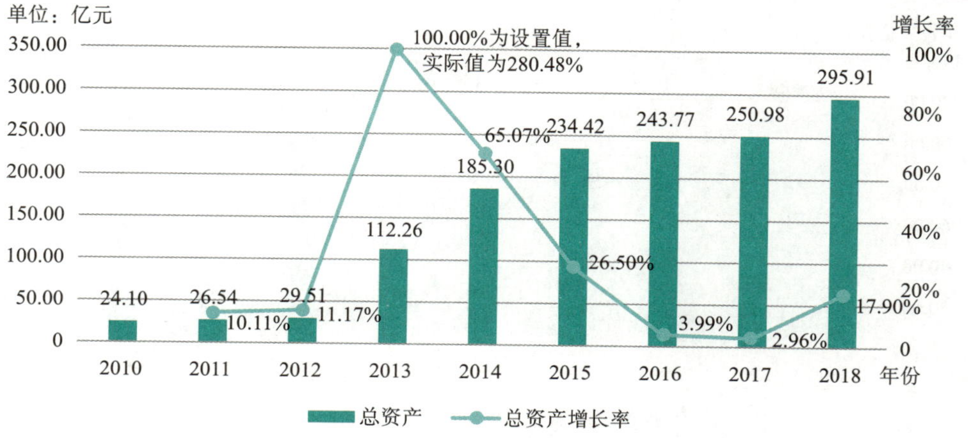

图5－8　海澜之家2011—2018年总资产增长率走势图
（因2013年数据变动加大，图示设定值为100%）

从表5－21和图5－8中可以发现，自上市以后，企业总资产呈现上升状态，其中2014—2015年增长幅度较快，2016—2017年增长势头放缓，2018年总资产规模又呈现较大增长。2014年企业重组刚刚上市，短期内企业战略布局和资产结构调整是2014—2015总资产大幅上升的主要原因；2016年，海澜之家开展“轻资产”模式，将生产环节和部分销售渠道大部分外包或完全外包，自己经营的重点放在品牌运营、终端渠道和供应链管理等环节上，总资产呈现近乎零增长；2018年海澜之家线下门店数量激增，由5 792间增至6 673间，激增15.2%，账面货币资金量由2017年78.42亿元上升至105.26亿元，增长34.23%，存货量由84.93亿元上升至94.74亿元，增长11.55%，是企业当年总增长的主要原因。

总体来说，海澜之家近8年来呈现高速发展阶段，尤其是2014上市后给企业带来良好的规模效应，总资产的稳定均衡发展带动企业营业收入和净利润稳定高效增长。

（四）资本扩张能力分析

资本扩张能力是指在现有的资本结构下，通过内部积累、追加投资、吸纳外部资源即兼并和收购等方式，使企业实现资本规模的扩大。资本扩张是资本自身生存发展的需要，也是资本具有的本质属性。我们以股东权益增长率（资本积累率）来分析海澜之家的资本扩张能力。

引例分析5－12

我们整理2011—2018年度海澜之家股东权益，并计算了连续8个年度资本积累率（见表5－22、图5－9）。

表5－22　　海澜之家2011—2018年度资本积累率计算表　　单位：亿元

年度	2010	2011	2012	2013	2014	2015	2016	2017	2018
股东权益	19.86	20.28	21.03	33.34	71.04	83.54	101.09	111.77	130.95
资本积累率（%）	—	2.11	3.70	58.57	113.09	17.58	21.01	10.57	17.16

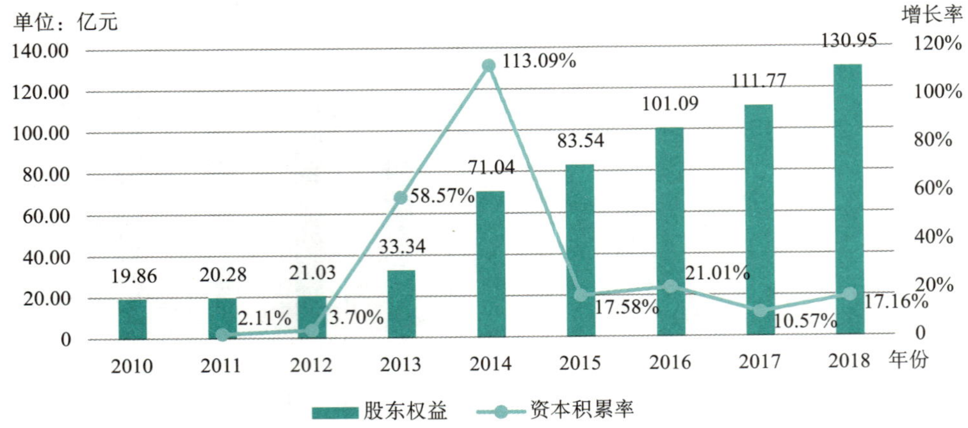

图 5－9 海澜之家 2011—2018 年度资本积累率走势图

我们从表 5－22 和图 5－9 中可以发现，自 2014 年企业上市以后，企业股东权益呈现稳定增长，增长速率有所波动，但从长期视角看居于稳定。公司的权益资本得到了迅速的增长，公司的实力得到快速的加强，说明该公司股东权益规模不断扩大，资本实力得到更进一步的增强。

二、发展能力行业比较

我们选取服装行业上市公司营业收入前 5 的企业数据进行比较分析。

（一）股东权益增长率同业比较分析

引例分析 5－13

对比数据见表 5－23 和图 5－10。

表 5－23　　服装行业 2017 年资本积累率比较分析表　　单位：亿元

公司	净资产规模			资本积累率（%）	差异（%）
	2016 年	2017 年	增长额		
际华集团	141.53	190.15	48.62	34.35	225.16
搜于特	52.23	59.71	7.48	14.32	35.56
海澜之家	**101.09**	**111.77**	**10.68**	**10.56**	**100.00**
森马	99.99	101.17	1.18	1.18	－88.83
雅戈尔	228.92	244.29	15.37	6.71	－36.45

海澜之家在 2017 年度资本积累率的对比分析中居于中间位置，次于际华集团和搜于特，在整体行业竞争中靠前，显示企业良好的发展能力。

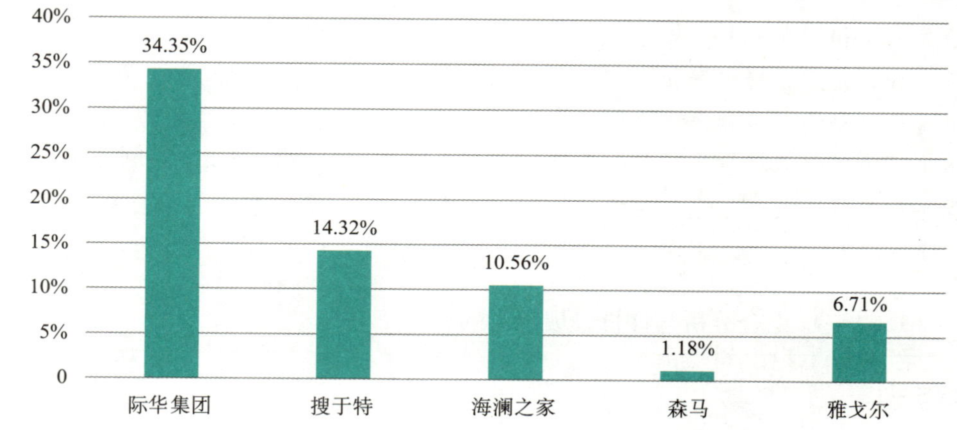

图 5-10　服装行业 2017 资本积累率对比分析图

（二）利润增长率同业比较分析

引例分析 5-14

对比数据见表 5-24 和图 5-11。

表 5-24　服装行业 2017 年净利润增长率比较分析表　单位：亿元

公司	营业利润			净利润		
	金额	增长率（%）	差异（%）	金额	增长率（%）	差异（%）
际华集团	0.99	-89.29	-1 368.32	7.55	-38.26	-679.70
搜于特	10.5	97.39	1 283.38	6.13	69.43	951.97
海澜之家	**43.6**	**7.04**	**100.00**	**33.29**	**6.60**	**100.00**
森马	15.11	-19.03	-370.31	11.38	-20.23	-406.52
雅戈尔	6.98	-84.01	-1 293.32	2.97	91.95	1 293.18

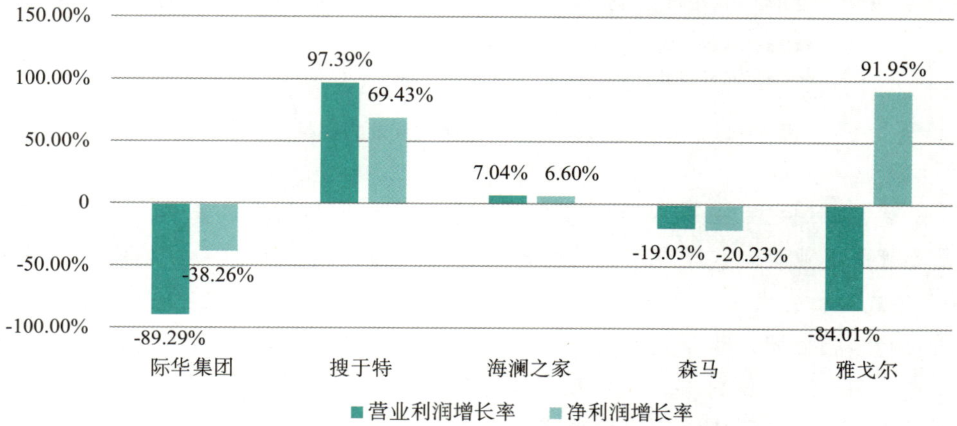

图 5-11　服装行业 2017 净利润增长率对比分析图

由表5－24和图5－11可知，五家企业中，仅有两家企业呈现营业利润和净利润实现同步增长，分别是搜于特和海澜之家。搜于特在营业利润和净利润规模上无法同海澜之家相比，且营业利润增长率和净利润增长率差距较大，反观海澜之家，在众多同业企业业绩跳水的情况下依然保持稳健的增长，显示出其稳健的发展战略和模式，营业利润和净利润增长率保持稳定且净利润水平大幅度领先同行，居于首位，彰显出企业行业龙头的地位。

三、综合分析与评价发展能力

引例分析5－15

我们将海澜之家上市之后各项增长指标汇集并编制其发展能力指标汇总表（见表5－25）。

表5－25　　　　海澜之家增长指标汇总表

年度	2014	2015	2016	2017	2018
营业收入增长率（%）	72.57	28.30	7.39	7.06	4.89
净利润增长率（%）	76	24	6	7	4
每股收益增长率（%）	—	22	6	6	4
总资产增长率（%）	65	27	4	3	18
股东权益增长率（%）	113	18	21	11	17

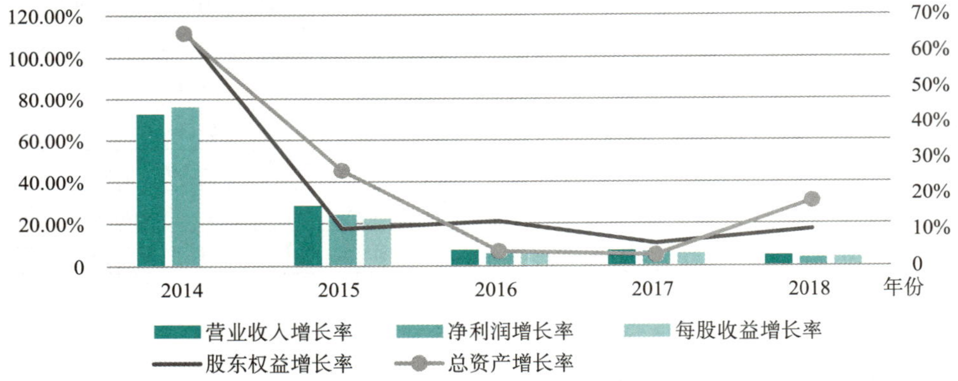

图5－12　海澜之家2014—2017年发展能力指标汇总走势图

综上所述，海澜之家在2014年上市以后，前期呈现较高的发展速率，后期发展速率放慢，但是不管是营业收入、净利润、总资产、每股收益还是股东权益，均在逐年增长，企业于2017年成为行业龙头，营业利润与净利润水平稳居行业第1；其中，营业收入增长与净利润增长趋势相协调，营业收入增长与总资产增长趋势基本保持同步，显示出企业稳健的发展方式，利润来源和利润质量可靠，体现了企业的效益型增长模式；在服装业整体行业趋势下滑背景下，海澜之家各项发展指标体现了企业稳健发展的战略，体现出企业稳定的成长性。

拓展阅读

工商类竞争性企业绩效评价指标体系内容

绩效评价是指运用一定的评价方法、量化指标及评价标准，对中央部门为实现其职能所确定的绩效目标的实现程度，及为实现这一目标所安排预算的执行结果所进行的综合性评价。以下为我国工商类竞争性企业绩效评价指标体系内容：

一、财务效益状况

基本指标：净资产收益率、总资产报酬率

修正指标：资本保值增值率、销售利润率（营业利润率）、成本费用利润率

二、资产营运状况

基本指标：总资产周转率、流动资产周转率

修正指标：存货周转率、应收账款周转率、不良资产周转率、资产损失比率

三、偿债能力状况

基本指标：资产负债率、已获利息倍数

修正指标：流动比率、速动比率、现金流动负债比率、长期资产适合率、经营亏损挂账比率

四、发展能力状况

基本指标：销售（营业）增长率、资本积累率

修正指标：总资产增长率、固定资产增长率、营业利润复合增长率

项目小结

企业发展能力通常是指企业未来生产经营活动的发展趋势和发展潜能，是企业的价值源泉。从过程来讲，企业发展能力主要是通过自身的生产经营活动不断扩大积累形成，依托企业不断增长的销售收入、不断增加的资金投入和不断得到的收益。从结果来讲，发展能力强的企业能够不断为股东创造财富，不断增加企业价值，促进国民经济总量不断上升，促使经济健康稳步发展。企业发展能力分析包括对销售增长能力分析、盈利增长能力分析、资产增长能力分析、资本扩张能力分析。常用的指标包括销售增长率、营业收入增长率、净利润增长率、营业利润增长率、总资产增长率、固定资产成新率、资本积累率（股东权益增长率）等。

项目实训

实战演练

请同学们分组，根据同学们的兴趣自由选择一家上市公司，上网查找该公司最新财务信息和非财务信息，完成下列任务：

1. 设定自己的角色为投资者，打算投资购买公司股票，请对公司未来发展做出分析判断。

2. 对该公司近3年的各项发展能力指标进行计算，编制该公司销售增长率计算表，格式见表5－1；编制该公司营业收入增长率计算表，格式见表5－2；编制该公司净利润增长率计算表，格式见表5－4；编制该公司营业利润增长率计算表，格式见表5－7；编制该公司每股收益增长率计算表，格式见表5－11；编制该公司总资产增长率计算表，格式见表5－13；编制该公司资本积累率计算表，格式见表5－15。根据计算结果，对公司未来发展走势并做出基本判断。

3. 对上述计算分析结果做出总体分析判断，并写出上市公司发展能力综合分析报告，格式见本项目模块二的综合分析企业发展能力。

知识巩固

一、判断题

1. 企业资产增长率越高，反映企业的资产规模增长势头越好。（　　）

2. 要正确分析和判断一个企业销售收入的增长趋势和增长水平，必须将一个企业不同时期的销售增长率加以比较和分析。（　　）

3. 企业能否持续增长对投资者、经营者至关重要，但对债权人而言相对不重要，因为他更关心企业的变现能力。（　　）

4. 销售增长率越高并不一定代表企业在销售方面具有良好的成长性。（　　）

5. 一般来说，资本的扩张主要来源于实收资本的增长，它反映企业获得了新的资本，表明企业过去具有很强的发展能力。（　　）

6. 销售增长率很高，说明企业一定具有很高的发展能力。（　　）

二、单项选择题

1. 在评价发展能力指标中，反映投资者投入企业资本的保全性和增长性的指标是（　　）。

A. 资本保值增值率　　B. 股利增长率

C. 销售增长率　　D. 资本积累率

2. 从企业资产总量扩张方面衡量企业发展能力的指标是（　　）。

A. 销售增长率　　B. 流动资产增长率

C. 固定资产增长率　　D. 总资产增长率

3. 某企业2017年年初负债总额为8 000万元，产权比率为2/3，该年的资本积累率为80%，则2017年年末所有者权益为（　　）万元。

A. 12 000　　B. 21 600

C. 8 000　　D. 21 400

4. 下列指标中，属于增长率指标的是（　　）。

A. 剩余收益　　B. 利息保障倍数

C. 资本积累率　　D. 市盈率

5. 企业本年所有者权益增长额同年初所有者权益的比率称为（　　）。

A. 资本扩张率　　B. 资本收益率

C. 资本保值增值率　　D. 资本积累率

三、多项选择题

1. 可以用于反映企业增长能力的财务指标包括（　　）。

A. 资产增长率　　B. 销售增长率

C. 净利润增长率　　D. 资本积累率

E. 主营业务利润增长率

2. 股东权益增长率的大小直接取决于下列因素中的（　　）。

A. 资产负债率　　B. 总资产报酬率

C. 总资产周转率　　D. 净资产收益率

E. 股东净投资率

3. 可以用来反映企业收益增长能力的财务指标有（　　）。

A. 净利润增长率　　B. 三年利润平均增长率

C. 资本积累率　　D. 权益净利率

E. 主营业务利润增长率

4. 企业发展的结果有可能体现为以下（　　）的增长。

A. 销售　　B. 资产

C. 利润　　D. 股利

E. 净资产

5. 要想实现超常增长，需要解决超过部分的资金需求问题，可以采取的方法包括（　　）。

A. 增发新股　　B. 提高资产周转率

C. 提高股利支付率　　D. 提高资产负债率

E. 分析产品生命周期

学习评价

专业能力测评表（见表5－26）

表 5－26

（在□中打√，A 掌握，B 基本掌握，C 未掌握）

业务能力	评价指标	自测结果	要求
认知企业发展能力	1. 了解企业发展能力内涵和分析途径	A □ B □ C □	掌握同比增长率
发展能力指标计算	1. 营业收入增长率计算与评价 2. 净利润增长率计算与评价 3. 营业利润增长率计算与评价 4. 每股收益增长率计算与评价 5. 总资产增长率计算与评价 6. 资本积累率计算与评价	A □ B □ C □ A □ B □ C □ A □ B □ C □ A □ B □ C □ A □ B □ C □ A □ B □ C □	能够正确计算各项发展指标，并进行分析评价
企业发展能力分析评价	企业综合发展能力分析	A □ B □ C □	能够独立对上市公司进行发展能力进行综合分析

教师评语：

成绩：	教师签字：

练习题：企业发展能力分析

项目六

虚假财务信息的分析与诊断

知识目标

1. 熟悉企业财务造假的动机和形式，了解三张财务报表造假的手法。
2. 熟悉虚假财务信息识别的方法，了解常见操纵利润的具体方法。

技能目标

1. 能够对公司财务信息造假的动机和手段做出基本判断。
2. 能够识别和诊断虚假财务信息，借助审计报告判断财务信息的真实性。

知识技能点

1. 财务造假的动机
2. 报表之间的变动关联性
3. 利润表财务造假手法
4. 资产负债表财务造假手法
5. 现金流量表财务造假手法
6. 识别诊断表内信息
7. 识别诊断表外信息

标志性成果

识别《上市公司20年造假丑闻扫描》中各种造假手段，将造假的会计分录和正确的会计分录列示出来，形成一份虚假财务信息分析报告。

职业核心能力

自我学习；信息处理；数字应用；与人交流；解决问题；革新创新。

思维导图

思维导图见图 6－1。

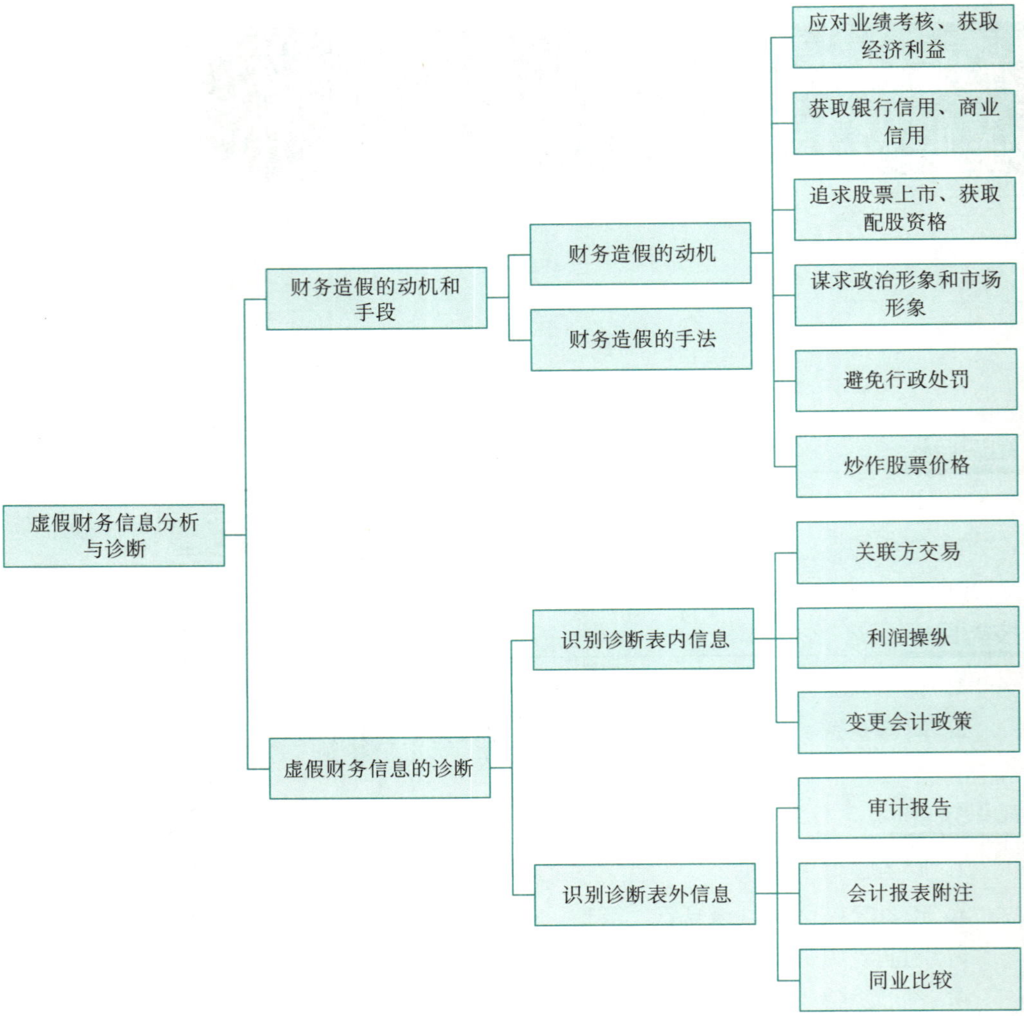

图 6－1　虚假财务信息分析与诊断思维导图

引　例

昆明机床财务造假案始末

沈机集团昆明机床股份有限公司（以下简称"昆明机床"）成立于 1993 年 10 月 19 日，前身为中央机器厂，1953 年更名为昆明机床厂，是我国较早发展起来的机床功能部件产品制造企业，也是我国首批在香港上市的股份制企业。昆明机床曾创造出 140 多个"中国第一台"，获 80 多项科研成果奖。1994 年，昆明机床厂在上交所上市，成为云南省第一家同时发行国内 A 股和香港 H 股的企业。2007 年 10 月 4 日，昆明机床开始着手股权分置改革。在沈阳机床集团有限公司受让西安交通大学产业（集团）总公司持有的股份后，昆明机床正式更名为沈机集团昆明机床股份有限公司。然而，由于市场需求总量降低和需求结构发生变化，2014 年起昆明机床出现严重财务困难。

2017 年 3 月 20 日，昆明机床自爆存货不实等四大财务违规问题。2017 年 3 月 22 日，证监会对昆明机床信息披露违法行为进行立案调查。2017 年 5 月 23 日，昆明机床被上海证券交易所暂停上市。2018 年 2 月 5 日，证监会公布了对昆明机床及 23 名责任人员的处罚决定书（2018（9）号），对时任董事长王兴、总经理常宝强、财务部部长李红宁等责任人给予了合计 250 万元的严厉处罚，对王兴采取终身证券市场禁入措施。2018 年 5 月 18 日，昆明机床发布公告，公司股票进入退市整理期。

中国证监会将此次昆明机床违规事件定性为“信息披露违法行为持续时间长，手段特别恶劣，涉案数额特别巨大”，这在业内人士看来是极为罕见的，其中“手段特别恶劣”尤为引得深思。

（案例来源：http：//www. sohu. com。）

请同学上网搜集信息并思考：

1. 这次昆明机床都运用了哪些财务造假手段？
2. 这些财务造假手段都有何特点？
3. 其他企业和相关监管机构又应如何引以为戒？

模块一　分析财务造假的动机和手段

职业判断与业务操作

财务报表造假是企业管理当局采用编造、变造、伪造等手法编制财务报表，掩盖企业真实财务状况、经营成果与现金流量情况的行为。近十几年来，财务报表造假现象愈演愈烈，从 20 世纪 90 年代初的深圳原野、长城机电、海南新华，2000 年的郑百文、黎明股份、猴王股份，直至近年的万福生科、康美药业等，就连国际公认的会计楷模美国五大会计公司也因审计质量问题受到起诉或处罚，安达信一案最引人注目。财务报表造假问题会引发严重的经济后果，因此，这一问题已引起广大投资者、债权人以及政府部门的极大关注。

一、分析财务造假的动机

微课：财务造假的动机

财务信息是一种与各相关利益主体的经济利益密切相关的特殊信息，是评价财产代理人经营责任、契约执行情况及结果的重要手段。由于财务信息与财产代理人的经济利益密切相关，而财务信息是由财产代理人编制和对外报告，这就不可避免地使某些财产代理人产生操纵财务信息的动机。财务报表造假的常见动机可归纳为如下方面：

（一）应对业绩考核或获取经济利益

PPT：财务造假的动机

财务报表是公司经营业绩考核指标如利润、投资回报率、净资产保值增值率的计算基础。公司管理层、职工能否获得奖金及其数额大小，以及职务能否升迁，都与公司的经营业绩有着紧密的联系。在经济利益与确保职位稳固或升迁的诱惑或驱动下，企业往往通过财务报表造假来改变业绩考核指标。如在公司不能完成利润或扭亏计划的情况下，采取能提高利润的会计处理办法；在公司利润增长或亏损减少幅度较小的情况下，通过一些会计处理来增加公司的利润或减少公司的亏损；在公司利润增长幅度较大的情况下，又采取推迟确认收入等手段，压低本年度账面利润，以平衡各年度的奖金数额。应对业绩考核与获取经济利益动机是最常见的财务报表造假动机。

相关案例

2015 年 8 月雅百特在深交所上市，而此次借壳上市是有约定的，根据当时中联电气与瑞鸿投资、纳贤投资等签署的《业绩补偿协议》，可以看出雅百特承诺的净利润数额分别是：2015 年要达到 2.5 亿元，2016 年要达到 3.61 亿元，2017 年要达到 4.76 亿元。如果没有达到协议约定的目标，则要按协约进行对赌赔偿。而雅百特 2012 年、2013 年、2014 年的净利润分别是 0.13 亿元、0.2 亿元、1.02 亿元，远远低于约定的数额，如何实现这份“天价协议”呢？雅百特为了实现业绩对赌目标，在经营压力导致的经济利益的驱动下，最终走上了财务造假的道路。

（二）获取银行信用或商业信用

视频：鉴别上市公司财务造假的 2 大方法，3 项指标

不论银行信用还是商业信用甚至民间信用，信用的授予方在决定是否授予信用之前，都会对被授予方的财务和信用状况及信用风险进行评估。财务报表分析最早产生的原因就是银行需要对客户的财务状况进行分析评价。现代银行在对客户授信的过程中有一系列科学严密的风险控制程序，而这些程序的实施都是建立在公司财务报表基础上的。公司能否获取银行贷款与商业信用资金，在很大程度上取决于公司的获利能力、偿债能力。一些财务状况没有那么好的公司为提高其资信状况达到融资目的，往往会在财务报表上大做文章，通过造假来粉饰其财务状况、经营成果，以应付或误导金融机构和合作公司来骗取信用。在我国目前政府的经济建设职能还大量存在的情况下，政府部门的优惠贷款甚至无偿的资金支持也是建立在财务专家对公司财务状

况评价的基础上的，那些希望获得政府支持的公司往往也会为达到目的而采取造假的方法来粉饰财务报表。

相关案例

2013 年 8 月，中澳集团为发行中国银行短期融资债券，委托北京兴华会计师事务所为其做财务审计工作。北京兴华会计师事务所接受委托后，指派被告人李冬梅、李洋等人对中澳集团 2010 年至 2013 年 6 月的账目进行了审计。在中澳集团明显不符合发行债券要求的情况下，被告人李冬梅安排被告人李洋故意通过虚增收入、利润等方式修改财务报表数据，出具了中澳集团虚假的财务审计报告，加盖了公章并由被告人李冬梅等人签字，并在此基础上，分别于 2014 年 4 月 13 日、2014 年 8 月 18 日先后出具了 2013 年、2014 年 1 月至 6 月中澳集团虚假的审计报告。2010 年至 2013 年及 2014 年 1 月至 6 月中澳集团的实际亏损额为 2 795.49 万元、1 394.27 万元、5 506.37 万元、10 037.58 万元、7 494.05 万元，但审计报告载明中澳集团上述时间净利润分别为 2.66 亿元、3.17 亿元、3.94 亿元、4.09 亿元、2.68 亿元。虚增比例分别达 1 050.93%、2 371.76%、814.86%、507.97%、457.13%。中澳集团将以上财务审计报告作为申请中国银行发行 2 亿元短期融资债券、广发银行发行 1 亿元的短期融资债券的财务状况的依据，并发行成功。

（三）追求股票上市或获取配股资格

根据有关法律要求，发行和上市股票的公司必须具有 3 年经营盈利的业绩。于是许多公司为了发行和上市股票达到“圈钱”的目的，往往通过各种手段进行财务造假，以确保公司连续 3 年盈利。新股发行公司除了存在“圈钱”的想法外，还存在许多“圈钱”的强烈动机。由于股票发行价格是根据公司预测的每股收益和市盈率计算的，许多公司往往通过高估盈利来粉饰盈利状况，以达到获取理想的募集资金数额的目的。

配股是上市公司继续取得资金的重要手段，根据有关法规的规定，上市公司配股，在其申请配股的前 3 年，每年的净资产收益率必须在 10% 以上，最低也不低于 6%，追求配股的上市公司大都需要在会计年度结束时测算本年度的净资产收益率是否达到要求，尤其是那些前两年净资产收益率已经达到要求的公司，在配股动机的驱使下，往往会采取财务报表造假手段来提高本年度的净资产收益率。

相关案例

2012 年广东新大地生物科技股份有限公司（简称“新大地”）是创业板第一家因媒体的质疑和揭露而被曝出造假上市的公司。这家公司自封“两市茶油第一股”这样的头衔，一路过五关斩六将，也难逃 IPO 被终止的命运。其造假手段从虚增利润到少计成本，从虚构交易到隐瞒关联交易，从虚增固定资产到少计提折旧，无所不用其极。依据新大地公司前5大股东的持股比例，黄云江夫妇持股的比例有65%，是新大地公司的实质控制人，新大地公司不合理的股权制导致黄云江夫妇的权力膨胀，控制欲和贪婪程度同比例的增加。若在此时，新大地公司能够成功在创业板上市，能给他们带来千万元甚至上亿元的财富。在贪婪欲影响下，黄云江夫妇选择造假这一捷径，把新大地公司推上了造假上市的道路。

（四）谋求公司的政治形象和市场形象

谋求公司的政治形象和市场形象是很多公司财务信息舞弊的重要动因。在国有公司和国有控股公司里，官员的升迁与其所在公司的业绩是紧密相关的，特别是在一些政企不分的公司或政府垄断的公司，公司管理人员往往与政府官员之间有着内在的各种联系，为谋求升迁或取得上级信任，尽可能粉饰财务报表是一个常见的选择。一些民营公司在发展到了一定规模后，不仅追求经济利益，同时也开始注意形象的塑造，注重追逐知名度和美誉度，民营公司企业家也开始谋求政治资本，因此也可能采用财务信息舞弊来掩饰自身的缺陷，夸大其优势，以改变人们的认识或取得某种优势，使公司在评比、升级、验收、检查、宣传、取得某种资质或信誉等过程中获得主动或有利位置，民营公司企业家也会从中获取一定的政治荣誉，走官商型道路，以便于今后利用这些荣誉在向银行贷款、争取新项目、销售产品上寻找寻租空间。

（五）避免行政处罚

根据上市公司规定，如果上市公司连续两年出现亏损或者有一年的股东权益低于注册资本，公司将被视为财务状况异常而被给予特别处理。根据公司法的规定，如果上市公司连续3年出现亏损，公司将被处以暂停股票上市。若在限期内仍无法扭亏为盈、不再具备上市条件的，公司将最终受到终止上市的处罚。上市公司一旦因亏损而被特别处理、暂停上市乃至终止上市，公司及其管理人员、报表使用者、债权人和其他利害关系人的利益都将受到损失，这显然是公司管理人员所不愿意看到的。出于逃避惩罚的动机，一些处于盈亏临界点的公司就会对其财务报表造假。

引例分析6－1

昆明机床财务造假案始末

昆明机床从2010年开始经历行业下行压力长达6年时间，公司净利润在2011年降至1亿元以下之后，便开始了亏损的趋势。根据昆明机床2011—2016年的财务报告，归属于母公司的净利润分别为1 457万元、－1 322万元、852万元、－2.04亿元、－3.28亿元、－2.09亿元。2017年5月，由于连续3年亏损，昆明机床被暂停上市。对于这种连续多年亏损、难以扭亏为盈的公司，通常都会徘徊在ST和*ST之间，由于面临着巨大的退市风险，因此这类公司的财务造假动机非常强烈。

（六）炒作股票价格

上市公司的股价与有关各方的利益直接相连，股价的上升说明公司价值上涨，从而能够提升公司的形象，也会给公司管理人员、公司职工以及持有公司股票的利益相关者带来好处。所以，一些上市公司往往与券商联手操作：公司弄虚作假出消息，券商坐庄托市，双方共同炒作。而炒作的所有题材几乎都建立在财务状况虚假信息基础之上。

此外，试图通过虚假财务报表逃避纳税义务或取得国家补贴，以及为了隐瞒某些违法或违纪行为如非法拆借资金、滥建楼堂馆所、设立小金库等，也会借助财务报表舞弊来实现。

相关案例

证监会2019年11月18日通报，日前已对青岛东海恒信投资管理有限公司（以下简称“东海恒信”）涉嫌操纵180ETF、金建勇涉嫌操纵国海证券（000750）股票价格等5宗操纵股票价格案调查审理完毕，并拟做出行政处罚。5宗案件还包括张春定涉嫌操纵中国卫星（600118）股票价格，袁海林涉嫌操纵苏宁云商（002024）、蓝光发展（600466）股票价格，叶飞涉嫌操纵信威集团（600485）、晋西车轴（600495）、江淮汽车（600418）、奥特迅（002227）、中青宝（300052）等5只股票价格案。这5起操纵案件中，东海恒信涉嫌操纵180ETF案系证监会查处的操纵ETF第一案，金建勇涉嫌操纵国海证券股票价格案系证监会查处的利用融券交易操纵证券市场第一案，其余3案均是通过短线操纵方式影响相关股票价格与交易量的案件。

二、了解财务造假的手法

利润表和现金流量表直接与资产负债表该期间内的变动相关联，正如图6－2所示。利润表中，净利润的任何增加或减少都会导致资产负债表中的未分配利润以及所有者权益增加或减少，为了保持资产负债表的平衡，可能将伴随资产负债表中的资产或负债的高估或低估。同样，现金流量表中任何现金流的增加或减少直接反映了资产负债表中现金水平的变化。在这种模式下，财务报表之间均存在联系，那些想要人为地自我美化的公司，仅操纵某一张财务报表的数据而不影响其他财务报表，或不在同一张财务报表中进行此消彼长的做法是不可行的。本模块将财务造假手法分为三大类：利润表财务造假手法、资产负债表财务造假手法、现金流量表财务造假手法。

微课：报表之间的变动关联性

PPT：报表之间的变动关联性

（一）利润表财务造假手法

利润表财务造假手法可分成两大类：做大当期利润与做大未来期利润。常见利润表财务造假手法如下：

（1）过早确认收入。

（2）虚构收入并加入记录。

期初资产负债表	资产						=	负债		+	所有者权益		
	货币资金	应收账款	存货	金融资产	固定资产（净值）	其他		短期	长期		实收资本	未分配利润	其他综合收益
	+/-净现金流										+/-贡献净额	+净利润	+/-其他
												-股利	
期末资产负债表	资产						=	负债		+	所有者权益		

利润表	收入	-	费用	+	利得	-	损失	=	净利润

现金流量表	+/-经营性活动产生的现金流	+/-投资性活动产生的现金流	+/-融资性活动产生的现金流	=	净现金流

图 6－2 三大报表之间的勾稽关系图

微课：利润表财务造假手法

（3）借助一次性业务或误导性分类来夸大收入。

（4）将当期费用推迟至将来某个期间进行记录。

（5）其他掩盖费用的方法。

（6）将当期收入推迟至将来某个期间进行记录。

（7）将未来费用提前至某个期间进行记录。

为了做大当期利润，公司只是简单地将超过实际情况的收入转为当期收入或将实际情况的费用转至未来期。其中（1）至（3）属于将收入或一次性利得转入本期，（4）和（5）则属于将当期费用转至未来期。

PPT：利润表财务造假手法

与做大当期利润相反，为做大未来期利润，公司只是简单地隐瞒当期取得的收入并将其转为未来期收入或将未来期间的费用或损失转至当期。其中，（6）属于不合理地隐藏当期收入，（7）则属于将未来期费用不合理地转入当期。

知识链接

2017 年 7 月，财政部发布了修订后的《公司会计准则第 14 号——收入》（财会〔1017〕22 号）（以下简称“新 CAS14”），自 2018 年 1 月 1 日起分步施行。新 CAS14 对所有与客户之间的合同采用统一的收入确认模型，改变了现行“公司会计准则”区分销售商品、提供劳务、让渡资产使用权和建造合同并采用不同收入确认方法的规定。新收入确认模型强调收入确认原则在于公司有无履行合同中的履约义务，而判断履约义务是否得以履行时，强调“控制权转移”而非原准则规定的“风险报酬转移”，当客户取得相关商品（或服务）的控制权时，表明公司已履行了合同中的履约义务。

新收入确认模型分五个步骤确定收入确认的时点和金额，包括识别与客户订立的合同、识别合同中的单项履约义务、确定交易价格、将交易价格分摊至各单项履约义务、履行每一单项履约义务时确认收入。根据该模型的具体要求，公司应在将商品（或服务）的控制权转移给客户的时点（或过程中）确认收入，并以分摊至各单项履约义务的交易价格计量收入。

1. 过早确认收入

过早确认收入的方法常见如下几种：

（1）在合同规定义务未进行任何履行之前就记录为收入。有些公司在粉饰期末业绩方面颇具创造性，会通过倒签合同日期和伪造销售合同将未来期的收入记录为本期收入。

引例分析 6－2

昆明机床财务造假案始末

中国证监会对昆明机床信息披露违法行为进行了立案调查、审理后发现，主要违法违规事实：①昆明机床 2013—2015 年通过跨期确认收入、虚计收入和虚增合同价格三种方式虚增收入 483 080 163.99 元……

其中过早确认收入方面，2013—2015 年，昆明机床与相关经销商或者客户签订真实的销售合同，在经销商或客户支付部分货款后，产品未发货前即提前确认收入，将当年未实际按合同履约生产、发运机床的收入跨期确认至该年度，以达到虚增当年利润的目的。

（2）所记录的收入远超过合同规定完成的工作量。通过提前记录未来期收入来改变收入增长缓慢的局面，例如签订长期销售协议（长期租赁合同、长期建筑合同、包含多个可交付产品或项目的长期协议），改变收入确认政策，不按合同期分摊收入，而是超过合同规定完成的工作量提前确认收入，但实际现金收入则要在未来多个年度才可收取。

相关案例

2013 年 12 月起，大智慧为了促进销量，出台了一项营销政策，即：售价在 3.8 万元以上的软件产品（3.8 万元策略投资终端、9.8 万元投资家机构版、19.8 万元投资家 VIP 版、58 万元投资家至尊投顾问版），可享受“若在 2014 年 3 月 31 日前不满意，可全额退款”条款的营销政策。用“可全额退款”的条件来引导消费者购买，提高销量，增加收入。这个做法，本身没有问题，但问题在于如何确认收入时点。很显然，在承诺可退款期限内，也就是 2014 年 3 月 31 日前，售出软件都存在隐藏的“退货”风险，存在不确定性，因而不满足收入确认原则的规定。但是这种情况下，大智慧仍然将所有商品的销售收入“提前”确认，虚增收入 1 744 万元，虚增利润 1 826 万元。

视频：迪士尼虚报收入数十亿美元

2. 虚构收入并加以记录

过早记录收入的财务造假手法虽属于不当行为，但主要针对来源合法的收入，虚构收入纯属凭空捏造，是更为大胆的造假手段，常见以下四种方法：

（1）对缺乏经济实质的交易做收入记录。这一虚构收入的方法就是凭空捏造一种表面看来合理合法但缺乏经济实质的交易，在此类交易中，所谓的客户并没有持有对应产品或付款购买的义务，或者一开始就不存在实质性的产品转移。

视频：欢瑞世纪利润造假遭实锤明星股东靠不住

（2）对过程有欠公平的交易做收入记录。大多数关联交易因缺乏公平交易导致收入虚增，因为卖方与买方间存在关联关系，那么卖方的销售收入质量就值得怀疑，如公司以高出正常公允市价的价格向关联公司出售产品，而且往往是挂账销售（应收账款），关联公司往往并未将产品销售出去。

（3）对来自营业外交易的收款做收入记录。公司收到现金并非一定都是收入，或者说并非都与公司的核心业务直接相关，比如融资活动（借款或发行股票）带来的现金流入，出售其他资产带来的现金流入，购买方支付的预付款等，把这些非盈利性收款确认收入是不合理的。

（4）虚增并记录来自合理交易活动的收入。这种收入确认在总体上符合会计准则，但实质是非法的。例如，上市公司利用子公司将产品按市场价销售给第三方，确认该子公司的销售收入，再由另一公司从第三方手中购回，这种做法避免了集团内部交易必须抵销的约束，确保了在合并报表中确认收入和利润，达到了操纵收入的目的。

引例分析 6－3

昆明机床财务造假案始末

中国证监会对昆明机床信息披露违法行为进行了立案调查、审理后发现，主要违法违规事实：①昆明机床 2013—2015 年通过跨期确认收入、虚计收入和虚增合同价格三种方式虚增收入 483 080 163.99 元……

在虚计收入方面，昆明机床更是将瞒天过海运用得炉火纯青。下面我们进行详细分析：

2013—2015 年，昆明机床与部分经销商或客户签订合同，经销商或客户虚假采购昆明机床产品并预付定金，但最终并不提货，后期将定金退回客户，或者直接按照客户退货进行处理，完成虚假销售。在此过程中，昆明机床虚构合同、发货单、运输协议等单据，通过虚构交易的方式来虚计收入，以达到虚增当年利润的目的（见图 6－3）。

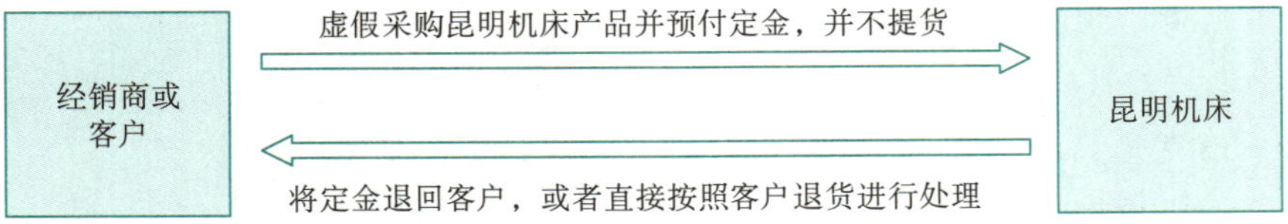

图 6－3　虚假销售

但这样的行为容易被审计人员发现，因此昆明机床通过接下来的操作使虚假销售更进一步。昆明机床通过设立账外库房的方式，在签订虚假购销合同后先将货物转移至账外库房，而在账目上确认成本并减计存货。同时与仓库出租方串通，将租金费用开成运输发票。然后做退货处理将该批存货转出账外库房，或者将存货拆解为零部件，以采购材料的方式重新购回（见图 6－4）。

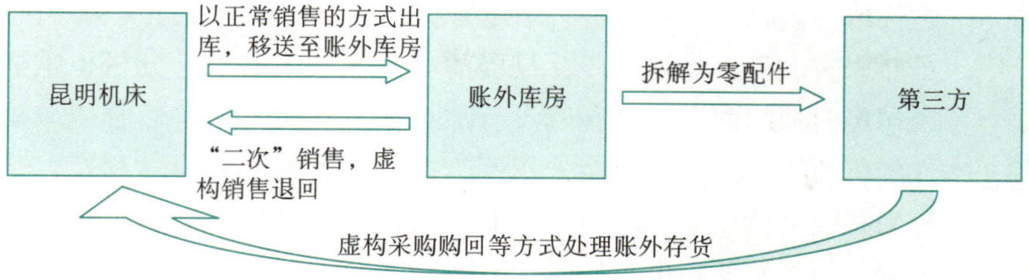

图 6-4 二次虚假销售

由此，昆明机床虚构了货物流、资金流、单据流，共同实现了完整的虚计收入。通过以上方式，昆明机床 2013 年虚计收入 115 笔，共计 122 352 581.32 元；2014 年虚计收入 46 笔，共计 79 459 999.98 元；2015 年虚计收入 34 笔，共计 20 203 582.87 元。

昆明机床还单方面篡改合同价格，使得合同价格虚高，累计虚增 210 万元。2013—2014 年，昆明机床在与客户或经销商签订好合同之后，擅自单方面篡改合同的价款，抬高合同的价格，从而实现虚增营业收入的目的。在这两年内，昆明机床累计虚增合同收入金额达到 210 万元。

3. 借助一次性业务或误导性分类来夸大收入

（1）借助一次性业务来夸大收入。有些公司会将生产工厂或业务部门出售给其他公司，与此同时，与对方签订购买该业务所生产的商品。这些做法多见于科技行业，而且常被公司用来作为快速"外包"内部生产业务的手段。例如，对于移动电话制造商而言，如果公司决定不再自产电池，那么就有可能将公司的电池生产部门出售给其他公司，同时，该制造商仍然需要使用手机电池，所以两家公司可能订立另一协议，由手机制造商向所出售的电池生产部门购买电池。这种包含一次性业务（出售业务部门）和经常性经营活动（向供应商购买商品）的混合商业行为常常为企业进行财务欺诈提供机会。例如，移动电话制造商对出售电池业务可能同意收取较少的款项，只要买方同意对公司未来购买电池给予优惠，这样经常性经营活动的成本较低，间接夸大所得。此外，混合交易活动也可能采取另一种形式：公司可能按较低价格出售业务单元，只要买方同意按较高价格向卖方购买其他商品，这样就直接夸大了经常性营业活动的所得。

相关案例

以 Intel（英特尔）和 Marvell（迈威科技集团有限公司）2006 年的交易为例。Intel 将通信和应用业务的部分资产卖给 Marvell，同时附带了一个条件是 Marvell 在未来两年需要以超过市场价的价格从 Intel 买一定数量的晶片。实际上，这部分高价的差额是 Intel 在卖资产的时候给 Marvell 降低的价格。通过这个方式，Intel 便将一次性收入转化为了经常性现金流，在未来的两年可以给投资者一种"稳健的假象"。

（2）借助误导性分类来夸大收入。利润表可分为两大栏：经营性与非经营性或非经常性。在评价公司经营状况时，投资者往往更为关注其经营所得。虽然来自利息、处置资产、投资的非营业收入对财务分析也重要，但对评价公司经营业绩而言，这些就没有那么重要了。公司自然希望取得强劲的经常性经营所得，公司很可能采用不当手段将非经营所得转移至经营性栏，或反过来将经营费用或亏损转移至非经营性栏。这样做的结果是最终净利润保持不变，但经营所得增加。因此有些公司会对所得或亏损进行错误分类，通过模糊报表使用者对所得来源的判断，从而使得经营业绩看起来不错，常见的两种误导性分类为：①将一般经营性支出转移到非经营性收支栏；②将非经营所得或非经常性所得转移至经营性收支栏。

4. 将当期费用推迟至将来某个期间进行记录

将当期费用推迟至将来某个期间进行记录的方法常见以下四种方法：

（1）滥用利息资本化政策。当利润无缘无故出现大幅增长且某些资产也出现大幅增长，自由现金流意外地明显下降且经营现金流同步出现大幅下降，资本支出意外增加，且与公司起初的经营方针与市场环境不相一致，那么有可能管理者错误地把费用当作了资产。会计准则允许公司对有些经营费用进行资本化处理，但仅限于某种程度或必须符合某些具体要求，尤其是在科技公司，例如开发软件产品所发生的成本，早期的软件研发成本通常按费用处理，而后期发生的成本（即项目在技术可行阶段所发生的成本）通常做资本化处理。因此若公司将大量软件成本以不当比例进行资本化或通过调整会计政策对成本进行资本化处理，尤其当这些费用处理与行业做法不一致时，报表使用者应当加以警惕。

知识链接

《企业会计准则第 17 号——借款费用（1006）》（财会〔2006〕3 号）第四条规定，企业发生的借款费用，可直接归属于符合资本化条件的资产的购建或者生产的，应当予以资本化，计入相关资产成本；其他借款费用，应当在发生时根据其发生额确认为费用，计入当期损益。符合资本化条件的资产，是指需要经过相当长时间的购建或者生产活动才能达到预定可使用或者可销售状态的固定资产、投资性房地产和存货等资产。《企业会计准则第 17 号——借款费用》第五条规定，借款费用同时满足下列条件的，才能开始资本化：①资产支出已经发生，资产支出包括为购建或者生产符合资本化条件的资产而以支付现金、转移非现金资产或者承担带息债务形式发生的支出；②借款费用已经发生；③为使资产达到预定可使用或者可销售状态所必要的购建或者生产活动已经开始。

（2）延长寿命期限。资产出现在资产负债表中的时间长短可以决定成本对利润的影响程度。例如，发出存货计价方法包括加权平均法、移动平均法、先进先出法、个别计价法等，不同计价方法对企业利润的影响是不一样。通过改变存货计价方法调节利润，这一现象也比较常见，若将某种采购成本持续下降的原材料的计价方法由先进先出法改为加权平均法就可能降低当期原材料成本，从而增加本期利润。另一方面，因为购买设备或生产设施的支出可长期提供利益，所以在使用寿命内这些资产一直会保留在资产负债表中，其价值通过折旧或摊销形式在该时期内逐渐转化为费用。如果成本作为资产的时间太长，那么应引起重视，因为这可能说明摊销期过长，对同一项固定资产，延长其折旧年限必然会增加本期利润。

（3）未对资产损失进行确认。按原计划计提固定资产折旧的方法可能并不够固定资产折旧，毕竟无法假定折旧会一成不变，因此企业必须不断审查这些资产是否发生减值，一旦可变现净值低于其账面价值，那么就应当计提减值损失。存货也类似，企业必须时常估计存货的过剩及过时情况，一旦跌价就应确认损失。

（4）未将应收账款呆账和投资贬值记录为费用。根据客户的拖欠情况，公司必须经常对其应收账款余额进行调整，每期应当计提估计呆账金额，以符合会计谨慎性原则，如果未能计提充足的坏账准备金或将过去的坏账费用进行不恰当的注销，那么就会形成虚假利润。此外，公司必须对投资项目的损失情况加以审查，如果股票、债券或其他证券投资价值出现持续的大幅下跌，那么必须计提投资损失，这对于保险业和银行业特别重要，因为投资占这些公司的大部分资产。

相关案例

参仙源在2013年与仲某同、佳业山货庄签订多份人参抚育协议，支付金额55 382 210元，但上述款项的实际用途为购买由仲某同、佳业山货庄联系货源的野山参。两者合计购买整参126 080支，碎参1 410.37斤，金额55 382 210元。参仙源通过虚构协议，将上述外购野山参的成本55 382 210元以支付人参抚育费的名义支付给佳业山货庄和仲某同等人，计入了“管理费用”，后该笔“管理费用”被调整至“生产性生物资产”科目。最终销售时，参仙源未对外购野山参的成本进行结转，少计成本55 382 210元，虚增利润55 382 210元。

5. 其他掩盖费用的方法

企业设法对报表使用者隐瞒费用的造假手段如下：

（1）未对日常交易支出按费用处理。隐瞒费用的简单手段就是假装在季度结束之前未曾收到供应商的发票。例如，对于3月底收到的当月电费账单，公司未进行会计处理，那么，当期所产生的费用（及相关应付账款）就少，从而夸大所得。

（2）未对必要的应计支出按费用处理。企业并不对预期成本记录必要的应计费用。通常，这些应计费用取决于企业对正常活动所产生的日常负债的估计，如制造商的保修费用，如果公司的保修准备金下降，投资者应当引起警惕。企业应对所销售的产品提取保修准备金，以应付商品在售出后数年内可能出现的问题。

（3）通过实施激进会计假设来减计或不记录费用。这一方法说明的是企业借助会计政策选择的灵活性和估计工具来隐瞒公司的费用。对于向员工提供退休金和其他退休福利的公司而言，常常可以通过变更会计假设来减少所记录的费用，夸大所得。通常，利润表中并不明确反映养老金费用支出，相反，养老金费用直接与员工工资支出合在一起（通常作为存货成本或销售、管理与财务费用的组成内容）。报表使用者应当仔细审查公司的养老金政策，因为这些政策赋予企业许多自主决定权，常常被他们用来减少（甚至取消）费用支出。同样道理，进行设备租赁的公司也要作各种估计，通过改变会计假设或估算假设，公司就可以操纵盈利（以及减少负债）。

引例分析 6－4

昆明机床财务造假案始末

中国证监会对昆明机床信息披露违法行为进行了立案调查、审理后发现，主要违法违规事实：②昆明机床 2013—2015 年通过少计提辞退福利和高管薪酬的方式虚增利润 29 608 616.03元……

根据《企业会计准则第 9 号——职工薪酬》第二十条“企业向职工提供辞退福利的，应当合理预计和确认辞退福利产生的职工薪酬负债，计入当期损益”的要求，昆明机床本应按照内退员工人数、内退福利补偿标准和应付的内退福利年限，测算应付福利的现值，确认当期费用和负债。但 2013—2015 年，昆明机床通过调减内退人数、不予全部计提内退员工福利和少计高管薪酬等方式，少计管理费用，从而累计虚增利润超 0.29 亿元。其中，2013 年少计辞退福利超 100 万元；2014 年少计辞退福利超 0.11 亿元，少计高管薪酬 100 万元；2015 年少计辞退福利超 0.14 亿元，少计高管薪酬超 200 万元。辞退福利方面，昆明机床 2013 年实际有内退人员 143 人，应计管理费用 655 万元，但财务记录少计 12 人，少计管理费用近 118 万元。2014 年，公司实际有内退人员 225 人，应计管理费用 0.19 亿元，而财务记录少计 102 人，少计管理费用超 0.11 亿元。2015 年，公司更是少计 169 名内退人员，少计管理费用超 0.14 亿元。高管薪酬方面，昆明机床董事会通过了公司高管人员薪酬考评方案，应当按照考评方案计提当年高管薪酬，但实际并未予全部计提。2014 年、2015 年分别少计提 100 万元、212 万元。

6. 将当期收入推迟至将来某个期间进行记录

在公司业绩快速增长、盈利远远超过预期时，企业很可能希望少报告其收入，转而将一部分收入保留下来以备将来不时之需。这种方法比较简单，而且较为普遍，企业直接决定待报告期结束后再记录销售收入，由此就可以保留收入以供未来时期使用了。假设在某个强劲业绩报告期的后期，企业管理层完成了取得最高奖金所要求的全部盈利指标，企业销售持续增长，管理层出于确保下一报告期获得高额奖金的考虑，不再记录当期实现的任何销售收入，转而推迟至下一报告期进行记录。企业客户肯定不会有异议，因为他们可以比预期晚付款，不过这种做法仍然是不诚实的，对报表使用者具有误导性，毕竟人为夸大了未来时期的销售收入，还可以通过对收购活动设立准备金来将收入转至未来某个时期。通过完成收购来夸大收入的财务欺诈手法非常简单，一旦宣告合并，就立即指令目标公司在合并完成前不再记录任何收入，这样合并后的新公司在财务报告中就有可能不恰当地记录目标公司在收购完成前所实现的收入。

引例分析 6－5

昆明机床财务造假案始末

中国证监会对昆明机床信息披露违法行为进行了立案调查、审理后发现，主要违法违规事实：①昆明机床 2013—2015 年通过跨期确认收入、虚计收入和虚增合同价格三种方式虚增收入 483 080 163.99 元……

其中推迟确认收入方面，昆明机床存在将 2014 年实际履行合同取得的 3 笔收入调整确认至 2015 年度的情况。经查，昆明机床 2013 年跨期确认收入 56 笔，共计 76 268 051.39 元；2014 年跨期确认收入 59 笔，共计 41 229 649.47 元；2015 年跨期确认收入 107 笔，共计 141 460 512.63 元。

7. 将未来费用提前至某个期间进行记录

将未来费用提前至某个期间进行记录可带来期间利益与未来期利益，从而给公司带来双赢局面，即费用支出期的经营所得不会受到影响，未来时期的经营所得增加，因为某些经营费用已被提前计入早期的费用支出。

（1）通过不当注销当期资产来消除未来时期的费用。例如企业通过缩短某些厂房与设备的折旧期限并宣布计提减值费用来增加当期费用，即使这些厂房与设备完好无损。与厂房和设备的会计处理方法相同，大多数无形资产的摊销期限由企业决定，缩短摊销期限可以起到隐瞒利润的作用。

（2）通过不当计提准备金来减少未来时期的费用。为了逃避未来支出成为未来时期所需报告的费用，公司在当期提前记录一笔准备金费用，借助这一方法，企业通过将未来时期的一些费用转至当期或直接捏造费用就可加大当期费用，到了未来时期，公司不仅可以少报告经营费用，而且可以将之前伪造的虚假费用和有关负债转为收入，从而可以实现少报经营费用、夸大利润的目标。

微课：资产负债表财务造假手法

（二）资产负债表财务造假手法

夸大财务业绩主要是使公司的资产负债表看起来更加强大。最常见的做法是同时将资产和负债置于报表之外，有些情况会计准则是允许的，比如经营租赁，这样做可以改善财务状况，特别是财务杠杆指标。此外也可以选择将负债持续置于报表之外，具体做法包括表外融资或不对损失进行确认。最后一种做法是高估资产，既可以将资产直接显示在资产负债表中，也可以将其置于表外。

1. 同时将资产和负债置于表外

PPT：资产负债表财务造假手法

将资产和负债置于表外是最容易实现的。而一家公司想要低估资产则被看作是一个奇怪的想法，因为通常来说资产都被认为一样好东西，它是公司用于获取利润的可控资源。然而，如果一家公司想要低估负债，那么为了满足会计恒等式的要求，最简单的方法就是同时低估资产，低估资产可以改善一些财务指标，其中最重要的指标就是资产收益率。

在一项经营性租赁中，一家公司从另外一家租入资产并阶段性地支付费用，该租赁可以是长期的，也可以是短期的，然而，在某些条件下的长期租赁最终会涉及类似于购买的资产转移，对于这种情况会计准则要求采用融资租赁，即同时确认一项资产和负债，但通过经营租赁租入资产的话，公司可以拥有资产的使用权而同时却不需要子资产负债表中确认负债，这实际上就是一种表外融资。

视频：康美药业虚增货币资金

另外一个同时低估资产和负债的方法是通过借贷交易将应收账款置于表外。一家公司将其应收账款以一定的折扣转让给另外一家公司以获得现金，购买方如果无法收回该笔资金也不具备追索权，这就是一种合法的应收账款出售行为。这种方式将导致在资产负债表的应收账款消失，取而代之的则是现金。然而，如果一家公司只是抵押应收账款借入资金，即仍然承担着应收账款无法收回的风险，那么资产负债表中的应收账款就不能消失，同时还要确认一项贷款，可有些公司却将这种借款交易记录成了应收账款的出售，这样就低估资产和负债了。

以上两种方法都是通过不在资产负债表中确认资产和负债来达到表外融资的目的，类似方法还有很多，通常的做法就是让不需要合并报表的其他实体持有这些资产和负债，而这些资产类型不限，一般都是大额资产如厂房及设备等。

引例分析 6－6

昆明机床财务造假案始末

中国证监会对昆明机床信息披露违法行为进行了立案调查、审理后发现，主要违法违规事实：③昆明机床 2013—2015 年年度报告中披露的存货数据存在虚假记载……

为了实现通过虚假销售达到虚增收入的目的，昆明机床同时伪造了“货物流”。在签订虚假购销合同的同时，昆明机床将对应的存货转移至账外库房以构造存货已发出且所有权已转移的假象。通过这种方式，昆明机床虚增收入的同时大量减计存货，增加营业成本。另外，昆明机床还通过降低实际产品制造成本的方式进一步调减期末存货成本的账面金额。证监会调查结果显示，昆明机床 2013—2015 年分别少记存货 12 087.17 万元、18 492.63 万元及 20 018.73 万元，3 年共计 50 598.53 万元，同时虚增营业成本 23 527.22 万元。

2. 仅将负债置于表外

一家公司可能试图在低估负债的同时避免对资产产生影响，在这种情况下，为了能够满足会计等式的恒等要求，就需要高估所有者权益。该做法会在不确认负债的同时也不确认费用。举个例子，公司知道其拥有一项与环境损失有关的负债，但是并不确认负债和损失，这样就会高估利润表的收益、低估负债及高估所有者权益。另外一种选择是采取创新的做法，把一项负债融资当作收益确认，而不是将其确认为负债，这样也会低估负债和高估所有者权益。如果一项负债是或有负债，那么公司也可能不会在资产负债表或者附注中进行确认。

3. 高估资产

高估资产的类别包括高估资产的价值或是将一项根本不存在的资产在报表中进行列示，其中后者比较常用，因为在资产负债表中高估资产价值会损害财务指标，例如资产收益率。在一些情况下，高估资产是因为要隐藏一笔损失，使其置于表外，比如为了达到递延费用的目的将其存留在资产中。公司可控制资产的数量及价值，因此高估资产可以高估其数量或是高估其价值。而资产数量是可以很容易进行查验的，因此大多数会计诡计都会选择对资产的价值进行操控。

视频：康美药业虚增货币资金

相关案例

现代农装作为最早挂牌新三板的企业，未根据其坏账准备计提政策对坏账准备期末余额进行调整，导致坏账准备计提不充分，2013 年半年度报告应补提坏账准备 17 163 320.85 元，因此其 2013 年半年度合并资产负债表的资产项目高估了 17 163 320.85 元；2014 年半年度报告应补提坏账准备 26 448 072.98 元，因此其 2014 年半年度合并资产负债表的资产项目高估了 26 448 072.98 元。同时，现代农装下属子公司洛阳中收在资产负债表日，存货应当按照成本与可变现净值孰低计量，存货成本高于其可变现净值的，应当计提存货跌价准备。2014 年度，现代农装下属子公司洛阳中收的存货跌价准备计提不充分，导致现代农装 2014 年度报告资产总额多计 13 838 880.98 元。

视频：康得新 122 亿现金去向成谜

（三）现金流量表财务造假手法

现金流量表重点报告三大方面的现金流入与流出：经营活动现金流、投资活动现金流与筹资活动现金流。其中，经营活动现金流中所包含的信息可用于衡量权责发生制下的经营所得，如果净所得较多而经营现金流较少的情况往往就是存在一定程度上的现金流财务造假的信号。常见现金流财务造假手法如下：

微课：现金流量表财务造假手法

1. 将筹资活动现金流入转为经营活动现金流入

因为经营现金流是公司经营业务所创造的，是报表使用者的宠儿，将筹资活动现金流入转为经营活动现金流入的方法，体现了将所有合意的现金流入转为最重要部分（经营活动）的现金流入的想法。

PPT：现金流量表财务造假手法

（1）将正常银行借款记录为虚假的经营现金流。经营现金流作为衡量公司经营业绩和实力的核心指标，作为正常银行借款，该交易本应在资产负债表上显示为现金增加和债务增加，但有些公司故意将借款记录为销售收入，从而夸大经营现金流。

相关案例

2011年，欣泰电气虚减应收账款10 156万元，虚增经营活动产生的现金流净额10 156万元；2012年，虚减应收账款12 062万元，虚减其他应收款3 384万元，虚增经营活动产生的现金流净额5 290万元；截至2013年6月30日，虚减应收账款15 840万元，虚减其他应收款5 324万元，虚增货币资金21 232万元。为虚构应收账款收回，欣泰电气向第三方单位或自然人进行大量借款，并通过伪造客户印章实现资金回流。

视频：财务造假有多少方案可以重来

（2）通过在收款到期日前出售应收账款来夸大经营现金流。出售应收账款是公司常用的现金管理策略。公司希望在应收账款到期之前实现收款，公司先要找到愿意买入的投资者（通常是银行），然后再转让应收账款的所有权。作为回报，公司在按应收账款总额收到现金的同时，需要支付投资者一笔费用。下面来考察一下这种交易的性质、目的及交易对方的利益。这种交易听起来像融资活动还是经营活动？许多人认为，这种银行直接从中扣去一部分款项的交易与传统贷款非常类似，属于一种融资形式，尤其因为所收到的现金数额和时间都是由管理层决定的。其实不然，恰当的做法是将出售应收账款的现金收入记录为经营现金流入，而不是融资现金流入。为什么要记录为经营现金流入呢？因为所收到的现金也可以被看成过去所发生销售的收入。事实上，这里存在灰色成分，常常让那些很精明的报表使用者都一筹莫展。

视频：奥林巴斯首度承认掩盖巨额亏损

2. 将正常的经营活动现金流出转为投资活动现金流出

很多公司为了处理麻烦的现金流出都设有一处秘密的倾倒地，而且不希望被他人发现，这就是现金流量表中的投资活动部分。如运用飞去来器式交易方式来夸大经营性现金流。通常情况下，如果公司的经营现金流远远多于净利润，投资者多会喜出望外。事实上，这里的差异一定程度上可以用对客户收取的预付款项进行合理解释。不过，相当一部分差异来自公司为操纵经营现金流而进行的飞去来器式交易。如环球电信公司将未来网络容量分块出售给电信客户，同时再向这些客户购买金额相等的网络容量。换言之，环球电信公司在向客户出售网络容量的同时购买其他金额相等的容量。这种交易属于经典的飞去来器式交易。这正如环球电信公司的某些执行官与客户所说的那样“你帮我，我也帮你”。那么，这种做法对公司现金流有什么影响呢？环球电信公司记录这种飞去来器式交易的方法导致了公司经营现金流的人为夸大。公司一方面将通过这些交易而收取的现金记录为经营活动现金流入，另一方面则将支付给同一批客户的现金记录为投资活动现金流出。从根本上讲，环球电信公司就是通过将投资活动现金流入转为经营活动现金流入来夸大后者的。这样，环球电信公司的经营现金流入就得到增强，而这显然不符合交易的经济实质。

3. 借助不可持续的业务来夸大经营活动现金流

借助不可持续的业务来夸大经营活动现金流的方法常见如下：

（1）继承来自被收购公司的经营现金流入。假设某家公司正准备进行企业收购，在支付收购款项时，经营现金流并未受到影响。如果采用现金收购，那么付款将被记做投资活动现金流出。相反，如果采用股票发行方式，那就不存在现金流出。一旦取得被收购公司的控制权，那么被收购公司的所有现金流入与现金流出就成为合并后公司经营现金流的一部分。例如，如果刚被收购的公司有销售发生，那么收入自然会记录在利润表上。同样地，如果刚被收购的公司从客户处收到现金，那么该款项在现金流量表中按经营现金流进行记录，显然母公司可以形成新的现金流量，同时又不会发生初始经营现金流出。

（2）通过缓付卖方款项来夸大经营活动现金流。是否想给本年度多留一点现金？如果是，不妨使用“延期付款”这种“生还机会”，到来年 1 月初再付 12 月的账单。如果晚付款 1 个月，那么上年末的银行存款余额就会上升。这样一来，公司本年度似乎赚了很多现金。不过，公司肯定很清楚，这种方法所形成的现金流增长并非可持续，公司不可能无限期推迟付款。延长付款时间所带来的现金流（即应付账款的增加）应被看作一次性经济活动，并不意味着公司有了产生更多现金流的永久性方式。虽然这应当属于常识，但人们常常很震惊地发现许多公司在吹嘘其经营现金流强劲时根本不提及其中的小秘密，即经营现金流的增长靠的是不再及时回款，而是延长对供应商付款的时间。

模块二　虚假财务信息的诊断

职业判断与业务操作

从虚假财务报表的表现形式来看，无论什么单位、在什么时候、以什么方式、用何种方法编制和提供虚假财务报表，总是要在资产、负债、所有者权益、收入、成本、费用、投资收益、税金、利润以及财务报表附注等财务数据与非财务数据体现出来。报表的使用者通过分析这些数据之间的关系以及对照企业的其他信息，总能从中发现问题。

微课：识别诊断表内信息

一、识别诊断表内信息

（一）利用关联方交易操纵利润

利用关联方交易将交易一方的利润转移至另一方使其利润增加，其目的在于利用上市公司的壳资源从股市上筹措资金。这与跨国公司通行的利用关联方交易将高税区的利润转移至低税区以降低税负，或将资金从外汇管制严的地区转移至外汇管制松的地区以逃避外汇管制等做法正好相反。

PPT：识别诊断表内信息

识别关联方交易操纵利润的方法：

（1）计算各项目中关联方交易产生的盈利分别占项目总额的百分比和这些项目占利润总额的百分比，判断企业盈利能力对关联方企业的依赖程度。

（2）计算公司的偿债能力、营运能力和盈利能力指标，并将这些财务指标与同行业进行横向比较，判断指标是否异常，借以分析其业绩的真实性。

（3）分析主要关联方交易，判断这些关联方交易的必要性和公正性，是否有通过定价政策操纵利润的嫌疑，分析非必要和欠公正的关联方交易所产生的利润是否与造假的动机相符。

知识链接

对通过转移定价引起的“主营业务收入”“主营业务成本”“管理费用”等项目脱离实际状况的识别难度较大，要求分析者掌握市场价格和企业的定价政策。在分析识别过程中，要充分利用财务报表附注说明和相关明细表。如果关联方交易占销售货物和采购货物的比重较大（大于20%），那就有必要分析比较关联方交易与非关联方交易的价格差异。如价格差异过大，则有操纵利润之嫌，需要调整因价格差异而影响的利润额。

（4）分析公司的往来账项变动情况，重点关注“应收关联公司的款项”，从中分析是否存在控股股东占用上市公司资金，上市公司又计提资金占用费形成利润的现象。

（5）通过有关指标对比，判断是否存在不确认或少确认费用以虚增利润的现象。从借款额度与借款费用增长比例，判断借款费用的处理是否存在问题；从销售收入与销售费用的增长比例，判断是否存在少计销售费用的现象。

相关案例

某上市公司利润表中“利润总额”为2 000万元。其中：“其他业务利润”为200万元，“投资收益”为400万元，“营业外收入”为500万元。在财务报表附注及相关明细表中反映，200万元其他业务利润中有180万元来自关联方企业交付的商标使用费，400万元投资收益中有380万元来自向关联方企业转让的股权投资收益，500万元营业外收入中有440万元来自用房产向关联方企业置换流水生产线的收益。

按上述资料，可以发现各项目中关联方交易产生的盈利分别占其他业务利润的90%（180÷200）、投资收益的95%（380÷400）、营业外收入的88%（440÷500），合计则占利润总额的50%［（180+380+440）÷2 000］。这反映出该企业利润对关联方企业的依赖程度极高。如果通过进一步的定价政策分析，发现上述交易均为非公正交易，属于利润操纵行为。剔除虚增盈利后的结果为：“其他业务利润”20 万元，“投资收益”20 万元，“营业外收入”60 万元，利润总额应为 1 000 万元。

（二）利用应收和应付款操纵利润

虚假交易一般没有对应的现金流，由于往来账项正是用来核算没有现金流的交易事项的，因此它天然就成为虚假交易的隐身之所，把应收账款作为调节营业收入的工具早被广泛使用。

识别利用应收应付款项操纵利润可采用以下方法：

（1）注意异常波动的营业收入对应的应收款项。一是看本期应收账款发生额占主营业务收入比例的大小；二是看应收账款与主营业务收入及其利润的增长比例。如果应收账款占主营业务收入比例过大，或者收入和利润大幅度增长，应收账款却以更大比例增长；或者收入和利润下滑，而应收账款却大幅度增长，都说明公司实际现金流入不足，存在计入虚假收入的可能。同时，要特别关注报表附注中应收账款前 5 名单位及金额和主营业务收入前 5 名单位及金额，从中分析有否通过关联交易虚构收入和利润现象。

相关案例

某企业全年营业收入为 15 000 万元，除 12 月之外，各月都较为平均，1—11 月累计营业收入为 11 000 万元，而 12 月一个月营业收入则高达 4 000 万元，且有 2 800 万元是通过应收账款产生的。对此，可以初步判断企业可能有操纵利润的行为，应进一步核实这 2 800 万元的营业收入。如果次年初这一笔 2 800 万元的营业收入开红票冲回，则可以判断是将次年的营业收入前置至本年。

（2）特别关注账龄较长的应收账款。通常情况下，账龄为 3 年及 3 年以上的应收账款应作为坏账处理，故应将已达到上述标准但未列入坏账的应收账款作为不良资产加以剔除。例如，某企业本年度利润总额为 20 000 万元，但应收账款明细表中列有账龄在 3 年及 3 年以上的应收账款 1 000 万元，那么将其剔除后，实际利润则只有 11 000 万元。

在正常情况下，其他应收款和其他应付款的余额不应过大，如出现余额过大甚至超过应收账款、应付账款余额的异常情况时，就应注意识别是否有操纵利润的情况。通常其他应收款虚增利润的常见方法主要是将已损失的资产转入其中，使亏损不体现出来。利用其他应付款隐藏利润的常见方法主要是将已实现的收益转入其中，使之不列入利润表之中。识别这类操纵仍然是从其他应收款和其他应付款的明细表入手，将属于异常情况的金额从中剔除。例如，某公司原有一笔债权 300 万元，债务合同规定该债权的年利率为 10%，期限为 1 年，但从借债至今的 3 年中，债务人从未支付利息也没偿还本金。经查实，该债务人已经破产，债权已不可能收回，损失已成事实。可是，该公司在其他应收款中的这笔债权却从300万元上升为390万元［300×（1+10%×3）］，显然该公司有操纵利润的行为，这笔390万元的不良债权应予冲销。

（三）利用不良资产和虚拟资产操纵利润

不良资产是指资产中出现的财产虚假价格、债权呆滞以致无法实现或不能全部实现其账面价值的部分，这部分资产往往因各种原因不能确认或调整其损失额，主要存在于应收账款、存货、对外投资、固定资产等方面。虚拟资产作为利润的“蓄水池”存在的资产实质同样是一种不良资产。如果企业资产中充斥着大量不良资产，必然表现为资产的利用效率低、资产账实不符等情况。

识别不良资产的方法：首先是将本企业资产的利用效率指标与同类企业、行业平均水平进行对比，如果发现本企业的资产利用效率指标与同类企业、行业平均水平有较大的差距，则需要进一步分析该企业是否有财务造假的动机，在此基础上再结合其他信息进行分析。其次是将本企业资产利用效率指标与历史不同年度分别进行对比，分析出现较大变动或较大差别的年度，再结合当年的各种信息分析当年是否有财务造假的动机。三是关注各种应收应付款和虚拟资产挂账的时间，如果企业有长期挂账而未做处理的事项，说明企业这方面的财务状况值得怀疑。如果有上述情况存在，则需要重点分析各类资产项目的明细表，注意财务报表附注中关于虚拟资产确认和摊销的会计政策，特别注意本年度增加较大和未予正常摊销的项目。

知识链接

在识别是否存在操纵利润现象过程中，还应注意企业现金流量分析。该分析是将经营活动产生的现金净流量、投资活动产生的现金净流量、现金净流量总量分别与主营业务利润、投资收益和净利润进行比较，以判断企业主营业务利润、投资收益和净利润的质量。没有相应现金净流量作支撑的利润，质量不如有足够现金净流量作支撑的利润质量高。根据会计基本原理，企业的经营现金净流量不应该长期低于其净利润，因为随着时间推移，按权责发生制核算的结果会与按收付实现制核算的结果间的差异逐渐缩小并趋向于零。如果某企业的现金净流量长期低于其净利润，那么就意味着该企业可能将本应作为费用处理的一些项目变为虚拟资产，而虚拟资产是不可能转化为现金的，即该企业是通过增加虚拟资产来操纵利润。出现这种情况，也应对利润进行调整。

（四）利用资产重组操纵利润

资产重组本是通过资产置换和股权置换来优化企业资本结构、调整产业结构和实现战略转移的一种方法，这种资产置换如果公正，那么只是将企业本已持有的利得转换为本期利润。如果不公正，则是将关联方交易母公司方的利润转移到子公司，目的是保住上市子公司这个壳资源，为从股市上筹措资金做好准备。

识别资产重组操纵利润的方法：首先从各种财务信息和非财务信息中了解企业当年是否有资产重组事项，如果有，则需要判断其资产重组收益是否公允。其次可以通过损益表的结构分析中判断企业各种利润项目来源的构成变化，主要利润是否来自主营业务收入。三是可以从资产负债表有关长期资产项目及其明细表中查出其置换资产的性质和金额，还可以从财务报表附注的说明中了解资产置换的其他情况。

（五）利用利息资本化操纵利润

按会计制度的规定，企业为购建固定资产而发生的利息费用，在固定资产尚未达到预定可使用状态之前，应计入固定资产的成本，即应予以资本化。利息资本化本是为了满足收入与成本相配比原则的需要，但在实务中，不少企业将它作为一种操纵利润的手段。

利息资本化操纵利润的识别方法是：分析资本化的利息支出占在建工程项目的比例，如果资本化的利息支出大于在建工程项目的平均余额与规定利息率之积，那么可以判断存在操纵利润的嫌疑。在做此项分析时还应剔除自有资金投入在建工程不需要计息的因素。例如，渝钛白股份公司曾将钛白粉工程建设期间的借款和应付债券的利息 8 064 万元，在该项目投入使用的情况下仍予以资本化，结果被注册会计师出具了否定意见的审计报告，开了我国上市公司被出具否定意见审计报告的先河。

（六）利用变更会计政策导致财务信息虚假

从会计政策变更的理由以及公司是否有操纵利润的动机可以分析公司是否人为利用变更会计政策调节利润的问题。分析方法主要从财务报表附注中对公司采取的会计政策和会计政策变更情况说明入手，看公司有否滥用会计政策以达到人为调节利润的目的。一方面，看公司是否通过改变会计政策以增加利润，如改变折旧计算方法，改变主要固定资产的使用年限、降低坏账准备计提比例、减值准备计提比例或冲回减值准备等增加利润的现象。另一方面，看公司是否利用国家会计政策变更的机会，集中处理历史遗留的问题，造成业绩的剧烈变化，看是否将超期的应收款不予转销、该提折旧的资产不提折旧等现象。

知识链接

观察财务指标的波动是分析财务造假的基本方法之一，指标的异常波动往往蕴涵着一定的财务风险。美国财务研究与分析中心（CFRA）对异常波动指标进行了分类，将异常波动指标分为纵向和横向两种类型，其中纵向分析是寻求报表中的结构性变化，而横向分析则突出销售增长与相关资产、费用、现金流增长之间的关系。异常波动指标与财务风险的关系见表 6－1。

表 6－1　异常波动指标及蕴涵的财务风险

分类体系	异常波动指标	可能蕴涵的财务风险
纵向分析	应收账款占总资产比例急剧增长	可能出现收入提前确认
	坏账准备占应收账款比例下降	可能准备不足或者夸大营运收入
	存货计提准备占库存比例下降	准备不足或夸大营运收入
	库存占总资产比例急剧增长	可能对某些销售没有确认成本
	厂房设备占总资产急剧增长	可能不适当将某些维修费用资本化
	厂房设备增长，累计折旧却下降	没有提取足够的折旧费用
	利息费用相对于长期债务实质性下降	可能不适当将某些营运费用资本化
	现金及现金等价物占总资产比例下降	可能出现流动性问题
	销售费用占销售收入比例下降	可能虚构收入、或将正常的营运成本资本化
横向分析	应收账款增长远超出销售增长	收入确认可能过于激进
	库存增长远快于销售、销售成本以及应付账款增长	库存大幅增加可能是没有注销废弃库存的征兆；其次可能对某些销售没有记录销售成本
	营业性现金流实质性落后于净收入	收入质量可能不佳
	其他流动资产、其他资产增长远超出销售增长	将营运费用资本化的一个信号是软性资产的迅速增加
	软性成本的摊销增长低于资本化的成本	可能不适当地将某些营运费用资本化
	销售费用、管理费用增长远低于销售增长	可能虚构收入、或将正常的营运费用资本化

资料来源：美国财务研究与分析中心（CFRA）。

微课：识别诊断表外信息

PPT：识别诊断表外信息

二、识别诊断表外信息

（一）根据审计报告判断会计报表的真实程度

当分析公司的经营业绩和财务状况时，打开公司的年度报告或中期报告，阅读其中的财务报告部分，其中第一项是审计报告。

知识链接

审计报告有五种类型。“无保留意见审计报告（无解释）”也叫“标准审计报告”，意味着注册会计师认为，公司的会计报表在所有重大方面公允地反映了公司的财务状况、经营成果和资金变动情况，会计处理方法的选用遵循了一贯性原则。“无保留意见审计报告（有解释）”意味着注册会计师对会计报表的某些部分做出说明，认为公司的会计报表在所有重大方面公允地反映了公司的财务状况、经营成果和资金变动情况，会计处理方法的选用遵循了一贯性原则。“保留意见审计报告”意味着注册会计师认为，公司会计报表存在有待确定之处或未能查明是否属实之处，除此之外，公司会计报表在所有重大方面公允地反映了公司的财务状况、经营成果和资金变动情况，会计处理方法的选用遵循了一贯性原则。“无法表示意见审计报告”意味着注册会计师不能确定公司的某些经营活动对会计报表整体反映的影响程度，无法对公司会计报表是否公允地反映公司的财务状况、经营成果和资金变动情况发表审计意见。“否定意见审计报告”意味着注册会计师认为，会计报表未能公允地反映公司财务状况、经营成果和资金变动情况。

（二）根据会计报表附注分析

在分析公司的会计报表之前，应该先阅读和分析会计报表附注。在分析会计报表的过程中，也需要不断结合会计报表附注分析，寻找辨别会计报表真实程度的调查分析重点。根据会计报表附注，可以从会计报表分解出会计分类账，从会计分类账分解出会计科目账，从会计科目账查询会计凭证，从而详细分析公司会计报表反映其财务状况及经营成果和现金流量情况的真实程度。

1. 分析公司基本情况，关注公司的历史和主营业务

会计报表附注的第一部分是公司的基本情况，介绍公司的历史和主营业务范围。在判断会计报表反映其财务状况及经营成果和现金流量情况的真实程度之前，我们必须了解上市公司的历史和主营业务范围，分析公司的重大历史事件可能影响公司盈利前景的程度，分析公司所处行业的发展状况及其对公司盈利能力的影响程度。

案例：一份无法表示意见报告暴露出的巨额现金挪用疑案

2. 关注会计处理方法对利润的影响

会计报表附注的第二部分是公司所采用的主要会计处理方法、会计处理方法的变更情况及变更原因，以及对财务状况和经营成果的影响。根据相同的原始会计记录，使用不同的会计处理方法，可以编制出不同财务数据的会计报表，得出不同的净利润。我们必须关注公司使用哪些会计处理方法和是否变更了会计处理方法，以及会计处理方法及其变更对净利润的影响。

3. 分析子公司对总利润的影响程度

会计报表附注的第三部分是控股子公司及关联公司的基本情况。一家公司可以有多家子公司或关联公司，各家子公司对总公司的利润贡献是不同的，对总公司盈利能力的影响也是不同的。分析公司的子公司和关联公司的基本情况，我们可以找出对公司经营活动和盈利能力影响最大的子公司或关联公司。这些子公司和关联公司应该是调查分析重点。

4. 分析会计报表重要项目的明细资料

会计报表附注的第四部分是会计报表主要项目注释，列示会计报表中有关重要项目的明细资料，这些明细资料是判断会计报表反映公司财务状况及经营成果和现金流量情况真实程度的重要线索。我们必须逐一仔细阅读和分析会计报表重要项目的明细资料，这是判断会计报表反映其财务状况及经营成果和现金流量情况真实程度的重要步骤。

5. 关注公司其他重要事项的说明

会计报表附注的第五部分是其他事项的说明，列示公司关联方关系及交易的明细资料、承诺事项的明细资料、资产负债表日后事项中的非调整金额，以及其他重要事项的说明。这些重要事项的说明可能成为辨别上市公司会计报表反映其财务状况及经营成果和现金流量情况真实程度的重要线索。公司与其母公司和子公司等关联方的交易可能会对其会计报表数据有比较大的影响。

（三）同业比较

任何一家上市公司的发展状况必然受到行业发展状况和宏观经济运行状况的影响。一家公司可以是行业的龙头公司或末尾公司，但是任何一家公司的实际财务状况不会严重脱离本行业的平均发展水平或发展状况。运用同业比较分析方法，我们可以寻找出严重偏离同业平均水平的财务数据或财务指标，从而寻找出判断上市公司会计报表反映其财务状况及经营成果和现金流量情况真实程度的调查分析重点。

1. 细分公司所处行业

为了进行同业比较分析，我们首先要确定上市公司所处行业，选择或区分上市公司的同业公司和相关行业公司。中国证监会公布了《上市公司行业分类指引》，我们可以访问“中国证券网”（http：/www. rostock. com）查询。根据上市公司的主营业务，确定上市公司的行业分类。

为了比较准确地判断上市公司财务数据反映其财务状况及经营成果和现金流量情况的真实程度，在《上市公司行业分类指引》基础上，我们应该进一步细分上市公司所处行业。划分上市公司所处行业越细致，同业比较结果越准确。

在确定上市公司的行业分类时，我们首先阅读上市公司招股说明书、年度报告或中期报告中关于公司主营业务范围的陈述，分析公司的主营业务收入和利润的结构。有的上市公司会变更主营业务。进行同业比较分析时，我们必须注意上市公司是否变更了主营业务。若上市公司变更了主营业务，我们必须随之变更其行业分类。上市公司不同时期的主营业务不同，其行业分类也应该不同，从而同业公司比较对象也不同，如果我们仍然选择和以前相同的同业作为比较对象，那么同业比较的结果是不准确的。有的上市公司经营多种业务，进行同业比较分析时，我们应该逐一确定其各项主要业务的行业分类及其同业比较对象。这样有利于同业比较结果的准确性。上市公司的经营活动受到其上游行业和下游行业发展状况的影响。进行同业比较分析时，我们需要分析相关行业发展状况对上市公司经营活动的影响。

2. 财务数据和财务指标的同业比较

在确定了上市公司的行业分类、同业公司比较对象、相关行业及相关行业公司比较对象后，根据上市公司及其同业比较对象公司的会计报表，我们计算其财务数据和财务指标的同业平均值、同业最高值和同业最低值。

我们将上市公司的财务指标或财务数据与其同业平均值、同业最高值和同业最低值相比较，找出明显偏离同业平均水平的财务指标或财务数据。对上市公司明显偏离同业平均水平的财务指标或财务数据做进一步的同业比较分析，直到找出影响财务指标或财务数据严重偏离同业平均水平的根源，从而找出判断会计报表反映其财务状况及经营成果和现金流量情况真实程度的调查分析重点。

项目小结

财务造假是当前世界范围普遍存在的现象，造假的动机包括获得个人经济和政治利益、获取银行或商业信用、实现公司上市和配股、谋求企业的政治和市场形象、避免行政处罚和炒作股票价格等方面。识别财务造假应针对造假的手段来进行分析，主要有利用关联方交易造假、利用往来账项造假、利用不良资产和虚拟资产造假、利用资产重组造假、利用利息资本化造假、利用会计政策造假等方面。作为会计报表的外部使用者，一般只需要对公司是否可能出现造假行为做出基本判断，进一步的核实不是财务报表分析的内容。

项目实训

实战演练

上网搜索康美药业造假案。2019 年 4 月 29 日晚间，A 股昔日的医药类白马股康美药业披露了 2018 年年度报告，同时发布公告更正其 2017 年报中出现的会计差错。对于 2017 年的年报，“财务错误”主要有以下几点：

1. 由于公司采购付款、工程款支付以及确认业务款项时的会计处理存在错误，造成应收账款少计 6.41 亿元，存货少计 195.46 亿元，在建工程少计 6.32 亿元。

2. 由于核算账户资金时存在错误，造成货币资金多计 299.44 亿元。

3. 在确认营业收入和营业成本时存在错误，造成营业收入多计 88.98 亿元，营业成本多计 76.62 亿元。

4. 在核算销售费用和财务费用存在错误，造成销售费用少计 4.97 亿元，财务费用少计 2.28 亿元。

请还原其造假的会计分录和正确的会计分录。

知识巩固

一、判断题

1. 典型的利润最小化的操纵方法有推迟确认收入、提前结转成本、使用加速折旧法、将应予资本化的费用列入当期损益等。（　　）

2. 在我国目前情况下，上市公司将利润均衡化的主要目的是通过调节不

同年度之间的利润来实现少缴所得税。（ ）

3. 通过关联交易用上市公司的优质资产以大大低于账面价值的金额与其控股母公司的劣质或闲置资产相交换或干脆低价出售是上市公司虚增利润的主要手段。（ ）

4. 缩短固定资产折旧年限粉饰财务报表一般是出于虚增利润的需要。（ ）

5. 应收账款占总资产比例急剧增长可能出现收入提前确认的财务风险。（ ）

6. 坏账准备占应收账款比例上升可能是因为本年度准备金提取不足或者是夸大本年度财务成果的需要。（ ）

7. 销售费用增长远低于销售增长可能出现虚构收入或将正常的营运费用资本化。（ ）

二、单项选择题

1. 利用应收应付款虚增利润的做法是（ ）。

A. 将实际支付的费用记入其他应收款

B. 将收到的营业收入藏于预收账款之中

C. 将收到的营业收入记入其他应付款

D. 将付出的销货退回款记入应收账款

2. 采用利润最小化的方法造假的手段主要是（ ）。

A. 将应列入当期损益的费用资本化

B. 延长无形资产摊销年限

C. 推迟结转成本

D. 推迟确认收入

3. 采用利润清洗的方法造假的手段主要是（ ）。

A. 将坏账、积压的存货一次性列入损失

B. 将无法收回的投资长期挂账

C. 将闲置的固定资产转为在用固定资产

D. 将计提的各种准备金一次转回

三、多项选择题

1. 运用会计政策变更来粉饰会计报表的具体形式主要包括（ ）。

A. 变更固定资产折旧方法　　B. 变更存货计价方法

C. 变更坏账损失的核算方法　　D. 变更会计核算软件

2. 可能用来通过挂账造假的虚拟资产账户主要有（ ）。

A. 无形资产　　B. 递延资产

C. 待摊费用　　D. 待处理资产损失

3. 利用不当会计政策的造假手段主要有（ ）。

A. 滥用利息资本化政策

B. 提前确认收入、推迟结转成本费用

C. 利用资产减值准备推迟或提前相应支出

D. 运用不当的股权投资核算方法

4. 利用关联方交易的造假手段主要有（　　）。

A. 转让、置换和出售资产　　B. 委托投资或托管经营

C. 资金往来　　D. 关联购销

5. 财务造假的主要类型有（　　）。

A. 利润巨额冲销　　B. 利润均衡化

C. 利润最小化　　D. 关联购销

学习评价

专业能力测评表（见表6－2）。

表6－2　**专业能力测评表**

（在□中打√，A 掌握，B 基本掌握，C 未掌握）

业务能力	评价指标	自测结果	要求
判断财务造假的动机	财务造假的动机种类	A □ B □ C □	能够识别各种财务造假的动机
了解财务造假的手法	1. 利润表造假手法 2. 资产负债表造假手法 3. 现金流量表造假手法	A □ B □ C □ A □ B □ C □ A □ B □ C □	能够识别各种财务造假的手法
诊断虚假财务信息的方法	1. 识别诊断表内信息 2. 识别诊断表外信息	A □ B □ C □ A □ B □ C □	能够诊断虚假财务信息
教师评语：			
成绩：		教师签字：	

练习题：虚假财务信息的分析诊断

项目七

企业财务综合分析

知识目标

1. 了解财务综合分析的意义，熟悉财务综合分析内容。
2. 掌握杜邦分析、沃尔评分和雷达图三种财务综合分析方法和运用。

技能目标

1. 能够运用杜邦分析体系对上市公司进行财务分析，评价公司综合财务能力。

2. 能够运用沃尔评分法对上市公司综合财务状况、经营绩效和财务风险做出评价。

知识技能点

1. 理解财务综合分析
2. 理解杜邦分析法
3. 分析杜邦分析体系
4. 杜邦分析法的数据搜集与计算
5. 杜邦分析法的分析撰写
6. 理解沃尔综合评分法
7. 沃尔综合评分法的运用
8. 理解雷达图法
9. 雷达图法的运用

标志性成果

搜集一家上市公司财务信息和非财务信息，运用杜邦分析法，计算公司各项综合分析财务指标，并结合公司所属行业、经营特点、同行业水平等信息，形成一份公司综合财务能力分析报告。

职业核心能力

自我学习；Excel 数据处理；信息处理；与人交流；分析问题；解决问题；革新创新。

思维导图

思维导图见图 7-1。

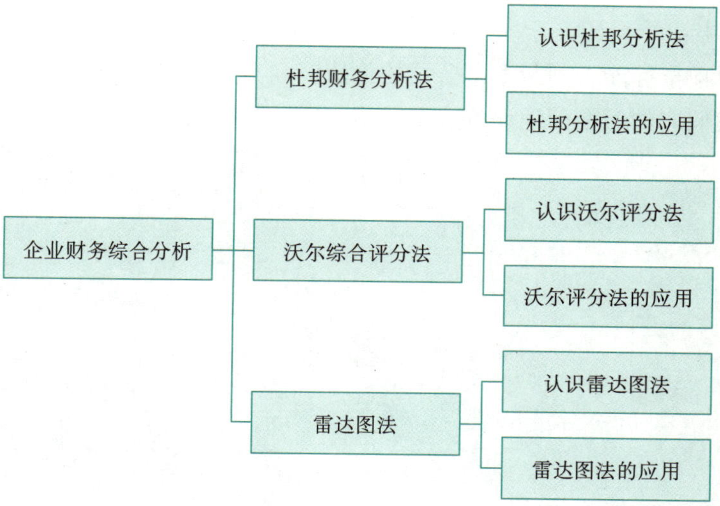

图 7-1　企业财务综合分析思维导图

引　例

东方雨虹：防水行业龙头，股价仍被低估

2019 年 3 月 28 日，东方雨虹（002271）发布 2018 年年报，报告期内，公司实现营业收入 140.46 亿元，同比增加 36.46%；实现归母净利润 15.08 亿元，同比增长 21.74%；实现基本每股收益 1.01 元，同比增长 21.69%。

东方雨虹主营防水材料的研发、生产、销售和工程施工，从 2008 年登陆资本市场至今，公司营收年均复合增速 34.74%；归母净利润年均复合增速高达 42.36%，截至 2018 年，收入体量已经超过 140 亿元，约是除自身以外前十大防水企业之和，是我国防水行业的绝对龙头。目前，在进一步夯实防水行业地位的同时，公司亦在建筑涂料等防水外领域初具雏形，公司中长期发展路径清晰，有望延续其高增长。公司凭借先发优势已在成本、资金和产能端形成规模护城河，大概率成为增量利润的优先流向。

近年来，公司在深耕建筑防水行业的同时还涉及节能保温、非织造布、特种砂浆、建筑装饰涂料等多领域。其中，建筑涂料行业空间不亚于防水材料，随着消费升级下品牌效应的强化以及国产品牌的崛起，行业正进入格局重塑的黄金窗口期。公司进军建筑涂料依托的品牌 DAW 是德国第一大、欧洲第三大企业，有较好的品牌优势以及技术实力，强强联合下，未来发展空间值得期待。

东方雨虹发展势头良好，尤其是盈利能力，但是资本市场却唱起了反调，3 月 28 日东方雨虹的收盘价仅为 20.52 元，静态市盈率为 20.32 倍，在非金属矿物制品业 82 家公司中仅排第 43 名，甚至在整个 A 股市场中东方雨虹的市盈率也是偏低。

（案例来源：https：//www. zznorth. com。）

请思考：

1. 单项指标能否判断上市公司的价值？
2. 我们应如何全面地评价一个公司的财务状况及经营绩效呢？

微课：理解财务综合分析

模块一　理解企业财务综合分析

职业判断与业务操作

企业的经济活动是一个有机的整体，单独分析任何一类财务指标都不足以全面评价企业的财务状况和经营绩效，只有对各种指标进行系统、综合的分析，才能对企业的财务状况做出全面、合理的评价。因此，必须对企业财务行综合分析。

PPT：理解财务综合分析

一、财务综合分析的意义

所谓财务综合分析，就是将营运能力、发展能力、偿债能力和获利能力等诸方面的分析纳入一个有机的整体之中，全方位地评价企业的财务状况、经营成果和现金流量情况，从而对企业经济效益做出准确的评价与判断。

美国《商业周刊》用八个主要的财务成果指标对世界 500 强进行了排名。

销售及利润的增长率和股东的收益率是首先要考虑的指标。其次是体现公司持续经营能力的指标，公司本年的经营情况及公司最近 3 年的经营情况都在被考虑之列。再次，为了着重强调公司从经营中赚取最大利润的能力，将利润率和权益收益率也作为分析的指标之一。财务分析的目的在于全方位地揭示企业经营理财的状况，进而评价企业的经济效益，并对未来的经营做出预测与指导。企业的偿债能力、获利能力等指标，所揭示的仅是企业经济效益与财务状况的某一侧面的信息，只有运用联系的观点，进行系统评价，才能从总体上把握企业的财务状况与经营成果。

二、财务综合分析特点

综合财务分析与单项分析相比较，具有以下特点：

（一）分析方法不同

单项分析只对某一方面做出分析，具有实务性和实证性，比如对企业偿债能力的分析、对企业营运能力的分析、对企业盈利能力的分析、对企业发展能力的分析等；而综合分析是在总体上做出归纳综合，是对单项分析的提升和概括。

（二）分析重点与基准不同

单项分析的重点与比较基准是财务计划、财务理论标准、行业标准，每个指标都重要。我们在分析的时候通常要拿企业绩效评价标准值（2018 版）、企业历史资料、行业标准值等来进行比较分析。而综合分析的重点与基准是企业整体发展趋势，指标之间有主辅之分。

（三）分析目的不同

单项分析的目的在于找出某一方面存在的问题，以找出解决方法；而综合分析的目的在于全面评价企业的财务状况和经营成果，并提出具有全局性的改进意见。

三、财务综合分析的常见方法

自亚历山大·沃尔创建沃尔分析法以来，财务评价问题一直是国外财务学界研究的热点，出现了诸多财务综合评价方法，如杜邦分析法、平衡记分卡、经济增加值、供应链绩效衡量、雷达图分析法等，并在中国的很多企业运用于实践。我国在这方面的研究较晚，近年来理论界和实务界也研究出了适合我国国情的企业绩效评价指标体系，并在实践中逐步完善。本项目内容主要包括在我国运用较广泛的杜邦分析法、沃尔分析法及雷达图分析法。

拓展阅读

综合分析财务报告——理性判断公司价值

一个有趣的案例是美国在线的故事。大家现在都知道，美国在线是失败的典型。但是，事情的发展其实是一波三折，15 年前就有人质疑美国在线会计处理激进，将广告费用资本化从而隐瞒销售费用，一些做空者据此做空美国在线。事实也正像做空者的批评一样，美国在线在 1996 年 11 月一次性冲掉 3.85 亿美元的销售费用。但是，1996—1999 年，美国在线销售收入从 11 亿美元增至 77 亿美元，净利润从 3 000 万美元增长至 12 亿美元，每股股价从 1.7 美元涨至 95 美元，做空者损失惨重，他们遗憾地说："我们搞对了数字，但看错了行业，它在市场销售的增长方面如此令人难以置信，已经超越了会计方面的问题。"

2000 年，美国在线蛇吞象吃掉时代华纳，但很快网络股泡沫破裂，这宗世纪并购大案被证明是失败的典型，美国在线很快在新公司中被边缘化，直至 2009 年年末被踢出局。如今，美国在线总市值据说只有 30 亿美元，而该公司辉煌时期的市值超过 3 000 亿美元。那些意志不坚定的做空者在世纪之交转身做多美国在线，这一空一多翻转，估计如今早已破产。

会计背景出身的投资者往往过于关注财务细节，但很显然，一个公司是否有投资价值，更多不是依据财务数据做出决策的。2001 年安然崩盘，之前的做空者欢呼雀跃，但后来发现，他们做空安然的主要理由很苍白，要么是看不懂安然业务而做空，要么说安然的资产回报率太低而做空。

（资料来源：https：//www. doc88. com。）

想一想：2001 年安然崩盘，做空者做空安然的主要理由要么是看不懂安然业务而做空，要么说安然的资产回报率太低而做空，这是否是对公司的客观评价？我们应该怎样对公司进行全面客观的评价？

模块二　杜邦财务分析法的应用

职业判断与业务操作

1903 年，由多个各自独立的单一经营公司合并在美国创立了杜邦公司，面对需要协调的垂直式企业的多种经营市场组织以及如何将资本投向利润最大的经济活动等问题，公司的经理们潜心研究并与 1919 年首创了以净资产收益率为核心的杜邦财务分析体系，这一方法提出后，即得到业界和学术界的广泛认同并一直沿用至今，已经使用了近一个世纪。

拓展阅读

运用财务指标不能一概而论

投资者经常要根据三大报表计算一些财务指标，最常见的如反映盈利能力的每股收益、净资产收益率、总资产收益率、销售毛利率、销售净利率等；反映经营效率的资产周转率、固定资产周转率、应收账款周转率及存货周转率等；反映偿债能力的速动比率、流动比率及资产负债率等。

运用财务指标分析企业时，切勿一概而论。如偿债能力分析，如果从速动比率和流动比率出发，当然是越高越好；但从经营角度出发，速动比率及流动比率过高的背后是营运资本（流动资产－流动负债）过高。最典型的表现就是高现金、高存货、高应收账款、低短期借款、低应付账款、低应付票据。

营运资本“三高、三低”好吗？这个问题没有标准答案，“三高”往往意味着流动资金的闲置，甚至在“三高”背后是涉嫌虚增流动资产，如虚增现金、存货及应收账款，而“三低”背后也可能涉嫌隐瞒债务。

如果是强势企业，它不但对上游强势，对下游也强势，这样会导致公司账面上有巨额的“预收账款”及“应付账款（票据）”，这样的企业其速动比率、流动比率指标非常差，但不能因此得出结论：该公司短期偿债能力存在巨大风险。其实，这样的公司经营性现金流非常好，所以，在分析短期偿债能力时，不但要看速动比率、流动比率，还要看经营性现金流量。

长期偿债能力分析也是如此，不能只看资产负债率，还要看融资性现金流量，银行业的资产负债率一般高达90%（资本充足率只要8%就达标），地产行业实质也是类金融企业，所以负债率可以很高，只要不出现经济衰退，只要金融、地产泡沫不破裂，高负债的金融、地产行业就不会出现资金危机。反而在行业上升时期，通过高杠杆作用，在同样的资产回报率下，因为权益乘数高，金融、地产投资会取得巨额的投资回报，如招商银行2008年净资产收益率高达35%。目前，从市净率（P/B）指标看，招商银行是全球最贵的银行，因为招商银行有全球第一的净资产收益率（ROE）。

毛利率、净利率也是投资者经常分析的两个指标，对于审计师，这两个指标也很重要。

微课：理解杜邦分析法

PPT：理解杜邦分析法

一、理解杜邦分析法

杜邦分析法（DuPont Analysis）也叫“杜邦财务分析体系”，简称“杜邦体系”。其最显著的特点是将若干个用以评价企业经营效率和财务状况的比率按其内在联系有机地结合起来，形成一个完整的指标体系，并最终通过净资产收益率来综合反映。具体来说，它是一种用来评价公司赢利能力和股东权益回报水平，从财务角度评价企业绩效的一种经典方法。其基本思想是将企业净资产收益率逐级分解为多项财务比率乘积，这样有助于深入分析比较企业经营业绩。由于这种分析方法最早在 20 世纪 20 年代由美国大型化学公司——杜邦公司成功使用，故名“杜邦分析法”。

思维导图：杜邦分析逻辑图

现代财务管理理论把企业的经营绩效归因于生产经营和财务运作两个方面，并要求这两个方面保持高度协调。杜邦分析体系以净资产收益率（即所有者权益报酬率）为核心指标，将净资产收益率分解成三个具体指标：一是反映企业生产经营成果的销售净利率；二是反映企业生产经营效率的总资产周转率；三是反映企业资本结构的权益乘数。这个分解说明净资产收益率（对于上市公司则用股东权益收益率）这一综合指标，是企业生产经营活动和财务活动协调运作的最终结果。

杜邦财务分析体系从数学的角度来看，是以核心指标净资产收益率为出发点，通过数学变换（固定分子变分母），将其逐项推移分解为销售净利率、总资产周转率和权益乘数三者的乘积，以综合反映企业的盈利能力、营运能力、偿债能力和资本结构的共同作用对净资产收益率的影响。数学变换式如下：

$$\text{净资产收益率}=\frac{\text{净利润}}{\text{净资产}}=\frac{\text{净利润}}{\text{总资产}}\times\frac{\text{总资产}}{\text{净资产}}=\text{资产净利率}\times\text{权益乘数}$$

$$\begin{matrix}\text{资产}\\\text{净利率}\end{matrix}=\frac{\text{净利润}}{\text{总资产}}=\frac{\text{净利润}}{\text{销售收入}}\times\frac{\text{销售收入}}{\text{总资产}}=\begin{matrix}\text{销售}\\\text{净利率}\end{matrix}\times\begin{matrix}\text{总资产}\\\text{周转率}\end{matrix}$$

因此，净资产收益率可以表示为：

$$\text{净资产收益率}=\text{销售净利率}\times\text{总资产周转率}\times\text{权益乘数}$$

式中的权益乘数是权益比率的倒数，权益比率又称“自有资本比率”或“净资产比率”，与绝大多数的财务比率一样，都是除数，即权益比率 = 净资产 ÷ 总资产；而乘数与除数互为倒数。因此，一方面权益比率与权益乘数两者互为倒数；另一方面权益比率又与资产负债率（即负债比率）两者互补，即权益比率 + 负债比率 = 1。由此可以得到以下权益乘数公式：

$$\text{权益乘数}=\frac{\text{总资产}}{\text{净资产}}=\frac{1}{1-\text{资产负债率}}$$

上述权益乘数的公式充分说明，权益乘数的大小主要受负债程度的大小，即资产负债率大小的影响。负债程度越大，资产负债率越高，权益乘数就大；反之，权益乘数就小。因此，权益乘数可以反映企业的资本结构和由举债带来的财务杠杆作用。当然，权益乘数公式中的资产负债率是一个平均数，它是全年平均总负债与全年平均总资产之比，即全年平均资产负债率。

需要强调的是，净资产收益率之所以能称为“杜邦财务分析体系的核心指标”，不仅因为它是一个综合性最强的财务分析指标，也不仅因为它代表了企业财务的目标，反映了企业价值最大化或股东财富最大化的要求，更主要的是从上述指标分解中可以看到，决定净资产收益率大小的关键因素有三个方面：销售净利率、总资产周转率和权益乘数，而它们分别代表了盈利能力、营运能力、偿债能力和资本结构。通过对净资产收益率这样分解之后，可以把这项核心指标发生升降变化的原因具体化，有利于分别分析和评价盈利能力、营运能力、偿债能力和资本结构的变动程度，以及它们对净资产收益率的影响程度。显然，这比只用一个综合性指标更能说明问题。

知识链接

杜邦分析是一种分解财务比率的方法。它将企业重点考察的财务比率层层分解，一直到最基本的财务数据，所以它不需要另外建立新的财务指标。使用杜邦分析法的关键不在于指标的计算，而在于对指标的理解。

二、分析杜邦分析体系

（一）杜邦分析图

由于杜邦分析法是利用各个主要财务比率之间的内在联系建立财务比率分析的综合模型，来综合地分析和评价企业财务状况和经营业绩的方法，所以可以采用杜邦分析图将有关分析指标内在联系加以排列，从而直观地反映出企业的财务状况和经营成果的总体面貌。杜邦财务分析体系如图 7－2 所示。

微课：分析杜邦分析体系

PPT：分析杜邦分析体系

从杜邦分析看商业模式变迁

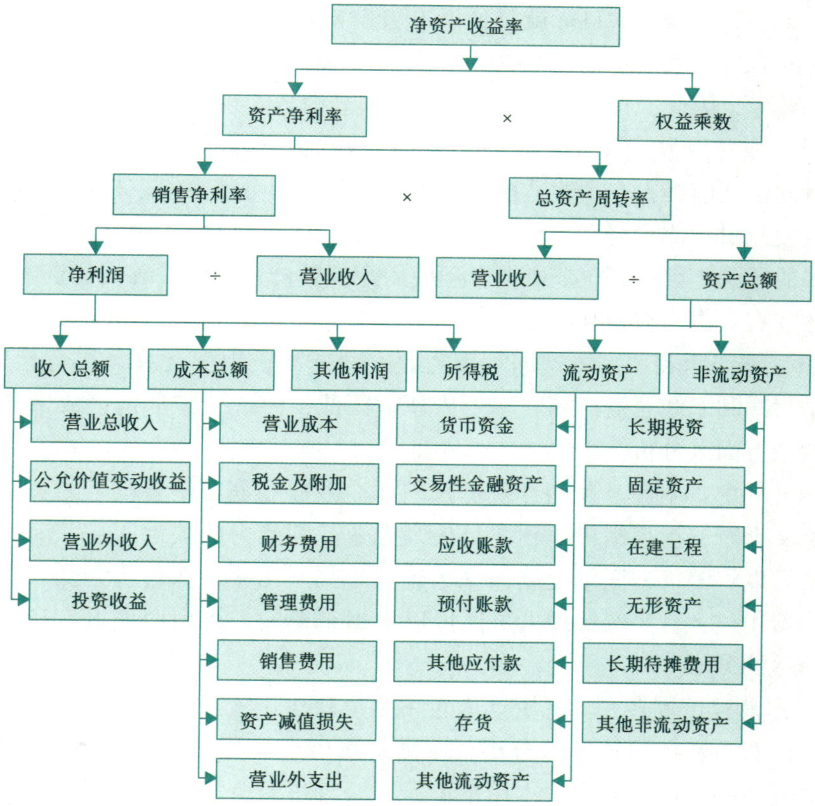

图 7－2　杜邦财务分析图

从图 7－2 可以看出，杜邦分析法说明净资产收益率受三类因素影响：营运效率，用利润指标衡量；资产使用效率，用资产周转率衡量；财务杠杆，用权益乘数衡量。

杜邦分析法有助于企业管理层更加清晰地看到净资产收益率的决定因素，以及销售净利率与资产周转率、债务比率之间的相互关联关系，给管理层提供了一张明晰的考察公司资产管理效率和是否最大化股东投资回报的路线图。

（二）杜邦分析体系财务指标关系

微课：杜邦分析法的数据收集与计算

杜邦模型最显著的特点是将若干个用以评价企业经营效率和财务状况的比率按其内在联系有机地结合起来，形成一个完整的指标体系，并最终通过权益收益率来综合反映。采用这一方法可使财务比率分析的层次更清晰、条理更突出，为分析者全面仔细地了解企业的经营和盈利状况提供方便。从图 7－2 中可以看出杜邦分析法实际上是从两个角度来分析财务：一是进行了内部管理因素分析；二是进行了资本结构和风险分析。

1. 杜邦分析图提供的财务指标信息

PPT：杜邦分析法的数据收集与计算

（1）净资产收益率。净资产收益率是一个综合性最强的财务比率，是杜邦分析系统的核心，同时也是综合评价体系的核心。其他各项指标都是围绕这一核心，通过研究彼此间的依存制约关系，从而揭示企业的获利能力及其前因后果。财务管理的目标就是使所有者财富达到最大化，净资产收益率不仅反映所有者投入资本的获利能力，而且反映企业筹资、投资、资产运营等活动的效率，因此，提高净资产收益率是实现财务管理目标的基本保证。

（2）权益乘数。权益乘数反映股东权益同企业总资产的关系，在总资产需要量既定的前提下，企业适当开展负债经营，相对减少股东权益所占份额，就可以使此财务比率提高，给企业带来较多的杠杆利益，同时也给企业带来了较多的风险。因此，企业既要合理使用全部资产，又要妥善安排资本结构，这样才能有效提高权益利润率。

（3）资产净利率。资产净利率也是一个重要的财务比率，综合性较强，它是销售净利率和总资产周转率的乘积，因此，要进一步从销售成果和资产营运两个方面来分析。

（4）销售净利率。销售净利率反映了企业净利润与销售收入的关系，从这个意义上看，提高销售净利率是提高企业盈利能力的关键所在。深入的指标分解可以将销售利润率变动的原因定量地揭示出来，如售价太低、成本过高，或费用过大。当然经理人员还可以根据企业的一系列内部报表和资料进行更详尽的分析。

（5）总资产周转率。总资产周转率是反映运用资产以产生销售收入能力的指标。对总资产周转率的分析，则需对影响资产周转的各因素进行分析。除了对资产的各构成部分从占用量上是否合理进行分析外，还可以通过对流动资产周转率、存货周转率、应收账款周转率等有关资产组成部分使用效率的分析，判明影响资产周转的问题出在哪里。

（6）各项成本费用。通过各项成本费用开支的列示，有利于企业进行成本费用的结构分析，加强成本控制，以便为寻求降低成本费用的途径提供依据。

2. 杜邦分析图各财务指标之间的关系

（1）净资产收益率 = 资产净利率 × 权益乘数

（2）权益乘数 =1 ÷ （1 – 资产负债率）

（3）资产净利率 = 销售净利率 × 总资产周转率

（4）销售净利率 = 净利润 ÷ 销售收入

（5）总资产周转率 = 销售收入 ÷ 总资产

（6）资产负债率 = 负债总额 ÷ 总资产

净资产收益率反映公司所有者权益的投资报酬率，具有很强的综合性。由以上公式可以看出：决定净资产收益率高低的因素有三个方面——权益乘数、销售净利率和总资产周转率。权益乘数、销售净利率和总资产周转率三个比率分别反映了企业的负债比率、盈利能力比率和资产管理比率。

权益乘数主要受资产负债率影响。负债比率越大，权益乘数越高，说明企业有较高的负债程度，给企业带来较多的杠杆利益，同时也给企业带来了较多的风险。

资产净利率是一个综合性的指标，同时受到销售净利率和资产周转率的影响。

销售净利率高低的分析，需要从销售额和销售成本两个方面进行。这方面的分析是有关盈利能力的分析。要想提高销售净利率：一是要扩大销售净额；二是降低成本费用。扩大销售具有重要意义，首先有利于提高销售利润率，同时它也是提高总资产周转率的必要前提。降低成本费用率是提高销售利润率的重要因素，利用杜邦分析图可以研究企业的成本费用结构是否合理，从而加强成本控制，而降低各项成本费用开支是企业财务管理的一项重要内容。

三、运用杜邦分析法

杜邦财务分析的工作步骤：

（1）从净资产收益率开始，根据会计资料（主要是资产负债表和利润表）逐步分解计算各指标；

（2）将计算出的指标填入杜邦分析图；

（3）逐步进行前后期对比分析，也可以进一步进行企业间的横向对比分析。

微课：杜邦分析法的分析撰写

PPT：杜邦分析法的分析撰写

杜邦分析解密外资核心选股逻辑

拓展阅读

杜邦财务分析体系的作用

杜邦财务分析体系的作用是解释指标变动的原因和变动趋势，揭示有关重要财务指标的内在联系，为采取措施指明方向。从杜邦分析图可以看出净资产收益率和企业销售规模成本水平、资产营运、资本结构有着密切的联系，这些因素构成一个相互依存的系统，只有把这些系统内各因素的关系安排好、协调好，才能使净资产收益率达到最大，才能实现股东财富最大化的理财目标。同时，对有关指标的分析有助于市场销售部门研究销售数量和销售价格变动对企业经济效益生产的影响；有助于成本管理部门研究和寻求降低产品成本的途径；有助于财务管理部门合理配置企业经济资源，优化企业资本结构，提高所有权益报酬率。净资产收益率指标是衡量企业利用资产获取利润能力的指标，充分考虑了筹资方式对企业获利能力的影响，因此它所反映的获利能力是企业经营能力、财务决策和筹资方式等多种因素综合作用的结果。权益乘数越大，企业负债程度越高，偿还债务能力越差，财务风险程度越高。这个指标同时也反映了财务杠杆对利润水平的影响。

引例分析 7－1

下面，我们以东方雨虹为例，说明杜邦分析法的运用。具体工作步骤如下：

首先，根据会计资料（主要是资产负债表和利润表）逐步计算各指标（见表 7－1 和表 7－2）；然后根据表 7－1 和表 7－2 的数据填入杜邦分析图（见图 7－3）；最后逐步进行前后期对比分析，以及行业间横向对比分析。

1. 纵向比较

表 7－1 东方雨虹的基本财务数据表 单位：万元

年度	净利润	营业收入	资产总额	负债总额	全部成本
2017	124 213.47	1 029 296.54	1 331 686.15	642 223.56	897 180.93
2018	151 093.46	1 404 570.83	1 965 170.84	1 156 320.93	1 244 775.49

表 7－2 东方雨虹的基本财务比率表

年度	净资产收益率（%）	权益乘数	资产负债率（%）	资产净利率（%）	销售净利率（%）	总资产周转率（次）
2017	18.02	1.93	48.23	9.33	12.07	0.77
2018	18.68	2.43	58.84	7.69	10.77	0.71

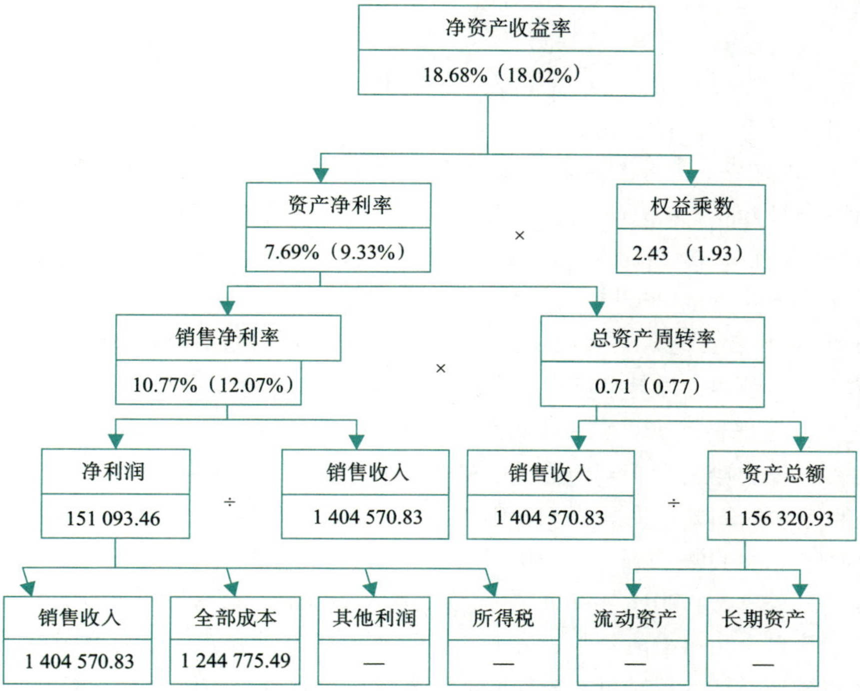

（说明：小括号里面的数值为2017年数据，其他为2018年数据）

图7－3　东方雨虹的杜邦分析图

（1）对净资产收益率的分析。净资产收益率指标是衡量企业利用资产获取利润能力的指标。净资产收益率充分考虑了筹资方式对企业获利能力的影响，因此它所反映的获利能力是企业经营能力、财务决策和筹资方式等多种因素综合作用的结果。

东方雨虹的净资产收益率在2017—2018年间出现了一定程度的好转，从2017年的18.02%增加至2018年的18.68%。企业的投资者在很大程度上依据这个指标来判断是否投资或是否转让股份，考察经营者业绩和决定股利分配政策。这些指标对公司的管理者也至关重要。

在进行财务分析时，可以将净资产收益率分解为资产净利率和权益乘数，以找到问题产生的原因。

东方雨虹	净资产收益率	=	资产净利率	×	权益乘数
2017年	18.02%	=	9.33%	×	1.93
2018年	18.68%	=	7.69%	×	2.43

通过分解可以明显地看出东方雨虹净资产收益率的变动在于资本结构（权益乘数上升）变动和资产利用效果（资产净利率下降）变动两个方面共同作用的结果。

（2）进一步分解权益乘数。在资产净利率和权益乘数两个作用因素中，为进一步分析，可以对权益乘数进行进一步分解：

东方雨虹	权益乘数	=	1 ÷ (1 − 资产负债率)
2017 年	1.93	=	1 ÷ (1 − 48.23%)
2018 年	2.43	=	1 ÷ (1 − 58.84%)

通过分解可以看出，东方雨虹 2018 年的资产负债率相对 2017 年增长了 10.61 个百分点，同比增长 22.00%，分析其原因为 2018 年东方雨虹的总资产为 1 965 170.84 万元，相比 2017 年的 1 331 686.15 万元增长了 47.57%，同时负债总额由 2017 年的 642 223.56 万元大幅增长 80.05% 至 2018 年的 1 156 320.93 万元，负债总额的增长速度大于资产总额的增长速度，导致资产负债率快速增长，以至于 2018 年的权益乘数相比 2017 年增长 25.91%。表明东方雨虹 2018 年相比 2017 年扩大了财务杠杆，撬动了更多的资产投入到生产运营当中，获取了更多的利润，同时也降低了企业的长期偿债能力，财务风险有所上升。

（3）进一步分解资产净利率。除此之外，我们还可以对资产净利率进行进一步分解：

东方雨虹	资产净利率	=	销售净利率	×	总资产周转率
2017 年	9.33%	=	12.07%	×	0.77
2018 年	7.69%	=	10.77%	×	0.71

通过分解可以看出，2018 年的总资产周转率有所降低，说明资产的利用未得到良好的控制，显示出比前一年稍差的效果，表明东方雨虹利用其总资产产生销售收入的效率在降低。总资产周转率降低的同时销售净利率也在降低，而且降低的幅度比总资产周转率更大，在二者的共同作用下加剧了资产净利率的下降。我们接着对销售净利率进行分解：

东方雨虹	销售净利率	=	净利润	÷	销售收入
2017 年	12.07%	=	124 213.47	÷	1 029 296.54
2018 年	10.77%	=	151 093.46	÷	1 404 570.83

东方雨虹 2018 年销售收入比 2017 年增长 36.46%，净利润的增长幅度却更小，为 21.64%，分析其原因是成本费用的增长幅度比销售收入增长的幅度更大，从表 7－1 可知：全部成本从 2017 年 897 180.93 万元增加到 2018 年 1 244 775.49 万元，增长比例为 38.74%，高于销售收入的增长幅度。可以看出东方雨虹在取得销售收入增长的同时没有控制好全部成本的增长，其销售收入的增长是通过消耗更多的成本费用带来的，导致销售净利率下降。通过分解可以看出杜邦分析法有效地解释了指标变动的原因和趋势，为采取应对措施指明了方向。

在本例中，导致净资产收益率提高的主原因是资产负债率的相对增加。也正是因为资产负债率的相对增加导致权益乘数的快速增长，有利于净资产收益率的提高。东方雨虹虽然撬动了更多的资产投入到生产运营当中，获取了更多的利润，但财务风险的上升不容轻视。这也说明财务杠杆具有正反两个方面的作用，在收益较好的年度，它可以使股东获得的潜在报酬增加，但股东要承担因负债增加而引起的风险；在收益不好的年度，则可能使股东潜在的报酬下降。除此之外，东方雨虹资产净利率的下降同样值得关注，资产净利率的降低是总资产周转率和销售净利率两项指标均下降的双重作用下导致的。说明东方雨虹 2018 年利用资产的能力有所下降，若总资产增加，但资产获取销售收入的效率下降，将导致企业的财务负担增加，因为总资产的增加主要是因为负债的大幅增加带来的，而负债是须付出资本成本的，东方雨虹应当重点提升对资产的管理能力。销售净利率下降的主要原因是销售收入的增长幅度小于成本总额的增长幅度，显示东方雨虹的销售获利能力正在下降，东方雨虹应当进一步分析成本大幅上升的原因，降低成本上涨速度，提升销售获利能力。

2. 横向比较（见表7－3）

表7－3　东方雨虹2018年杜邦分析同行业比较表

项目	净资产收益率（%）	权益乘数（倍）	资产净利率（%）	销售净利率（%）	总资产周转率（次）
东方雨虹	18.68	2.43	7.69	10.77	0.71
行业排名	12	17	23	33	24
行业最高	65.51	9.44	22.89	47.57	1.11
行业均值	10.58	2.18	6.27	8.81	0.56
行业最低	－18.28	1.06	－7.04	－16.16	0.04

资料来源：choice金融终端。

从表7－3所列示的杜邦体系财务指标数值可以看出，东方雨虹2018年的净资产收益率在非金属矿物制品业（证监会行业板块）87家公司中排第12名，显示其运用自有资本的运营效率在行业中较强，股东收益水平在行业较高。但其净资产收益率离行业最高水平65%还有较大的差距，表明东方雨虹净资产获利能力仍有较大的上升空间。权益乘数反映企业财务杠杆的大小，东方雨虹2.43的权益乘数在行业中排第17名，说明其总资产中股东权益占的比重与同行业相比较小，也就是东方雨虹的财务杠杆在行业中较大。在行情好的时候，较大的财务杠杆能放大息税前利润，获取更多收益，反过来在行业不景气的时候，财务杠杆会放大亏损，所以高财务杠杆具有较高的风险。相对净资产收益率，东方雨虹2018年的资产净利率、销售净利率和总资产周转率在行业中的排名就要低一些了，分别为第23名、33名和24名，说明这三个指标离行业最优均有较大差距，尤其是销售净利率，行业排名严重落后于净资产收益率，同时净资产收益率也受销售净利率的影响，也就是若东方雨虹的销售净利率能取得更好的表现，其净资产收益率的提高则不需要靠提高权益乘数的方式来实现。销售净利率反映企业营业收入的收益水平，提升销售净利率可以通过提高净利润的同时保持营业收入不增加，或者使净利润的增长幅度大于营业收入这两种方式来实现。资产净利率7.69%，高于行业平均水平6.27%，行业排名23，说明东方雨虹的资产获利能力在行业中相对较好，但离行业最高值22.89%有较大差距，东方雨虹可以通过加强资产的运营能力以提升其获利能力。总资产周转率在行业中的排名情况跟资产净利率相似，高于行业均值，在行业排名中也相对靠前，但同样的跟行业最高值相比仍有较大进步空间。

通过对杜邦体系自上而下的分析，不仅可以揭示企业各项财务指标间的结构关系、查明各项指标变动的影响因素，而且还可以为决策者优化经营理财状况、提高企业经营效益提供思路：即提高净资产收益率的根本在于扩大销售、节约成本、优化投资配置、加强资产周转、优化资金结构以及确立风险意识。

可以看出，杜邦分析法以净资产收益率为主线，将企业在某一时期的销售成果以及资产营运状况全面联系在一起，层层分解，逐步深入，构成一个完整的分析体系。它能较好地帮助管理者发现企业财务和经营管理中存在的问题，能够为改善企业经营管理提供十分有价值的信息，因而得到普遍的认同并在实际工作中得到广泛的应用。

重要提示

工欲善其事，必先利其器。谈到财务分析必须要掌握的内容包括：

财务报表分析——三大表的项目分析及相互关系的分析；

关键指标分析——杜邦分析法及重要企业运营指标（如开工率、报废率等）；

企业价值分析——折现现金流（DCF）、内涵报酬率（IRR）；

动静结合分析——看趋势，看结构，看比率，综合起来看。需要强调的是，财务分析不是众多指标的罗列。财务人员要培养的一个本领就是可以将财务分析的结果用业务语言表达出来。

兼听则明，偏信则暗。财务分析的基础数据不能只局限于财务报表，而是一切能得到的公司运营信息和数据。因为，财务资料多是二手资料，来自于一线业务部门的生产经营信息必不可少。我们的会计系统是将企业的生产经营活动转变成财务信息记录下来，反推回来，当我们试图通过阅读财务信息对企业的生产经营活动做出分析推测的时候，我们必然需要以原始的生产经营信息来还原生产经营状况。

阶段性任务

上网搜索恒瑞医药、上海机场两家上市公司的财务报表，计算公司的净资产收益率、权益乘数、总资产净利率、销售净利率、总资产周转率等指标，对两家上市公司用杜邦财务分析法进行分析，并根据分析结果，对两家上市公司的财务特点、经营模式、资产营运周转情况进行阐述并做出对比分析。

模块三　沃尔综合评分法的应用

拓展阅读

上市公司业绩变脸之风

在中国古典戏剧（川剧）中，“变脸”是一种揭示人物内心思想变化的一种浪漫主义表现手法，但对于上市公司而言，业绩变脸显然毫无浪漫可言。2010年，中国远洋净利润67.6亿元，较2009年增长近2倍。在给股东的致辞中，董事长充满了乐观与自信，并预计2011年公司集装箱航运市场有望保持2010年良好的发展势头。公司大事记中也充满了“顶级代理”“亚洲最佳航运公司”等光鲜字眼。但2011年，中国远洋交出的答卷却让人大跌眼镜，前3季度公司已亏损47.8亿元，并已发布全年业绩预亏公告。

中国远洋称，国际航运市场持续低迷，尤其是国际干散货航运市场形势严峻导致公司业绩受到较大打击。考虑到今年一波三折的欧美债务危机，其所述亏损理由也不无道理。但作为一家股本超过102亿股的超大盘上市公司，业绩变脸如翻书，恐怕不能都怪外部环境变化剧烈吧？毕竟，从小到大，教科书一再告诉我们，内因才是事物发展变化的主要原因。

中金公司指出，尽管管理层有动力使得明年会计利润不致继续亏损，但未来半年集运运价回落概率较大，散货未来一年的反转较难发生，今年四季度和明年一季度中国远洋亏损可能还要扩大。

（资料来源：http：//www.360doc.com。）

据Wind数据，截至2017年4月21日，共有233家上市公司发布业绩变脸公告，其中正向修正的81家，反向修正的152家。2017年和2016年年报业绩变脸公告分别是181家和152家。在上市公司总数没有显著变化的情况下，这种增势值得重视。而且，有多家上市公司连续暴雷，前后业绩悬殊让人大跌眼镜。

面对众多业绩变脸像变天一样快的公司，我们又该怎样综合评价它们的财务情况和经营业绩呢？

职业判断与业务操作

在进行财务分析时，人们碰到一个主要困难就是计算出财务比率之后，无法判断它是偏高还是偏低。与本企业历史比较，只能看出自身的变化，却难以评价其在市场竞争中的优劣地位。与同行比较，企业情况千差万别，也很难从中得出本企业存在的问题。为了弥补这些缺陷，美国的亚历山大·沃尔提出了沃尔分析法。

微课：理解沃尔综合评分法

PPT：理解沃尔综合评分法

一、理解沃尔综合评分法

1928 年，亚历山大·沃尔（Alexander Wole）在他所撰写的《信用晴雨表研究》和《财务报表比率分析》中提出了信用能力指数的概念，他选择了七个财务比率用线性关系结合起来，以此来评价企业的信用水平。沃尔分析法被称为“沃尔综合评分法”。

（一）沃尔综合评分表

沃尔综合评分法是指将选定的财务比率用线性关系结合起来，并分别给定各自的分数比重，然后通过与标准比率进行比较，确定各项指标的得分及总体指标的累计分数，从而对企业的信用水平做出评价的方法。基于当时的时代特征，沃尔选择了流动比率、固定资产比率、净资产负债率、应收账款周转率、存货周转率、固定资产周转率、净资产周转率七种财务比率作为综合评价企业信用的指标体系，分别给定了各个评价指标在总评价中占有的比重，总和为 100 分。然后确定标准比率，并与实际比率相比较，先计算每项指标的指数，再计算每项指标的得分，最后求出总评分。该总分被用来综合评价企业信用水平（偿债能力）的高低。最基本的沃尔评分表如表 7－4 所示。

表 7－4　沃尔综合评分表

财务比率	权重 （1）	标准值 （2）	实际值 （3）	相对值 （4）＝（3）÷（2）	评分 （5）＝（1）×（4）
流动比率	25	2. 00			
产权比率	25	1. 50			
固定资产比率	15	2. 50			
存货周转率	10	9. 00			
应收账款周转率	10	6. 00			
固定资产周转率	10	4. 00			
净资产周转率	5	3. 00			
合计	100				

（二）沃尔综合评分法的缺陷

虽然沃尔综合评分法得到广泛的运用，但原始的沃尔综合评分法在一些细节上缺乏权威说服力，具体表现在：

（1）初期建立并使用沃尔综合评分法的沃尔和邓宁两位教授并未能证明为什么要选择流动比率、产权比率、固定资产比率等七个指标，而不是更多或更少些，或者选择别的财务比率，也未能证明每个指标所占比重的合理性。

（2）原始沃尔评分法从技术上讲也有一个问题，就是某一个指标严重异常时，会对总评分产生不合逻辑的重大影响。这个毛病是由财务比率与其比重相“乘”引起的。财务比率提高 1 倍，评分增加 100%；而缩小 1 半，其评分只减少 50%。

二、运用现代沃尔综合评分法

现代社会与沃尔的时代相比已发生了巨大变化。沃尔最初提出的七项指标已难以完全适用当前对企业评价的需要。所以，依据现代各方主体对财务信息需求的关注点的不同，沿用沃尔分析法的原理，对所选取的指标进行了重新选择，形成了新的沃尔分析体系。现在一般认为，在选择指标时，偿债能力、营运能力、盈利能力及发展能力指标均应在权数范围内，除此之外，还可以适当选取一些非财务指标作为参考。

微课：沃尔综合评分法的运用

PPT：沃尔综合评分法的运用

现代沃尔综合评分法的基本步骤如下：

（1）选择评价指标并分配指标权重：按重要程度确定各项比率指标的评分值，评分值之和为 100。

（2）确定各项比率指标的标准值。

（3）计算企业在一定时期各项比率指标的实际值。

（4）形成评价结果。

沃尔比重评分法的计算公式为：

实际分数 = 实际值 ÷ 标准值 × 权重

当实际值 > 标准值为理想时，此公式正确，

但当实际值 < 标准值为理想时，实际值越小得分应越高，用此公式计算的结果却恰恰相反。

另外，当某一单项指标的实际值畸高时，会导致最后总分大幅度增加，掩盖情况不良的指标，从而给管理者造成一种假象。所以可以适当给出评分的最高上限分和最低下限分。

工作实例

下面以某上市公司的资料来说明沃尔评分法的具体运用。

第一步，选定评价指标并分配指标权重（见表 7－5）。

表 7－5　沃尔综合评分法各指标实际值计算表

行次	选择的财务指标	分配的权重 (1)	指标的标准值 (2)	指标的实际值 (3)	指标的相对值 (4)＝(3)/(2)	综合得分(5)＝(1)×(4)
第 1 行	一、偿债能力指标	20				
第 2 行	1. 资产负债率	12	60%	67%	1. 1167	13. 4
第 3 行	2. 利息保障倍数	8	3	15	5	40
第 4 行	二、盈利能力指标	38				
第 5 行	1. 净资产收益率	25	25%	18. 6%	0. 744	18. 6

续表

行次	选择的财务指标	分配的权重 (1)	指标的标准值 (2)	指标的实际值 (3)	指标的相对值 (4) = (3)/(2)	综合得分(5) = (1) × (4)
第6行	2. 总资产收益率	13	16%	16.2%	1.0125	13.16
第7行	三、营运能力指标	18				
第8行	1. 总资产周转率	9	2	0.9	0.45	4.05
第9行	2. 流动资产周转率	9	5	2.8	0.56	5.05
第10行	四、发展能力指标	24				
第11行	1. 销售增长率	12	10%	12%	1.2	14.4
第12行	2. 资本积累率	12	15%	13%	0.8667	10.4
第13行	合计	100				119.05

不同的分析者所选择的财务比率不尽相同，但在选择财务指标时应注意以下几个原则：

(1) 所选择的比率要具有全面性，反映盈利能力、偿债能力、营运能力和发展能力的指标都应包括在内，只有这样才能反映企业的综合财务状况。

(2) 所选择的财务指标要具有代表性，即在众多财务指标中要选择那些典型的、重要的指标。

(3) 所选择的指标最好具有变化方向的一致性，即当财务指标数值增大时表示财务状况的改善，当财务指标数值减小时表示财务状况的恶化。

根据以上原则，我们选择了以下指标来进行综合评分（见表7－5）。

第二步，确定各项财务指标的标准值（见表7－5）。

财务指标的标准值就是判断财务指标数值的高低的比较标准。只有有了标准，我们才能判断企业的某个财务指标是偏高还是偏低。这个比较的标准可以采用行业平均值、企业的历史先进数、国家有关标准或国际公认的基准等，其中最常选择的是行业平均值。

第三步，计算各指标的实际值，并与标准值进行比较（见表7－5）。

在这一步骤中，首先计算出企业各指标的实际值，然后将实际值与标准值进行比较，计算出一个相对比率，将各项指标的相对比率与其重要性权数相乘，得出各项比率指标的指数。

第四步，计算出本期企业的综合指标，并做出适当评价。

经过计算，该上市公司的综合评分为119.05分，高于100分，说明企业的综合财务状况还不错。进一步仔细分析，发现该公司偿债能力里面利息保障倍数的得分比较高，是标准值的5倍，而总资产周转率、流动资产周转率得分很低，不到分配权重的一半，说明该公司的资产管理和资产利用效率方面还存在一定的问题，需要加强资产管理。

重要提示

尽管原始的沃尔综合评分法在理论上还有一定的缺陷，也有待证明，在技术上也不完善，但它还是在实践中被广泛应用。耐人寻味的是很多理论上相当完善的经济计量模型在实践中往往很难应用，而企业实际使用并行之有效的模型却又在理论上无法证明。这可能是人类对经济变量之间数量关系的认识还相当肤浅造成的。但我们相信，随着众多研究者对沃尔综合评分法的研究和改良，这种分析方法必将被更加广泛地接受和应用。

案例：万和电气沃尔综合评分法分析

模块四　雷达图评价法的应用

一、理解雷达图评价法

雷达图评价法也称“综合财务比率分析图法”，是日本企业界为进行综合实力评估而采用的一种财务状况综合评价方法。按照这种方法所绘制的财务比率综合图与雷达形象相似，故此得名。雷达图又可称为“戴布拉图”“蜘蛛图”。

微课：理解雷达图法

雷达图是对企业财务能力分析的重要工具，它可以从静态和动态两个方面分析企业的财务状况。静态分析是将企业的各种财务比率与其他相似企业或整个行业的财务比率做横向比较；动态分析是把企业现时的财务比率与先前的财务比率做纵向比较。雷达图把纵向和横向的分析比较方法结合起来，计算企业综合收益性、安全性、流动性、成长性和生产性这五类指标。

PPT：理解雷达图法

二、制作雷达图

第一步，画出三个同心圆，同心圆的最小圆圈代表同行业平均水平的1/2值或者最低水平；中间圆圈代表同行业平均水平，又称“标准线”；最大的圆圈代表同行业先进水平或者平均水平的1.5倍。

第二步，把这三个圆圈的360度分成5个扇形区域，分别代表收益性、安全性、流动性、生产性和成长性指标区域。

第三步，从5个扇形区域的圆心开始以放射线的形式分别画出相应的财务指标线，并标明指标名称及标度，财务指标线的比例尺及同心圆的大小由该经营比率的量纲与同行业的水平来决定。

第四步，把企业同期的相应指标值用点标在图上，以线段依次连接相邻点，形成多边形折现闭环，就代表了企业的现实财务状况（见图7－4）。

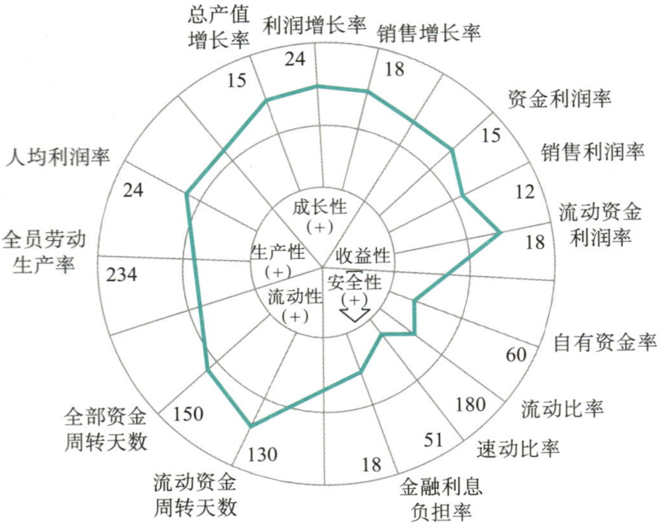

图 7-4 雷达图

按照雷达图评价法的思想，大部分的企业都包含五个重要的指标：企业的成长性、企业的收益性、企业的安全性、企业的流动性和企业的生产性，通过对这五种指标的分析，可以考核企业的绩效。这五个指标又包含若干分指标，如图 7-4 所示。

重要提示

在图 7-4 上有三个圆圈，中间的圆圈代表的是标准值，即行业标准值。如果无法取得行业标准值，可以把竞争对手的数据拿来统计，用平均值作为标准值。若竞争对手的数据也无法获得，那么可以考虑用本公司最近几年数据的平均值，近似替代标准值。需要注意的是，标准值是相对比率，不是绝对值。中间最小的红色圆圈是标准值的一半，而最外边的圆圈是标准值的 1.5 倍，所以雷达图是将一个圆半径三等分形成了三个同心圆。

微课：雷达图法的运用

PPT：雷达图法的运用

三、分析雷达图

根据前面的步骤，我们按企业的实际状况将各项财务指标在半径上标出来，然后再把各点连线就形成了图上的曲线。对于企业来说，理想的发展态势应该是在标准值的 1/2 和标准值的 1.5 倍的这个区域（即最小的圆圈和最大的圆圈之间的区域）里，如果连出的曲线小于标准值的 1/2 或者大于标准值的 1.5 倍，那就说明企业的发展存在一定的问题。就图 7-4 反映的情况来看，该企业安全性的几个指标几乎都落在标准值以内，即低于同行业平均值，这就说明企业的安全性最差。

对于雷达图评价法所分析的五个指标来说，都是可正可负的。如果全部为正，这样的企业就是理想型的企业，在这种情形下，企业可以采取扩张型的经营策略。对于保守型的企业，虽然收益性、安全性和流动性都不错，但是生产性和成长性指标却为负，说明企业缺乏对生产、研发等的投入，这样的企业必须加大投入，否则前面的指标很难继续保持。而对于指标全部为负的企业，是几乎接近倒闭企业，要么就得彻底转型，要么就只能倒闭。其他还有五种类型的企业如表 7－6 所示。

表 7－6　雷达图评价法得出企业类型

收益性	安全性	流动性	生产性	成长性	企业类型
（＋）	（＋）	（＋）	（＋）	（＋）	稳定理想型
（＋）	（＋）	（＋）	（－）	（－）	保守型
（＋）	（－）	（＋）	（＋）	（＋）	成长型
（＋）	（－）	（＋）	（＋）	（－）	特殊型
（－）	（＋）	（－）	（＋）	（＋）	积极扩大型
（－）	（＋）	（－）	（－）	（－）	消极安全型
（－）	（－）	（－）	（＋）	（＋）	活动型
（－）	（－）	（－）	（－）	（－）	均衡缩小型

案例：云南白药公司雷达图评价法分析

项目小结

企业的经济活动是一个有机的整体，单独分析任何一类财务指标都不足以全面地评价企业的财务状况和经营绩效，只有对各种指标进行系统、综合的分析，才能对企业的财务状况做出全面、合理的评价。财务综合分析就是将营运能力、发展能力、偿债能力和获利能力等诸方面的分析纳入一个有机的整体之中，全方位地评价企业的财务状况、经营成果和现金流量情况，从而对企业经济效益做出准确的评价与判断。

财务综合评价方法有很多，如杜邦分析法、沃尔评分法、平衡记分卡、供应链绩效衡量、雷达图分析法等，并在中国的很多企业运用于实践。希望通过本项目的学习，大家熟练掌握在我国运用较广泛的杜邦分析法、沃尔综合评分法和雷达图分析法。

项目实训

实战演练

请同学们分组，自由选择一家上市公司，上网查找该公司最新财务信息和非财务信息，完成下列任务：

1. 采用杜邦分析法，运用 Excel 计算公司各项综合分析财务指标，编制公司基本财务数据汇总表，格式参照表 7－1；编制公司综合分析指标汇总表，格式参照表 7－2；编制公司杜邦体系图，参照图 7－3。依据计算汇总结果，对公司财务综合状况做出分析。

2. 按照杜邦分析体系分析思路，对公司净资产收益率、权益乘数和资产净利率进行逐一分解剖析，对比分析寻找影响公司净资产收益率的核心因素，并为公司下一步如何提高净资产收益率提出建议。

3. 结合行业数据，编制公司杜邦分析同行业比较表，格式参照表7-3，从行业视角对公司财务状况、经营业绩、净资产收益率水平进行分析。

4. 对上述计算分析结果做出总体分析判断，写出一份上市公司财务综合分析报告，格式参照引例分析7-1。

知识巩固

一、判断题

1. 某公司今年与上年相比，销售收入增长10%，净利润增长8%，资产总额增加12%，负债总额增加9%。可以判断，该公司权益净利率比上年下降了。（ ）

2. 运用沃尔评分法选择反映偿债能力的比率时，最好选择现金比率。（ ）

3. 沃尔评分法下的第二步是确定各项财务比率的权重，分配的标准是依据各个比率的综合性，综合性越强的比率分配的权重越高。（ ）

4. 杜邦分析法是通过对选定的多项财务比率进行评分，然后计算综合得分，并据此评价企业综合的财务状况。（ ）

5. 最能体现企业经营目标的财务指标是净资产收益率。（ ）

6. 业主权益乘数越大，财务杠杆作用就越大。（ ）

7. 只要期末股东权益大于期初股东权益，就说明通过企业经营使资本增值。（ ）

8. 盈余现金保障倍数的计算公式是经营现金净流量除以利润额。（ ）

二、单项选择题

1. 权益乘数的计算公式是（ ）。

A. 总资产/净资产　　B. 净资产/总资产

C. 1-资产负债率　　D. 1÷资产负债率

2. 最能体现企业经营目标的财务指标是（ ）。

A. 总资产周转率　　B. 净资产收益率

C. 销售利润率　　D. 成本利润率

3. 总资产报酬率的计算公式是（ ）。

A.（销售利润+利息支出）÷平均资产总额

B.（净利润+利息支出）÷平均资产总额

C.（营业利润+利息支出）÷平均资产总额

D.（利润总额+利息支出）÷平均资产总额

4. 以下指标中，属于正指标的是（　　）。

A．资产负债率　　B. 流动比率

C. 流动资产周转天数　　D. 资本收益率

5. 杜邦财务分析体系的核心指标是（　　）。

A. 总资产报酬率　　B. 销售利润率

C. 净资产收益率　　D. 可持续增长比率

6. 在杜邦分析体系中，假设其他情况相同，下列说法中错误的是（　　）。

A. 权益乘数大则财务风险大　　B. 权益乘数大则权益净利率大

C. 权益乘数等于股权比率的倒数　　D. 权益乘数大则资产净利率大

7. 对企业的各个方面进行系统、全面的分析，从而对企业的财务状况和经营成果做出整体的评价与判断，这种分析是（　　）。

A. 专项分析　　B. 综合分析

C. 杜邦分析　　D. 沃尔评分

8. 沃尔评分法的第一步是（　　）。

A. 确定各项财务比率的标准值　　B. 选择财务比率

C. 计算各个财务比率的实际值　　D. 确定各项财务比率的权重

三、多项选择题

1. 综合分析评价的目的是（　　）。

A. 明确企业财务活动与经营活动的相互关系

B. 评价企业财务状况及经营业绩

C. 为投资决策提供参考

D. 为完善企业管理提供依据

E. 是进行职工奖励的基础

2. 根据杜邦财务分析体系，影响净资产收益率的因素有（　　）。

A. 权益乘数　　B. 速动比率

C. 销售净利率　　D. 成本利润率

E. 总资产周转率

3. 雷达图分析法综合计算及分析企业的指标有（　　）。

A. 收益性指标　　B. 安全性指标

C. 流动性指标　　D. 成长性指标

E. 生产性指标

4. 关于沃尔评分法下列表述正确的有（　　）。

A. 简单易用，便于操作

B. 不能说明为什么选择特定的财务比率

C. 不能证明所选各个财务比率所占权重的合理性

D. 能够说明所选财务比率的标准值是如何确定的

E. 是一种综合分析方法

5. 沃尔评分法选择财务比率时应注意（　　）原则。

A. 全面性　　B. 代表性

C. 一致性　　D. 谨慎性

E. 综合性

6. 关于财务综合分析与评价的说法正确的有（　　）。

A. 通过综合分析有利于把握不同财务指标之间的相互关联关系

B. 通过综合分析有利于正确评价企业财务状况和经营成果

C. 财务综合分析的特点是全面性和综合性

D. 财务综合分析的常用方法是杜邦分析法和沃尔评分法

E. 财务综合分析是单项财务分析指标的加总

练习题：企业财务综合分析

学习评价

专业能力测评表（见表7－7）

表7－7　专业能力测评表

（在□中打√，A 掌握，B 基本掌握，C 未掌握）

业务能力	评价指标	自测结果	要求
掌握财务综合分析	财务综合分析的常见方法	A □ B □ C □	了解财务报表综合分析的常见方法
杜邦财务分析法的应用	1. 认知杜邦分析图 2. 掌握杜邦分析法的财务指标关系	A □ B □ C □ A □ B □ C □	能够正确计算各杜邦分析图中的指标，并进行分析评价
沃尔综合评分法的应用	1. 认知沃尔综合评分法 2. 现代沃尔综合评分法的应用	A □ B □ C □ A □ B □ C □	能够应用现代沃尔综合评分法对一家上市公司进行综合评价
雷达图评价法的应用	1. 认知雷达图评价法 2. 掌握雷达图制作方法	A □ B □ C □ A □ B □ C □	能够应用雷达图评价法对一家上市公司进行综合评价

教师评语：

成绩：	教师签字：

项目八
企业财务分析报告撰写

知识目标

1. 熟悉财务分析报告类别、作用和财务分析报告撰写要求。
2. 熟悉财务分析报告撰写的步骤和一般格式。

技能目标

1. 能够完成财务分析报告撰写前的准备、报告的选题、起草、报表修改和审定等工作。

2. 能够在熟练计算和分析各项财务指标的基础上，完成财务分析报告的撰写。

知识技能点

1. 财务分析报告的类别
2. 财务分析报告的撰写要求
3. 财务分析报告撰写的基本步骤
4. 财务分析报告的格式
5. 撰写财务分析报告
6. 财务分析报告的常见问题

标志性成果

选择一家上市公司，进行资料搜集、数据处理、指标计算、财务能力分析、财务综合分析，根据财务分析报告撰写要求，确定选题、起草和修订报告，独立撰写一份财务分析报告。

职业核心能力

自我学习；信息处理；数字应用；与人交流；解决问题；革新创新。

思维导图

思维导图（见图8－1）

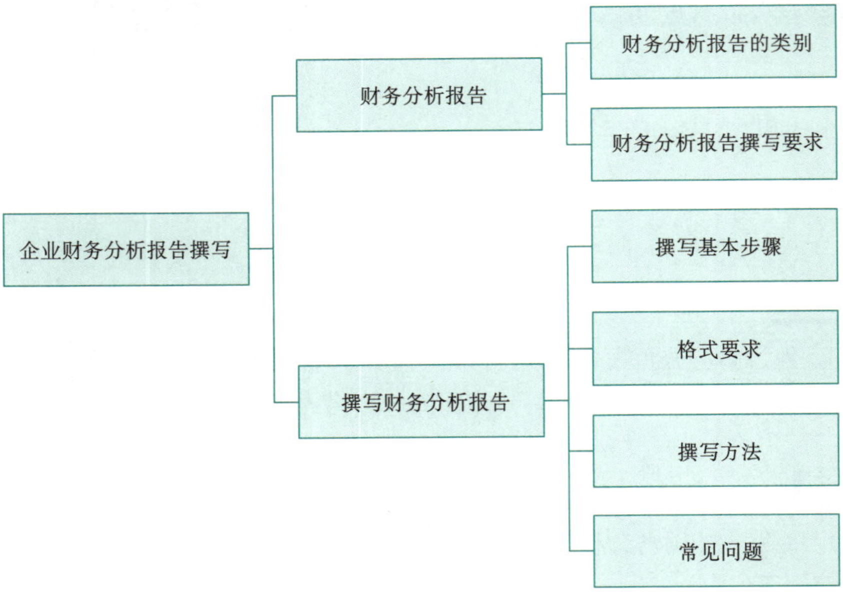

图8－1 企业财务分析报告撰写思维导图

引 例

小李是投资理财专业的应届毕业生，毕业后进入了一家私募基金公司的投资管理部，担任助理研究员一职。刚刚进入公司3个月，小李已经逐步上手岗位各项业务工作，工作成绩也得到了部门领导的肯定。今天，小李接到部门领导布置的一项新的工作任务：公司正在挖掘新的投资对象，需要在三美股份、工业富联、东方通信、恒瑞医药等几家上市公司中，选择更为优质的公司作为投资方向。领导要求小李对工业富联这家上市公司进行全方面的财务分析，在日后的投资分析会上，向公司提交一份关于工业富联的财务分析报告。

小李赶紧上网查询，原来工业富联就是我们熟知的富士康科技集团，苹果、诺基亚、摩托罗拉、索尼、三星等手机90%的零部件都是富士康加工并组装的。于是，小李借助互联网上各大证券公司的数据库，下载了工业富联的财务报表，搜集这家上市公司的相关非财务信息，并开始着手对这家公司的三张财务报表进行深入的研究，并计算了各项财务指标，进行了全面的数据分析。在对工业富联有了一个全方面的分析评价后，小李陷入深思中，因为领导要求他提交一份财务分析报告，而他从来没有编写过正式的财务分析报告。虽然小李脑海里有一个大致的财务分析报告轮廓，但是对报告的类别、格式、结构和写作要求等都不了解，此时，小李开始犯难了……

请同学们思考：

1. 领导要求小李完成的财务分析报告，其作用是什么呢？

2. 如果是你的话，具体如何撰写相应的财务分析报告呢？

3. 通过本项目的学习，你能够为小李编写一份工业富联的财务分析报告么？

FOXCONN®
富士康科技集团

模块一　熟悉财务分析报告的类别和要求

职业判断与业务操作

财务分析报告是财务报表分析人员以财务报表及其附注的有关资料为主要依据，运用专门的分析方法，对企业财务状况和经营成果进行比较、分析、评价并加以整理后所撰写的书面报告。它能全面反映会计主体的业务活动情况，分析总结经营业绩和存在的不足。财务分析人员将财务分析评价结果向财务报表的使用者报告，可以帮助他们更好地了解企业的财务状况、经营成果、发展前景以及存在的问题，做出科学、合理的决策提供依据。同时，财务分析报告也是财务分析人员工作的最终成果，其撰写质量的高低直接反映出报表分析人员的业务能力和素质。可见，财务分析报告是会计报表使用者做出决策的依据，也是财务分析人员工作能力的最好体现。

微课：财务分析报告的类别

一、财务分析报告的类别

由于不同的使用者的需求不同，不能期望以一份财务分析报告满足所有使用者的需求。了解财务分析报告的分类有助于掌握各类不同内容分析报告的特点，按不同的要求撰写财务分析报告。财务分析报告可按不同标准进行分类。

PPT：财务分析报告的类别

（一）财务分析报告按分析范围分类

1. 综合分析报告

综合分析报告又称“全面分析报告”，是企业通过资产负债表、利润表、现金流量表、股东权益变动表等主要会计报表、财务分析表及财务和经济活动所提供的丰富、重要的信息及其内在联系，运用科学的分析方法，对企业的业务经营情况，利润实现情况和分配情况，资金增减变动和周转利用情况，税金缴纳情况，存货、固定资产等主要财产的盘点、盘亏、毁损变动情况及对本期或下期财务状况将发生重大影响的事项等，做出客观、全面、系统的分析和评价，并进行必要的科学预测和决策而形成的书面报告。

综合分析报告具有内容丰富，涉及面广，对会计报表使用者做出各项决策有深远影响的特点。其作用有以下两个方面：

（1）为企业财务管理及重大财务决策提供科学依据。由于综合分析报告几乎涵盖了对企业各项计划指标的对比、分析、评价，因此，综合分析报告给企业的经营管理者做出财务决策提供了全面的依据。

（2）为进行财务管理动态分析提供重要历史资料。综合分析报告主要于半年度、年度进行会计报表分析时撰写，长期积累下来可以形成企业财务分析的系列历史记录，为以后进行长期趋势分析积累资料。

2. 专题分析报告

专题分析报告又称“单项分析报告”，是指针对某一时期企业经营中的某些关键问题、重大经济措施或薄弱环节等进行专门分析后形成的书面报告。专题分析报告具有不受时间限制、一事一议、收效快、易被经营管理者接受的特点。因此专题分析报告在企业经营管理工作中起着不可缺少的作用，主要体现在：

（1）专题分析报告一般采用两种形式：一是对涉及面虽小，但对企业财务管理和生产经营状况有着普遍或深远影响的事例进行专题分析，如银行降息对企业的影响等。二是涉及面虽宽，但分析不可能面面俱到，可抓住其中的重点问题进行深入分析。如欧债危机对企业影响的专题分析等。只要做到论据充分、分析有理，专题分析报告就能够不断总结经验引起有关领导和业务部门重视，更好地发挥提高管理水平的作用。

（2）专题分析报告有助于报表使用者对特定的财务状况进行更深入的思考，为提出更高层次的财务管理决策提供有价值的思路。专题分析的内容很多，比如关于企业清理积压库存、处理逾期应收账款方面的经验，企业对资金、成本、费用、利润等方面的预测分析，企业资产管理以及处理总公司与分公司、子公司各方面的关系等问题，均可进行专题分析和论述，从而为各级领导做出决策提供参考依据。

相关案例

煤炭物流成本专题分析报告

在煤炭行业，煤炭企业物流费用高居成本之首，达50%以上，物流成本影响着工业企业的效益。从中国物流信息中心获得的数据显示，2012年我国煤炭行业物流成本同比增长7.9%，增速比上年同期提高1.5个百分点。其中，运输成本依然是控制物流成本的最重要环节，占全部物流成本比重一半以上；管理成本和利息成本合计所占比重超过20%，比上年同期小幅提高；仓储成本，保险成本，配送、流通加工、包装成本所占比重均较上年略有提高……

3. 简要分析报告

简要分析报告是对主要经济指标在一定时期内存在的问题或比较特殊的情况进行概要的分析，进而对企业财务活动的发展趋势以及经营管理的改善情况进行判断所形成的简要的书面报告。

简要分析报告具有简明扼要、切中要害的特点。通过分析能反映、说明企业在分析期内业务经营的基本情况，以及企业累计完成各项经济指标的总括情况并预测今后发展趋势。简要分析报告主要适用于定期分析，可按月、按季进行编制。

（二）财务分析报告按分析的时间分类

1. 定期分析报告

定期分析报告，一般是由上级主管部门或企业内部制定的每隔一段相等的时间应予编制和上报的财务分析报告。如每半年、年末编制的综合分析报告就属定期分析报告。

2. 不定期分析报告

不定期分析报告，是从企业财务管理和业务经营的实际需要出发，不做时间规定而根据实际需要编制的财务分析报告。如上述专题分析报告就属于不定期分析报告。

二、财务分析报告的撰写要求

（一）对财务分析报告形式上的要求

1. 突出重点

财务分析报告的编写应结合当前生产经营的情况和财务管理的具体要求，抓住重点的、关键的问题，抓住主要矛盾和矛盾的主要方面进行分析研究，层层解剖，刨根问底，这样，才有利于说明事物的本质，起到以点带面、推动工作、指导工作的作用。分析报告切忌面面俱到，什么都讲又什么都讲不清楚；切忌报流水账而不突出主题和重点；切忌只提出问题，而没有分析问题和解决问题的建议或方法。

微课：财务分析报告的撰写要求

PPT：财务分析报告的撰写要求

2. 数据确凿

坚持辩证唯物主义的观点和实事求是的作风，是编写财务分析报告的重要原则，而数据确凿是这一原则的基本体现。分析时所运用的数据、资料应当真实、可靠，分析的时候，应辩证地看问题，把定量分析和定性分析结合起来，把历史资料和现状情况结合起来，把肯定成绩和剖析缺点结合起来，把主观态度和客观情况结合起来。

3. 语言简练

财务分析报告是写给企业和上级领导及有关部门的报表使用者看的，其语言应以简练朴实、通俗易懂为好。报告的开头和结尾应简洁明了，不要套话连篇。内容层次应清楚明白，不要说空话，不要堆砌辞藻，更不要只罗列一大堆材料数字，只见数字，不见分析，或者泛泛而谈，作冗长的解释。

4. 报告及时

财务分析报告有特定的时效性，通常应随会计报表一同报送。通过财务分析报告及时对报表的数据作恰当的文字说明，起到画龙点睛的作用。也只有及时报送的财务分析报告才能起到好的参谋作用，否则时过境迁就会错过采取措施的时机。

（二）对财务分析报告内容的要求

1. 要以报表使用者为导向编写财务分析报告

报表的使用对象不同，报告的写作也应因对象而异。比如，提供给财务部领导的报告可以专业化一些，而提供给其他部门领导，尤其对财会专业比较陌生的领导的报告则要力求通俗一些；对外发布的需要偏重财务信息并且力求谨慎一些，对内报告的则要注重管理信息且可以具体一些。同时，提供给不同层次阅读对象的分析报告，则要求分析人员在撰写时准确把握好报告的框架结构和分析层次，以满足不同阅读者的需要。

2. 财务分析报告一定要与公司经营业务紧密结合

财务分析报告的撰写者必须深刻领会财务数据背后的业务背景，否则往往会闭门造车，陷入“就数据论数据”的被动局面。每一个财务数据背后都预示着会计要素的增减变化，都对应着相应的经济业务，这些经济业务直接影响着企业的经济效益。财务分析人员只有通过对业务的了解和明察，并具备对财务数据敏感的职业判断，才可能写出能真正为业务部门所用的报告。要做到这一点，财务人员在平时工作中必须充分关注公司的业务运作，不断积累与财务有关的业务资料并做出基本判断，并将这些判断与财务数据对比，这样才能对企业的业务管理产生促进作用。

3. 财务分析报告必须观点明确，客观公正

企业面对的是复杂多变的市场，在这个大市场里，任何经济环境的变化或行业竞争对手的变化都会或多或少地影响公司的竞争力，甚至决定公司的命运。财务人员在撰写财务分析报告时对企业的外部环境必须有公正的判断，不能混淆内部原因和外部原因的影响。分析结论一定要论据充分，分析得当，有理有据，做到客观公正，用事实说明问题。财务分析人员在报告中的所有结论性的意见都可能对未来的决策产生影响，不客观的结论必然会对未来的决策产生误导。所提出的改进建议要做到切实可行，要真正起到促进企业改善经营管理的作用。

4. 财务分析报告必须以量化分析为基础

财务分析报告离不开文字说明，也只有文字说明才能让更多的人接受和

理解，才能更好地描述和评价。但报告中若仅仅依靠文字描述，很难给人一个具体的结论，难以分析、深入到本质，因此财务分析报告中必须采用大量的数据。但财务分析报告不同于财务报告，它需要的不是财务数据的重复和堆积，而是对财务报告中的数据的分析和提炼。在财务分析报告的写作过程中，不仅要使用报表中精确和关联的数据，而且要对数据进行量化分析，将数据转化为反映企业偿债能力、盈利能力、营运能力和发展能力的各种指标，并且有对这些指标的对比和解读，使结论建立在数据和对数据的分析之上。

模块二　撰写财务分析报告

职业判断与业务操作

财务分析报告不是诗歌、小说、散文，不需要华丽的文学笔法。它只是财务工作中的一种最常见的应用文，应用文写作有其自身的规范，必须遵照规定的步骤、参照常用的格式，根据报送对象的需求来反映特定的内容。

一、财务分析报告撰写的基本步骤

（一）搜集资料

微课：财务分析报告撰写的基本步骤

搜集资料是一个调查过程，深入全面的调查是进行科学分析的前提。分析人员可以在日常工作中，根据财务分析内容要点，经常搜集积累有关资料。这些资料既包括间接的书面资料，也包括直接取得的第一手资料。具体内容有：各类财务资料、各类业务资料、各种媒体公布的行业资料、统计资料以及计划资料。

（二）整理核实资料

PPT：财务分析报告撰写的基本步骤

各种资料搜集齐全后，要加以整理核实，保证其合法性、正确性和真实性，同时根据所分析的内容进行分类。整理核实资料是财务分析工作中的中间环节，起着承上启下的作用。在这一阶段，分析人员应根据分析的内容对资料进行鉴别和取舍并进行合理分类。搜集资料和整理核实资料不是截然分离的两个阶段，一般可以边搜集边核实整理，相互交叉进行。但切忌临近撰写分析报告才搜集资料，应把这项工作贯穿在日常工作中，这样才能搜集到内容丰富、涉及面广、有参考价值的资料，在进行分析时就会胸有成竹，忙而不乱。

（三）报告的选题

标题是对财务分析报告的最精练的概括，它不仅要确切地体现分析报告的主题思想，而且要用语简洁、醒目。由于财务分析报告的内容不同，其标题也就没有统一标准和固定模式，应根据具体的分析内容而定，如“某年度综合财务分析报告”“某月简要财务分析报告”“资产使用效率分析报告”等都是较合适的标题，标题也不必只拘泥于“某单位某年（月）财务分析报告”这单一的格式，可灵活地采用一些浓缩对偶句对当期财务状况进行概括作为主标题，使标题新颖、悦目，引起阅读者强烈的阅读愿望。财务分析报告的选题有三种类型：①任务题，这是领导交办、上级部门布置以及有关单位委托的选题；②固定题，这是结合定期财务报表进行财务分析的选题，这种选题一般比较稳定、变化不大；③自选题，这是作者从财务资料或现实的工作中发现的问题。财务分析报告一旦拟定了标题，就应围绕它，利用所搜集的资料进行分析撰写。

（四）财务分析报告的起草

在搜集整理资料并确定分析报告的标题后，就可以根据报表使用者的需要进入编制财务分析报告的阶段。起草报告应围绕主题并按报告的常用结构进行。报告的起草，最好先拟定编写提纲，然后在提纲框架的基础上，依据所搜集整理的资料来撰写。对于综合分析报告，既要全面具体又要抓住要害。对于专题分析报告，要将问题分析透彻，真正地深入问题找到问题的关键点。对于简要分析报告，切忌面面俱到，大小问题不分主次。

（五）财务分析报告的修改和审定

财务分析报告起草后形成的初稿可交相关人员和主管领导审阅，并征求他们的意见和建议，再反复推敲，不断进行修改、充实使之更加完善，最后由主管领导审定。如有必要，在初稿完成后可以召开专题分析会议，对报告进行专题审议。

二、财务分析报告的格式

微课：财务分析报告的格式

PPT：财务分析报告的格式

财务分析报告没有固定的格式和体裁，只要能够说明清晰、分析透彻、有实有据、观点鲜明、符合报送对象的要求就好。一般来说，财务分析报告应包括以下几个方面的内容：提要段、说明段、分析段、评价段和建议段，即通常所说的五段论式，但在实际编写时要根据具体的目的和要求有所取舍。财务分析报告在表达方式上可以采取一些更容易被人接受的手法，比如采用图表表达与文字表达相结合、文字报告与演示文稿相结合。专题分析报告可以对五部分内容有所侧重，简要分析报告不必面面俱到。

财务分析报告主要包括的五个部分内容如下：

（一）第一部分：提要段

概括公司综合情况，将本期经营管理情况进行简要的介绍，主要说明企业的业务量、收入、费用、利润等指标完成情况，让财务报告接受者对财务分析说明有一个总括的认识。

（二）第二部分：说明段

对公司运营及财务现状的介绍，该部分要求文字表述恰当、数据引用准确。对经济指标进行说明时可适当运用绝对数、比较数及复合指标数。特别要关注公司当前运作上的重心，对重要事项要单独反映。公司在不同阶段、不同月份的工作重点有所不同，所需要的财务分析重点也不同。如公司正进行新产品的投产、市场开发，则公司各部门就会对新产品的成本、回款、利润数据更加关注。

（三）第三部分：分析段

对公司的经营情况进行分析研究的说明。在这里不仅要说明问题，还要分析问题，寻找问题的原因和症结。问题分析一定要有理有据，要细化分解各项指标，要善于运用表格、图示，突出表达分析的关键内容。反映问题一定要善于抓住当前重点，多关注公司经营的核心问题和易于忽视的问题。

（四）第四部分：评价段

做出财务说明和分析后，对于经营情况、财务状况、最终业绩，应该从财务角度给予公正、客观的评价。财务评价不能运用似是而非、可进可退、左右摇摆等不负责任的语言。评价要注意从正面和负面两个方面进行。评价既可以单独分段进行，也可以将评价内容穿插在说明部分和分析部分。做出评价应注意依据指标的预算标准。

（五）第五部分：建议段

分析人员在对财务报表进行分析并形成意见和评价后，要有针对性地提出解决问题的意见和建议。在意见和建议中既要注意经验的推广，也要注意教训的避免。提出的建议不能空洞抽象，要具体切实可行。

三、财务分析报告的撰写

（一）标题的撰写

标题一般包括企业名称、时间界限和具体的分析内容等。如《××公司××××年度财务分析报告》《××厂××××年财务状况说明书》。但并不是所有的标题都由这三项要素组成，视财务分析报告的需要和当时的具体情况而定，有的标题可以用其中的某些要素组成，如《××××年度企业效益情况分析》《××××年上半年应收账款形成原因分析》。有些标题为了突出重点，也可以以报告中的主要陈述观点作为标题，如《关于盘活企业流动资产的意见》《关于增收节支、扭亏增盈的意见》《关于开展资产清查的意见》等，但这种标题形式常用于专题财务分析报告。

微课：如何撰写财务分析报告

财务分析报告的标题应突出重点，主题明确，高度精练，让人一看到标题就知道整个报告的主题。标题如果太长，反而容易造成误解或让人厌烦，但也并不是越短越好，言不达意的标题同样不可取。

PPT：如何撰写财务分析报告

（二）开头的撰写

开头包括报告概述、依据、原则、意义等内容。概述主要是分析对象的基本情况和财务活动情况，取得的主要成绩和存在的不足，对过去财务状况的简单回顾。接着对报告所遵循的依据和原则做出说明，为报告期财务状况做出简单的评价并分析其意义所在。这一部分既要有文字概述，又要有数据和指标的说明。最后，用恰当的方式和语言将开头过渡到正文，为正文展开分析做好铺垫，如："上半年业务量比去年同期增长15%，费用水平比去年同期降低了10%，比计划降低3%，但企业偿债能力较低的情况仍然没有改变，应该制定出更具体的措施来加以控制。"开头要开门见山，直入主题，承前启后，不说空话、套话。

（三）正文的撰写

正文是报告的主要部分。它包括企业报告期的基本财务状况和经营成果，工作中取得的成绩和指标的完成情况及增、减变动情况。这一部分要用文字加以数据对比分析，要从数据分析深入到问题的本质，而不能就事论事。分析时必须抓住主要财务指标的变化如资产及负债、收入及费用、利润及利润分配等方面的变化加以叙述、分析，说明各项指标的完成情况及增减变动情况。在此基础上通过计算反映偿债能力、盈利能力、运营能力和发展能力等指标，并与标准进行对比，得出取得的经验和成绩，指出存在的问题及其原因。在分析原因时，一定要分清主要原因和次要原因、主观原因和客观原因、内部原因和外部原因等。在分析中还要注意不能就数字论数字，应透过数字、事实，联系财务活动中的实际工作情况，进行具体的、综合的、本质的分析。

正文的层次安排有两种形式，一种是递进式结构，一种是并列式结构。

1. 递进式结构

递进式结构是指以时间为顺序，或由现象到本质、从因到果等逻辑关系为顺序，逐层深入展开的结构形式，也称"纵式结构"。各部分层层递进，比如先提出问题，而后剖析问题、研究问题，再找出原因得出结果，最后提出解决问题的办法或建议，就是一种结构上由因到果的递进式。这种结构的优点是逻辑严密，说理透彻。

2. 并列式结构

并列式结构就是将几个方面的问题相互并列起来分析，说完一个问题后再说另一个问题，各个层次之间的关系是平行和并列的。如果相互交换位置，一般不影响意思传达，不同的要素共同为说明主旨服务。这种结构也称"横式结构"。比如对财务状况进行分析，可以从资产、负债、利润、成本、费用等方面展开具体分析，这几个方面的内容就是并列的关系。这种结构的优点是条理清晰、问题集中，是财务分析报告常用的方式。

（四）结尾的撰写

结尾部分包括评价和建议、改进措施与未来展望。报告在评价主要成绩的同时要有针对性地提出具体的改进措施和建议，还可以从财务发展趋势方面提出预见性的意见，对未来做适当展望。有些报告只提笼统的建议，多半是缺乏分析，因而起不到分析报告应有的作用。如"我们企业在第一季度成本状况不够理想，为实现各项计划目标，圆满完成上级的任务，第二季度必须加大成本开支控制，振奋精神，团结一致，为实现各项计划指标，圆满完成任务而做出自己的贡献"，这样的建议为决策者提供不了智囊作用。这一部分内容应写得具体而简洁，意见要中肯，建议和改进措施要符合实际并切实可行。

（五）落款的撰写

落款是指在正文之后标示做出财务分析报告的单位或部门全称，并加盖印章。最后标示成文的年月日。

四、财务分析报告常见问题的避免

微课：财务分析报告的常见问题

（一）开头不要“套话”成串，落笔太远

不少人在写财务分析报告时，喜欢用一些现成的“套话”开头，例如，“在××精神的鼓舞下”“在××的领导下”“在××的努力下”“在××的基础上”之类。说了一大串，然后才进入正文。这些套话似乎神通广大，放在任何时候、任何单位、任何一种分析报告中都行，成了“通用型”的配件，其实它是可有可无的，写上去不能解决什么问题，反而拉长了篇幅。财务分析报告要求开门见山，单刀直入，可有可无的套话应该尽量避免。

PPT：财务分析报告的常见问题

（二）正文不要罗列现象，言不及义

有人写财务分析报告时，习惯于罗列现象，把自己所了解的情况全部倒出来，不分主次轻重全部写上。由于缺乏必要提炼，结果是只见材料，不见观点，让人看了不知道他要说明什么问题。还有一种情况是用“数字文字话”来代替分析，实际上搞的是数字游戏。这两种毛病的共同点是“言不及义”，即说了半天没有说出什么道理来。“分析报告无分析”这是写作财务分析报告的致命伤。没有好的分析，就没有好的分析报告。

（三）不要见花不见刺，报喜不报忧

有的财务分析报告只反映经营业绩、预测美好的发展前景，对发现的问题却只字不提或一带而过，使企业经营管理者好大喜功，做出错误的判断。财务分析报告必须尊重客观事实，实事求是，对成绩和好的经验应该予以肯定，对其中的不足和问题要有针对性的措施和建议。诚然，在现实中不少世故的人认为揭露问题会得罪人，总结成绩可以结人缘，这是一种毫无专业精神的无知和浅薄的做法。当然这也不排除在揭示问题时应该用诚恳的态度，描述尽量客观而不要用贬低的语言。但是，这并不意味着需要掩盖问题和矛盾，只要本着专业精神履行自己的职责，最终是会以专业人格的魅力得到大家的认同。

（四）不要用笼统的口号代替具体的建议和措施

有的分析报告在说明和分析问题之后，往往不是有针对性的提出建议和措施，而是用一些抽象笼统的口号来代替建议和措施。如有的公司财务分析报告最后一段话是这样写的：“在新的一年里，我们一定要加强薄弱环节，大干快上，努力赶超先进水平，为完成和超额完成预算目标而奋斗！”这种精神自然是好的，问题是要具体化，要说清楚怎样加强薄弱环节，从哪些方面、采取哪些措施赶超先进水平等。只有说得具体、明确、实在，才能提供给领

导作为决策的依据，否则就起不到这样的作用，换言之，也就失去了撰写财务分析报告的意义。

（五）不要过于迷信数据之间的相关性而不考虑数据之间的因果联系

随着技术和方法的进步，各种分析软件和复杂的分析指标在经济研究和财务分析中越来越多地得到应用，这些应用拓展了财务分析的领域，提升了财务分析的层次，给财务分析工作带来了一些新的气象。但是也有一些人在做数据分析时过于注重通过数据的相关性来做出判断，把思考的权力完全交给一些貌似科学的数学模型，而这些模型所得出的相关性既有必然性也有偶然性，有些相关性也不见得是有意义的，通过这些分析写出的报告给人很深奥的感觉，这恰恰犯了财务分析的大忌，毕竟财务分析报告主要是写给非专业人士看的。即使写给专业人士看，在做相关分析时必须对其是否具有因果联系做出定性分析。定量分析必须与定性分析结合起来，这样的结论才会对分析报告形成令人信服的支撑。

工作实例

工业富联财务分析性报告

富士康工业富联网股份有限公司2017年度财务分析报告基本构架如下：

第一部分　前言

富士康工业富联网股份有限公司（工业富联，股票代码601138）是全球领先的通信网络设备、云服务设备、精密工具及工业机器人专业设计制造服务商，为客户提供以工业富联网平台为核心的新形态电子设备产品智能制造服务。根据普华永道出具的《审计报告》（普华永道中天审字〔2018〕第11003号），公司报告期内合并财务报表的主要财务数据如下：实现销售收入354 543 851千元，同比增长30.01%（上年同期：272 712 651千元）；实现归属母公司股东净利润15 867 607千元，同比增长10.45%（上年同期：14 365 697千元）。截至2017年12月底，本集团总资产为148 596 241千元，较年初增长9.47%（年初：135 743 659千元）；净资产为28 182 588千元，其中归属母公司股东净资产为28 161 059千元，较年初减少63.57%（年初：28 161 059千元）。

第二部分　财务分析

一、资产负债表分析

（一）资产负债表水平分析

1. 从投资或资产角度进行分析评价（见表8－1）

表8－1　　资产水平分析表　　单位：千元

项目	2017年12月31日		2016年12月31日		2015年12月31日	
	金额	占比（%）	金额	占比（%）	金额	占比（%）
流动资产	136 670 497	91.97	121 917 067	89.81	95 711 877	87.25
非流动资产	11 925 744	8.03	13 826 592	10.19	13 982 833	12.75
合计	148 596 241	100.00	135 743 659	100.00	109 694 710	100.00

2017 年末，公司资产总额比 2016 年末增长 128.53 亿元，增幅为 9.47%；2016 年末，公司总资产较 2015 年末增长 260.49 亿元，增幅为 23.75%，说明 2017 年的资产增幅低于 2016 年。进一步分析可以发现：流动资产本期增加 14 753 430 千元，增长幅度为 12.1%，使总资产规模增长了 10.87%。非流动资产本期减少了 1 900 848 千元，减少幅度为 13.75%，使总资产规模减少了 1.4%，两者合计使总资产增加了 12 852 582 千元，增长幅度为 9.47%，导致本期总资产增幅小于往年的原因是非流动资产的减少。

本期总资产的增长主要体现在流动资产的增长上，公司的流动资产具体情况见表 8－2。

表 8－2　流动资产水平分析表　单位：千元

项目	2017 年 12 月 31 日		2016 年 12 月 31 日		2015 年 12 月 31 日	
	金额	占比（%）	金额	占比（%）	金额	占比（%）
货币资金	15 518 982	11.36	4 934 544	4.05	9 605 748	10.04
应收账款	78 513 196	57.45	54 573 777	44.76	47 009 364	49.12
预付款项	162 513	0.12	113 861	0.09	132 980	0.14
其他应收款	3 094 712	2.26	32 600 874	26.74	10 268 433	10.73
存货	35 551 035	26.01	28 561 440	23.43	27 054 761	28.27
其他流动资产	3 830 059	2.80	1 132 571	0.93	1 640 591	1.71
合计	136 670 497	100.00	121 917 067	100.00	95 711 877	100.00

流动资产的增长主要体现在以下三个方面：

一是货币资金的大幅度增长。2017 年末，公司货币资金余额较 2016 年末增加 105.84 亿元，增幅为 214.50%，通过分析该公司现金流量表，主要是因为：① 公司主营业务增长所带来的日常经营现金流入增加；②为扩展业务，公司新增银行短期借款。

二是应收账款的大幅度增长。2017 年末，公司应收账款账面价值较 2016 年末增加 239.39 亿元，增幅为 43.87%，主要是因为公司在 2017 年第四季度销售收入有较大提升，而该业务的部分应收账款截至 2017 年末尚处于信用期内，导致应收账款账面价值增加。

三是存货的大幅度增长。2017 年末，公司存货的账面价值较 2016 年末增加 69.90 亿元，增幅为 24.47%，主要是因为 2017 年下半年，公司为应对客户订单的增加趋势相应增加了原材料和产成品备货。

公司非流动资产情况见表 8－3。

表 8－3　非流动资产水平分析表　单位：千元

项目	2017 年 12 月 31 日		2016 年 12 月 31 日		2015 年 12 月 31 日	
	金额	占比（%）	金额	占比（%）	金额	占比（%）
可供出售金融资产	3 000	0.03	46 392	0.34	68 591	0.49
长期股权投资	—	0.00	37 500	0.27	9 208	0.07
投资性房地产	—	0.00	19 820	0.14	20 646	0.15
固定资产	9 032 519	75.74	11 359 288	82.16	12 007 992	85.88
在建工程	727 529	6.10	545 608	3.95	314 280	2.25
无形资产	225 285	1.89	244 349	1.77	240 716	1.72
长期待摊费用	341 073	2.86	231 185	1.67	151 170	1.08
递延所得税资产	1 457 368	12.22	1 284 652	9.29	1 140 733	8.16
其他非流动资产	138 970	1.17	57 798	0.42	29 497	0.21

2015—2017 年，公司非流动资产分别为 139.83 亿元、138.27 亿元和 119.26 亿元，其中固定资产占比分别为 85.88%、82.16% 和 75.74%，是非流动资产中最主要的组成部分。非流动资产的变动主要是固定资产的大幅减少。公司固定资产 2016 年末账面价值较 2015 年末减少 6.49 亿元，2017 年末较 2016 年末减少 23.27 亿元。公司固定资产账面价值持续下降主要是因为公司机器设备正常折旧，累计折旧增加额大于新增机器设备原值，导致账面价值逐年下降。

2. 从筹资或权益角度进行分析评价（见表 8－4）

表 8－4　　权益水平分析表　　单位：千元

项目	2017 年 12 月 31 日		2016 年 12 月 31 日		2015 年 12 月 31 日	
	金额	占比（%）	金额	占比（%）	金额	占比（%）
流动负债	120 381 709	81.01	57 996 176	42.72	49 968 073	45.55
非流动负债	31 944	0.02	224 845	0.17	181 748	0.17
股东权益	28 182 588	18.97	77 522 638	57.11	59 544 889	54.28
合计	148 596 241	100.00	135 743 659	100.00	109 694 710	100.00

该公司权益总额较上年同期增加了 12 852 582 千元，增加幅度为 9.47%，说明公司权益总额增幅不大。进一步分析可以发现：负债本期增加 62 192 632 千元，增长幅度为 106.82%，使权益总额增长了 45.82%；股东权益本期减少了 49 340 050 千元，减少幅度为 63.65%，使权益总额减少了 36.35%，两者合计使权益总额本期增加了 12 852 582 千元，增长幅度为 9.47%。可见本期权益总额增幅不大是由于股东权益减少和负债增长两个方面构成的。

股东权益本期减少 49 340 050 千元，其中股本较上期增长了 17 725 770 千元，增长幅度为 100%，对权益总额的影响为增长 13.06%，由于认缴资本实收到位所致；资本公积较上期减少了 27 823 232 千元，减少幅度为 100%，对权益总额的影响为减少 20.5%；未分配利润较上期减少了 36 559 400 千元，减少幅度为 78.36%，对权益总额的影响为减少 26.93%，其他综合收益较上期减少 2 485 163 千元，减少幅度为 88.04%，对权益总额的影响为减少 1.83%。

2015—2017 年公司总负债分别为 501.50 亿元、582.21 亿元和 1 204.14 亿元，2017 年末，公司负债总额较 2016 年末增长 621.93 亿元，增幅为 106.82%，主要是因为流动负债显著增加所致。公司流动负债具体情况见表 8－5。

表 8－5　　流动负债水平分析表　　单位：千元

项目	2017 年 12 月 31 日		2016 年 12 月 31 日		2015 年 12 月 31 日	
	金额	占比（%）	金额	占比（%）	金额	占比（%）
短期借款	6 956 799	5.78	1 642 918	2.83	1 111 790	2.23
应付账款	76 809 307	63.80	43 012 900	74.17	34 702 294	69.45
预收款项	106 272	0.09	184 083	0.32	202 227	0.40
应付职工薪酬	3 011 604	2.50	3 515 886	6.06	3 202 955	6.41
应交税费	1 298 927	1.08	767 639	1.32	472 182	0.94
其他应付款	32 103 714	26.67	8 664 545	14.94	10 075 243	20.16
其他流动负债	95 086	0.08	208 205	0.36	201 382	0.40
合计	120 381 709	100.00	57 996 176	100.00	49 968 073	100.00

2015—2017 年公司流动负债分别为 499.68 亿元、579.96 亿元和 1 203.82 亿元，流动负债的增长主要体现以下三个方面：

一是应付账款的大幅度增长。公司应付账款主要为应付原材料和设备采购款。2017 年末公司应付账款账面价值较 2016 年末增加 337.96 亿元，主要原因是 2017 年以来下游订单量增长趋势良好，公司相应增加了原材料和设备的采购金额。

二是其他应付款的大幅增长。公司其他应付款主要由应付关联方款项和关联方借款构成。其中，应付关联方款项主要包括应付租金和应付设备款等；关联方借款主要为关联方委托借款及关联方直接借款。2017 年末，公司其他应付款账面价值较 2016 年末增加 234.39 亿元，增幅为 270.52%，主要原因是：公司重组通过支付现金方式收购的重组资产包括若干境内外公司股权及境内外重组业务相关的经营性资产。

三是短期借款的大幅增长。公司短期借款主要为公司根据生产经营需要所借入的信用借款。2017 年末，公司短期借款账面价值较 2016 年末增加 53.14 亿元，主要是因为公司为了扩展业务新增银行短期借款。

（二）资产负债表垂直分析

1. 资产结构的分析评价

从静态方面分析：该公司 2017 年流动资产比重高达 91.97%，非流动资产仅占 8.03%。因为公司的业务主要分为通信网络设备、云服务设备以及精密工具和工业机器人三类，占主营业务收入比例达到 90% 以上，其中，通信网络设备的销售收入占比在 50% 以上，是公司最重要的收入来源，而通信网络设备高精密构件具有设备密集的特点，应对应较高的固定资产投入成本才对，这样的资产结构显然不合理。进一步查阅资料，根据产业链调研信息得知：2016 年以后工业富联得到下游客户大力支持，超过一半以上的加工设备都是由客户提供，因此减少了固定资产投资压力和持有成本，提升了公司的整体产能。

从动态方面分析：2015—2017 年公司流动资产占总资产的比例分别为 87.25%、89.81% 和 91.97%，流动资产一直占总资产比例较高，流动资产的增长主要由于公司主营业务收入增长带动货币资金、应收账款和存货等随之增长，其中应收账款持有量较大，占比高达 57.45%，由于工业富联的客户大多为 Amazon、Apple、Dell、华为、联想、Nokia 等均为全球知名电子行业品牌公司，因此基本不必担心应收账款不能收回的问题。而非流动资产占比持续下降，主要是固定资产大幅下降，原因是超过一半以上的加工设备都是由客户提供，同时原本机器设备的累计折旧增加额大于新增机器设备原值。

2. 资本结构的分析评价

从以下两个方面对企业的资本结构进行分析评价：

从静态方面看：2017 年该公司股东权益比重为 18.97%，负债比重为 81.03%，资产负债率非常高，且几乎全部是流动负债，流动负债占总负债的比例为 99.97%，流动资产占总资产的比例为 91.97%，也就是说流动资产没有占用长期筹资，从而使融资的资本成本相对较低，而且流动负债也不会用来支持长期资产，从而使财务风险或偿债风险较低，这种结构风险中和，资本成本也中和。考虑到工业富联大部分资产是流动资产且经营过程相当顺畅，其客户大多为全球知名电子行业品牌公司，为偿还借款的能力提供了保障，所以比较容易筹措到资本，可以不断地借新债还旧债并获得长期使用的好处，但这种资本结构不宜作为长期战略，否则会面临市场的严酷挑战。

从动态方面分析：该公司股东权益比重下降了38.14%，负债比重上升了37.14%，变动幅度大，其中流动负债占总负债的比例很高且变动大，2017年流动负债较2016年增长62 385 533千元，2016年流动负债较2015年增长8 028 103千元，流动负债中应付账款占比最大为63.80%，工业富联凭借自身巨大的采购规模和议价能力向供应商转移了一部分负担，导致了应付账款的快速增加；占比第二大的是其他应付款为26.67%，主要是同一控制下企业合并产生的应付关联方款项。可见公司在过去一年间，资本结构有着较大幅度的变化，债务比重过大，财务实力有待提升。

（三）资产负债表趋势分析

该公司3年来总资产总体而言呈上升趋势，流动资产上升较快，非流动资产略微下降，流动资产快速增长的主要是因为货币资金、应收账款、存货增长较快；公司负债持续增长，流动负债与非流动负债比重失调，非流动负债体量较小，负债变化分析重点在流动负债上面，引发流动负债上升的主要原因是应付账款、其他应付款和短期借款。这样的资产结构与工业富联所处的行业特征、战略重点和业务模式是相匹配的。公司股东权益总体呈先上升后下降，2017年股东权益只有基期的0.47倍，主要原因是进行了同一控制下的企业合并。总体看来，该公司流动资产全部由流动负债提供，属于中庸结构的资本，由于工业富联作为行业龙头，经营稳定，财务实力雄厚，信誉卓著，可以认为潜在财务风险很低。

二、利润表分析

（一）利润表比较分析

总体上公司营业收入同比增长30.01%，营业利润增长15.56%，利润总额增长14.14%，净利润增长12.72%。导致净利润增长幅度小于营业收入增长的主要原因在于营业成本、税金及附加、管理费用、财务费用、资产减值损失的增长，其中，营业成本增长30.74%，税金及附加增长13.74%，管理费用增长36.46%，利息费用增长374.77%，资产减值损失增长145.97%。虽然公司以“工业富联网”概念自居，但是无论是营收增幅还是净利润增幅都不尽如人意，公司的毛利率近年来维持在10%左右，在上市公司中属于非常低的，这样的盈利能力很难支撑一个如此大体量的公司长期运行，面临着巨大的风险。

总体看来，在优化成本费用方面公司这一阶段做得不好，各项成本费用变化原因如下：营业成本金额与其销售收入规模变动趋势一致，主要是因为公司生产的通信网络设备和云服务设备等产品集成了大量的高价值电子零件，公司需对外采购电子零件并进行组装；财务费用大幅度增长，是由于报告期内汇率波动产生较大的汇兑损失，导致公司财务费用率持续增加；管理费用小幅度增长，主要是因为公司重视技术研发，加大研发支出，导致管理费用率有所增加；税金及附加的增长与营业收入增长存在关系，但会不会有未按照规定申报纳税的情况需要进一步核实；资产减值损失大幅度增长，主要是2017年末由于主要客户新品订单增加，公司应收账款余额较上年末显著增加，按照账龄计提坏账准备相应增加；

投资收益由正数转为负数，是由于处置长期股权投资、可供出售权益工具等产生的投资收益，但金额规模较小，对公司当期损益影响较小；所得税费用增长幅度不大，考虑是否补交或者多交所得税因素，则需要进一步分析。

（二）利润表的结构分析

编制工业富联公司的利润表结构分析表（将营业收入的金额定为100%，其他项目换算为营业收入的百分比）见表8－6，可以据表做出分析评价。

表8－6　利润表结构分析表

项目	2017年（%）	2016年（%）	变动幅度（%）
一、营业收入	100.00	100.00	0.00
减：营业成本	89.86	89.35	0.51
税金及附加	0.15	0.17	－0.02
销售费用	0.51	0.60	－0.10
管理费用	3.50	3.34	0.17
财务费用/（收入以负数列示）－净额	0.24	0.07	0.18
资产减值损失	0.22	0.11	0.10
加：投资收益/（损失以负数列示）	0.01	0.00	0.01
其中：对联营企业和合营企业的投资损失	0.00	0.00	0.00
资产处置（损失以负数列示）/收益	－0.01	－0.02	0.00
其他收益	0.11	0.00	0.11
二、营业利润	5.63	6.33	－0.70
加：营业外收入	0.02	0.11	－0.08
减：营业外支出	0.00	0.00	0.00
三、利润总额	5.65	6.44	－0.79
减：所得税费用	1.08	1.16	－0.08
四、净利润	4.57	5.28	－0.70

从表8－6中可以看出公司2017年度财务成果的构成情况：营业利润占营业收入的比重为5.63%，比上年的下降了0.70%；利润总额占营业收入的比重为5.65%，比上年下降了0.79%；净利润占营业收入的比重为4.57%，比上年度的下降了0.70%。由此可见，如果仅从公司利润的构成上看，该公司盈利能力比上年有所下降。

从营业利润的影响因素变化看，营业成本占营业收入的89.86%，是收入的最大抵减因素，其次是管理费用和销售费用，分别占比3.50%和0.51%，而财务费用占比增长幅度仅次于营业成本，投资收益和税金占比较低，可忽略不计。综合来看，工业富联在营业成本和管理费用的控制上与上年基本持平，财务费用有较大上升，销售费用则朝好的方向在发展。

（三）利润表的趋势分析

以工业富联历年公布的利润表为基础，根据其主要项目编制利润表主要指标的趋势分析表如表8－7所示。

表 8－7 工业富联利润表趋势分析表 单位：千元

项目	2015 年	2016 年		2017 年	
	金额（基期）	金额	定比（%）	金额	定比（%）
一、营业收入	272 799 992	272 712 651	99.97	354 543 851	130.01
减：营业成本	244 157 242	243 672 466	99.80	318 581 972	130.74
税金及附加	336 555	474 785	141.07	540 014	113.74
销售费用	1 586 029	1 649 279	103.99	1 792 821	108.70
管理费用	8 853 188	9 105 986	102.86	12 425 666	136.46
财务费用/（收入以负数列示）－净额	－14 563	180 120	－1 236.83	855 147	474.77
资产减值损失	765 606	313 221	40.91	770 427	245.97
加：投资收益/（损失以负数列示）	9 587	－4 976	－51.90	18 100	－363.75
其中：对联营企业和合营企业的投资损失	－3 727	－9 087	243.82	－10 119	111.36
资产处置（损失以负数列示）/收益	62 139	－42 288	－68.05	－42 886	101.41
其他收益	—	—	—	404 114	—
二、营业利润	17 187 661	17 269 530	100.48	19 957 132	115.56
加：营业外收入	343 027	296 676	86.49	88 311	29.77
减：营业外支出	14 010	7 390	52.75	4 175	56.50
三、利润总额	17 516 678	17 558 816	100.24	20 041 268	114.14
减：所得税费用	3 166 569	3 168 639	100.07	3 821 342	120.60
四、净利润	14 350 109	14 390 177	100.28	16 219 926	112.72

说明：定比＝本年数/上年数。

由表 8－7 可见，工业富联自 2015 年以来，公司整体各项利润表项目均处于大幅上升或相对均衡不变的态势，说明公司发展处于业务增长的状态，但稍显乏力，进而就需要我们对每一项指标变化趋势深入分析。

第一，自 2016 年以来，公司营业利润、利润总额和净利润均处于小幅度上升的趋势，但营业收入的增长幅度是它们的两倍，可以发现，利润增长之所以小，是因为营业成本的大幅度增长，说明公司成本管控的低效。营业收入大幅上升，再结合公司销售费用变化不大，主要是因为公司所生产各类产品主要按照客户的要求定制，不需要较高的营销费用，侧面显示公司在营收方面不存在较大问题。

第二，所得税费用 2017 年增长幅度超过了利润总额的增长幅度，2016 年低于利润总额增长幅度，正常情况下两者是具有相关性的，而公司这两项指标波动趋势呈现相反的态势，考虑存在问题。分析资产负债表，公司账面递延所得税资产也是呈现增长趋势，2017 年账面有 14.57 亿元，说明企业的会计利润与按照所得税法计算的所得额有较大出入，这些差异有哪些属于正常，有哪些可能存在问题，需要结合账簿资料进一步分析。

第三，管理费用小幅增长，且公司管理费用占营业收入比重相对较高。公司管理费用主要包括研发费用和员工薪酬，该两项合计占当期整体管理费用的 80% 以上，2017 年度由于主要客户推出新产品，公司发展并采用新的生产工艺致使研发费用大幅上升，但费用管控是否合理有待进一步分析。

第四，财务费用剧增。2015 年以来，公司财务费用率持续增加，主要原因是报告期内汇率波动导致汇兑损失持续增加。公司出口商品、进口原材料主要使用美元结算，导致公司持续持有较大数额的美元资产（主要为美元货币资金和经营性应收项目）和美元负债（主要包括经营性负债、银行借款、其他借款）。

第五，投资收益分别为 2015 年 0.10 亿元、2016 年 -0.05 亿元和 2017 年 0.18 亿元，金额规模较小，对公司当期损益影响较小。公司资产减值损失主要由存货跌价损失和坏账损失构成，分别为 2015 年 7.66 亿元、2016 年 3.13 亿元和 2017 年 7.70 亿元，综合起来，利润有小幅度增长与这两个项目有一定关联。

结合公司现阶段正处于成长阶段，故公司营业收入以及营业成本的大幅增长比较合理，但应加强营业成本的管控，以提高市场竞争力。

三、现金流量表分析

报告期内，公司现金流量情况如表 8-8 所示。

表 8-8　现金流量情况简表　单位：千元

项目	2017 年度	2016 年度	2015 年度
经营活动产生的现金流量净额	8 513 807	20 957 746	8 579 047
投资活动产生的现金流量净额	-2 367 061	-2 339 555	-2 034 273
筹资活动产生的现金流量净额	3 585 898	-22 475 338	-4 607 983
汇率变动对现金及现金等价物的影响	-384 279	301 008	299 824
现金及现金等价物净增加/减少额	9 348 365	-3 556 139	2 236 615

公司 2017 年净现金流量比 2016 年增加了 9 348 365 千元，经营活动、投资活动和筹资活动产生的净现金流量较上年的变动额分别为 -12 443 939 千元、-27 506 千元和 26 061 236 千元。

（一）现金流量表比较分析

1. 经营活动现金流量分析（见表 8-9）

表 8-9　经营活动现金流量分析表　单位：千元

项目	2017 年度	2016 年度	2015 年度
销售商品、提供劳务收到的现金	322 632 538	272 764 981	275 890 837
收到的税费返还	2 293 188	2 501 318	1 457 601
收到其他与经营活动有关的现金	711 822	529 431	511 926
经营活动现金流入小计	325 637 548	275 795 730	277 860 364
购买商品、接受劳务支付的现金	-283 645 130	-224 145 158	-239 075 103
支付给职工以及为职工支付的现金	-22 032 267	-19 352 992	-19 748 008
支付的各项税费	-4 944 887	-4 977 344	-4 084 185
支付其他与经营活动有关的现金	-6 501 457	-6 362 490	-6 374 021
经营活动现金流出小计	-317 123 741	-254 837 984	-269 281 317
经营活动产生的现金流量净额	8 513 807	20 957 746	8 579 047

2017年度，公司经营活动净现金流量比上年降低了12 443 939千元，降低率为59.38%，主要原因是现金流出量的增长幅度大于现金流入量的增长幅度。经营活动现金流入量比上年增加了49 841 818千元，增长率为18.07%，结合营业收入变动情况来分析，主要原因在于营业收入较之上年增长30.01%，销售商品收到的现金随之增长18.28%。经营活动现金流出量比上年增长了62 285 757千元，增长率为24.44%，主要原因为公司2017年第四季度为主要客户的新品备货采购原材料，导致购买商品、接受劳务支付的现金大幅增加。

2. 投资活动现金流量分析（见表8－10）

表8－10　　投资活动现金流量分析表　　单位：千元

项目	2017年度	2016年度	2015年度
收回投资收到的现金	3 750 000	2 700 000	1 570 000
取得投资收益收到的现金	13 155	15 852	14 540
处置固定资产、无形资产和其他长期资产收回的现金净额	165 800	214 012	990 422
处置子公司及其他营业单位收到的现金净额	—	13 660	—
收到其他与投资活动有关的现金	126 383	1 209 215	1 825 996
投资活动现金流入小计	4 055 338	4 152 739	4 400 958
购建固定资产、无形资产和其他长期资产支付的现金	－935 661	－3 176 299	－2 855 161
投资支付的现金	－4 000 000	－3 188 962	－1 579 942
取得子公司及其他营业单位支付的现金净额	－53 000	—	－23 859
处置子公司及其他营业单位丧失的现金净额	－75 518	—	—
支付其他与投资活动有关的现金	－1 358 220	－127 033	－1 976 269
投资活动现金流出小计	－6 422 399	－6 492 294	－6 435 231
投资活动产生的现金流量净额	－2 367 061	－2 339 555	－2 034 273

2017年度，投资活动现金净流量比上年减少了27 506千元，其中，现金流入量和现金流出量均减少，流入量的减少幅度比流出量的减少幅度略大一点。投资活动现金流出量较上年减少了69 895千元，减少率为1.08%，主要是购建固定资产、无形资产和其他长期资产所支付的现金减少了。投资活动现金流入量较上年减少了97 401千元，减少率为2.35%，主要原因是收到其他与投资活动有关现金减少了。总体看来，公司投资活动产生的现金流量净额保持相对稳定。

3. 筹资活动现金流量分析（见表8－11）

表8－11　　筹资活动现金流量分析表　　单位：千元

项目	2017年度	2016年度	2015年度
吸收投资收到的现金	2 233 917	905 195	1 469 596
其中：子公司吸收少数股东投资收到的现金	1 316 211	175 309	20 000
取得借款收到的现金	26 545 552	14 000 134	16 529 842
收到其他与筹资活动有关的现金	1 807 555	2 100 400	4 194 930
筹资活动现金流入小计	30 587 024	17 005 729	22 194 368

续表

项目	2017 年度	2016 年度	2015 年度
偿还债务支付的现金	-19 960 885	-13 469 006	-17 618 617
分配股利、利润或偿付利息支付的现金	-1 957 911	-368 081	-400 873
其中：子公司支付给少数股东的股利、利润	—	—	—
支付其他与筹资活动有关的现金	-5 082 330	-25 643 980	-8 782 861
筹资活动现金流出小计	-27 001 126	-39 481 067	-26 802 351
筹资活动产生的现金流量净额	3 585 898	-22 475 338	-4 607 983

2017 年度，公司筹资活动产生的现金流量净额较 2016 年度增加 260.61 亿元，增长率为 115.95%，主要原因为 2015—2016 年筹资活动净现金流量为负数，这两年公司大幅偿还了借款并向投资者进行了大比例分红，因此 2017 年为了满足开展业务需要公司进行外部融资，导致取得借款收到的现金增加。

（二）现金流量表结构分析

1. 现金流入结构分析

工业富联 2017 年现金流入总量为 360 279 910 千元，其中，经营活动现金流入量、投资活动现金流入量和筹资活动现金流入量所占比重分别为 90.38%、1.13% 和 8.49%。说明经营活动提供了主要的现金来源。其中，经营活动的现金流入量中主要是销售商品、提供劳务收到的现金，投资活动的现金流入量中主要是收回投资收到的现金净额，筹资活动的现金流入量主要是取得借款收到的现金和吸收投资收到的现金。总体来说，工业富联的现金流入量中，经营活动的现金流入量占大部分比例，特别是其销售商品、提供劳务收到的现金明显高于其他业务活动流入的现金。

2. 现金流出结构分析

工业富联 2017 年现金流出总量为 350 547 266 千元，其中，经营活动现金流出量、投资活动现金流出量和筹资活动现金流出量所占比重分别为 90.47%、1.83% 和 7.70%，说明现金支出主要用于经营活动。在经营活动现金流出量中购买商品、接受劳务支付的现金占 80.91%，比重最大，是现金流出的主要项目；其次是支付给职工以及为职工支付的现金占 6.29%。投资活动的现金流出量主要用于投资支付的现金，但占比只有 1.14%。筹资活动的现金流出量主要用于偿还债务支付的现金，占比 5.69%。总的来说，工业富联的现金流出量中，经营活动支出占比最大，其次是接受劳务支付的现金、偿还债务支付的现金。

（三）现金流量与利润综合分析

工业富联 2015—2017 年净利润调节为经营活动的现金流量表如表 8-12 所示。

表 8-12　　净利润调节为经营活动的现金流量表　　单位：千元

项目	2017 年度	2016 年度	2015 年度
净利润	16 219 926	14 390 177	14 350 109
加：资产减值准备	770 427	313 221	765 606
处置固定资产、无形资产和其他长期资产的损失	42 886	42 288	-62 139

续表

项目	2017年度	2016年度	2015年度
财务费用	104 523	61 329	97 844
投资损失	-18 100	4 976	-9 587
递延所得税资产减少	-278 201	-143 919	-277 186
递延所得税负债增加	871	126	-39 783
存货的减少	-7 477 141	-1 447 981	-3 975 742
经营性应收项目的减少	-46 015 656	-4 400 479	-1 231 464
经营性应付项目的增加	41 478 251	8 748 231	-4 105 104
间接法—经营活动现金流量净额差额（特殊报表科目）	3 686 021	3 389 777	3 066 493
间接法—经营活动产生的现金流量净额	8 513 807	20 957 746	8 579 047
现金的期末余额	14 185 257	4 836 892	8 393 031
减：现金的期初余额	4 836 892	8 393 031	6 156 416
间接法—现金及现金等价物净增加额	9 348 365	-3 556 139	2 236 615

工业富联2017年净利润为16 219 926千元，而其在这一期间内的经营活动净现金流量为8 513 807千元。形成这种差距的主要原因在于当期发生：一是不减少现金的经营性费用，资产减值准备增加770 427千元；处置固定资产、无形资产和其他长期资产的损失42 886千元；二是非经营性费用，财务费用增加104 523千元，投资损失减少18 100千元；三是递延所得税资产的减少278 201千元、递延所得税负债增加871千元；四是非现金流动资产的减少，存货的减少7 477 141千元和经营性应收项目的减少46 015 656千元；五是流动负债的增加包括经营性应付项目的增加41 478 251千元；六是间接法下经营活动现金流量净额差额（特殊报表科目）增加3 686 021千元。

工业富联2017年经营活动现金流量净额为3 686 021千元，2017年的净利润为16 219 926千元，盈利现金流量比率指标为0.2273，说明了当期实现的净利润由现金经营活动现金流量保证的非常低，有虚赢实亏的可能性，应进一步分析会计政策、会计估计和会计差错变更的影响以及应收款项及存货的变现能力。

第三部分　财务能力分析

一、企业盈利能力分析

（一）主要盈利能力指标分析

公司的毛利和毛利率情况如表8-13所示。

表8-13　　主要盈利能力指标分析表　　单位：千元

项目	2017年度	2016年度	2015年度
营业收入	354 543 851	272 712 651	272 799 992
营业成本	318 581 972	243 672 466	244 157 242
营业毛利	35 961 879	29 040 185	28 642 750
其中：主营业务毛利	35 362 048	28 667 259	28 183 118
营业毛利率（%）	10.14	10.65	10.50

2015年度、2016年度和2017年度，公司的营业毛利率分别为10.50%、10.65%和10.14%，最近1年的营业毛利率水平虽然有所降低，但总体仍基本维持在稳定水平，其中，

营业收入上涨幅度与营业成本上涨幅度差不多，公司营业收入增长30.01%，营业成本上涨30.74%，公司盈利能力良好，主要原因是：①电子设备智能制造行业稳定发展，行业整体利润水平呈稳定上升趋势，公司市场地位稳固；②公司与客户形成长期合作关系，订单规模较大，销售和采购价格相对稳定。

进一步分析2017年毛利的构成，报告期内，公司主营业务主要分为通信网络设备、云服务设备以及精密工具和工业机器人三类，其收入、成本、毛利和毛利率情况如表8－14所示。

表8－14　主要产品毛利情况表

单位：千元

项目	2017年度				
	收入	成本	毛利	毛利占比（%）	毛利率（%）
通信网络设备	214 500 646	185 221 186	29 279 460	82.80	13.65
云服务设备	120 393 804	114 792 323	5 601 481	15.84	4.65
精密工具和工业机器人	966 342	490 655	475 687	1.35	49.23
其他	17 221 605	17 216 185	5 420	0.02	0.03
合计	353 082 397	317 720 349	35 362 048	100.00	10.02

2017年度，公司的主营业务毛利为353.62亿元。其中，通信网络设备毛利贡献率在80%以上，为公司的核心业务；云服务设备毛利贡献率在15%以上，是公司盈利的重要组成部分。上述两类产品和业务的毛利是公司利润的重要来源，这两类主营业务的发展推动了公司整体利润水平的提升，带动公司的净利润从2015年度的143.50亿元增长至2017年度的162.20亿元。2017年度，公司精密工具和工业机器人的毛利率为49.23%。报告期内，公司精密工具和工业机器人的毛利率最高，主要因为精密工具、工业机器人等智能制造工具类产品多为高端定制产品，其价格变动主要由于对主要客户的平均销售单价进一步提升。

（二）盈利能力同行业分析

公司营业毛利率与同行业上市公司的比较情况如表8－15、图8－2所示。

表8－15　同行业上市公司毛利率情况表

股票代码	名称	营业毛利率（%）		
		2017年度	2016年度	2015年度
002456.SZ	欧菲科技	12.59	11.48	12.84
603118.SH	共进股份	11.46	15.44	13.55
300115.SZ	长盈精密	25.03	27.96	28.22
002426.SZ	胜利精密	10.69	11.00	11.31
601231.SH	环旭电子	11.20	10.78	10.46
002369.SZ	卓翼科技	9.16	9.83	5.53
2382.TW	广达	4.57	5.21	4.61
FLEX.O	伟创力	6.52	6.54	6.59
可比公司均值（除长盈精密外）		9.46	10.04	9.27
公司		10.14	10.65	10.50

资料来源：根据Wind资讯、上市公司定期报告披露数据计算。

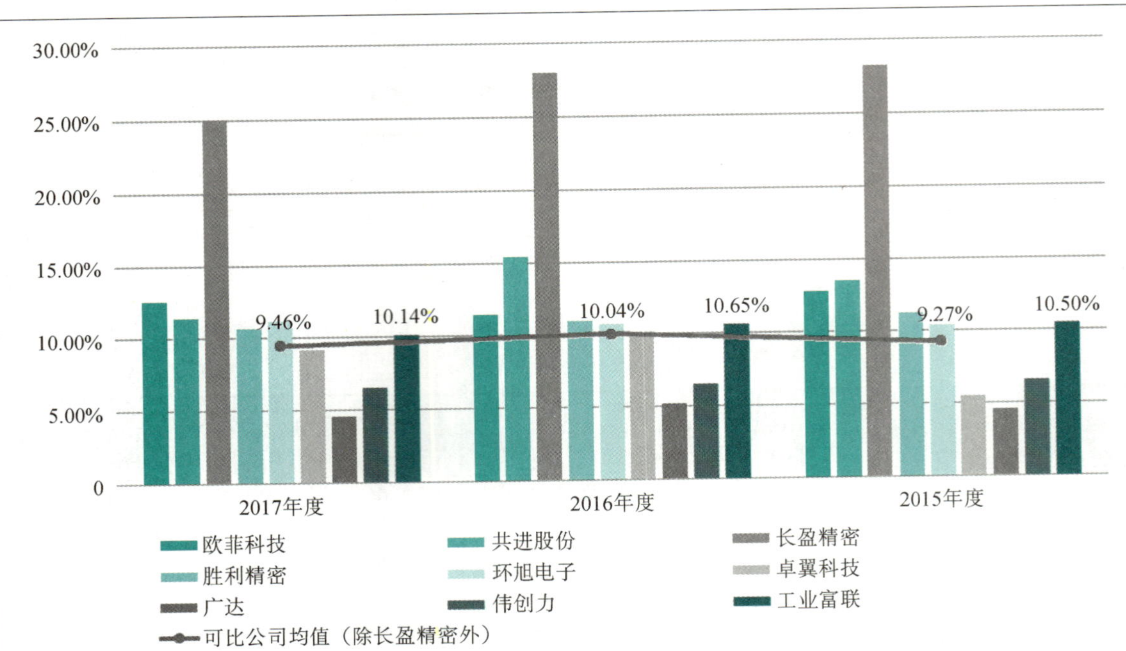

图8－2 同行业上市公司营业毛利率情况

由于电子设备智能制造行业细分产品领域众多，同行业各公司的产品类型、产品结构、成本结构、技术水平、所处市场竞争情况均有所不同，因此各公司的营业毛利率水平存在一定差异，但公司毛利率水平与同行业可比公司平均水平相当。

二、企业营运能力分析

（一）主要资产营运能力指标

主要资产营运能力指标如表8－16所示。

表8－16 主要资产周转率分析表

财务指标	2017年度	2016年度	2015年度
应收账款周转率（倍）	5.33	5.37	5.80
存货周转率（倍）	9.94	8.76	9.02

工业富联的主要客户为国内外知名电子设备品牌厂商，2015—2017应收账款占销售收入比重分别为17.23%、20.01%、22.14%，赊销收入比例不小，所以用销售收入数据得出的应收账款周转率比较小。一般说来，若企业应收账款周转率过低，则说明企业催收账款的效率太低或信用政策十分宽松，会影响企业资金利用率和资金的正常周转，但考虑到工业富联下游客户Amazon、Apple、Dell、华为、联想、Nokia等均为全球知名电子行业品牌公司，且公司1年以内应收账款余额占比达到99%以上，账龄短，历史回款情况良好，实际坏账损失率低，因此认为应收账款质量良好。

近3年来，工业富联存货周转率呈现上升态势，由2015年的9.02上升到2017年9.94，存货周转天数由2015年39.91天缩短至36.22天，表明企业存货周转速率和管理水平在逐步提升，存货占用资金水平进一步降低，企业营运能力略有提升。导致企业存货周转提升的原因是存货规模大幅度增加，但是营业成本增长幅度更大，公司库龄在1年以内的存货占存货账面余额的比例在97%以上，整体存货库龄结构良好，不存在大额呆滞库存的情形，说明企业存货整体销售运转效率在上升。因此认为公司产品销售情况良好，回款情况正常，应收账款周转率和存货周转率均处于正常水平，资产周转状况良好。

（二）营运能力同行业分析

公司和同行业上市公司应收账款周转率的对比情况如表8－17、图8－3所示。

表8－17　同行业上市公司应收账款周转率情况表

股票代码	名称	应收账款周转率（倍）		
		2017年度	2016年度	2015年度
002456. SZ	欧菲科技	3. 94	4. 22	4. 47
603118. SH	共进股份	5. 09	4. 62	4. 49
300115. SZ	长盈精密	6. 14	5. 50	4. 52
002426. SZ	胜利精密	5. 27	6. 03	3. 95
601231. SH	环旭电子	5. 49	5. 83	6. 10
002369. SZ	卓翼科技	5. 32	4. 82	6. 82
2382. TW	广达	6. 25	5. 42	5. 85
FLEX. O	伟创力	10. 18	11. 26	11. 14
可比公司均值		5. 96	5. 96	5. 92
公司		5. 33	5. 37	5. 80

资料来源：根据Wind资讯、上市公司定期报告披露数据计算。

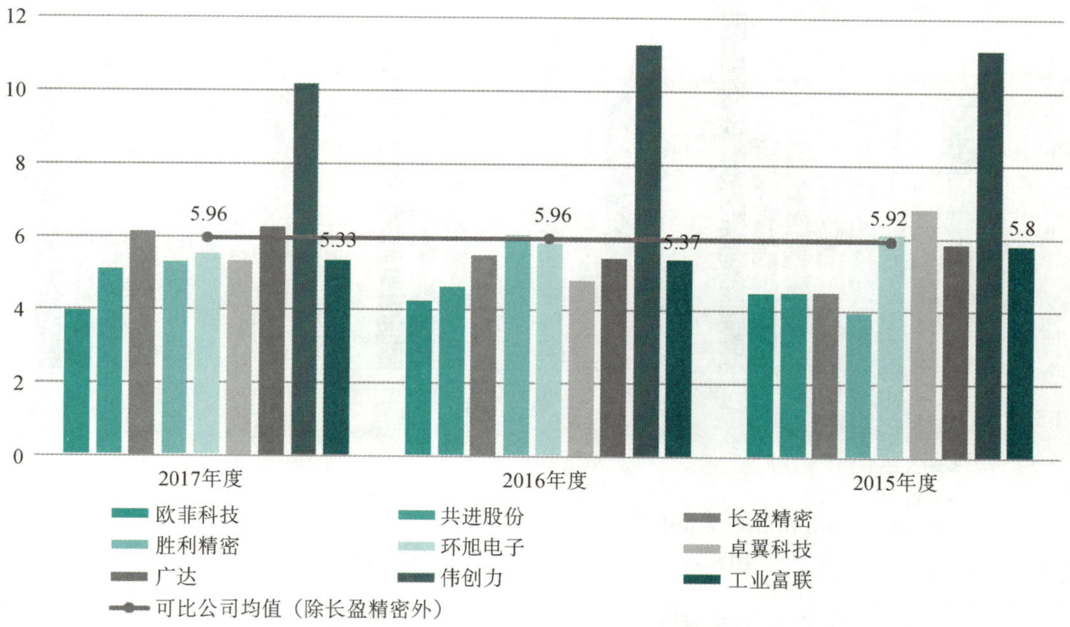

图8－3　同行业上市公司应收账款周转率情况

公司应收账款周转率基本保持稳定趋势。公司主要客户为国内外知名电子设备品牌厂商，公司与主要客户建立长期稳定的合作关系，公司对客户授予了一定期限的还款账期，公司的应收账款周转率与同行业上市公司平均水平相当。

公司和同行业上市公司存货周转率的对比情况如表8－18、图8－4所示。

表8－18　　同行业上市公司存货周转率情况表

股票代码	名称	存货周转率（倍）		
		2017年度	2016年度	2015年度
002456. SZ	欧菲科技	5. 00	6. 07	5. 18
603118. SH	共进股份	7. 90	7. 71	8. 77
300115. SZ	长盈精密	2. 65	2. 98	3. 26
002426. SZ	胜利精密	7. 72	9. 29	6. 44
601231. SH	环旭电子	7. 18	8. 03	8. 68
002369. SZ	卓翼科技	5. 63	6. 22	9. 16
2382. TW	广达	6. 65	6. 93	8. 61
FLEX. O	伟创力	6. 40	6. 48	6. 54
可比公司均值		6. 14	6. 71	7. 08
公司		9. 94	8. 76	9. 02

资料来源：根据Wind资讯、上市公司定期报告披露数据计算。

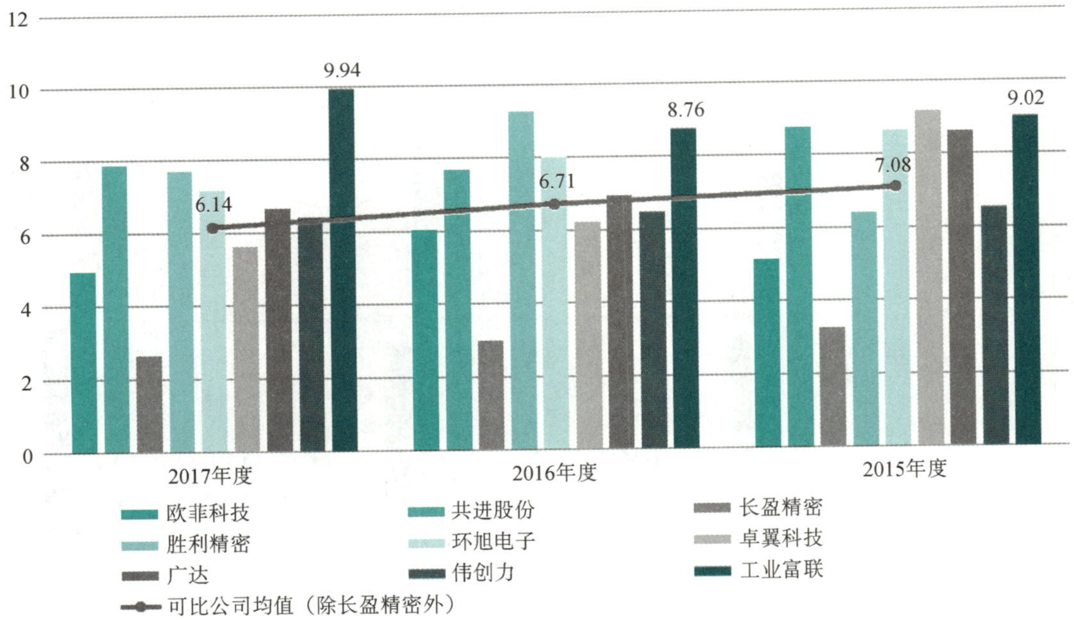

图8－4　同行业上市公司存货周转率情况

由于公司不断完善供应链管理能力、全球范围内统筹及协同生产，存货管理水平较高，因此存货周转率略高于同行业上市公司平均水平，且基本保持稳定趋势。

三、企业偿债能力分析

（一）主要偿债能力指标

公司主要偿债能力指标如表 8－19 所示。

表 8－19　主要偿债能力指标分析表

财务指标	2017 年度	2016 年度	2015 年度
流动比率（倍）	1.14	2.10	1.92
速动比率（倍）	0.84	1.61	1.37
资产负债率（%）	81.03	42.89	45.72
息税折旧摊销前利润（千元）	23 833 171	21 010 632	20 682 599
利息保障倍数（倍）	225.09	338.67	208.02

公司流动比率和速动比率的变化主要是由于流动资产中的其他应收款和流动负债中的其他应付款变动幅度较大所致。2017 年末，公司的流动比率与速动比率较 2016 年末有所下降，主要是因为公司通过支付现金方式收购的重组资产（包括若干境内外公司股权及境内外重组业务相关的经营性资产）所带来的应付重组成本余额在 2017 年末折合人民币为 217.52 亿元，计入其他应付款，从而导致流动负债大幅增加所致。

2017 年末，公司资产负债率为 81.03%，较 2016 年末增加 38.14 个百分点，主要是因为：①公司通过支付现金方式收购的重组资产所带来的应付重组成本余额 2017 年末计入其他应付款，导致公司流动负债大幅增加；②本次重组中分拆业务主体在历史期间的货币资金结算保留在分拆业务主体所属原法人主体内，视同所属原法人主体代其代收代付资金，由此而产生的代收代付净额于期末确认为分拆产生的应收款项，该类应收款项在 2016 年末大幅增加，但在重组完成日（2017 年 12 月 31 日），该类应收款项不再纳入合并范围，其他应收款大幅下降。

报告期内，公司息税折旧摊销前利润保持稳定增长趋势，利息保障倍数水平较高，表明债权人的利息收入有保障。

（二）偿债能力同行业分析

主要偿债能力指标同行业上市公司对比如表 8－20、表 8－21、表 8－22 和图 8－5、图 8－6、图 8－7 所示。

表 8－20　同行业上市公司流动比率情况表

股票代码	名称	流动比率（倍）		
		2017 年	2016 年	2015 年
002456.SZ	欧菲科技	1.21	1.09	1.39
603118.SH	共进股份	1.90	2.04	1.48
300115.SZ	长盈精密	1.15	1.13	1.79
002426.SZ	胜利精密	1.42	1.60	0.99
601231.SH	环旭电子	1.73	1.68	1.67
002369.SZ	卓翼科技	1.38	1.03	0.98

续表

股票代码	名称	流动比率（倍）		
		2017 年	2016 年	2015 年
2382. TW	广达	1. 18	1. 25	1. 28
FLEX. O	伟创力	1. 23	1. 29	1. 27
可比公司均值		1. 40	1. 39	1. 36
公司		1. 14	2. 10	1. 92

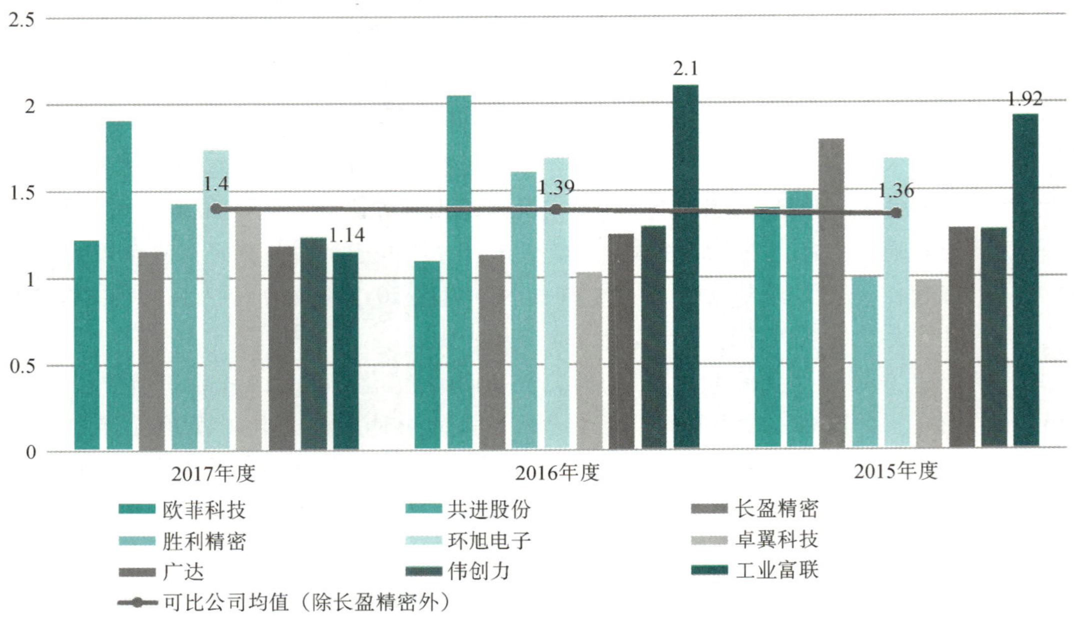

图 8－5　同行业上市公司流动比率情况

表 8－21　同行业上市公司速动比率情况表

股票代码	名称	速动比率（倍）		
		2017 年	2016 年	2015 年
002456. SZ	欧菲科技	0. 78	0. 76	0. 96
603118. SH	共进股份	1. 59	1. 75	1. 19
300115. SZ	长盈精密	0. 64	0. 59	1. 25
002426. SZ	胜利精密	1. 15	1. 34	0. 81
601231. SH	环旭电子	1. 27	1. 32	1. 26
002369. SZ	卓翼科技	1. 04	0. 72	0. 77
2382. TW	广达	0. 85	0. 96	0. 94
FLEX. O	伟创力	0. 70	0. 77	0. 73
可比公司均值		1. 00	1. 03	0. 99
公司		0. 84	1. 61	1. 37

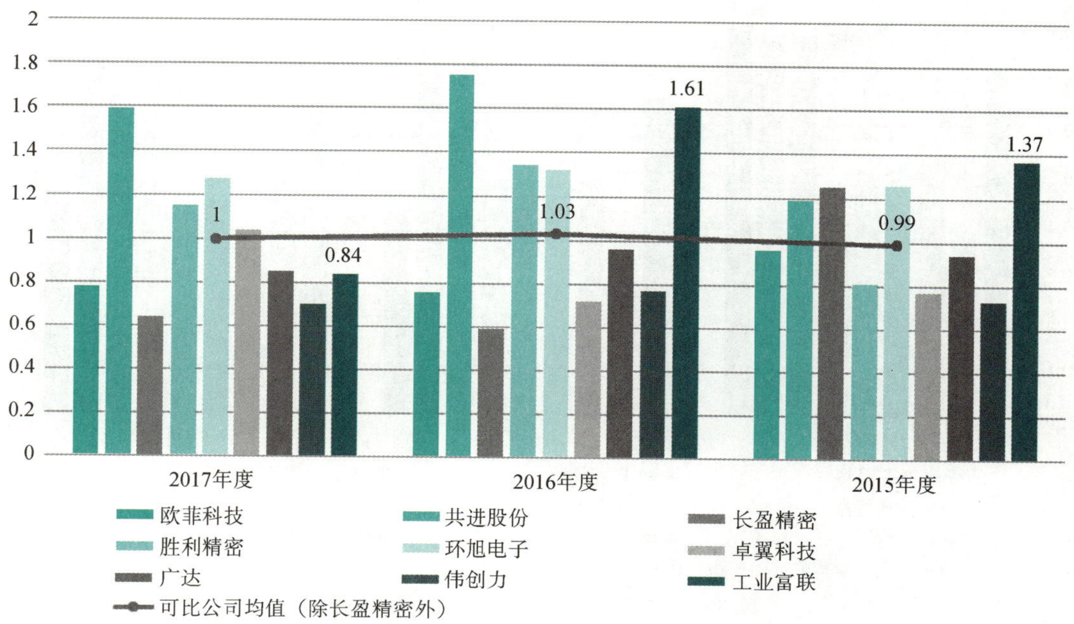

图 8－6　同行业上市公司速动比率情况

表 8－22　　**同行业上市公司资产负债表情况表**

股票代码	名称	资产负债率（%）		
		2017 年	2016 年	2015 年
002456. SZ	欧菲科技	71. 34	65. 69	62. 41
603118. SH	共进股份	39. 16	38. 16	49. 70
300115. SZ	长盈精密	52. 86	48. 79	33. 91
002426. SZ	胜利精密	52. 67	47. 70	52. 74
601231. SH	环旭电子	50. 85	51. 07	47. 75
002369. SZ	卓翼科技	37. 52	48. 68	58. 25
2382. TW	广达	78. 59	76. 22	73. 65
FLEX. O	伟创力	78. 82	78. 73	78. 96
可比公司均值		57. 73	56. 88	57. 17
公司		81. 03	42. 89	45. 72

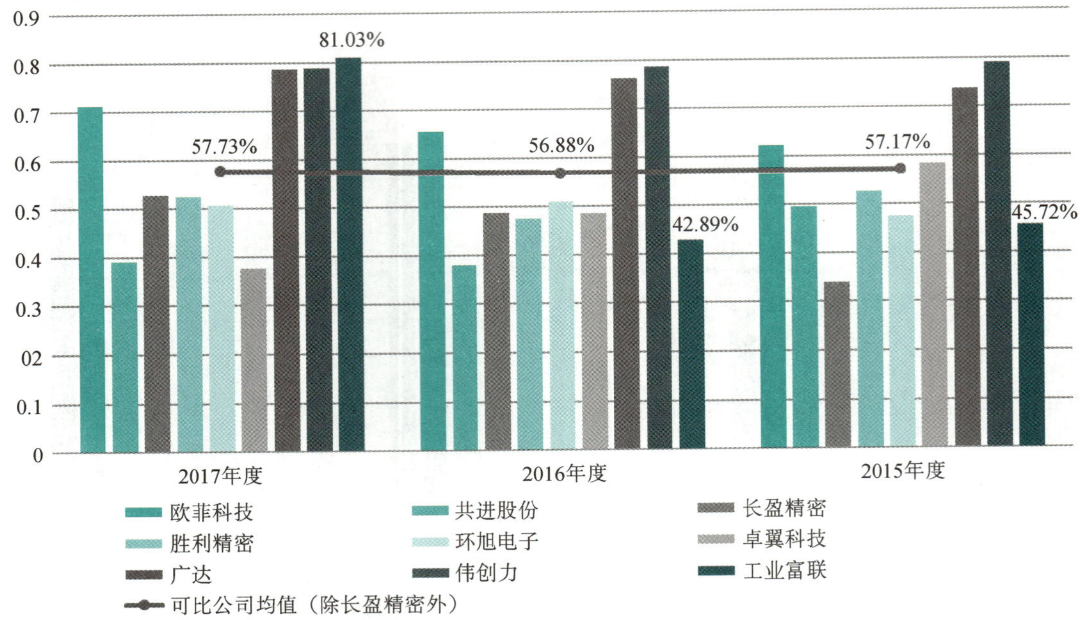

图 8－7　同行业上市公司资产负债率情况

2017 年公司流动比率、速动比率皆低于同行业上市公司平均水平，资产负债表率远高于同行业上市公司平均水平，同时由于企业负债 90% 以上都为流动负债，因此貌似公司的短期偿债能力较差，财务风险较高。但考虑到企业良好的商业信誉，稳定的大客户，即使出现短期偿债困难，也有能力解决暂时的资金短缺。

四、企业发展能力分析

企业主要发展能力指标如表 8－23 所示。

表 8－23　　　　主要发展能力指标分析表

项目	销售增长率（%）	净利润增长率（%）	总资产增长率（%）	资本积累率（%）
2017 年	30.01	12.72	9.47	－63.65
2016 年	－0.03	0.28	23.75	30.19

销售增长率呈现大幅度提升，销售规模有显著性增长。公司的主营业务收入主要分为通信网络设备、云服务设备以及精密工具和工业机器人三类，其中，通信网络设备的销售收入占比在 50% 以上，云服务设备的销售收入占比在 30% 以上，两者都属于代工业务，是公司收入来源的重要组成部分。从行业视角来看，工业富联已经做到代工行业龙头地位，全球知名电子行业品牌公司多为它的客户，但净利润增长率偏低，间接说明代工业务对大客户过度依赖，议价能力差，毛利被吞噬；另一方面也说明了富士康的非代工业务（精密工具和工业机器人）利润贡献度不大。总资产增长放缓，主要是超过一半以上的加工设备都是由客户提供，资本积累率下降为负数，是受企业重组的影响。总体看来，公司所处行业处于健康正常的发展状态，没有出现重大的市场突发情形，公司未来应继续巩固现有产品生产、销售规模和已经建立的工业富联网平台运营优势的基础，并积极开拓智能制造领域的科技服务市场。

第四部分　企业财务综合分析

运用杜邦分析法进行综合分析。

（一）纵向比较

纵向比较见图 8－8。

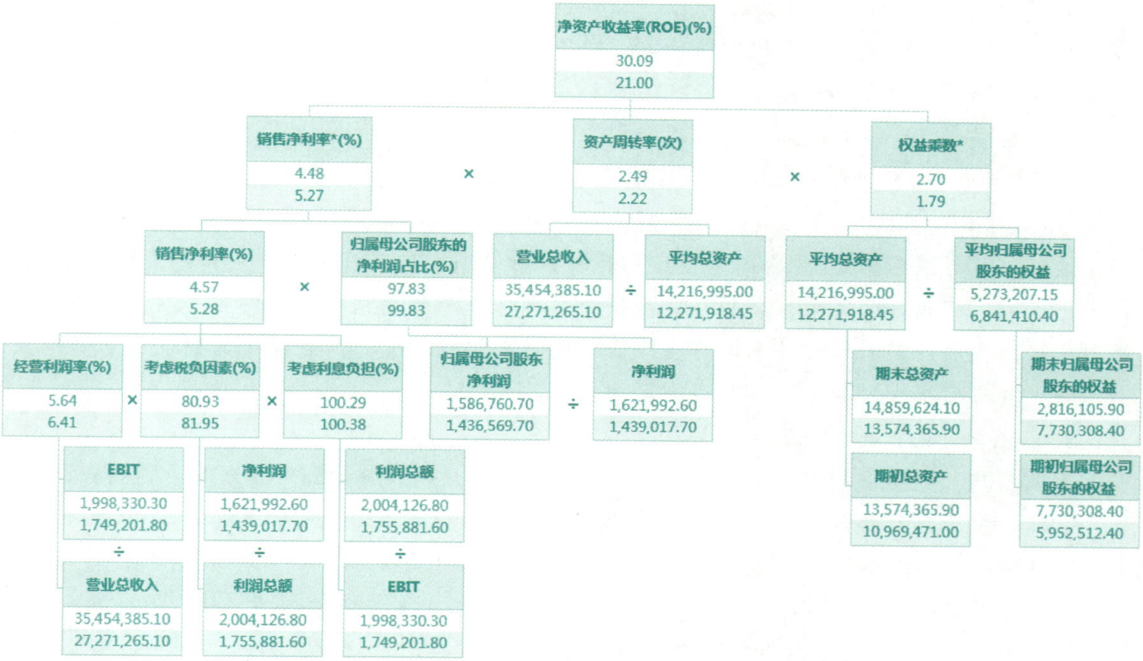

说明：第一行数值为 2017 年数据，第二行数值为 2016 年数据。

图 8－8　杜邦分析图

1. 对净资产收益率的分析

工业富联的净资产收益率在 2016—2017 年间出现了一定程度的好转，从 2016 年的 21% 增加至 2017 年的 30.09%。将净资产收益率分解为资产净利率和权益乘数，以找到问题产生的原因。

工业富联	净资产收益率	=	资产净利率	×	权益乘数
2017 年	30.09%	=	11.15%	×	2.7
2016 年	21%	=	11.73%	×	1.79

通过分解可以明显地看出工业富联净资产收益率的变动在于资本结构（权益乘数上升）变动和资产利用效果（资产净利率下降）变动两个方面共同作用的结果。

2. 对权益乘数的分析

工业富联	权益乘数	=	1 ÷ (1 － 资产负债率)
2017 年	2.7	=	1 ÷ (1 － 62.96%)
2016 年	1.79	=	1 ÷ (1 － 44.13%)

通过分解可以看出，工业富联 2017 年的资产负债率相对 2016 年增长了 18.83 个百分点，

同比增长42.67%。分析其原因为2017年工业富联的总资产为148 596 241千元，相比2016年的135 743 659千元增长了9.47%，同时负债总额由2016年的58 221 021千元大幅增长106.82%至2017年的120 413 653千元，负债总额的增长速度大于资产总额的增长速度，导致资产负债率快速增长，以至于2017年的权益乘数相比2016年增长50.84%。表明工业富联2017年相比2016年扩大了财务杠杆，撬动了更多的资产投入到生产运营当中，获取了更多的利润，同时也降低了企业的偿债能力，财务风险有所上升。

3. 对资产净利率的分析

工业富联	资产净利率	=	销售净利率	×	总资产周转率
2017年	11.16%	=	4.48%	×	2.49
2016年	11.7%	=	5.27%	×	2.22

通过分解可以看出2017年的总资产周转率有所提高，说明资产的利用得到良好的控制，显示出比前一年稍好的效果，表明工业富联利用其总资产产生销售收入的效率在提高。但总资产周转率提高的同时销售净利率却在降低，说明利润被吞噬，而且降低的幅度比总资产周转率增大的幅度更大，导致了资产净利率的下降。

我们接着对销售净利率进行分解：

工业富联	销售净利率	=	（净利润 ÷销售收入）×归属母公司股东的净利润占比
2017年	4.48%	=	（1 621 992.6 ÷ 35 454 385.1） ×97.83%
2016年	5.27%	=	（1 439 017.7 ÷ 27 271 265.1） ×99.83%

工业富联2017年销售收入比2016年增长30.01%，净利润的增长幅度却较小，仅为12.72%，分析其原因是成本费用的增长幅度比销售收入增长的幅度更大，全部成本从2016年258 322 474千元增加到2017年338 323 925千元，增长比例为30.97%，高于销售收入的增长幅度。可以看出工业富联在取得销售收入增长的同时没有控制好全部成本的增长，其销售收入的增长是通过消耗更多的成本费用带来的，导致销售净利率下降。

由上可知，导致净资产收益率提高的主原因是资产负债率的相对增加。也正是因为资产负债率的相对增加导致权益乘数的快速增长，有利于净资产收益率的提高。虽然撬动了更多的资产投入到生产运营当中，获取了更多的利润，但财务风险的上升不容轻视。这也说明财务杠杆具有正反两个方面的作用，在收益较好的年度，它可以使股东获得的潜在报酬增加，但股东要承担因负债增加而引起的风险；在收益不好的年度，则可能使股东潜在的报酬下降。除此之外，资产净利率的下降同样值得关注，资产净利率的降低是销售净利率下降导致的，销售净利率下降的主要原因是销售收入的增长幅度小于成本总额的增长幅度，显示销售获利能力正在下降，应当进一步分析成本大幅上升的原因，降低成本上涨速度，提升销售获利能力。

（二）横向比较

横向同行业比较见表8－24。

表 8－24　同行业杜邦分析对比表

项目	净资产收益率（%）	权益乘数（倍）	资产净利率（%）	销售净利率（%）	总资产周转率（次）
工业富联	30.09	5.27	11.16	4.58	2.49
行业排名	1	6	3	4	1
行业最高	30.09	5.27	12.99	13.81	2.49
行业最低	1.18	1.16	0.61	0.43	0.53
中位值	15.95	1.64	9.59	6.45	1.03
平均值	15.2	1.71	8.22	7.12	1.29

从表 8－24 所列示的杜邦体系财务指标数值可以看出，工业富联 2017 年的净资产收益率在电子制造服务业（wind 一级行业市值最高板块，共 6 家企业）中排第 1 名，显示其运用自有资本的运营效率在行业中较强，股东收益水平在行业较高。权益乘数反映企业财务杠杆的大小，工业富联 5.27 的权益乘数在行业中排倒数第 1 名，说明其总资产中股东权益占比与同行业相比较小，也就是工业富联的财务杠杆在行业中较大。相对净资产收益率，工业富联 2017 年的资产净利率和销售净利率在行业中的排名就要低一些了，分别为第 3 名和 4 名，说明这两个指标离行业最优均有差距，尤其是销售净利率，低于行业平均值，由于净资产收益率是受销售净利率影响的，也就是若销售净利率能取得更好的表现，其净资产收益率的提高则不需要靠提高权益乘数的方式来实现，工业富联应加强资产的运营能力以提升其获利能力。而总资产周转率的在行业中排名第 1，公司高净资产收益率正是由于其高效的资产周转率，这是工业富联的生存之道。

第五部分　评价和建议

一、公司主要经营业绩评价

2015 年、2016 年、2017 年工业富联营业收入分别是 2 728 亿元、2 727 亿元、3 545 亿元，营业收入之高，在 A 股可以排进前 20 名，同期实现净利润 143.5 亿元、143.7 亿元、158.7 亿元，净利率分别为 5.26%、5.27%、4.48%，但 5% 左右的净利率在 A 股排在 2000 名之后，并且还在逐年下滑。从工业富联各业务收入结构来看，公司收入主要由前两块代工业务（通信网络设备业务、云服务设备业务）构成，但 2017 年两者的毛利率仅为 13.65%、4.65%，而精密工具和工业机器人虽然 2017 年只实现营业收入 9.66 亿元，但 2017 年毛利率高达 49.23%，这也正是工业富联的转型方向。

二、展望未来

工业富联所处电子产品制造行业正处于稳健发展阶段，行业的稳定增长有利于公司进一步发挥自身竞争优势，因此毛利率基本保持稳定，但数值偏低，说明代工业务对大客户的过度依赖，导致下游客户对利润的吞噬。为了摆脱依赖，公司应转型走向“工业富联网”概念，能为企业带来更高的毛利率，未来的业绩将受益于工业富联网技术，带动未来收入及利润的增长。

公司业务发展所需资金主要依靠银行借款，融资方式较为单一，资产负债率高，带来较高财务风险的同时，资金“瓶颈”将会制约公司的快速发展，未来公司应该优化资本结构，持续通过优异的资产周转率来带动获利的提升，持续维持良好的净资产收益率。

电子产品制造行业正处于高速发展阶段，各类新型技术不断涌现。随着下游行业竞争加剧，下游客户在产品中应用开创性技术的速度大幅加快，对工业富联生产技术、产能、制造速度等均提出了更高要求。但公司拥有多年的智能制造经验和丰富的技术积累，能够较好地满足下游客户需求，同时公司投入了大量研发，不断强化自身综合研发、生产实力，可以不断开发新技术以保持行业竞争力，工业富联有望成为智能制造典范，带动国内制造业升级，相信业绩会持续成长，应保持乐观但审慎的态度。

知识链接

财务报表分析的指标众多，本书能够运用的只是其中的主要指标。为便于了解各种分析指标，现将财务指标体系一览表列示如下（见表8-25）。

表8-25 财务报表指标体系一览表

项目	计算公式	说明	参考英文
一、短期偿债能力			SHORT-TERM SOLVENCY
1. 流动比率	流动资产/流动负债		current ratio
2. 速动比率	（流动资产-存货）/流动负债	酸性测试比率	quick ratio/ acid-test ratio
3. 现金比率	（货币资金+交易性金融资产）/流动负债	新报表用	cash ratio
	（货币资金+短期投资净额）/流动负债	原报表用	
4. 超动比率	（货币资金+交易性金融资产+应收账款+应收票据）÷流动负债	保守速动比率，新报表用	conservative quick ratio
	（货币资金+短期投资+应收账款+应收票据）÷流动负债	保守速动比率，原报表用	
5. 货币资金比率	货币资金/流动负债		cash to current liabilities ratio
6. 现金即付比率	现金类资产/（流动负债-预收账款）		cash and cash equivalents ratio
二、资本结构			CAPITAL STRUCTURE
1. 资产负债率（%）	负债/总资产	负债比率	debt ratio
2. 权益比率（%）	净资产（所有者权益）/总资产	资产权益率、自有资本与总资产比率	equity ratio
3. 权益乘数	总资产/净资产		equity multiplier
4. 产权比率（%）	负债/净资产	负债对权益比率、净资产负债率、债务股权比率、负债对自有资本比率	debt to equity ratio
5. 财务杠杆指数	净资产报酬率/总资产报酬率		index of financial leverage

续表

项　目	计　算　公　式	说　明	参考英文
6. 固定资产与非流动负债比率	固定资产/非流动负债		fixed assets to permanent liabilities ratio
7. 固定资产与长期资金比率	固定资产/（非流动负债+股东权益）		fixed assets to permanent capital ratio
8. 固定资产与权益比率	固定资产/所有者权益（净资产）		fixed assets to equity ratio
三、长期偿债能力			LONG-TERM SOLVENCY
1. 利息保障倍数	EBIT/利息费用	已获利息倍数	times interest earned
2. 固定支出保障倍数	（利润总额+固定支出）/固定支出 $\dfrac{\text{息税前利润}+\text{租赁费中的利息费用}}{\text{利息费用}+\text{租赁费用中的利息费用}+\text{优先股股利}/(1-\text{所得税率})}$	固定财务费用保付率	times fixed charge earned
3. 负债/EBITDA 比率	负债/EBITDA		debt to EBITDA ratio
4. 全部资本化比率	付息总债务/（付息总债务+净资产）		total capitalization ratio
5. 长期负债与营运资本比率	非流动负债/营运资本		long-term debt to working capital ratio
6. 有形净值债务率（%）	负债/（所有者权益－无形资产－商誉）	有形净值负债率	debt totangible net assets ratio
四、营运能力			BUSINESS OPERATION
（一）资产运用效率			Asset Utilization
1. 存货周转率（次）	销售成本/平均存货		inventory turnover
2. 应收账款周转率（次）	销售收入/平均应收账款		receivables turnover
3. 流动资产周转率（次）	销售收入/平均流动资产		current assets turnover
4. 总资产周转率（次）	销售收入/平均资产总额		total assets turnover
5. 固定资产周转率（次）	销售收入/平均固定资产		fixed assets turnover
6. 营运资本周转率（次）	销售收入/平均营运资本		working capital turnover
7. 现金周转率（次）	销售收入/平均现金余额		cash turnover
8. 原材料周转率（次）	耗用原材料成本/原材料存货平均余额		raw materialsturnover
9. 在产品周转率（次）	制造成本/在产品存货平均余额		goods in process turnover
10. 产成品周转率（次）	销售成本/产成品存货平均余额		manufactured goods turnover
（二）资金运用效率			Capital Utilization
1. 所有者权益周转率（次）	销售收入/平均所有者权益总额		equity turnover/net assets turnover
2. 总负债周转率（次）	销售收入/平均负债总额		total liabilities turnover

续表

项 目	计 算 公 式	说 明	参考英文
3. 应付账款周转率（次）	公式1：销售成本/应付账款平均余额 公式2：（销售成本＋存货变动额）/ 平均应付账款余额		payables turnover
五、获利能力			PROFITABILITY
（一）销售获利能力			Sales Profitability
1. 销售净利率（%）	净利润/销售收入	净利润率、销售净收益率、纯益率	net profitmargin/net profit ratio/net income ratio
2. 销售毛利率（%）	毛利（销售收入－销售成本）/销售收入	营业毛利获利率、经营毛利率、毛利率	gross profit ratio
3. 主营业务利润率（%）	主营业务利润/销售收入		mainoperating income ratio
4. 营业利润率（%）	营业利润/销售收入		operating income ratio
5. 销售利润率（%）	利润总额/销售收入	税前净利率	pretax profit ratio
6. 销售成本率（%）	销售成本/销售收入	营业成本率	cost of goods sold ratio
7. 销售费用率（%）	三项费用之和/销售收入	营业费用率	operating expense ratio
（二）成本费用获利能力			Cost &Expense Profitability
1. 成本费用利润率（%）	利润总额/成本费用总额（三项费用＋销售成本）	成本费用净利率	profit to cost &expense ratio
2. 营业成本毛利率（%）	毛利/营业成本		gross profit to cost ratio
3. 营业成本利润率（%）	营业利润/营业成本		profit to cost ratio
4. 税前成本利润率（%）	利润总额/ 税前成本（营业成本＋营业税金＋销售费用＋管理费用＋财务费用＋营业外支出）		profit to pretax cost ratio
5. 税后成本利润率（%）	净利润/ 税后成本（营业成本＋营业税金＋销售费用＋管理费用＋财务费用＋营业外支出＋所得税）		profit to cost after tax ratio
六、投资报酬能力			RETURN ON INVESTMENT
1. 总资产报酬率（%）	公式1：利润总额/平均总资产 公式2：EBIT/平均总资产 公式3：（净利润＋利息费用（1－所得税税率））/平均总资产	总资产利润率、总资产收益率	return on total assets（ROA）
2. 净资产报酬率（%）	净利润/平均净资产	股本报酬率、净资产收益率、净值报酬率	return on equity（ROE）
3. 普通股东权益报酬率（%）	$\frac{\text{净利润－优先股股利}}{\text{平均净资产总额－平均优先股股东权益}}$	自有资金净利率、股本收益率、资本收益率	return on common shareholders equity
4. 资产净利率（%）	净利润/平均总资产	DUBON 模型用	net profit to total assets ratio

续表

项　目	计　算　公　式	说　明	参考英文
5. 长期资本报酬率（%）	公式1：（利润总额＋长期资本利息）/平均长期资本	长期资本收益率	return on long-term debt plus equity
	公式2：（净利润＋长期负债利息费用（1－税率））/平均长期资本	长期资本＝非流动负债＋净资产	
6. 资本金报酬率（%）	净利润/平均实收资本总额	实收资本报酬率	return on share capital
7. 投资收益率（%）	投资性收益/平均对外投资总额	投资性收益＝公允价值变动损益＋投资收益；对外投资＝金融资产投资＋长期股权投资＋投资性房地产	Investment earnings ratio
七、发展能力			GROWTH
（一）资本（净资产）增长分析			Net Assets Growth
1. 资本积累率（%）	本年净资产增长额/年初净资产	净资产增长率	net assets growth ratio
2. 资本保值增值率（%）	年末净资产总额/年初净资产总额		capital maintain and increase ratio
3. 三年资本平均增长率（%）	$\left(\sqrt[3]{\frac{\text{年末净资产总额}}{\text{三年前年末净资产总额}}}-1\right)\times100\%$		three－year average capital growth ratio
（二）销售和盈利增长分析			Sales & Profit Growth
1. 销售增长率（%）	本年销售收入增长额/上年销售收入	主营业务收入增长率	sales growth ratio
2. 三年销售收入平均增长率（%）	$\left(\sqrt[3]{\frac{\text{当年销售收入总额}}{\text{三年前销售收入总额}}}-1\right)\times100\%$		three-year average sales growth ratio
3. 利润增长率（%）	本年利润总额增长额/上年利润总额		profit growth ratio
4. 三年利润平均增长率（%）	$\left(\sqrt[3]{\frac{\text{当年利润总额}}{\text{三年前利润总额}}}-1\right)\times100\%$		three-year average profit growth ratio
（三）资产增长分析			Assets Growth
1. 总资产增长率	本年总资产增长额/年初总资产		total assets growth ratio
2. 三年总资产平均增长率	$\left(\sqrt[3]{\frac{\text{当年末总资产}}{\text{三年前年末总资产}}}-1\right)\times100\%$		three-year average total assets growth ratio
3. 固定资产成新率	平均固定资产净值/平均固定资产原值		fixed assets maintainance ratio
（四）现金流量增长分析			Cash Flow Growth
1. 现金增长率	本年经营活动现金流入量增长额/上年经营活动现金流入量		cash growth ratio

续表

项　目	计 算 公 式	说　明	参考英文
2. 三年现金平均增长率	$\left(\sqrt[3]{\frac{\text{当年经营活动现金流入量}}{\text{三年前经营活动现金流入量}}}-1\right)\times 100\%$		three-year average cash growth ratio
（五）资产使用效率增长分析			Assets Efficiency
1. 存货增长天数加速率（%）	$\left(1-\frac{\text{当年存货周转天数}}{\text{上年存货周转天数}}\right)\times 100\%$		inventory processing period accelerating ratio
2. 应收账款增长天数加速率（%）	$\left(1-\frac{\text{当年应收账款周转天数}}{\text{上年应收账款周转天数}}\right)\times 100\%$		receivables processing period accelerating ratio
（六）股利增长分析			Dividend Growth
1. 股利增长率	当年每股股利增长额/上年每股股利		dividend growth ratio
2. 三年股利平均增长率	$\left(\sqrt[3]{\frac{\text{当年每股股利}}{\text{三年前每股股利}}}-1\right)\times 100\%$		three-year average dividend growth ratio
（七）员工人均利润增长分析			Per capita Profit Growth
1. 员工人均利润增长率	当年员工人均利润增长额/上年员工人均利润额		per capita profit growth ratio
八、现金流量分析指标			CASH FLOW
（一）现金偿债能力			Cash Solvency
1. 现金债务总额比率（%）	经营活动现金净流量/负债总额	现金流量比率、现金偿债比率、总负债保障率、债务保障率、全部债务现金流量比、现金流量对负债总额比	cash flow ratio
2. 现金流动负债比率（%）	经营活动现金净流量/流动负债	流动负债保障率	cash flow to current debt ratio
3. 现金到期债务比率（%）	经营活动现金净流量/本期到期债务	到期债务偿付率	cash flow to due debt ratio
4. 现金利息保障倍数	（经营活动现金净流量＋收到利息）/支付的利息		time cash-interest earned
5. 现金即付比率（%）	$\frac{\text{期末现金和现金等价物}}{\text{流动负债}-\text{预收款项}-\text{预提费用}-\text{6个月以上的短期借款}}$		cash and cash equivalent ratio
6. 总负债偿还期（天）	365×负债总额/经营活动现金净流量		debt payment period
7. 流动负债偿还期（天）	365×流动负债/经营活动现金净流量		current debt payment period
（二）盈利获现能力			Cash Earnings From Sales

续表

项　目	计 算 公 式	说　明	参考英文
1. 销售现金比率（%）	经营活动现金净流量/销售收入	每元销售现金流收入、营业收入现金率、销售现金流量率	cash flow to net sales ratio
2. 现金净利润率（%）	经营活动现金净流量/净利润	净利润现金保证比、盈余现金保障倍数	cash flow to net profit ratio
3. 现金营业利润率（%）	经营活动现金净流量/营业利润	收益质量比率	cash flow to operating profit ratio
4. 现金利润总额率（%）	经营活动现金净流量/利润总额	盈利现金比率	cash flow to pretax profit ratio
5. 销售质量比率（%）	来自销售的现金收入/销售收入	销售收入获现率	sales quality ratio
6. 投资收益收现比率（%）	来自投资收益的现金流入量/投资收益		cash earnings from investment profit ratio
（三）投资获现能力			Cash Earnings From Investment
1. 总资产净现率（%）	经营活动现金净流量/平均总资产	总资产现金回收率、现金资产报酬率、总资产经营现金率	cash flow to total assets ratio
2. 净资产净现率（%）	经营活动现金净流量/平均净资产	资本金现金流量比率、现金所有者（股东）权益报酬率	cash flow to net assets ratio
（四）现金获现能力			Cash Earnings From Operating Activities
1. 经营支出收现率（%）	经营活动现金净流量/经营活动现金支出		cash flow to cash expenditure ratio
2. 现金净收益比率（%）	经营活动现金净流量/经营活动净收益	现金营运指数	index of cash operation
（五）现金获利能力			Profit From Operating Activities
1. 经营现金流量净利率（%）	净利润/经营活动现金净流量		net profit to cash flow ratio
2. 经营现金流出净利率（%）	净利润/经营活动现金流出总额		net profit to cash expenditure ratio
3. 现金流量净利率（%）	净利润/现金及现金等价物净增加额		net profit to net increase in cash and cash equivalents ratio
（六）财务弹性分析			Financial Elasticity

续表

项目	计算公式	说明	参考英文
1. 现金满足内部需要率（%）	$\frac{\text{近五年经营活动现金净流量}}{\text{近五年资本性支出、存货增加和现金股利之和}}$		cash flow internal adequacy ratio
2. 现金再投资比率（%）	经营活动现金净流量/资本性支出	资本支出比率、现金流量适合比率	cash reinvestment ratio
3. 现金流量充足率（%）	经营活动现金净流量/（长期负债＋资本支出＋股利支付额）		cash flow adequacy ratio
4. 固定资产再投资率（%）	购置固定资产支出总额/经营活动现金净流量		fixed assets reinvestment ratio
5. 投资活动融资比率（%）	$\left\lvert\frac{\text{投资活动现金净流量}}{\text{经营活动现金净流量}+\text{筹资活动现金净流量}}\right\rvert$	有条件使用	NCF from investing activities to NCF from operating and financing activities ratio
6. 现金流量满足投资比率（%）	$\left\lvert\frac{\text{经营活动现金净流量}}{\text{投资活动现金净流量}}\right\rvert$	有条件使用	NCF from operating activities to NCF from investing activities ratio
九、上市公司特定指标			LISTED COMPANY INDEX
（一）每股指标分析			Index Per Share
1. 每股收益（元）	（净利润－优先股利）/发行在外的加权平均普通股数	每股盈余（EPS）	earnings per share
2. 基本每股收益（元）	$\frac{\text{净利润}-\text{优先股股利}}{\text{发行在外的加权平均普通股数}+\text{真正稀释的约当普通股数}}$		basic earnings per share
3. 充分稀释每股收益（元）	$\frac{\text{净利润}-\text{不可转换优先股股利}}{\text{发行在外的加权平均普通股数}+\text{普通股等同权益加权平均股数}}$		fully diluted earnings per share
4. 每股净资产（元）	年末净资产（权益）/发行在外普通股股数	每股权益、每股账面净值	equity per share
5. 每股股利（元）	普通股股利总额/发行在外普通股数		dividend per share
6. 每股经营活动现金流量（元）	（经营活动现金净流量－优先股股利）/发行在外普通股数		operating cash flow per share
7. 每股未分配利润（元）	未分配利润/发行在外普通股数		retained earnings per share
（二）市价指标分析			Market Value Index
1. 市盈率	普通股每股市价/普通股每股收益	价格收益比率、本益比	price earnings ratio，P/E
2. 盈余报酬率	普通股每股收益/普通股每股市价	市盈率的倒数	earning yield ratio
3. 本利比	普通股每股市价/普通股每股股利		price dividend ratio
4. 股利报酬率	普通股每股股利/普通股每股市价	股利市价比率、股利产出率、股票获利率、本利比的倒数	dividend yield ratio

续表

项　目	计　算　公　式	说　明	参考英文
5. 市净率	普通股每股市价/普通股每股净资产	股价净值比率	price book-value ratio，PB
（三）股利分配指标分析			Dividend Distribution Index
1. 股利支付率	普通股每股股利/普通股每股收益	股利分配率、股利发放率、股利给付率、股利率、派息率	dividend payout ratio
2. 股利保障倍数	可支付普通股股利的利润/普通股股利	每股收益/每股股利	times dividend earned
3. 现金股利保障倍数	公式1：经营活动现金净流量/支付的普通股股利 公式2：（经营活动现金净流量－所得税－支付的利息＋受到的利息＋收到的股利）/支付的普通股股利	现金股利支付率	times cash-dividend earned
4. 留存盈余比率	（净利润－全部股利）/净利润	留存收益率、留存盈利率	retained reserves ratio
十、社会责任财务指标			SOCIAL RESPONSIBILITY
（一）综合社会责任分析			General Social Responsibility
1. 社会贡献率	企业社会贡献总额/平均资产总额	企业社会贡献总额包括：工资（含奖金、津贴等工资性收入），劳保退休统筹及其他社会福利支出，利息支出净额，应交或已交的各项税款、附加及福利等。	social contribution ratio
2. 社会积累率	上交国家财政总额/企业社会贡献总额		social accumulation ratio
3. 纳税贡献率	企业支付的各种税费/平均净资产		tax payment contribution ratio
4. 就业贡献率	用于职工的各项现金支出/平均净资产		employment contribution ratio
5. 全员劳动生产率	工业增加值/全部职工平均人数		labour productivity
6. 技术投入比率	（企业技术转让费支出＋研发费支出）/企业年收入总额		technique input ratio
（二）法律社会责任分析			Legal Social Responsibility
1. 工资支付率	已付工资总额/应付工资总额		wage payment ratio
2. 法定福利支付率	已提法定福利/法定福利总额		legal welfare payment ratio
3. 社保提取率	已提取社会保障基金/应提取社会保障基金		social security fund drawing ratio
4. 社保支付率	已付社保基金/应付社保基金		social security fund payment ratio
5. 税款上交率	已交纳税款/应交纳税款		tax payment ratio
（三）伦理社会责任分析			Ethical Social Responsibility
1. 捐赠收入比率	慈善与公益捐款/企业收入总额		donation to sales ratio

续表

项　目	计 算 公 式	说　明	参考英文
2. 员工人均年教育经费	全年职工教育经费总额/职工人数		Per capita educational expenditure
3. 员工工资增长率	当年员工工资增长额/上年员工工资总额		wage growth ratio
（四）生态社会责任分析			Ecological Social Responsibility
1. 单位收入材料消耗量	主要材料消耗量/企业收入总额		material consumption to income ratio
2. 单位收入耗能量	企业能源消耗量/企业收入总额		Energy consumption to income ratio
3. 单位收入耗水量	企业水资源消耗量/企业收入总额		water consumption to income ratio
4. 单位收入不可再生资源消耗量	企业不可再生资源消耗量/企业收入总额		Non-regenerative resource consumption to income ratio
5. 环保投资率	环保设备净值/固定资产净值		environmental protection investment ratio
十一、杠杆系数分析			DEGREE OF LEVERAGE
1. 经营杠杆系数	$DOL=\frac{\Delta EBIT/EBIT}{\Delta S/S}=\frac{\Delta EBIT/EBIT}{\Delta Q/Q}$	EBIT—变动前的息税前利润；ΔEBIT——息税前利润的变动额；S——变动前的销售额；ΔS——销售额的变动额；Q——变动前的销售量；ΔQ——销售量的变动额；M——变动前的边际贡献；VC——变动前的变动成本总额；FC——变动前的固定成本总额；EPS——普通股每股收益；ΔEPS——普通股每股利润变动额；I——利息；T——所得税税率；N——流通在外的普通股股数；PD——优先股股利。	Degree of Operating Leverage，DOL
	$DOL=\frac{M}{EBIT}=\frac{S-VC}{S-VC-FC}$		
2. 财务杠杆系数	$DFL=\frac{\Delta EPS/EPS}{\Delta EBIT/EBIT}$		Degree of Financial Leverage，DFL
	$DFL=\frac{EBIT}{EBIT-I}$（无优先股）		
	$DFL=\frac{EBIT}{EBIT-I-PD/(1-T)}$（有优先股）		
3. 复合杠杆系数	$DTL=\frac{\Delta EPS/EPS}{\Delta S/S}=DOL\times DFL$		Degree of Total Leverage，DTL
	$DTL=\frac{M}{EBIT-I-PD/(1-T)}$		
十二、其他相关财务指标			OTHERS

续表

项　目	计　算　公　式	说　明	参考英文
1. 营运资本	流动资产 - 流动负债	营运资金	working capital
2. 现金类资产	货币资金 + 交易性金融资产（或短期投资）		cash and cash equivalents assets
3. 息税前利润	净利润 + 所得税 + 利息费用	息税前收益，EBIT	earnings before interest and tax
4. 息税摊折前利润	净利润 + 所得税 + 折旧 + 摊销 + 利息	息税摊折前收益，EBITDA	earnings before interest，tax，depreciation and amortization
5. 周转天数	360/周转率		processing period
6. 营业周期	存货周转天数 + 应收账款周转天数		operating cycle
7. 现金营业周期	存货周转天数 + 应收账款周转天数 - 应付账款周转天数	净营业周期	net operating cycle
8. 经营活动净收益	净利润 - 非经营活动收益 + 非付现费用		net profit from operating activities
9. 非经营活动收益	投资收益 + 公允价值变动收益 + 非流动资产处置净收益 - 固定资产报废损失 - 财务费用	新报表用	profit form non-operating activities
	投资收益 + 处置长期资产收益 - 固定资产报废损失 - 财务费用	原报表用	
10. 非付现费用	固定资产折旧 + 无形资产、长期资产摊销 + 计提的减值准备		non - cash expenses
11. 可持续增长率	公式 1：$\frac{净资产报酬率 \times 留存盈余比率}{1 - 净资产报酬率 \times 留存盈余比率}$	净资产报酬率 = 净利润/年末净资产	sustainable growth rate，SGR
	公式 2：净资产报酬率 × 留存盈余比率	净资产报酬率 = 净利润/年初净资产	
12. 经济增加值	息前税后净经营利润 - 加权平均资本成本率 × 资本总额	经济利润	economic value added，EVA
	（投入资本报酬率 - 加权平均资本成本率）× 资本总额		
13. 市场增加值	资本（债务和股权资本）总市值 - 占用总资本账面值		market value added，MVA

案例：华策影视公司2014年财务分析报告

项目小结

财务分析报告包括综合分析报告、专题分析报告和简要分析报告。财务分析报告对企业投资者、债权人、政府部门和经营管理者等不同对象有不同的作用。财务分析报告的撰写必须重点突出、数据确凿、语言精练、报告及时。撰写财务分析报告通常有包括搜集资料、整理核实资料、选题、起草、修改和审定等步骤。财务分析报告的格式一般包括提要段、说明段、分析段、评价段和建议段五个部分。撰写财务分析报告应尽量避免出现一些常见问题和错误。

项目实训

实战演练

青海互助青稞酒股份有限公司（以下简称“青青稞酒”）在深交所发布了2017年度业绩预告修正公告。经过修正之后，2017年青青稞酒归属于上市公司股东的净利润预计亏损8500万元至1.1亿元，上年同期则是盈利2.16亿元左右。值得一提的是2017年10月25日，青青稞酒曾发布的第三季度报告中，预计2017年度归属于上市公司股东的净利润变动幅度为－50%至－30%，归属于上市公司股东的净利润变动区间为1.08亿～1.51亿元。然而，在短短近3个月时间里，青青稞酒前后发布的业绩预告却出现大变脸，其中必然存在多方面的问题。这些问题的关键在哪儿？应该采取怎样的措施？

请同学们登录新浪财经网站（网址：http：//finance.sina.com.cn/）财经版块，下载公司连续7年的全部财务报表，完成以下几项工作任务：

1. 整合公司财务报表数据，编制三张报表比较分析、结构分析和趋势分析表，对公司财务报表进行全方面解读。

2. 计算公司偿债能力、盈利能力、营运能力和发展能力指标，编制公司各项财务能力指标计算表，分别对公司四项财务能力进行分析和评价。

3. 运用杜邦分析法对公司财务做综合分析，绘制公司杜邦分析图，剖析公司净资产收益率。

4. 结合上述步骤完成的工作任务，依据财务报告撰写步骤和格式要求，独立出具一份青青稞酒2017年的财务分析报告。

知识巩固

一、判断题

1. 财务分析报告必须以量化分析为基础。（　　）

2. 通过财务分析报告，企业的投资者可以总括地了解企业的盈利能力和偿债能力，做出是否出借资金或提供商业信用的决策。（　　）

3. 财务分析报告提要段是对公司的经营情况进行分析研究的说明。（　　）

4. 财务分析报告正文的并列式结构是指以时间为顺序，或由现象到本质、从因到果等逻辑关系为顺序，逐层深入展开的结构形式，也称纵式结构。（　　）

二、多项选择题

1. 财务分析报告按照分析内容的范围分类包括（　　）。

A. 综合分析报告　　B. 专题分析报告
C. 简要分析报告　　D. 定期分析报告
2. 财务分析报告撰写的基本过程通常有以下几步（　　）。
A. 搜集资料　　B. 整理核实资料
C. 报告的选题　　D. 财务分析报告的起草
3. 财务分析报告的格式主要包括如下（　　）。
A. 提要段　　B. 说明段
C. 分析段　　D. 评价段
4. 财务报告的标题一般包括（　　）。
A. 企业名称　　B. 时间界限
C. 具体的分析内容　　D. 关键结论
5. 财务分析报告正文的结构包括（　　）。
A. 递进式结构　　B. 并列式结构
C. 归纳式结构　　D. 演绎式结构

学习评价

专业能力测评表（见表 8－26）

表 8－26　　专业能力测评表

（在□中打√，A 掌握，B 基本掌握，C 未掌握）

业务能力	评价指标	自测结果	要求
区分财务分析报告的类别	1. 按分析范围、时间分类 2. 按报告需求者分类	A □ B □ C □ A □ B □ C □	知晓财务分析报告的类别
明白财务分析报告的撰写要求	1. 形式上的要求 2. 内容上的要求	A □ B □ C □ A □ B □ C □	掌握财务分析报告的撰写要求
撰写财务分析报告	1. 撰写的基本步骤 2. 撰写的格式	A □ B □ C □ A □ B □ C □	能撰写财务分析报告

教师评语：

成绩：　　教师签字：

练习题：企业财务分析报告撰写

参考文献

1. 王化成，支晓强，王建英．财务报表分析（第 2 版）［M］．北京：中国人民大学出版社，2018.

2. 张新民，钱爱民．财务报表分析（第 4 版）［M］．北京：中国人民大学出版社，2017.

3. 郭永清．财务报表分析与股票估值［M］．北京：机械工业出版社，2017.

4. 上海国家会计学院．财务报表分析［M］．北京：经济科学出版社，2012.

5. 宋娟．财务报表分析从入门到精通（实例版）［M］．北京：机械工业出版社，2018.

6. 何韧．财务报表分析（第四版）［M］．上海：上海财经大学出版社，2019.

7. 刘文国．财务报表分析（第三版）［M］．上海：上海财经大学出版社，2018.

8. K. R. 苏布拉马尼亚姆．财务报表分析（第 11 版）［M］．北京：中国人民大学出版社，2015.

9. 于久洪．财务报表编制与分析（第四版）［M］．北京：中国人民大学出版社，2019.

10. 李抡文，富凤英，蒋希众．财务报表分析［M］．北京：清华大学出版社，2014.

11. 刘成竹，陈复昌．企业会计报表分析（第二版）［M］．北京：中国人民大学出版社，2015.

12. 王德发．财务报表分析（第四版）［M］．北京：中国人民大学出版社，2015.

13. 周会林．财务报表分析实务［M］．江苏：苏州大学出版社，2017.